비트코인, 초제국의 종말

기축통화의 특권을 무너뜨리는 혁명적 돈의 물결

비트코인, 초제국의 종말

CHECK YOUR FINANCIAL PRIVILEGE

알렉스 글래드스타인 지음 | 김동규 옮김 | 오태민 감수

거인의 정원

감수의 글

"비트코인이 당신 말대로 은행이 없는 곳으로 간다고 쳐. 거래소가 없을 테니 사용할 수 없지 않은가?"

10년 전부터 비트코인을 설명하면 가장 흔히 들어왔던 질문이었다. 이 질문에 나는 '주변 사람들이 받아준다'라고 답한다. 이 답에 대한 질문은 뻔한데 애초의 질문을 반복하는 것이다.

"그걸 받은 사람은 어디서 환전하는데?"

이런 무익한 순환은 비트코인을 이해하지 못해서가 아니다. 이 의문에 스스로를 가둔 이들은 인간 사회의 기본적인 속성을 오해하고 있다. 이 오해가 상상력을 제약하기 때문에 '비트코인을 사람들이 받아준다'는 진짜 답이 결코 답이 될 수 없다고 생각한다.

비트코인은 단말기에서 단말기로 이동하는 가치물로써 인류가 만든 최초의 가치 전송 수단이다. 비트코인 이전에는 단말기에서 단말기로 가치물을 보낼 수 있는 방법이 없었다. 신용카드나 온라인 뱅킹은 중앙의 서버에 접속해서 장부를 바꾸는 것일 뿐, 단말기에서 단말기로 이동하는 것이 아니다. 그림이나 음원, 이메일이 단말기에서 단말기로 이동하는 가치물에 가깝지만, 두 번 세 번 보낼 수 있으므로 사실상 가치물의 이동이 아니라 복제된 데이터를 이동시키는 것일 뿐이다. 비트코인은 복제물이 아니라 바로 그 코인을 보낸다.

아무리 먼 곳이라 해도 가치물을 단말기로 보낼 수 있다면 사람들은 그 가치물을 받아준다. 왜냐하면 자신도 언젠가는 그 가치물을 지리적 장벽 너머로 보낼 필요가 있으리란 걸 예측할 수 있기 때문이다. 인간은 미래를 예측할 뿐 아니라 염려하는 존재다. 자신의 미래를 염려하는 상인들은 비트코인을 제시하는 사람에게 쌀이나 고기, 담배, 술을 제공할 수 있다. 이런 행태가 몇 번 반복된다면 비트코인을 신뢰하지 않는 사람조차 비트코인을 결제 수단으로 수용하게 된다.

10년 전 예견했던 일들이 일어나기 시작하는 곳은 비트코인에 투자하는 사람들이 많은 미국이나 선진국이 아니다. 아프리카, 중남미, 그리고 가자지구, 아프카니스탄 같은 곳이다. 경제적으로 풍요롭고 비교적 자유로운 선진국에는 금융 인프라가 넘쳐나기 마련이고, 중앙 서버를 이용한 송금도 그럭저럭 견딜 만하다. 그러나 지구 전체를 놓고 보면 이런 나라는 오히려 예외에 속한다. 대다수 지구촌 시민은 금융 인프라가 전혀 없거나 있더라도 불편하다. 그래서 신용카드는 물론, 평생 은행을 경험하지 못하는 이들이 수십억 명에 달한다.

무엇보다 대다수 국가는 국민들을 통제하고 착취하는 도구로 통화 시스템을 사용한다. 나쁜 정권이 다스리는 곳에 살거나 아무 정권도 다스리지 못해 혼란스러운 곳에 사는 이들에게 비트코인은 거래하고 자신의 재산을 보호하고 저축할 수 있는 거의 유일한 수단으로 자리 잡기 시작했다.

이 책은 이런 내용을 다룬다. 저자는 비트코인의 활용에 대해 개념적인 차원에서 언급하고 넘어가지 않는다. 그곳에 살며, 그곳 사람들에게 비트코인을 가르치고 전파하는 사람들의 이야기를 통해서 아직도 비트코인이 실생활에 사용될 수 있다는 주장을 의심하는 독자들에게 생생하게 전달하고 있다. 이 책이 지금까지 나온 여타의 비트코인 저작들과 차별화되는 특징이자 장점이다.

한국같이 지리적 장벽을 우회해서 가치물을 단말기로 보내는 능력의 필요성에 둔감한 이들에게 비트코인을 설명하다 보면 새로운 기술이 초래한 미래를 장밋빛으로 과장하거나 투자를 독려하게 된다. 가격이 끊임없이 오른다거나, 비트코인은 글로벌 무역과 금융을 혁신하고 4차 산업이나 AI 시대와도 관련 있다고 말해야만 한다. 그렇지 않으면 흥미를 갖지 않는다.

이 책은 이런 기술이나 투자 위주의 설명들과 뚜렷하게 구별되는 주장을 하고 있다. 비트코인은 생존 수단이자 자유를 추구하는 이들의 무기다. 이 지구상에서 가장 소외받고 있으며 무력하게 살아갈 수밖에 없는 사람들에게 그 어떤 이데올로기나 거창한 혁명보다 실제적으로 변화를 가져다주고 있다. 그곳에서 비트코인을 깨우치는 이들은 무기력하게 현실에 순응하며 희망 없이 살아가던 과거와 단절하기 시작했다. 미래를 기대하면서 오늘을 역동적으로 살아가며 자신의 주변과 더 나아가 사회를 건강하게 바꿀 수 있다는 희망을 갖는다. 저자가 묘사하는 비트코인이야말로 가장 장밋빛 선동인지도 모르겠다.

  끝으로 책에 나오는 인상적인 장면 하나를 소개하고자 한다.

  저자는 쿠바 아바나에서 비트코인 관련 일을 하는 호르헤에게 선진국 지식인들은 비트코인은 범죄의 도구일 뿐 가치가 없다고 말한다고 하자, 도저히 이해할 수 없다며 다음과 같이 말했다.

  "비트코인을 통해 인생이 몰라 보게 달라진 사람들이 이렇게 많은데요? 이 기술을 통해 봉쇄와 정부 규제를 회피할 수 있고, 신탁기관 없이 돈을 보낼 수 있으며, 넓은 세계와 교류할 수 있고, 자립을 통해 전에는 불가능했던 일을 할 수 있습니다. 이 기술은 변화를 원하는 사람들에게 희망을 안겨줬습니다."

오태민(건국대학교 정보통신대학원 블록체인전공 겸임교수)

감사의 글

이 책이 세상에 나오기까지는 많은 사람의 도움이 있었다.

토르 할보르센, 게리 카스파로프, 셸린 아사프, 하비에르 엘 하게, 그리고 미국 인권재단HRF의 동료들은 내가 이 재단에 합류한 2007년부터 세상에 대한 안목을 더 넓힐 수 있는 지적 환경을 조성했다.

나는 미국 인권재단에서 일하면서 마날 알샤리프, 에반 마와리르, 박연미, 이야드 엘 바그다디, 스르야 포포비치, 마리나 네맛, 양젠리, 쟈니스 바카 다자, 그리고 블라디미르 카라무르자 등 반체제 인사들을 만났고, 그들에게서 자유의 가치를 배웠다.

나는 2017년부터 주목하게 된 비트코인 분야의 안드레아스 안토노풀로스, 맷 오델, 엘리자베스 스타크, 제임슨 롭 등 유명 인사와 교육자들로부터 비트코인이 인권 향상의 도구가 될 수 있다는 사실을 배웠다.

2021년을 거치며 세상에 이름을 알린 닉 카터, 지미 송, 앨런 패링턴, 린 알덴, 아론 반 위덤, 호들 온워드 등은 내가 쓴 글을 읽고 피드백을 제공했다.

이 책은 이레 아데리노쿤, 로야 마붑, 아담 백, 파리다 나부레마, 포데 디오프, 이사야 잭슨, 파디 엘살라민, 에릭 가르시아 크루즈, 알라 타르티르, 마이크 피터슨, 파이살 사이드 알 무타르, 호르헤 발렌수엘라, 보아즈 소브라도, 칼 카사, 리카르도 에레로, 케파 아부크데이어, 수단 호들, 라몬 마르티네스를 비롯한 여러 분이 귀한 시간을 내어 인터뷰에 응해준 덕분에 쓸 수 있었다.

〈비트코인매거진〉 팀의 크리스천 캐롤레스는 나에게 이 잡지에 정기 칼럼을 쓸 기회를 제공해주었고, 피터 차와가는 훌륭한 편집자로 늘 수고했으며, 엘런 설리번은 내가 쓴 글을 책으로 옮기는 전 과정을 이끌어주었다.

마지막으로 내가 이 책을 쓰기 위해 세계 곳곳을 돌아다니며 밤늦게까지 일하거나 새벽에 일어나 설칠 때도 무던히 참아내고, 그 모든 집안일을 묵묵히 감내해온 아내 알렉산드라의 공을 빼놓을 수 없다. 아내가 아니었으면 이 책은 세상에 나올 수 없었다. 감사드린다.

서문

비트코인이란 말은 누구나 들어봤겠지만, 디지털 화폐가 전 세계에 미치는 깊은 영향을 제대로 이해하는 사람은 극소수에 불과하다.

수단에서 팔레스타인, 벨라루스에서 나이지리아, 콩고에서 쿠바까지 수백만 명의 사람이 비트코인을 이용해 무너진 금융 체제에서 탈출하여 가족과 공동체의 밝은 미래를 꿈꾸는 기초를 건설하고 있다. 그러나 2022년 초까지도 주류 언론과 정치계의 담론에서는 이런 현상을 이해하거나 심지어 알아차리는 기색도 전혀 없었다.

왜 그럴까?

그들은 금융 및 경제적 특권 탓에 눈이 멀어 있기 때문이다.

세상에는 태어날 때부터 남달리 금융 및 경제 체제의 이득을 누리며 살아가는 사람이 있다. 사회 정의의 관점에서 "내가 과연 특권을 누리는지 확인한다"는 것은 세상 모든 사람이 공평하게 태어나지 않았다는 점을 인정하고, 자기 자신을 둘러싼 거품을 넘어 보편적인 인류의 사정에 공감하는 태도를 지니는 것을 의미한다.

　이 책에서 우리는 경제적 특권을 파악할 때 어떤 일이 일어나는지를 탐구한다. 먼저 경제적 특권의 바탕과 그 너머에 무엇이 있는지를 살펴보고, 우리가 다른 사람보다 얼마나 많이 누리고 사는지를 깨닫고 나면, 마침내 이 세상의 시스템이 실제로 어떻게 작동하고 있는지를 알게 될 것이다.

　그렇다면 경제적 특권을 누리는 사람은 과연 누구일까?

　우선 미국인을 들 수 있다. 3장에서 설명하겠지만, 미국인은 세계 인구의 4%에 불과하지만, 달러의 혜택을 이용하여 그 누구보다 경제적으로 더 유리한 특권을 누리며 살아간다. 달러는 중앙은행의 준비금이자, 무역의 수단이며, 국제적 표시 채권으로 세계에서 가장 우세한 통화의 지위를 누린다.

　미국 외에도 유로나 엔, 파운드 등의 준비통화reserve currency를 보유한 경제권의 국민은 그보다 약한 통화 체계에 속한 나머지 89%의 인구에 비해 경제적 특권을 누린다.

　이런 관계는 서로 상대적이다. 미국인은 남아프리카공화국 사람에 대해 경제적 특권을 누리지만, 남아프리카공화국 사람도 짐바브웨 국민에 비하면 엄청난 경제적 특권을 지닌다. 프랑스인(4장)은 과거 식민지였던 아프리카 사람에 대해 계속해서 경제적 특권을 누리고 있다. 이스라엘 사람(7장)은 팔레스타인 사람에 대해 경제적 특권을 누린다. 쿠바 독재정권(8장)은 쿠바 국민에 대해 경제적 특권을 누린다. 과거 수십 년 전으로 돌아가면 미국인(11장)은 흑인과 아메리카 원주민에 대해 경제적 특권을 누렸다.

이 책을 읽고 있는 독자 여러분은 아마도 지배층이 저지른 범죄로 인해 전 세계적 금융 체제로부터 소외되거나 제재를 받는 아프가니스탄(9장)이나 수단(1장), 혹은 이란 등에 사는 사람들에 비해 경제적 특권을 누리고 있을 가능성이 크다.

경제적 특권은 우리가 사는 세상에 내재한 속성이며, 역사의 방향을 좌우해온 요인이기도 하다. 가진 자들이 못 가진 자들로부터 권력을 빼앗을 수 있었던 것도 바로 이 경제적 특권 때문이었다. 그리고 이런 현상은 지금도 점점 더 심해지고 있다.

그러나 새로운 소식이 있다. 비트코인이 이런 경제적 특권을 없애고 있다는 사실이다. 이 새로운 흐름은 가자지구와 텔아비브, 하바나와 마이애미, 다카르와 파리, 혹은 워싱턴과 카라카스에 사는 모든 사람이 동등한 규약에 따라 대우받을 수 있는 공평한 운동장을 조성한다. 비트코인 규약은 모든 인류에 대해 중립을 지키며, 그 누구도 재산의 정도나 피부 색깔, 신념, 가계 이력, 종교, 국적 등에 따라 차별하지 않는다.

이 책은 내가 2020년과 2021년에 걸쳐 비트코인이 전 세계에 미치는 영향을 직접 탐구하면서 그동안 사람들이 잘 몰랐던 경제적 특권을 밝히기 위해 썼던 글을 한데 모은 결과다. 〈비트코인매거진〉은 비트코인이 도입된 경제적·정치적 역사의 맥락을 밝히려는 목적으로 쓴 이 글들을 실을 공간을 제공해주었다.

이 책은 나이지리아와 수단, 에티오피아에 사는 비트코인 사용자들의 개인적인 이야기, 비트코인의 탄생 배경 및 사이퍼펑크(암호기술을 활용해 인터넷상의 감시와 검열에 저항하며, 개인의 프라이버시를 추구하는 문화적 흐름) 운동, 달러 체제의 부정적 외부효과와 대비되는 비트코인의 특징, 트로이 목마에 비견되는 비트코인 도입 메커니즘, 엘살바도르, 토고, 세네갈, 쿠바, 팔레스타인, 아프가니스탄 등지에서 부상하는 비트코인 사용, 비트코인이 금융 식민주의에 대해 발휘하는 해독제 기능, 비트코인의 인도주의적·환경적 역할, 미국의 이상으로서의 비트코인, 그리고 비트코인이 지닌 새로운 세계 준비통화 잠재력 등의 내용을 다룬다.

나는 이 책을 쓰는 과정에서 돈의 위력에 대해, 그리고 전 세계에서 돈이 통제와 억압의 수단으로 사용되고 있다는 슬픈 현실에 대해 너무나 많은 것을 알게 되었다. 아울러 비트코인이 이런 현실을 타개하고 좀 더 자유로운 미래를 여는 희망을 제공한다는 사실도 알게 되었다.

차례

3장 페트로달러 체제의 숨은 비용

4장 비트코인은 자유를 위한 트로이 목마

5장 마을과 독재자

6장 금융 식민 지배에 대항하는 오픈소스 코드

7장 팔레스타인의 통화 자유

8장　쿠바의 비트코인 혁명

9장　아프가니스탄의 경제적 자유

10장 비트코인이 인도주의와 환경문제에 미치는 영향

11장 비트코인과 미국의 이상

12장 초제국주의의 종말

CHECK

YOUR

FINANCIAL

PRIVILEGE

1장

당신의 경제적
특권을 확인하라

서구의 거의 모든 엘리트, 투자자, 언론인, 학자의 눈에 비트코인은 골칫거리 아니면 재앙쯤으로 보일 것이다.

2021년 5월, 미국의 억만장자 찰리 멍거Charlie Munger는 비트코인을 "문명의 이익에 반하는 역겨운 존재"라고 말했다.[1] 한때 세계 최고의 부자였던 워런 버핏Warren Buffett도 그 점에서는 멍거와 같은 의견이다. 그는 비트코인은 '환상'이자 '독약 먹은 쥐'와 같은 존재이며, '사람들이 그런 것으로 인생을 바꿀 수 있다고 착각하기 때문'에 최근의 유행을 우려한다고 말했다.[2] 역시 한동안 세계에서 가장 부유한 사람이었던 빌 게이츠Bill Gates도 비트코인이 '바보 같은 이론'이라며 자신이라면 비트코인에 많은 돈을 투자하지 않겠다고 말했다.[3]

HBO 채널의 빌 마허Bill Maher는 자신이 진행하는 프로그램에서 새로운 통화를 지지하는 사람들을 '돈에 굶주린 기회주의자들'이라고 쏘아붙이며 비트코인을 평가절하했다.[4] 그보다 몇 주 전에 〈뉴욕타임스New

York Times〉는 비트코인 때문에 '세상이 망할 것'이라고 했고,[5] 이미 오래전에 〈파이낸셜타임스Financial Times〉의 칼럼니스트 마틴 울프Martin Wolf는 비트코인이 '범죄자, 테러리스트, 자금 세탁업자들의 온상'이 될 것이라고 단언했다.[6]

아이비리그 출신의 유명한 경제학자 제프리 삭스Jeffrey Sachs는 비트코인은 "사회적 가치가 전혀 없다"고 말했고, 전 국제통화기금IMF 총재이자 현 유럽중앙은행 총재인 크리스틴 라가르드Christine Lagarde는 비트코인을 '부끄러운 자금 세탁 행위' 수단으로 규정했다.[7]

지난 수십 년간 금융 전문가, 언론인, 정책입안자들은 끊임없이 이런 서사를 생산하며 비트코인이 인간과 지구에 위험하고 해로운 것이라는 이미지를 사람들의 뇌리에 주입해왔다.

그러나 그들의 말은 틀렸다. 그들은 자신이 지닌 금융 특권 때문에 실상을 제대로 보지 못한 것뿐이다.

달러가 안겨주는 금융 특권

앞에서 인용한 비판론자들은 모두 선진국에 사는 부자들이다. 그들은 자유민주주의와 사유 재산권, 언론 자유, 제대로 작동하는 법률 체계, 그리고 달러나 파운드 같은 비교적 안정적인 준비통화의 혜택을 누리며 살고 있다.

그러나 달러, 유로, 엔, 파운드, 호주 달러, 캐나다 달러, 스위스 프랑을 사용하는 사람은 전 세계 인구 중에 단 13%에 불과하다. 나머지 87%는 독재 국가나 통화 신뢰도가 매우 낮은 나라에 살고 있다. 2021년 12월 기준 약 43억 명의 인구가 전체주의 국가에서 살고 있고, 두 자릿수나 심지어 세 자릿수의 인플레이션에 시달리는 인구가 16억 명에 달한다.

달러 버블 속에서 살아가는 비판론자들은 큰 그림을 놓치고 있다. 오늘날에는 누구나 인터넷에만 접속하면 비트코인 세계에 합류할 수 있다. 이 새로운 통화 체계에서는 모든 참여자가 똑같은 규칙을 지켜야 하고, 네트워크 차원의 검열이나 차별이 없으며, 사용자들이 여권이나 신원 정보를 제출하지 않아도 되고, 소유자의 권리가 몰수되거나 저하될 가능성도 거의 없다.

서구 언론이 주로 코인베이스Coinbase의 상장이나 수십억 달러 상당의 비트코인을 매입한 테슬라, 기술 창업가들의 엄청난 성공 등의 소식을 다루는 동안, 전 세계에서 조용한 혁명이 일어나고 있다. 지금까지는 각국 정부와 기업들이 돈의 규칙을 좌지우지했다. 하지만 이제는 다르다.

나는 실상을 더 정확히 파악하기 위해 나이지리아, 수단, 에티오피아의 비트코인 사용자들을 만나 이야기해보았다. 이 3개국의 인구를 합하면 총 3억 6,600만 명에 이르며 미국 인구를 넉넉히 앞선다.

이 세 나라에 사는 사람들이 경험하는 일상이야말로 세계인의 평균적인 삶에 더 가깝다고 볼 수 있다. 게이츠와 멍거, 버핏 같은 사람들은 갈등과 폭력, 암시장, 끊임없는 인플레이션, 정치적 탄압, 만연한 부패 등을 적어도 최근에는 경험한 적이 없겠지만, 전 세계 대다수 사람에게 그것은 일상과도 같다.

그런데도 이 비트코인 사용자들은 서두에서 언급한 운명론자들에 비해 미래를 훨씬 더 낙관하며 살아간다. 그들에게 비트코인이란 저항의 수단이자 생명선이며 탈출구다.

지금부터 그들의 이야기를 들어보자.

나이지리아의 비트코인

이레 아데리노쿤Ire Aderinokun은 나이지리아의 사업가다. 그녀는 라고스 출신의 프론트엔드 개발자 및 사용자 인터페이스 설계자로 바이코인스Buycoins를 창립하고, 현재는 COO(최고운영책임자)와 엔지니어링 부사장을 겸하고 있다. 바이코인스는 2018년에 와이콤비네이터Y Combinator(미국 최대 규모의 스타트업 엑셀러레이터 기업-옮긴이)로부터 투자를 유치한 암호화폐 거래소로, 현재 서아프리카 지역에서 비트코인을 살 수 있는 가장 유명한 거래소로 자리 잡았다. 그녀는 작가이자 강연가, 조직전문가, 사회 운동가로 왕성하게 활동하고 있으며, 나이지리아의 여성평등 운동단체인 페미니스트연합Feminist Coalition의 창립 멤버이기도 하다.

아데리노쿤은 나이지리아가 아프리카의 '미국'에 비견되는 일종의 용광로라고 말한다. 이 나라는 크게 세 인종 집단이 주요 세력을 형성하고 있지만, 전체 인구는 수백 개의 부족으로 나뉜다. 이 점은 강점이기도 하지만 그만큼 다양한 국민을 통합한다는 측면에서는 어려운 과제

이기도 하다. 북부 지역은 무슬림이 주류이며, 남쪽은 기독교인이 압도적으로 많기 때문에 이 두 선거구가 번갈아가며 정권을 운영한다. 나이지리아는 경제 규모와 2억 명이 넘는 인구 모두 아프리카 최대 규모이며, 석유 수출이 국내총생산의 거의 대부분을 차지한다.

이런 지대 추구형(내부 경제의 생산성이 아니라 자원 수출에 의해 의존) 국가가 흔히 그렇듯이[8] 나이지리아에도 심각한 부패와 불평등이 존재한다. 부자들이 멋진 제트기를 타고 전 세계를 날아다니는 동안 나이지리아에서는 1분당 6명이 극빈 계층으로 전락한다.[9] 아데리노쿤에 의하면 나이지리아에서 부와 권력을 독점한 사람들은 사회에 재투자하지 않는다. 이른바 낙수 효과가 전혀 없는 것이다. 그 결과, 아부자와 라고스 같은 주요 도시 지역에서는 수많은 변호사가 경력에 걸맞지 않게 식당일 등을 하며 힘겹게 살아간다. 수백만 명이 일자리를 찾아 대도시로 몰려들지만 결국 할 일을 찾지 못하고 빈둥대야 한다.

그 결과, 나이지리아 인구의 62%를 차지하는 젊은 층은 심각한 실업에 시달리고 있다. 그러나 이 위기 속에 반전이 숨어 있다. 그녀는 나이지리아인에게는 놀라운 사업가적 기질이 있다고 말한다. 사람들은 살아남기 위해 무슨 일이든 하며, 부업은 당연한 것으로 여긴다.

사람들이 이렇게 힘겹게 살아갈 수밖에 없는 이유는 이 나라의 경제 상황만 봐도 알 수 있다. 공식적인 인플레이션율이 15%에 이르고, 식료품 가격은 그보다 더 심하다. 아데리노쿤은 환율이 1달러당 100나이라(나이지리아의 화폐 단위-옮긴이)에서 500나이라까지 오르는 것을 지켜봐 왔다. 그녀는 지배 계층이 화폐 가치 저하를 이용해 국민들을 착취한다는 것을 사람들도 다 알고 있다고 말한다. 그것은 누구나 아는 사실이다. 그래서 어떤 사람의 가족이나 가까운 사람 중에 공무원이 나오면 그 사람을 중심으로 일군의 집단이 생계를 해결한다는 말이 있을 정도다. 돈은 족벌주의를 통해 흘러가고 그 정점에 있는 사람만 살찌운다. 이것이 바로 돈이 창출되는 지점에 가장 가까이 있는 사람들이 나머지 전체 인구의 희생으로 이익을 얻는다는 캔틸런 효과Cantillon effect(차별적 인플레이션)다.[10]

그녀는 자라면서 사람들이 돈을 달러로 간직하거나, 해외로 이전하거나, 부동산을 구매하려고 애쓰는 모습을 지켜봤다. 이것이 바로 나이지리아 사람들이 자신의 시간과 정열을 바친 열매를 지키는 방법이었다. 그나마 이 방법을 선택할 수 있는 사람은 극소수에 불과했다. 그러나 비트코인의 등장으로 사정이 완전히 달라져서 이전에는 결코 꿈꿀 수 없었던 방법으로 돈을 지킬 수 있게 된 사람이 많아졌다. 오늘날 나이지리아인은 인터넷에 접속할 수 있으면 불안하고, 불평등하며, 착취적인 국가 화폐 체계에서 누구나 쉽게 탈피할 수 있다.

아데리노쿤은 2016년에 처음으로 코인베이스에서 비트코인을 시작했다. 그녀와 친구들은 처음에 이렇게 생각했다. 이 신기술을 해외로 송금하는 데 사용할 수 있을까? 알고 보니 비트코인은 전통적인 금융 수단에 비해 훨씬 쉽게 나이지리아에서 미국으로 송금하는 방법이 될 수 있었다. 그래서 그녀는 암호화폐 거래소인 바이코인스를 출범하기로 마음먹었다. 마침 나이지리아의 거대 기술기업 페이스텍이 몇 년 전에 설립되었고, 그 덕분에 바이코인스가 고객을 찾아내고 경험을 창출할 수 있었다. 그녀에게는 너무나 감사한 일이었다.

아데리노쿤은 처음부터 비트코인의 결제 기능, 즉 국경을 초월하여 어디로든 쉽게 송금할 수 있다는 점을 큰 매력으로 느꼈다. 그녀는 이 점이 비트코인이 제공할 수 있는 위대한 해결책이라고 생각했다.

바이코인스는 거래소라는 고유 기능 외에도 샌드캐시라는 앱을 출시함으로써 해외에 거주하는 나이지리아인이 본국으로 송금할 수 있게 했다. 가령 가족 모두가 미국으로 이주하더라도 달러를 고향으로 송금할 일이 있을 것이다. 그럴 때 라고스에서 그 돈을 받는 사람은 보통 달러 표시 국내 계좌가 필요한데, 아데리노쿤에 따르면 그런 계좌를 개설하기는 여간 어려운 일이 아니라고 한다. 설사 가능하다고 하더라도 은행통신망이나 웨스턴유니온(미국 송금 업체) 같은 서비스를 이용하기에는 너무나 비싸고 절차가 느린 데다, 달러를 나이라로 환전하기도 매우 까다롭다. 그녀는 비트코인이 이 모든 과정을 신속히 처리하는 데 도움이 될 수 있다고 생각했다.

미국의 사용자가 비트코인을 샌드캐시 앱에 전송하면, 단 몇 분 후에 나이지리아 은행 계좌에 나이라로 예금된다. 일종의 혁명이 일어난 셈이다. 지금은 샌드캐시 앱을 통해 나이라를 미국이나 가나로 보낼 수도 있다. 모두 비트코인을 결제 수단으로 사용한 덕분이다.

아데리노쿤은 나이지리아 인구의 약 45%가 인터넷에 접속한다고 말한다. 그렇다면 나이지리아 인구의 대다수가 아직도 비트코인을 사용하지 못하는 현실에서 그녀의 사명이 과연 가치 있는 일이라고 볼 수 있을까? 그녀 또한 이 점이 딜레마라고 생각할 때가 많다고 한다. 나이지리아에는 스마트폰이 없어 암호화폐를 받을 수 없는, 이른바 네트워크 난민Internally Displaced Persons, IDP이 너무나 많다. 그녀는 비록 인터넷에 접속할 수 없는 사람이 많은 것이 사실이나, 수백만 명에 이르는 인터넷 사용자 중에는 자신의 스마트 앱을 그들과 공유하는 사람도 있으므로, 그녀가 하는 일과 사명은 결국 가치가 있다고 결론지었다.

아데리노쿤은 빌 게이츠나 워런 버핏 같은 비트코인 비판론자들의 논점 중 환경 영향과 같은 문제에 대해서는 거론할 여지가 있다고 인정한다. 그러나 비트코인에 아무런 장점이 없다거나, 그저 폰지 사기극이나 흥밋거리에 지나지 않는다는 서구 특권층의 주장에는 분명히 문제가 있다고 지적한다. 그들은 달러를 손에 넣을 수 없는 사람들에게 비트코인이 얼마나 중요한 역할을 할지 전혀 이해하지 못한다는 것이다. 지구상의 수십억 인구는 화폐가 본래의 소임을 전혀 감당하지 못하는 형편없는 화폐 제도에 갇힌 채 살아가고 있다. 나이지리아를 비롯한 세계 여러 곳에 사는 사람들에게 비트코인은 새로운 선택지를 제공하며 진짜 문제를 해결해줄 것이다.

비트코인이 단지 부자들을 이롭게 할 뿐이라고? 아데리노쿤은 크게 웃으며 전혀 그렇지 않다고 강조한다. 비트코인은 일자리를 제공하고, 나이라를 다른 화폐로 바꿀 수 있게 해주며, 과거에는 불가능했던 곳에서 상거래를 일으킨다. 페미니스트연합의 활동으로 비트코인은 경제적으로 억압받던 사람들과 계좌가 동결되었던 운동가들이 그런 상황을 극복할 수 있게 해주었다.[11] 이것은 단지 가만히 앉아 가격 추이만 지켜보는 사람들에 대한 이야기가 아니라고 그녀는 힘주어 말한다.

아데리노쿤은 앞으로 더 많은 교육이 꼭 필요하다고 생각한다. 나이지리아인들은 아직도 비트코인을 너무 모르고 있다. 그녀는 그렇게 된 주원인이 비트코인의 가격이 계속 오르는 데다 그 이면의 진실을 보지 못하는 사람이 많기 때문이라고 말한다. 신용사기는 거대한 장애물이다. 그녀는 그럼에도 비트코인을 이해하는 사람이 많아졌다고 덧붙였다. 그들은 비트코인이 큰 폭으로 오르내리면서 결국 시간이 흐를수록 상승하는 방향으로 나아가는 데 비해, 나이라는 점점 더 가치가 떨어진다는 것을 깨닫고 있다.

그녀는 나이라와 암호화폐 사이의 가교와 출입 통로를 마련하는 데 집중해야겠다는 생각도 하고 있다. 바이코인스는 나이라 기반 스테이블코인(가격 변동성을 최소화하도록 설계된 암호화폐-옮긴이)인 NGNT와 협력하고 있는데, 그녀는 이것이 은행 계좌가 없는 사람들에게 도움이 될 것이라고 믿고 있다.

암호화폐 출입로를 구축하는 일이 중요한 이유는 나이지리아 정부가 바이코인스를 비롯한 암호화폐 거래소를 예의주시하고 있기 때문이다. 2021년에 정부는 비트코인을 법정통화로 인정하지 않는다고 공식 선언하면서 은행을 향해 비트코인을 보유하거나 법정통화로 취급하지 말라고 지시했다.[12] 이후 정부는 개인이 비트코인을 거래할 수는 있으나 정규 금융기관에서는 이를 금지한다고 밝히기도 했다. 때문에 바이코인스는 은행들이 상대해주지 않았으므로 그동안 나이라를 보유하는 데 어려움을 겪었다. 그러나 아데리노쿤에 따르면 오늘날 바이코인스는 인터넷을 통한 개인 간 직접 거래 방식P2P에서 해결책을 찾았다고 한다. 사용자들은 이제 구매자와 판매자가 시장에서 직접 만나 나이라를 환전할 수 있게 되었다.

아데리노쿤은 비트코인을 금지하는 것은 사실상 불가능하다고 믿고 있다. 정부는 할 수 있는 최대한의 조치를 이미 다 했다. 즉 금융기관에 비트코인을 취급하지 말라고 강제한 것이다. 그러나 개인들이 하드웨어 지갑을 사용하거나 나이지리아 같은 곳에서 P2P 활동을 펼치는 것까지 막을 방도는 사실상 전혀 없다. 그녀는 "아무도 우리를 막을 수 없다"라고 단언한다. 그것은 마치 페이스북 사용을 금지하려는 시도와 같다는 것이다. 물론 정부가 아예 인터넷을 완전히 폐쇄할 수도 있지만, 그렇게 되면 온 나라에 심각한 결과를 미치게 될 것이다.

아데리노쿤은 정부가 오히려 비트코인을 이해하고 거래소와 협력함으로써 나이지리아인이 세계와 연결될 수 있도록 도와주어야 한다고 말한다. 그녀는 정부가 적대적인 태도를 보여서는 안 된다고 말한다. 오히려 비트코인은 국가 경제에 도움이 될 것이며, 나아가 나이지리아 정부가 다른 나라보다 먼저 비트코인의 잠재력을 이해한다면 그보다 더 좋은 일이 없을 것이라고 생각한다. 그러나 그녀는 지금 당장 정부가 비트코인의 역할을 이해하기를 기대하는 것은 너무나 어려운 현실이라고 말한다. 만약 정부가 블록체인 감시망을 발동하거나 개인 간 거래를 감시하면 어떻게 하느냐는 질문에, 그녀는 웃으면서 정부는 그럴 만한 능력도, 노하우도 갖추지 않았다고 말한다.

아데리노쿤은 미래를 낙관한다. 비트코인의 잠재력을 확인했기 때문이다. 그녀는 적극적인 인권 운동이라는 맥락에서 비트코인이 던져준 한 줄기 희망을 보았다. 2020년 10월, 전국 규모의 SARS(전 국민을 공포에 몰아넣은 것으로 악명 높았던 특수경찰부대) 반대 운동이 펼쳐지던 당시, 페미니스트연합은 핀테크 기업 플러터웨이브Flutterwave를 통해 기부금을 모금하기 시작했다. 처음에는 순조롭게 진행되었으나 이후 정부의 엄중한 단속이 시작되었다. 그들의 은행 계좌도 곧 폐쇄되었다.

이제 남아 있는 선택지는 비트코인밖에 없었다. 그 외에는 돈을 받을 수도, 저축할 수도, 쓸 수도 없었다. 아데리노쿤을 비롯한 공동창업자들은 이 사건을 계기로 각성했다. 그들은 BTC페이 서버를 구축하여 주소를 재사용하지 않고 기부자의 신원을 보호하며, 전 세계에서 답지하는 기부금을 받을 수 있었다. 그들은 잭 도시 같은 유명 인사가 링크를 공유하는 등의 도움에 힘입어 7BTC가 넘는 금액을 모금했다.

그녀는 당시 비트코인이 적극적인 사회운동의 도구가 될 수 있음을 깨닫는 젊은이들이 많아졌고, 그야말로 훌륭한 학습 경험을 쌓을 수 있었다고 한다. 그녀는 그때의 경험 덕분에 바이코인스에 구축하는 상품에 대한 믿음을 더욱 강력하게 다질 수 있었다. 사람들은 비트코인이 훌륭한 도구라는 사실과 정부가 그것을 어찌할 수 없다는 것을 알게 되었다. 아데리노쿤은 바로 이 점 때문에 언젠가는 비트코인이 라디오와 TV, 인터넷과 똑같은 대접을 받으며 거론될 날이 오리라고 생각한다.

정부가 화폐를 통제할 수 없는 세상이 올 것이 걱정되지 않느냐는 질문에 그녀는 아니라고 하며 미래를 낙관한다고 말한다. 그녀는 정부가 그저 돈을 많이 찍어내는 것은 그 자체로 단점이 있으므로, 그런 선택지가 사라지는 것이 꼭 나쁜 일은 아니라고 말한다.

수단의 비트코인

모Mo는 수단의 의사로, 수단 HODL이라는 트위터 계정으로 알려진 인물이다. 현재 그는 유럽에 살면서 개업의로 활동하며 본국의 가족을 부양한다.

모는 조국을 냉철한 시선으로 바라본다. 그는 수도 하르툼을 소수의 부유층은 돈을 흥청망청 써대고, 주변에는 엄청난 빈민층이 둘러싸고 있는 다양한 인구가 모여 사는 거대 도시로 묘사했다. 그에 따르면 하르툼은 으리으리한 주거지역 바로 옆에 그야말로 극빈층이 함께 사는 모순의 도시이다.

원래 모가 일했던 다르푸르는 놀랄 정도로 발전되지 않은 곳이었다고 한다. 그곳에는 교육이나 보건 관련 시설이 아예 없었다. 그가 그곳에서 일할 당시, 수십만 명의 인구를 상대하는 의사는 고작 서너 명에 불과했는데, 그중 한 명이 바로 그였다. 1차 의료기관 자체가 부족했던 데다, 소아병원은 아예 없었다. 당시 그는 여성 누공 환자(상처나 질병으로 인체에 구멍이 뚫린 환자-옮긴이) 한 명을 치료하고 있었다.[13] 그는 국가의 지배 계층이 이런 지역에는 전혀 투자하지 않았다고 말했다. 그런 권력 공백은 결국 군벌들이 차지했고, 젊은이들은 성공하기 위해 진학하기보다는 폭력의 길로 접어들었다.

모는 조국의 아픈 역사를 들려주었다. 그에 따르면 수단은 영국의 식민지에서 벗어난 이래로 군사 쿠데타와 독재 지배의 악순환을 겪으며 갓 피어오른 민주주의의 싹을 잃어버리는 과정을 반복했다.

모는 맨 처음 이슬람은 폭력이 아니라 무역 상인과 수피교도를 통해 수단에 전해졌다고 말한다. 그는 역사적으로 이슬람교도였던 자신의 조상은 교리를 평화적으로 해석한 사람들이었다고 말했다. 그러나 1980년대에 사우디아라비아가 석유를 통해 부국이 되면서(3장 참고) 와하브파(과격원리주의집단)의 극단적이고 호전적인 이데올로기가 전 세계에 퍼져나갔고, 그 여파가 수단에도 미치게 되었다. 와하브파의 교리는 원래 수단의 문화와는 낯선 것이었으나, 결국 이 나라의 정치 체제에 깊숙이 침투하게 되었다.

그 결과, 1983년쯤에는 군사 정부가 무슬림 형제단과 동맹을 맺음으로써 기독교와 정령 신앙을 주로 신봉하던 남부 지역이 정치적으로 소외되고 말았다. 1985년에 민주주의 혁명이 일어났으나, 곧이어 1989년에 오마르 알 바시르Omar al-Bashir가 이끄는 이슬람교도들이 다시 한번 쿠데타를 일으킴으로써 이후 30년 동안 그의 지배 체제가 굳건히 자리 잡는 발판이 되었다. 사회는 군사 통치가 지배했고, 지식인들은 숙청되었다.[14] 모에 의하면 만약 누군가 반정부적인 발언을 한다면 그는 정부 당국뿐만 아니라 이슬람교 자체를 반대하는 셈이었다고 한다. 즉 그것은 신을 거역하는 행위로, 바시르의 잔혹성을 촉발하여 소수 민족 집단을 향한 또 한 번의 학살극을 부르는 행동이었다.

식민지 시대부터 수단 남부와 다르푸르의 소수 민족은 멀리 떨어진 하르툼의 권력층에 저항해왔다. 이런 갈등의 씨앗이 뿌려진 것은 이들 소수 민족 집단이 식민 해방 이후 무슬림의 지배 아래에 놓인 1950년대부터이다. 세월이 흐르면서 소수 민족은 반란을 일으킬 때도 있었지만,

그럴 때마다 무자비하게 진압되고 말았다. 유혈 사태가 정점에 달한 것은 2000년대 초에 바시르가 대량 학살을 저질렀을 때였다. 그가 이른바 잔자위드 민병대를 동원하여 수십만 명을 살해하는 바람에 수백만 명이 고향을 등진 채 이리저리 피신하는 신세가 되었다.[15] 이 사건을 계기로 미국과 유럽연합은 수단에 대한 제재를 강화했고, 결국 수단은 점점 더 외부 세계와 단절되었다.

모는 수단의 정치사에 가려져 간과되기 쉬운 경제적 역사를 세상에 알리는 일이 중요하다고 생각한다. 하르툼에서 쉽게 눈에 띄는 극심한 불평등 외에도 저소득층은 높은 인플레이션을 따라잡기 위해 발버둥치는 반면, 권력층에 가까운 사람들은 비교적 잘살고 있는 전체 그림을 봐야 한다. 사회 인프라가 쇠락하고 서민들은 생활고에 시달리는 와중에도 바시르의 족벌 체제는 무기와 부동산, 해외 자산을 차곡차곡 독점해왔다. 현대 수단은 물가 상승이 각 경제 주체에 미치는 영향이 극명하게 다를 수 있다는 이른바 캔틸런 효과를 생생하게 보여주는 또 하나의 비극적인 사례다.

그러나 이런 현실이 과거부터 늘 그랬던 것은 아니다. 모는 금본위 체제하에서는 3수단파운드로 1달러를 살 수 있었다고 말했다. 당시에는 중산층이 존재했고, 하르툼은 북아프리카의 런던으로 불리기도 했다. 그러나 1960년에 수단중앙은행이 무슬림의 손에 넘어가 통화절하가 시행된 것을 계기로 이후 수십 년간 악순환이 이어져 왔다.

바시르는 1989년에 권력을 손에 넣은 후 그야말로 경제적 테러를 일삼는 정권을 수립했다. 그는 대중에게 공포를 심어주기 위해 마지디 마흐읍Majdi Mahjoub이라는 젊은이를 본보기로 삼았다. 그는 연로한 부모를 모시고 사는 외동아들이었다. 상인들이 모여 사는 기독교 소수 공동체의 일원이었던 마지디는 오랫동안 가족이 장사를 해서 모아둔 몇천 달러의 돈을 집에 보관하고 있었다.

바시르는 일종의 비밀경찰에 해당하는 특수 '경제' 부서를 새롭게 발족했고, 전국의 모든 가정을 샅샅이 수색하여 외국 화폐나 금을 찾아내도록 했다. 서슬 퍼런 그들은 마지디의 집에 들이닥쳐 모아놓은 돈을 찾아낸 후 그를 체포했다. 한 차례 보여주기식 재판이 끝난 후 마지디는 교수형에 처해졌다. 그는 수단의 은행 체계가 인정하지 않는 화폐를 사용하려는 사람(즉 자기 돈을 소유하려는 사람)은 그 누구라도 사형을 각오해야 한다는 메시지를 대중에 전달하는 역할을 한 것이었다. 모에 따르면 심지어 오늘날에도 수단 사람들은 달러를 사용하거나 집에 돈을 보관하기를 두려워한다고 한다.

그러는 한편 바시르는 활동 자금을 마련하기 위한 조공 체제를 갖추기 시작했다. 국민은 기존 과세 및 봉납 제도 외에도 독재자의 전쟁에 목숨을 바치는 사람들을 위해 수입의 일부를 내놓아야만 했다. 비밀 금융 경찰은 개인을 염탐하여 은행 계좌를 동결하고, 자산을 몰수하며, 상인들에게 말도 안 되는 추가 비용을 부과했다. 그들의 행위에는 어떠한 정당한 사유도 필요하지 않았다. 모는 그것을 국가 권력을 통한 강탈이라고 말했다.

모는 지금까지 살아오면서 통화 체제 자체가 개편된 일이 몇 차례 있었다고 회고했다. 1980년대 말에 그의 가족은 사우디아라비아에 살았었는데, 당시 고향을 방문하면 약 0.25수단파운드로 길거리에서 샌드위치나 맛있는 간식을 살 수 있었다. 그러나 1992년에 바시르가 이슬람 금지 규정을 바꿔 식민지 시대의 파운드를 이슬람식 디나르로 전환한 후로 0.25수단파운드는 아무짝에도 쓸모없는 돈이 되어 버렸다. 1990년대 중반에 이르면 엄청난 인플레이션이 발생해 1달러에 400디나르이던 공식 환율이 무려 2,000디나르를 넘어섰다. 이후 2007년에 바시르는 이슬람이라는 허울을 걷어차고 다시 파운드화로 돌아갔다. 국민은 매우 협소한 창구를 통해서만 디나르를 새 통화로 바꿀 수 있었고, 그 이후로는 법정통화를 구경조차 할 수 없었다. 결국 그들은 저축액을 포기하거나 눈앞에서 사라지는 것을 지켜볼 수밖에 없었다.

몇 차례 평가절하와 끝없는 인플레이션이 계속된 결과, 오늘날 수단 파운드화의 공식 가치는 0.0025달러에 불과하다. 모는 수단의 공식 인플레이션율이 2021년 말 현재 340%에 달한다고 말한다. 평범한 국민이 임금 정체와 생활비 상승을 그저 지켜볼 수밖에 없는 현실에서도 바시르와 그 측근은 수십억 달러의 돈을 축재하여 스위스 은행에 안전하게 보관하고 있다.[16] 현재 수단 신정부는 지난 30년간 약탈로 잃어버린 자산을 되찾는 일에 애를 먹고 있다.

2019년 봄, 수단 사람들은 마침내 바시르를 축출함으로써 국민의 놀라운 힘을 보여주었다. 이후 개혁 정부가 들어섰지만, 구정권의 군부 지도자들과 민간 정부의 기술관료가 권력을 분점하는 위태로운 형태의 권력 구조가 유지되고 있다. 모에 따르면 사람들은 처음에 변화를 낙관했으나 현실은 그들의 기대에 미치지 못했다고 말한다. 결국 2021년 말에 다시 군부가 권력을 쟁취했기 때문이다.

그는 IMF가 수단에 가구당 5달러를 지원하기로 한 것은 하루 수입이 1달러에 불과한 사람이 많은 현실에서 매우 중요한 일이었다고 말한다. 문제는 그 지원금이 달러가 아니라 수단 파운드로 지급되었으므로 몇 달이 못 가 가치가 형편없이 떨어지고 말았다는 사실이다. 바시르 정권에 가해졌던 제재는 이제 철폐되었으나, 지금도 수단 사람들은 거의 모든 핀테크 상품과 결제 앱을 사용할 수 없다. 그런 기업들이 '위험 관리' 차원에서 수단에 서비스 제공을 꺼리고 있기 때문이다.

지구상에는 정치적 혁명만으로 충분하지 않은 곳이 분명히 존재한다. 바시르 독재 정권을 무너뜨린 일은 역사적으로 놀라운 성취였다. 하지만 여전히 정치적 상황은 어렵고, 국민은 생활고에 시달리고 있다. 그래서 모를 비롯한 일부 사람들은 비트코인에 관심을 기울인다.

모는 2015년 유튜브에서 이 '신비한 인터넷 화폐'를 처음 접했다고 한다. 그는 안드레아스 안토노폴로스Andreas Antonopolous의 영상을 셀 수도 없이 보고 《비트코인, 그 시작과 미래The Internet of Money》라는 책을 읽으며 이 새로운 화폐가 등장한 배경을 이해할 수 있었다.[17] 그는 해외에서 일하는 동안 LocalBitcoins.com이라는 사이트에서 페이팔PayPal로 유로를 비트코인으로 환전하면서 사용하기 시작했다. 그는 주로 혼자서 소규모 거래를 계속했다. 그러다가 2017년부터는 가족과 친지에게 알리기 시작했다. 그는 미래에는 비트코인이 우리의 일부가 될 것이라고 말했다. 그 결과, 오늘날 그들은 비트코인으로 돈을 저축하고 있다.

모는 오늘날 수단의 4,300만 인구 중 1,300만 명이 인터넷에 접속하고 있으며, 몇 년 안에 그 수는 2,000만 명을 넘어설 것으로 전망한다. 온라인에 접속하는 인구는 점점 증가하고 있고, 이제는 다르푸르나 누바 산맥 같은 오지에도 스마트폰이 보급되어 있다. 그야말로 모든 국민이 인터넷에 접속하는 시대가 되었다.

그는 스마트폰을 갖고 있는 수단 사람은 자신이 누리는 이점을 다른 사람을 돕는 데 사용할 책임이 있다고 말한다. 그는 부양할 대가족이 있으며, 그들의 '엉클 짐' 역할을 해야 한다. '엉클 짐'은 비트코인 세계에서 다른 사람에게 비트코인과 관련된 일을 도와주는 해박하고 친절한 친구를 뜻하는 용어다.[18]

한때 수단과 나머지 세계를 가로막는 금융 장벽이 존재했다면, 이제는 비트코인이 그 둘 사이를 연결하는 다리를 건설했다. 이제 유럽에 사는 모는 고향의 친지와 가족에게 너무나 쉽게 송금할 수 있다. 과거에는 송금하는 데 며칠이 걸렸지만, 지금은 불과 몇 분 만에 끝난다. 더구나 그 과정에 믿을 만한 중개자가 있어야 할 필요도 없고, 돈을 받을 가족들이 도둑 같은 관리를 상대하지 않아도 된다.

모는 앞으로 라이트닝 네트워크Lightning Network가 수단에서 얼마나 막강한 위력을 발휘할지 내다보기 시작했다. 미래의 사용자들은 대부분 소액 결제 시스템을 통해 5달러나 10달러를 송금할 뿐, 점점 비싸지는 블록체인 요금을 부담할 여력이 없을 것이기 때문이다. 라이트닝은 비트코인 시스템을 기반으로 구축된 레이어2 결제 네트워크로, 사용자들은 이를 통해 세계 어느 곳에서든 아주 저렴한 비용으로 비트코인을 즉각 송금할 수 있다. 그는 국제 거래소들이 수단에서 서비스를 시작하여

라이트닝을 통한 입출금을 허용한다면, 그것은 수단인의 경제적 권리에 일대 전진이 될 것이라고 말했다.

모는 빌 게이츠나 워런 버핏 같은 사람들도 비트코인의 배경 기술 정도는 당연히 알겠지만, 그동안 그들이 독점해온 세계 무대를 비트코인이 야금야금 파고드는 현실을 결코 좋아할 리 없을 것이라고 말했다. 비트코인이 사회에 전혀 도움이 안 되는 무가치한 것이라는 억만장자들의 주장과는 달리, 모는 비트코인에 목숨을 거는 수단 사람이 많다는 엄연한 현실을 잘 알고 있다. 모는 비트코인 비판자들이 어쩌면 자신들의 특권 때문에 이런 현실을 보지 못하는 것일 수도 있다고 말했다.

비트코인은 모의 인생을 바꿔 놓았다. 그는 수단의 젊은이들에게 비트코인과 화폐, 자유, 그리고 조국의 미래를 이야기하는 아랍어 팟캐스트를 개설했다. 15년 전만 해도 그가 이런 희망을 이야기하는 사람이 될 줄은 꿈에도 몰랐다.

그의 인생에 가장 암울했던 시기는 2013년에 평화적인 정치 봉기가 완전히 진압되었던 사건이었다. 모는 소셜미디어를 모두 그만두었다. 그는 폭력이 불러온 유혈 사태가 고스란히 담긴 화면과 영상을 도저히 지켜볼 수 없었다. 그러나 그동안 정치와 경제 면에서 나란히 변혁이 진행되었고, 이제 그는 이 긴 터널의 끝에서 마침내 희망을 보고 있다. 사람들의 입에서 비트코인이 희망이라는 말이 나오면, 그는 동의한다고 말한다.

에티오피아의 비트코인

칼 카사Kal Kassa는 에티오피아의 사업가다. 이 나라의 인구는 1억 2,000만 명에 달하지만, 그중 은행 계좌를 갖지 못한 사람이 70%가 넘는다. 그는 이 나라에서는 아직도 소금이 화폐 역할을 한다고 말했다.

화산과 협곡, 사막이 흩어진 북동부 오지 아파르 지역의 원주민은 선조들이 그랬듯이 지금도 소금을 캐낸 다음, 생필품과 바꾸기 위해 시장이 있는 곳까지 며칠을 걸어가야 한다. 소금은 그들이 가치를 보존하고 물건을 교환하는 수단이자, 계산의 단위이다. 암하라 말로 소금을 뜻하는 아몰amole은 에티오피아 모바일뱅킹 앱의 이름으로 사용되고 있다.

카사에 따르면 에티오피아 인구의 70%는 여전히 시골 지역에 살고 있다. 인구 500만 명의 수도 아디스아바바를 조금만 벗어나도 은행 계좌나 스마트폰이 없는 사람이 대부분이다. 에티오피아 인구 중 인터넷에 접속할 수 있는 사람은 2,500만 명을 넘지 않는다. 게다가 에티오피아에는 개방된 자본시장이 없다. 개인은 국가통화(비르birr)를 마음대로 달러로 환전할 수 없고, 그 반대도 마찬가지다. 카사는 이 나라가 지금도 마르크시즘 군사 통치와 중앙집중적 경제 체제에 놓인 것이 슬픈 현실이라고 한다.

2021년 중반 현재 에티오피아중앙은행의 법정 환율은 1달러당 40비르지만, 암시장에서는 1달러가 55비르에 거래되고 있다. 공식 물가 상승률은 약 20%에 이른다. 카사는 정확한 인플레이션율은 모르지만, 에티오피아 사람들은 부활절이 되면 닭이나 양을 한 마리씩 사는 것이 전통인데, 해마다 이 가격이 오르고 있다고 말했다. 그가 2013년에 에티오피아에 와서 컨설팅 사업을 시작할 때만 해도 양 한 마리를 대략 1,500비르에 살 수 있었지만, 2021년 말에 가격은 최소 5,000비르에서 많게는 7,000비르까지 올랐다.

카사는 정부 임금도 물론 오르기는 했으나 인플레이션을 따라잡기에는 턱없이 부족하다고 말했다. 그는 지난 10년 동안 도시 지역 임금이 약 2배 인상된 데 비해, 물가는 3배에서 5배까지 상승한 것으로 추정했다. 인플레이션이 매우 극심하고 만성적이어서 상류층은 주로 달러를 회계 단위로 삼는다. 그러나 도시를 벗어나면 사람들은 비르로 거래하므로 그에 따라 생활 수준도 낮아질 수밖에 없다. 시골 사람들이 재산 가치를 보존하는 수단은 소나 양이다. 가능하다면 금을 취득할 수도 있지만 그럴 기회는 매우 드물고 희귀한 일에 속한다. 달러의 소지와 사용은 공식적으로 불법이다.

정부는 국민이 달러를 사기 위해 비르를 투매하여 비르의 가치가 제로에 수렴하는 사태를 두려워한다. 그러나 한편으로 정부는 자기 목적을 위해 가능한 많은 달러를 확보하고자 통화 체계를 이중 기준으로 운영하고 있다. 예컨대 관광업을 운영하는 에티오피아인은 외국인이 결제하는 달러를 받을 수 있고, 그 돈으로 최대 2개월 동안 수입 상품을 살 수도 있다. 그러나 그 기간 안에 달러를 다 쓰지 못하면 정부가 공식 환율로 그 돈을 회수해 간다. 물론 이때 환율은 실제 시장 환율인 달러당 55비르가 아니라 가짜 환율인 40비르이다.

카사의 형제는 과거에 단지 20달러 지폐를 소지했다는 이유만으로 체포되어 구금된 적이 있다. 에티오피아는 사람들이 자신에게 유리한 화폐를 사용하는 것이 죄가 되고, 그래서 감옥에 갇히는 나라다.

2018년을 기점으로 에티오피아는 인접국 에리트레아Eritrea와의 적대 관계를 종식하기 위해 노력한 공으로 노벨평화상을 받은 젊고 새로운 지도자의 지휘 아래 일련의 개혁을 진행해왔다. 이런 변화에 힘입어 새로운 정치 공간이 열렸고, 이 나라는 25년 넘게 지속한 경찰국가를 탈피하여 자유민주 체제를 향해 나아가기 시작했다. 그러나 3년 후 탄압과 인종 갈등, 무장 충돌이 일어나면서 민주주의는 다시 후퇴하게 되었다. 정치적 불확실성과 전쟁으로 막대한 자본이 해외로 유출되었다. 설상 가상으로 에티오피아는 수출보다 수입이 많은 나라다. 석유, 의료품, 자동차 등은 모두 외국으로부터 수입에 의존한다.

이런 열악한 환경에서 에티오피아 사람들은 울며 겨자 먹기로 국채를 살 수밖에 없다. 카사는 국채는 사실상 마이너스 실질이자를 보장한다며 냉소했다. 그의 표현을 빌자면 그것은 정부에 바치는 기부금일 뿐이다.

카사는 에티오피아에서 태어났지만 어려서 나라를 떠나 캘리포니아에서 자랐다. 그는 2013년 말에 국영 자산의 민영화 과정에서 매수자와 매도자를 지원하는 그랜트손튼Grant Thornton(글로벌 회계법인)의 중간 실무자 역을 맡아 귀국했다. 이후 2020년에 정부가 인터넷을 봉쇄할 때까지 계속 에티오피아에서 살았다.

카사는 휴대폰으로 SMS 메시지도 전송하고 통화도 했으나, 데이터를 사용할 수 없었다. 정권은 이것이 반란을 예방하는 조치라고 설명했다. 그러나 곧이어 팬데믹 봉쇄가 이어지면서 이런 변명은 전혀 설득력이 없어졌다. 그리고 2020년 6월, 그는 배낭 하나만 달랑 짊어진 채 다시 미국행 비행기에 몸을 실었다.

카사가 비트코인을 처음 접한 것은 2013년에 채프먼대학교에서 그의 룸메이트가 이것을 채굴했다는 이야기를 들었을 때였다. 그러나 당시에는 크게 와닿지 않았다. 이후 오랫동안 그는 비트코인을 그저 의심스러운 대안 투자의 일종이라고만 생각했다. 그가 비트코인의 가치를 깨달은 것은 바로 2020년 6월에 아디스아바바 공항에 있을 때였다. 그는 탑승 수속을 기다리면서 문득 이런 생각이 들었다. 만약 내가 재산을 금이나 소로 보관해두었다면, 과연 해외로 가지고 나갈 수 있었을까?

현재 카사는 자신이 개설한 텔레그램 그룹에서 에티오피아의 프리랜서와 그래픽 디자이너, 번역가 등에게 비트코인으로 요금을 지불한다. 그는 미국 사람들은 비트코인을 투자와 저축 수단으로 인식하지만, 자신은 교환과 지불 수단으로도 사용한다고 말했다. 비트코인은 더 쉽고 저렴하며, 이제는 그의 생활에 일부가 되었다.

카사는 지금 라이트닝 네트워크에 집중하여 에티오피아 거래처에 대금을 결제하는 수단으로 사용하고 있다. 그는 개방형 무료 플랫폼인 블루월렛Blue Wallet을 사용하여 저축 계좌를 개설하도록 도와주고, 라이트닝을 통해 직접 돈을 지불한다. 그는 이 방법을 통해 지구 반대편에서 현금을 곧바로 전해줄 수 있다는 것을 알고 놀라움을 금치 못했다.

한편, 그와 거래하는 사람들은 블루월렛을 저축 계좌로 사용하며, 에티오피아의 P2P 시장에서 비트코인을 비르로 환전한다. 그는 이 방식이 웨스턴유니온이나 비르화 표시 계좌에 비해 엄청나게 유리하다고 말했다. 예를 들어 그는 최근에 기존의 방식으로 100달러를 송금하는 데 무려 13달러의 요금을 지불했다고 했다. 카사는 사람들에게 돈을 줄 때 당국이 일부를 떼어가는 정부 환율 방식 대신, 이런 직접 방식을 통해 전액을 전달하고 있다. 거래 상대방이 모두 자기 은행을 소유한 셈이므로 그 누구도 가치를 훼손하거나, 그들의 재산을 몰수할 수 없다. 카사의 말대로 이것은 일대 혁명이었다.

사실 카사는 비트코인에 대해 걱정과 두려움도 가지고 있다. 예를 들어 에티오피아 정부는 위성 인터넷에 대해 바짝 신경 쓰고 있다. 위성 장비를 소지하고 있다가 발각된 국민은 곧바로 투옥될 수도 있다. 사정이 이렇다 보니 그로서는 비트코인 서버를 직접 운영하는 사람들의 안전을 염려하지 않을 수 없다. 아울러 그는 사람들이 결국 수탁 서비스 회사를 이용하게 될 수도 있다고 생각한다. 지금으로서는 비트코인과 다른 암호화폐의 차이는 물론, 수탁 서비스(자신이 소유한 비트코인을 제삼자에게 맡기는 방식)와 비수탁 서비스(비트코인 열쇠를 직접 보관하는 방식)의 차이를 전혀 이해할 수 없는 사람이 많은 것이 현실이기 때문이다.

그는 ZTE나 화웨이 등 넘처나는 중국산 염가 스마트폰을 경계하는 태도를 보인다. 그는 사람들이 이런 스마트폰에 비트코인 지갑을 설치하는 것을 그리 안전하다고 생각하지 않는다. 게다가 전화 네트워크 자체가 그리 신뢰할 만하지 않아 도시에 사는 사람들은 스마트폰을 가지고 있으면서도 여전히 현금을 소지한다. 언제 서비스가 중단될지 알 수 없기 때문이다.

카사는 에티오피아에서 비트코인의 보급을 가로막는 가장 큰 장애물은 대안 암호화폐에 대한 거짓된 선전이라고 말했다. 특히 그는 카르다노Cardano(블록체인 플랫폼)를 위협적인 존재로 지목했다. 이 화폐의 창설자는 최근 영상에서 에티오피아 정권과 협력하여 500만 명의 학생들을 카르다노 블록체인에 유치한 다음, 그들의 생애와 경력을 메타데이터로 추적하겠다고 호언장담한 적도 있다.

그는 이렇게 말했다. "우리의 비전과 목표는 에티오피아 정부의 목적과 일치합니다." 그에 비해 카사는 비트코인의 목적이 이 나라를 지배하는 도둑이나 관료 집단의 목적과 전혀 다르다는 점이 다행이라고 생각한다. 카사는 카르다노 같은 거짓된 책략에 넘어가는 사람이 많을 수도 있다는 점을 걱정한다.

게이츠와 버핏 등에 관해서는 실제로 몇 년 전에 카사는 네브래스카주 링컨에서 열린 버크셔 해서웨이 주주총회에 직접 참석한 적이 있었다. 그는 약 4만 명의 사람이 공동체의 일원으로 모인 모습을 지켜본 것은 실로 강렬한 경험이었다고 한다. 그러나 그 행사 분위기는 상당히 내부 지향적이었고, 바로 그것 때문에 버핏과 그 주변 사람들이 이 세상이 얼마나 부패했는지 미처 깨닫지 못하는 것이 아닌가 하는 생각이 들었다고 말했다. 그들은 자신들이 몸담은 판을 제대로 보지 못하고 있으며, 따라서 매년 수십조 달러의 돈이 금융 체제를 통해 세탁되는 현실도 전혀 눈치채지 못한다.[19] 카사는 그들이 개발도상국에서 벌어지는 달러 체제의 해악을 외면하고 비트코인의 결점만 논하는 것은 아주 순진하고 이기적인 태도라고 말했다. 그는 그나마 이런 투자자들이 공룡에 불과한 현실이 다행이라고 생각한다. 그들은 결코 미래가 될 수 없다.

그에 비해, 에티오피아 인구의 75%는 27세 미만의 젊은이들이다. 카사는 그들이 비트코인을 사용하기 시작하면 금세 친구와 가족에게 이 기술을 전파할 것이라고 생각한다. 비트코인의 도입은 수십 년이 아니라 단 몇 년 만에 완성될 것이다. 2013년에 그가 에티오피아에 귀국했을 당시 온라인 접속 인구는 약 500만 명에 불과했다. 지금은 대략 2,500만 명에 달한다. 그는 향후 5년 안에 거의 모든 인구가 인터넷에 접속할 것이고, 그다음에는 비트코인이 대중화될 것이라고 기대한다.

카사는 무엇보다 교육의 확산이 가장 중요하다고 믿는다. 그는 2021년에 《작은 비트코인 책The Little Bitcoin Book》(비트코인 입문서, 티미 아지보예, 루이스 부에나벤추라, 릴리 리우 공저)을 암하라어로 번역하는 일을 도왔다.[20] 그가 아는 한 이 책 이외에는 아직 에티오피아의 3대 언어로 번역된 비트코인 관련 도서는 한 권도 없다.

정부가 비트코인을 강력하게 탄압할 가능성은 걱정되지 않느냐는 질문에, 그는 더 나은 삶을 위해 열심히 일하는 에티오피아 사람들을 가로막기 매우 어려울 것이라고 대답했다. 에티오피아 인구는 젊고, 부지런하며, 창의적이고, 적응력이 뛰어나다. 그 누구도 이들을 멈출 수 없다. 그는 이제 사람들은 가난에 신물이 났고, 열심히 번 돈이 눈앞에서 사라지는 꼴을 그저 지켜만 볼 생각이 없다고 말했다.

오늘날 에티오피아 사람들은 서로 전쟁을 벌이고 있다. 카사는 이렇게 말했다. "우리는 자기 자신과 싸우고 있습니다. 우리가 우리 문제를 해결하기 위해 서로 죽이기까지 하는데, 비트코인을 대안으로 선택할 가능성이야 얼마든지 있다고 봐야지요." 그는 그것이야말로 평화적인 혁명이 될 것이라고 생각한다.

***

이레 아데리노쿤, 모, 칼 카사의 이야기를 읽고, 비트코인이 달러 버블 바깥 세계에서 얼마나 소중한 존재인지 직접 확인해보라. 또 이런 이야기를 멍거와 버핏, 라가르드, 삭스 등이 비트코인에 대해 말하는 내용과 비교해보라. 그들은 비트코인이 사회적으로 아무런 가치가 없으며, 사람들의 희망을 한껏 부풀리다가 결국 실망만 안겨줄 것이라고 주장한다.

"역겹다."

"쥐약과도 같다."

"나라면 그만둔다."

"그저 부끄러울 뿐이다."

그러나 세상의 절대다수 국민에게 실망을 안겨주는 것은 오히려 정부다. 정부야말로 부끄러운 존재다. 국민에게 자유를 안겨주는 기술은 그만둘 것이 아니라 더 투자해야 할 대상이다.

그렇다면 달러 버블에 만족하는 사람은 어떻게 하면 될까?

이제 여러분의 경제적 특권에 대해 알아보자.

CHECK

YOUR

FINANCIAL

PRIVILEGE

2장

디지털 현금을
향해

나이지리아와 수단, 에티오피아 국민이 정부의 통제를 넘어서는 화폐는 꿈도 못 꾸던 시절인 2008년 8월, 아담 백Adam Back이 사토시 나카모토라는 사람으로부터 이메일을 한 통 받았다.

　그것은 나카모토를 비롯한 익명의 프로그래머 그룹이 '비트코인'이라는 새로운 프로젝트를 처음으로 누군가에게 알린 사건이었다. 그 메일은 디지털 권리를 주장하는 사이퍼펑크 동맹 세력이 금과옥조로 여기는 분산화된 전자 현금의 개념을 설명한 내용이었다.

　2000년대 중반까지 암호기술자들은 수십 년에 걸쳐 사용자들의 모든 자산과 개인정보를 반영하는 디지털 형태의 현금을 개발하기 위해 애써왔다. 1970년대의 공개 키 암호 방식(서로 다른 암호화 키와 복호화 키를 이용한 암호화를 통해 데이터를 보호하는 방식)과 1980년대에 은닉 서명(제공자의 신원(메시지, 서명)을 숨길 수 있는 서명 방법) 기술이 발전하면서 '전자 현금'은 이제 《스노 크래시Snow Crash》나 《크립토노미콘Cryptonomicon》 같은

공상과학 소설에나 등장하는 꿈이 아니라 충분히 가능한 현실이 되었다.[21]

디지털 현금의 가장 큰 목표는 검열을 극복하여 정부와 기업의 영향권을 벗어나는 화폐가 되는 것이 목적이기 때문이다. 그러나 초기의 여러 시도는 도저히 벗어날 수 없는 한계를 안고 있는 것처럼 보였다. 그것은 바로 중앙집중화였다. 이 체계는 아무리 뛰어난 수학 기법이 녹아 있다고 하더라도 결국은 특정 결제를 가로막거나 통화 공급을 확대할 권한을 지닌 중앙관리자에 의존할 수밖에 없다. 1990년대 말과 2000년대 초에 '전자 화폐' 분야에서 더 많은 발전이 이루어졌고, 그때마다 중요한 진전이 있었다. 그러다가 2008년이 되기 전에 분산 통화 체계의 발명을 가로막는 까다로운 연산 문제가 하나 등장했다. 바로 '비잔틴 장군 문제Byznatine Generals Problem'라고 하는 것이다.

상상력을 발휘하여, 수백 년 전 오스만제국 시절로 돌아가 여러분이 비잔티움을 점령하는 사령관이라고 생각해보라. 아군은 이미 수십 명의 장군이 지휘하는 부대를 여러 지역에 배치해두었다. 이때 군대 전체를 어떻게 지휘해야 특정 시점에 한 도시를 습격할 수 있을까? 지휘 계통에 스파이가 침투하여 장군들에게 알려주는 공격 시기에 오류가 생기면 어떻게 될까? 그렇게 되면 전체 계획이 무너지고 말 것이다.

이 비유를 컴퓨터 과학으로 옮기면 다음과 같은 질문이 된다. "물리적으로 아무런 관계가 없는 개인들이 중앙관리자 없이 어떻게 서로 합의를 도출할 수 있을까?"

이 문제는 수십 년 동안 분산 디지털 현금을 개발하는 진영의 가장 큰 장애물이었다. 어떤 두 주체가 금융 장부의 정확한 상태에 합의할 수 없다면 사용자들은 어떤 거래가 타당한 것인지 알 수 없고, 결국 시스템은 이중 사용double-spending(전자 화폐를 불법 복제하여 무단으로 반복 사용하는 짓)을 방지할 수 없게 된다. 따라서 모든 전자 현금 시제품에는 적어도 하나의 관리자가 필요했다.

마법 같은 해결책은 2008년 10월 31일 금요일에 나카모토가 보내온 모호한 이메일 목록에 포함된 의문의 글에 담겨 있었다. 그것은 나카모토가 비트코인의 개념을 설명한 일종의 백서였다.[22] 〈비트코인 P2P 전자 현금에 관한 논문〉이라는 제복의 글에서 저자는 "제삼자가 필요 없는 개인 간 거래를 완전히 구현하는 새로운 전자 현금 시스템을 마침내 발명했다"[23]고 말했다.

나카모토가 비잔틴 장군 문제를 해결하고 중앙관리자가 없는 디지털 화폐를 구현하기 위해 제시한 방법은 전 세계에 흩어진 수천 명 개인의 손에 금융 장부의 관리를 맡긴다는 것이었다. 시스템의 각 참여자는 모든 거래에 대한 독립적이고, 과거 이력이 계속 갱신되는 복사본을 소유하게 된다. 나카모토는 이 거래 복사본을 타임체인timechin이라고 했다.[24] 어느 한 참여자가 속임수를 써서 '이중 사용'을 저지르더라도 다른 모든 사람이 그 사실을 금방 알게 되어 거래를 취소할 수 있는 구조다.

백서에 대한 비난과 이의 제기가 뒤따랐고, 나카모토는 마지막으로 피드백을 수용하여 몇 달 후인 2009년 1월 9일에 최초의 비트코인 소프트웨어를 발표했다.

2022년 초 1비트코인의 가격은 4만 달러가 넘었다. 이 통화의 1일 거래 규모는 웬만한 국가의 하루 GDP보다 더 크며 시가총액은 약 10조 달러에 이른다. 나카모토의 이 발명품은 현재 지구상 거의 모든 국가에서 1억 명이 넘는 사람들이 사용하고 있으며, 월스트리트와 실리콘밸리, 워싱턴 D.C.의 정가政街, 그리고 수많은 정부가 이를 도입하고 있다.

그러나 처음에는 나카모토의 팀도 도움이 필요했고, 그래서 가장 먼저 찾은 사람이 아담 백이었다.

사이퍼펑크의 탄생

아담 백은 사이퍼펑크의 일원이었다. 그들은 1980년대와 1990년대에 컴퓨터 과학과 분산 시스템을 연구하며 디지털 세상에서 결사의 자유나 비공개 의사소통의 자유 등과 같은 인권을 옹호하는 동맹 세력이었다. 그 운동가들은 인터넷과 같은 기술이 결국 정부에 엄청난 권력을 안겨줄 것이라고 내다보았고, 그런 세상에서 개인의 권리를 방어하는 최선의 방책은 암호기술이 될 수밖에 없다고 생각했다.

1990년대 초에 이르러 각국 정부는 그들이 확보한 국민 개개인에 대한 데이터가 점점 증가하는 것을 지켜보면서 그것이 무한한 자원이라는 사실을 알아차렸다. 정보는 종종 선의로 수집되는 경우가 많다. 예를 들어, 인터넷서비스사업자ISP는 과금 목적으로 우리의 메일 주소와 전화번호를 수집한다. 그러나 그들은 일단 그런 개인 정보를 손에 넣은 다음에는 거기에 우리의 인터넷 활동 정보를 합쳐 영장도 없이 법 집행

기관에 넘겨 버린다.

이렇게 데이터를 수집하고 분석하는 관행은 이른바 디지털 감시와 도청의 시대를 낳았고, 20년 후에 복잡하고 매우 불법적인 테러와의 전쟁에 관한 실상이 NSA(미국국가안전보장국)의 내부고발자 에드워드 스노든Edward Snowden에 의해 세상에 드러나게 되었다.

〈뉴욕타임스〉의 저널리스트 데이비드 번햄David Burnham은 1983년에 출간된 《컴퓨터 국가의 출현The Rise of Computer State》이라는 책에서, 컴퓨터에 의존하는 자동화는 언젠가 유례없는 수준의 감시 체제를 낳을 수 있다고 경고했다.[25] 그는 이런 추세에 맞서 국민이 법적 보호장치를 요구해야 한다고 주장했다. 그러나 사이퍼펑크는 정부에 로비하여 정책 개선을 요구할 것이 아니라, 국가가 개입할 수 없는 기술 개발에 투자하고 그것을 사용하는 것이 유일한 해결책이라고 생각했다.

사이퍼펑크는 암호기술을 이용하여 사회의 변화를 촉발하고자 했다. 그들의 생각은 너무나 간단했다. 전 세계의 반정부 세력이 온라인상에서 익명으로 힘을 합치면 얼마든지 정부 권력에 대항할 수 있다는 것이었다.[26] 그들의 무장 구호는 "사이퍼펑크는 코드를 쓴다"라는 것이었다.

한때 군대와 첩보기관의 전유물이었던 암호기술은 1970년대에 랄프 머클Ralph Merkle, 휘필드 디피Whitfield Diffie, 마틴 헬만Martin Hellman 등의 학자를 통해 세상에 널리 알려졌다. 이 세 사람은 1975년 5월, 스탠퍼드대학에서 중요한 사실을 발견했다. 그들은 믿을 만한 제삼자의 중개 없이 두 당사자가 서로 비공개 전자 메시지를 주고받는 방법을 개발해냈다.

그로부터 1년 후 디피와 헬만이 발표한 〈암호기술의 새 방향〉이라는 글은 비공개 메시지 교환 시스템의 장을 연 획기적인 논문으로, 이후 디지털 감시를 극복하는 열쇠가 된다.[27] 이 논문은 일반인이 주고받는 디지털 메시지의 내용을 정부나 대기업이 염탐하여 파악할 수 없도록 암호화하는 방법을 설명한 내용이었다.

공개 키 암호 시스템에서 암호화 및 복호화(암호문을 평문으로 역부호화하는 것) 과정에 관여하는 E와 D라는 키는 E로부터 D를 도출하는 연산이 불가능하다는 독특한 성격을 띤다(예컨대 이 과정에는 10100이라는 명령어가 필요하다). 암호화된 E 키는 복호화된 D 키를 손상하지 않고도 (디렉터리 내에서) 공개될 수 있다. 따라서 이 시스템 내에서 한 사용자가 다른 사용자에게 메시지를 보내려면 반드시 특정 수신자만 해독할 수 있도록 암호화해야 한다.

이 말을 좀 더 쉽게 설명해보자. 예를 들어 앨리스라는 사람이 온라인에 키를 공개해 놓았다고 해보자. 이때 로버트가 앨리스에게 비공개 메시지를 보내고 싶다면, 그녀의 공개 키를 참조하여 메시지를 암호화하면 된다. 그러면 오직 앨리스만 그 메시지를 해독하여 내용을 읽을 수 있다. 제삼자인 캐롤은 그 메시지에 관한 비공개 키(일종의 패스워드)가 없으므로 내용을 읽을 수 없다. 이 간단한 혁신은 개인과 정부 사이의 정보를 둘러싼 힘의 균형을 완전히 바꿔 놓았다.

디피와 헬만의 논문이 발표되자 미국 정부는 NSA를 앞세워 이 개념의 확산을 어떻게든 막고자 했다. 심지어 당시 개최된 암호학회에 서신을 보내 그 모임에 참가하는 것 자체가 불법 행위가 될 수 있다고 경고하기까지 했다. 그러나 운동가들이 해당 논문을 복사하여 전국에 배포하는 것으로 맞서자 결국 정부는 한발 물러설 수밖에 없었다.

1977년에 디피와 헬만, 머클이 '공개 키 암호기술'이라는 제목으로 출원한 미국 특허 제4200770호는 나중에 이메일이나 '프리티굿프라이버시PGP, Pretty Good Privacy(이메일을 제삼자가 읽을 수 없도록 한 전자우편 암호화 프로그램)'와 같은 메시지 전달 수단, 또는 오늘날 널리 알려진 시그널Signal 모바일 앱 등의 기초가 된 발명이다.

이로써 정부가 암호를 통제하는 시대는 막을 내리고, 이른바 사이퍼펑크 혁명이 시작되었다.

사이퍼펑크 메일링 리스트

'사이퍼펑크'라는 단어는 2006년까지 옥스퍼드 영어사전에 등장하지 않았으나, 그 모임이 생겨난 것은 훨씬 전의 일이었다.

월드와이드웹의 출현보다 한 해 앞선 1992년 초창기, 선마이크로시스템즈의 직원이었던 존 길모어John Gilmore와 프라이버시 보호 운동가 에릭 휴즈Eric Hughes, 그리고 인텔 엔지니어 출신인 티모시 메이Timothy May가 샌프란시스코에서 암호기술을 통해 개인의 자유를 지키는 방법을 논의하기 시작했다. 같은 해에 그들이 시작한 '사이퍼펑크 메일링 리스트(이하 리스트로 표기)'는 결국 16년 후에 나카모토가 비트코인의 개념을 개발

하여 발표하는 바탕이 되었다.[28]

메이를 비롯한 사이퍼펑크들은 이 리스트에서 중세 말에 발명된 인쇄술이 봉건 왕조를 무너뜨리고 정보의 대중화가 달성된 과정을 설명했다. 마찬가지로 그들은 공개 인터넷과 암호기술의 발명이 개인 메시지 기술의 민주화를 달성할 뿐 아니라, 언뜻 보기에 도저히 피할 수 없을 것 같은 글로벌 감시 체제를 향한 흐름도 멈출 수 있을 것이라고 주장했다.

여느 사이퍼펑크가 그렇듯이, 아담 백도 대학에서 컴퓨터 과학을 공부했다. 그는 16세에서 18세까지 경제학을 공부했고, 이후에는 분산 시스템 분야에서 박사 학위를 취득했다. 백이야말로 장차 비트코인 과학자가 되기에 걸맞은 교육을 이수한 사람이었다.

그는 1990년대 초에 런던에서 컴퓨터 과학을 공부하면서, 친구 중 한 사람이 컴퓨터의 속도를 향상하여 암호화 기술을 더 빨리 가동하는 방법을 연구하고 있다는 소리를 들었다. 백은 그 친구로부터 공개 키 암호화 방식이 디피와 헬만의 연구보다 15년 앞서 발명되었다는 사실을 알게 되었다.

백은 이것이 정부와 개인 간의 관계가 근본적으로 달라지는 역사적인 순간이라고 생각했다. 이제 그 어떤 정부도 국민이 서로 주고받는 전자 정보를 해독할 수 없는 시대가 되었다. 그는 이 분야를 더 자세히 알아보기로 했고, 결국 리스트에 가입했다.

백이 열렬하게 참여하던 1990년대 중반은 리스트의 전성기로, 하루에도 수십 편의 글이 올라오며 인기를 끌었다. 백의 말에 따르면 그는 가장 적극적으로 활동하던 멤버로 그 시대 최첨단의 대화에 푹 빠져 살았다고 한다.

백은 코드를 통해 정부가 막아설 수 없는 시스템을 평화로운 방식으로 만들어냄으로써 세상을 바꿀 수 있다는 사이퍼펑크들의 신념에 깊은 감명을 받았다. 1993년, 휴즈는 이 운동에 관한 중대한 내용이 담긴 짧은 에세이를 한 편 썼다. 이것이 바로 '사이퍼펑크 선언'이다.

프라이버시는 전자 시대에 열린 사회를 구현하는 필수 요소다. 프라이버시란 비밀을 지킨다는 것과는 다르다. 사적 정보가 온 세상에 공개하고 싶지 않은 것이라면, 비밀은 그 누구에게도 알려지기를 원치 않는 것이다. 즉 프라이버시란 자신에 관한 정보를 선별적으로 세상에 알려줄 수 있는 능력을 말한다.

우리는 정부나 대기업, 기타 익명의 거대 조직이 마치 선심이라도 쓰듯 우리의 프라이버시를 승인해주리라고 기대할 수 없다. 우리는 자신의 프라이버시를 스스로 지켜야 한다. 우리는 서로 힘을 합쳐 누구나 익명으로 거래할 수 있는 시스템을 건설해야 한다. 사람들은 오랜 세월에 걸쳐 속삭임, 어둠, 봉투, 닫힌 문, 비밀 악수, 메신저 등을 동원하여 자신의 프라이버시를 스스로 지켜왔다. 과거의 기술은 프라이버시를 지키는 강력한 수단이 되지 못했으나, 전자 기술은 그것을 가능하게 한다.

우리 사이퍼펑크는 익명 시스템을 건설하는 데 온몸을 바치고자 한다. 우리는 암호기술과 익명 메일 포워딩 시스템, 디지털 서명, 전자 현금 등을 동원해 스스로 프라이버시를 지킨다.

사이퍼펑크는 코드를 작성한다. 우리는 누군가가 프라이버시를 지키기 위해 소프트웨어를 작성해야 하며, 우리 모두 그 일을 하지 않는 한 프라이버시를 지킬 수 없다는 사실을 알고 있다. 따라서 우리가 그 일을 하고자 한다. 우리가 작성한 코드는 전 세계 누구나 무료로 쓸 수 있다. 우리가 작성한 소프트웨어를 여러분이 인정해주지 않아도 좋다. 우리는 소프트웨어는 파괴할 수 없고, 널리 분산된 시스템은 결코 폐쇄할 수 없다는 사실을 알고 있다.[29]

백은 이런 사고방식이 실제로 사회를 바꾸고 있다고 생각했다. 물론 로비나 투표도 있으나 그런 방법으로 사회가 바뀌는 속도는 정부 정책을 따라잡을 수 없을 정도로 느리다.

백은 그것보다 신기술 발명을 통해 변화를 꾀한다는, 누군가의 승인이 필요 없는 대담한 전략을 더 선호했다. 그는 변화를 원했고, 그렇다면 직접 하는 수밖에 없었다.

암호 전쟁

처음부터 사이퍼펑크의 적은 국민이 암호기술을 사용하지 못하도록 막아서는 정부였다. 아담 백과 그의 친구들은 프라이버시를 기본적인 인권이라고 생각했다. 그에 비해 각국 정부는 국민이 코드를 발명해 감시와 통제를 벗어나게 될 것을 두려워했다.

당국은 기존의 군사 표준을 두 배로 강화하여(암호기술을 전투기와 항공모함 같은 군수품으로 분류했다) 암호화 소프트웨어가 전 세계에 보급되지 않도록 유출을 금지하려고 했다. 한마디로 사람들이 프라이버시 기술을 사용하지 못하도록 엄포를 놓으려는 목적이었다. 이로써 정부와 개인 간에 이른바 '암호 전쟁'이 발발했고, 백은 이 전쟁의 최전선에 선 군인이었다.

백은 이런 금지 조치에 따른 각성 효과로 인해 미국의 많은 일자리가 해외로 이전하게 되고, 결국 엄청난 양의 민감한 정보가 암호화하지 않은 채로 남게 되리라는 사실을 알고 있었다. 그러나 빌 클린턴 행정부는 먼 미래가 아니라 바로 눈앞의 일에 관심이 있었다. 그들의 가장 큰 표적은 필 짐머만Phil Zimmerman이라는 컴퓨터 과학자였다. 그는 1991년에 프리티굿프라이버시PGP라는 세계 최초의 상용 비밀 메시징 시스템을 세상에 선보인 사람이었다.[30]

PGP는 PC와 당시 막 등장한 월드와이드웹을 사용하여 두 사람이 쉽게 비공개 정보를 주고받을 수 있게 해주었다. 이로써 수백만 명이 암호화 기술을 사용할 수 있게 되면서, 지난 수십 년 동안 비공개 메시지를 통제해온 정부의 관행에 종말이 찾아온 것이었다.

짐머만은 이 프로젝트의 대표적인 인물로 대기업과 정부의 공격 목표가 되었다. 1977년, 매사추세츠공과대학교MIT의 과학자 로널드 라이베스트Ronald Rivest, 아디 샤미르Adi Shamir, 레너드 아델만Leonard Adelman이 디피와 헬만의 개념을 반영하여 RSA라는 알고리즘을 개발했다. 이후 MIT는 짐 비드조스Jim Bidzos라는 사업가와 그의 회사 RSA데이터시큐리티에 이 특허의 사용권을 허용했다.

사이퍼펑크는 그토록 중요한 기술이 특정 기관의 통제하에 놓여 이른바 단일 장애점single point of failure(시스템의 여러 구성 요소 중에서 제대로 작동하지 않으면 시스템 전체가 중단되게 만드는 단 하나의 요소-옮긴이)이 형성된 상황이 마음에 들지 않았다. 결국 1980년대 내내 그들은 특허 사용권 침해로 인한 소송에 휘말릴 것이 두려워 해당 코드를 기반으로 한 새로운 프로그램을 내놓지 못했다.

처음에 짐머만은 비드조스에게 소프트웨어 무료 사용권을 달라고 요청했으나 거절당했다. 이에 짐머만은 PGP를 '게릴라 프리웨어'의 형태로 공개하여 플로피 디스크와 인터넷 메시지 보드 등을 통해 유포했다. 이때 할 피니Hal Finney(그는 나중에 비트코인 역사에 매우 중요한 역할을 맡게 된다)라는 젊은 사이퍼펑크가 짐머만과 함께 이 프로젝트를 추진했다. 1994년에 〈와이어드WIRED〉지에는 짐머만이 과감하게 PGP를 선보인 것을 두고 '초 감시 사회로 나아가는 세태에 대한 선제공격'이라고 찬양하는 특집 기사가 실리기도 했다.[31]

비드조스는 짐머만을 도둑이라고 비난하며 PGP의 확산을 저지하고 나섰다. 짐머맨은 결국 컨센서스디벨롭먼트의 크리스토퍼 앨런 팀의 도움으로 새로운 PGP 버전을 개발했다. 이것은 비드조스가 이미 무료로 공개한 코드를 기반으로 한 것이었으므로, RSA 측의 위협을 비켜갈 수 있었다.

지금도 미국 정부는 무기수출통제법이 규정하는 '군수품' 수출 금지를 위반한 혐의로 짐머만을 수사 대상에 올려놓고 있다. 이에 대해 짐머만은 자신은 '단지 미국의 수정헌법 제1조에 명시된 표현의 자유 원칙에 따라 오픈소스 코드를 공유했을 뿐'이라고 주장했다.

당시 클린턴 행정부의 입장은 미국인에게는 암호화 기술을 사용할 권리가 없다는 것이었다. 그들은 미국 기업이 생산하는 모든 장비에 백도어를 설치하도록 법제화하여 이런 칩에 내장된 암호를 정부가 열람하는 일종의 마스터키로 활용할 수 있도록 했다. 이 조치를 주도한 백악관 당국자와 조 바이든Joe Biden 등의 국회의원은 암호기술이 범죄자와 소아성애자, 테러리스트 등에 의해 악용될 소지가 있다고 주장했다.

사이퍼펑크는 일제히 짐머만을 지지하기 시작했고, 덕분에 그는 일약 유명 인사가 되었다. 그들은 암호화 금지법이 언론의 자유를 옹호하는 미국의 오랜 전통에 어긋난다고 주장했다. 운동가들은 PGP 소스 코드가 담긴 책자를 발간하여 해외로 발송했다. 짐머만과 그들은 코드를 인쇄본으로 발간함으로써 군수품 수출 규제를 법적으로 우회할 수 있다는 점을 이론적으로 증명했다. 책자를 받아본 사람들은 코드를 스캔한 다음 이를 재구성하여 가동할 수 있었다. 다시 말해 그 누구도 이들을 가로막을 수 없다는 점을 과시한 셈이었다.

백은 짧은 분량의 소스 코드를 작성하여 프로그래머라면 누구나 완전히 작동하는 프라이버시 도구로 바꿀 수 있도록 했다. 운동가 중에는 이 코드 중 일부를 문신으로 새기는 사람까지 있었다. 백은 지금도 세간에 회자하는 티셔츠를 판매하기 시작했다. 이 티셔츠의 앞면에는 이 코드를, 뒷면에는 미국 헌법 권리장전(미국 헌법 수정 제1조부터 제10조까지를 말한다.-옮긴이)을 새긴 후 그 위에 '공란'이라는 도장을 찍어놓았다.[32]

운동가들은 이 문제의 코드가 담긴 책자를 미국 군수관리국에 보내면서 이것을 해외에 사는 사람과 공유해도 되는지 문의했다. 당국은 그들의 문의에 끝내 응답하지 않았다. 사이퍼펑크는 백악관이 이 책을 금지하지 않을 것이라고 판단했고, 결국 그들의 판단은 옳았다.

1996년에 미 법무부는 짐머만에 대한 기소를 중지했다. 기업에 '감청용 칩' 부착을 요구하던 압력도 철회되었다. 연방법원 판사들은 미국 헌법 수정 제1조에 따라 암호화가 적법하다고 주장했다. 암호화 금지 표준은 뒤집혔고, 이에 따라 암호화된 메시지 전달 기술이 개방된 웹과 전자상거래의 핵심이 되었다. 그리고 PGP는 '세계에서 가장 널리 사용되는 이메일 암호화 소프트웨어'가 되었다.[33]

오늘날 아마존Amazon에서 왓츠앱WhatsApp, 페이스북Facebook 등에 이르는 기업과 앱들의 결제 시스템, 메시지 기능은 모두 암호기술을 기반으로 운영되며, 수십억 명이 그 혜택을 누리고 있다. 코드가 세상을 바꿔 놓은 것이다.

그런데 백은 그의 운동이 뚜렷한 변화를 낳았다고 보기는 어렵다고 말하며 자책했다. 그러나 사이퍼펑크가 시작한 투쟁이 미국 정부가 암호 전쟁에서 패한 가장 결정적인 이유인 것은 분명하다. 당국은 코드 작성을 막으려고 했고, 그 시도는 실패했다.

그로부터 15년이 지난 2008년 여름, 백은 나카모토가 처음 보낸 이메일을 살펴본 후 큰 깨달음을 얻게 되었다.

디지캐시에서 비트골드까지

1993년에 컴퓨터 역사가 스티븐 레비Steven Levy는 '익명 디지털 화폐'가

궁극의 암호기술이 될 것이라고 말했다.[34] 실제로 비공개 의사소통의 자유를 향한 투쟁에서 승리를 거둔 사이퍼펑크의 다음 과제는 디지털 화폐를 발명하는 것이었다.

사이퍼펑크 중에는 현대 민주주의 국가 체제에 깊은 불신을 품고 이른바 크립토 아나키즘(컴퓨터 네트워크상의 암호화 기술을 통하여 프라이버시와 정치, 경제적 자유를 옹호하고자 하는 우익 자유지상주의적 이념)을 주창하는 이들도 있었다. 그런가 하면 개인의 권리를 지키기 위해 민주주의를 개혁하는 일이 가능하다고 믿는 사람도 있었다. 어느 편을 지지하든, 그들은 디지털 화폐를 사이퍼펑크 운동의 궁극적인 목적, 즉 성배나 다름없다고 여겼다는 점에서는 의견이 같았다.

1980년대와 1990년대에 디지털 화폐는 올바른 방향으로 문화와 기술 양쪽 면에서 중요한 진전이 있었다. 문화적인 면에서는 닐 스티븐슨 Neal Stephenson을 비롯한 SF 작가들이 전 세계 컴퓨터 과학자가 꿈꾸는 미래 사회의 모습을 그려냈다. 그리고 그 미래는 한결같이 현금이 사라지고 각종 디지털 전자 화폐가 주를 이루는 사회였다. 1980년대와 1990년대에는 이미 신용카드와 디지털 결제가 대세를 이루고 있었고, 거래 업자가 고객의 정보를 알거나 저장할 수 없고 남에게 팔아넘길 수는 더더욱 없었던 현금 시절을 그리워하는 정서가 형성되고 있었다.

기술 면에서는 캘리포니아대학교 버클리의 암호학자 데이비드 차움 David Chaum이 공개 키 암호 방식이라는 강력한 개념을 화폐에 적용하기 시작했다.

1980년대 초에 차움이 발명한 은닉 서명 기술은 한 사람이 특정 데이터의 출처를 밝히지 않고도 그 소유권을 증명할 수 있는 혁신적인 방법이었다. 1985년에 그가 발표한 〈증명이 필요 없는 보안: 빅브라더를 무색하게 하는 거래 시스템〉이라는 논문은 비공개 디지털 결제 방식을 통해 감시 국가 체제의 성장을 저지하는 방법을 설명한 선견지명의 역작이었다.[35]

이후 몇 해가 지난 1989년, 차움과 그 동료들은 이론을 현실화하기 위해 암스테르담으로 건너가 디지캐시DigiCash를 시작했다. 이 회사의 목적은 사용자들이 유럽 통화와 달러를 디지털 현금으로 바꾸게 해주는 것이었다. 이로써 은행 신용을 '전자 현금'으로 전환하여 금융 시스템 밖에 존재하는 사람에게 전달하는 것이 가능해졌다. 그들은 이 새로운 화폐를 PC에 저장하거나 현금으로 찾을 수 있었다. 이 소프트웨어의 강력한 암호화 성능은 정부 당국이 현금흐름을 도저히 추적할 수 없게 만들었다.

디지캐시가 전성기를 구가하던 1994년, 차움은 이 프로젝트의 목적을 다음과 같이 밝혔다. "우리 화폐 시스템을 21세기까지 이어가고자 합니다. 그 과정에서 조지 오웰이 경고한 빅브라더 사회가 무너지고, 대신 전자 거래의 편리함과 현금 거래의 익명성이 조화를 이루는 세상이 펼쳐질 것입니다."[36]

백은 사이퍼펑크가 처음에는 전자 현금에 열광했다고 말했다. 전자 현금은 누가 누구에게 얼마를 주었는지 외부의 관찰자는 도저히 알 수 없고, 사용자가 직접 통제한다는 점에서 현금과 매우 유사했다.

차움의 개인적인 철학도 사이퍼펑크와 일맥상통했다. 1992년에 그는 인류가 갈림길을 눈앞에 두고 있다는 글을 썼다. "한쪽에는 인류의 삶에 관한 유례없는 보안과 통제가, 다른 한쪽에는 개인과 조직 사이에 동등한 안전이 주어지는 길이 있다.[37] 다음 세기에 펼쳐질 사회의 모습은 이 둘 중 어느 쪽이 우세하느냐에 달려 있다."

그러나 디지캐시는 필요한 자금을 유치하지 못했고, 결국 1990년대 말에 파산하고 말았다. 백을 비롯한 일부 인사는 이 사건으로 큰 교훈을 얻었는데, 디지털 현금은 분산화를 통해 단일 장애점을 없애야 한다는 것이었다.

백은 평생을 바쳐 우리 사회의 프라이버시를 지키는 일에 노력했다. 그는 사람들이 메시지를 비공개 상태로 주고받을 수 있게 해주는 '믹스마스터mixmaster' 서비스를 운영한 적도 있다. 그는 이메일을 주고받을 때는 제삼자가 추적할 수 없는 방식을 택했다. 백이 스위스의 한 친구로부터 서버를 임대해서 사용한 것도 자신이 그런 서비스를 운영한다는 사실을 다른 사람이 눈치채기 어렵게 하기 위해서였다. 런던에 살던 그는 임대 비용을 치르기 위해 현금을 우편으로 부치곤 했다. 결국 스위스연방경찰이 친구의 사무실을 찾아가게 되었다. 바로 그다음 날, 백은 믹스마스터 서비스를 중지했다. 그러나 그의 가슴에는 여전히 디지털 현금을 향한 꿈이 불타오르고 있었다.

디지캐시와 같은 중앙통제형 디지털 화폐는 가동을 멈추거나, 규제 대상이 되거나, 파산할 수도 있다. 그러나 가장 큰 문제는 그것이 제3의 신탁기관이 주도하는 화폐 발행에 매우 취약하다는 점이다.

1997년 3월 28일, 백은 오랜 성찰과 실험 끝에 해시캐시Hashcash를 발명하여 세상에 발표했다. 이것은 나중에 나카모토의 백서에 인용되었고, 나아가 비트코인 채굴의 기반이 된 스팸 방지 기술이었다.[38] 해시캐시가 등장하면서 결국 금융 업무의 '작업 증명'이 가능해졌다. 즉 새로운 화폐 단위를 창출하는 데 에너지가 소모되므로 현금을 창출하는 일이 더욱 어렵고 공정하게 바뀐 셈이다.

각국 정부는 역사적으로 화폐 발행에 관한 독점적인 권리를 남용해 온 경우가 많았다. 고대 로마, 독일 바이마르공화국, 소비에트연방 헝가리, 1990년대의 발칸 반도 국가, 짐바브웨의 무가비 정권 등이 그런 비극적인 예에 포함된다. 심지어 오늘날 수단에서 베네수엘라에 이르는 세계 곳곳의 16억 명이 수십, 수백, 심지어 수천 배에 이르는 인플레이션을 경험하며 살고 있다.

이런 맥락에서 1998년에 사이퍼펑크 중 한 명인 로버트 헤팅가Robert Hettinga는 디지털 현금을 제대로 분산화할 수만 있다면 경제가 '정치의 시녀' 노릇에서 벗어나는 시대가 도래할 것이라는 글을 썼다.[39] 버튼 한 번만 누르면 막대한 통화를 새로 발행하던 일이 이제는 불가능해질 것이다.

해시캐시가 안고 있던 한 가지 약점은 누군가가 스팸 방지 기능을 갖춘 통화를 고안하더라도 사용자는 훨씬 더 빠른 컴퓨터를 이용하여 초인플레이션을 유발할 수 있다는 것이었다. 이 문제는 10년 후에 나카모토가 이른바 '난이도 알고리즘'이라는 혁신적인 방법을 비트코인에 도입하여 해결했다. 즉 네트워크에 접속한 사용자의 소비액 총계를 바탕으로 2주마다 한 번씩 화폐 발행 난이도를 재설정하는 것이다.

1998년에 웨이 다이戴维, Wei Dai라는 컴퓨터공학자가 'B머니B-Money'라는 개념을 발표했다.[40] B머니는 '익명성과 분산성을 특징으로 하는 전자 현금 시스템'으로, '익명의 디지털 사용자들이 외부의 도움 없이 서로 거래와 결제를 수행하며, 아무도 이들을 추적할 수 없는 체제'를 제안하는 것이었다.

다이는 바로 백이 만든 해시캐시에서 얻은 영감으로 작업 증명 원리를 반영하여 B머니를 구상한 것이었다. 비록 이 시스템이 지닌 한계로 인해 실용화에는 실패했으나, 다이가 남긴 글들은 휴즈와 백을 비롯한 여러 사람의 생각과 일맥상통했다.

1995년 2월, 다이는 사이퍼펑크 메일링 리스트에 보낸 이메일에서 규제가 아니라 기술이야말로 장차 우리의 디지털 권리를 보장하는 구원자라는 견해를 밝혔다.

과거나 지금이나 모든 정부는 피지배자의 자유를 억제하고 자신의 통제력을 강화하고자 했으며, 그것은 미래에도 마찬가지일 것입니다. 따라서 이 시대에도 우리는 정부를 향해 그런 짓을 하지 말라고 설득하기보다는 정부의 시도를 무력화할 기술을 개발하는 편을 선택해야 합니다.

정부에 영향력을 행사하는 노력(예컨대 로비 활동이나 선전전 등)은 정부의 탄압이 미뤄지는 동안 기술이 성숙하고 널리 보급될 수 있어야만 비로소 유의미하다고 볼 수 있습니다.

그러나 이런 저의 주장에 확신이 들지 않는 분도 있을 것입니다. 그렇다면 이렇게 생각해보시기 바랍니다. 만약 개인의 프라이버시 증진이라는 대의를 위해 쓸 시간이 있다면, 그 시간에 암호기술을 배우고 프라이버시 보호장치를 개발하는 편이 좋겠습니까, 아니면 프라이버시를 침해하지 말라고 정부를 설득하는 편이 더 낫겠습니까?[41]

같은 해인 1998년, 미국의 암호기술자 닉 스자보Nick Szabo가 비트골드 Bit Gold를 제안했다.[42] 스자보가 다른 사이퍼펑크들의 개념을 기반으로 제안한 이 개념은 달러나 유로와 별도로 독자적인 화폐 가치를 제공하는 대안적 금융 체계였다. 디지캐시에서 일하면서 중앙집중형 통화가 지닌 취약성을 목격했던 그는 금이야말로 디지털 공간에서 복제할 가치가 충분한 자산이라고 생각했다.[43]

비트골드는 금융 개혁과 태환 화폐라는 개념을 사이퍼펑크 운동과 관련지었다는 점이 중요하다. 비트골드는 디지털 금에 높은 가격을 매길 수 있음을 증명하고자 했다. 예를 들어 금목걸이를 소유한 사람은 땅에서 금을 캐내 보석으로 만드는 데 상당한 시간과 에너지를 쏟았거나, 아니면 거액을 제공하고 그것을 샀다는 것을 증명한다. 스자보가 원한 것은 이런 '고가 증명 기능'을 온라인으로 옮기는 것이었다. 비트골드는 그전까지 한 번도 실현된 적이 없었으나, 사이퍼펑크 사회에서 늘 꿈으로 여겨지던 것이었다.

이후 몇 년 동안 전자상거래의 부상과 닷컴 버블, 그리고 오늘날의 인터넷 거대 기업의 등장과 같은 일들이 이어졌다. 온라인은 그야말로 폭발하다시피 바쁜 나날을 맞이했지만, 디지털 현금 분야에서는 이렇다 할 변화가 없는 가운데 5년이라는 시간이 흘러갔다. 이것은 두 가지 사실을 의미한다. 첫째, 이 개념을 연구한 사람이 그리 많지 않았고, 둘째, 그것을 온전히 구현하기가 매우 어려운 일이었다는 점이다.

2004년, PGP 개발에 참여했던 피니가 마침내 재사용이 가능한 작업 증명 방식Reusable Proof Of Work, 이하 RPOW을 발표했다.[44] 비트코인을 향한 또 하나의 중요한 혁신이 이루어진 것이었다.

RPOW는 비트골드의 개념을 바탕으로 오픈소스 서버 네트워크를 통해 거래를 입증하는 구조를 취했다. 예를 들어 송신자가 이메일에 비트골드를 첨부하여 보내면 수신자는 고가 증명을 통해 그 자산을 취득하는 것이다.

비록 피니는 자신의 서버를 통해 RPOW를 발표했으므로 중앙집중 방식을 취한 셈이었지만, 궁극적으로는 탈중앙화 구조를 실현한다는 계획이었다. 이런 것들이 모두 비트코인의 기초를 형성하는 중요한 단계였지만, 완성되기까지는 아직 빠진 조각이 몇 가지 남아 있었다.

비트코인 가동

1999년, 아담 백은 분산 시스템을 주제로 박사 학위를 취득한 뒤 캐나다의 제로널리지 시스템Zero Knowledge System이라는 회사에서 일하기 시작했다. 그는 그곳에서 개인의 비공개 웹브라우징 활동을 지원하는 프리덤 네트워크Freedom Network 개발에 참여했다. 백과 그의 동료들은 이른바 '영지식 증명zero-knowledge proof(개인이 자신만이 가진 비밀 정보를 공개하지 않고 상대방인 확인자에게 정보를 알고 있음을 증명할 수 있는 암호화 체계)'이라는 방법으로 이 네트워크를 암호화하여 서비스 사용권을 판매했다.

백이 이룩한 이 혁신은 결국 시대를 앞서가는 중요한 것이었다. 2002년에 이르러 컴퓨터 과학자들은 '어니언 라우팅onion routing'이라는 미국 정부의 비공개 웹브라우징 프로젝트를 오픈소스로 삼아 제로널리지 시스템의 모델을 개선했다. 그들은 이것을 토르 네트워크Tor Network라고 불렀고, 이것은 가상 사설망Virtual-Private Networks, VPN 시대가 도래하는 중요한 계기가 되었다. 또한 오늘날까지도 개인 웹브라우징 기술의 가장 기본적인 표준으로 남아 있다.

2000년대 초중반에 백은 제로널리지 시스템에서 맡았던 일을 마치고 마이크로소프트로 옮겨 사이버보안 연구 분야에서 잠깐 일한 후, P2P 암호화 협업 소프트웨어를 개발하는 스타트업으로 이직했다. 그동안에도 백은 디지털 현금 개념을 늘 마음에 간직하고 있었다.

2008년 8월에 백은 나카모토가 보내온 이메일을 보고 강한 흥미를 느꼈다. 그는 내용을 숙독한 후 보낸 답장에서 나카모토에게 다이의 B머니를 비롯한 다른 몇 가지 디지털 화폐 체계도 살펴보라고 제안했다.

2008년 10월 31일, 나카모토는 리스트에 비트코인 백서를 발표했다.[45] 첫 문장은 그동안 수많은 사람이 추구해왔던 꿈에 대한 약속이었다. "순수한 P2P 버전의 전자 현금은 두 당사자가 어떠한 금융기관도 거치지 않고 온라인을 통해 직접 결제할 수 있게 해준다." 백의 해시캐시, 다이의 B머니, 그리고 초창기 암호기술 연구 등도 모두 언급되었다.

디지털 현금의 역사를 연구하는 아론 반 위덤Aaron van Wirdum은 이런 글을 쓴 적이 있다. "비트코인을 통해 해시캐시는 돌멩이 하나로 두 마리

새를 잡았다. 탈중앙화를 통해 이중 사용 문제를 해결했으며, 중앙집중식 발행 주체를 없앰으로써 새로운 통화를 유통할 수 있게 되었다."[46] 그는 백의 해시캐시가 최초의 전자 현금 시스템은 아니지만, "그것이 아니었다면 탈중앙화 전자 현금 시스템은 존재할 수 없었을 것"이라고 말했다.

2009년 1월 9일, 나카모토가 비트코인 소프트웨어의 첫 버전을 선보였다. 피니는 최초로 그 프로그램을 다운로드하여 실험한 사람 중 한 명이었다. 그리고 자신의 RPOW를 이용하여 연구를 계속한 사람이 있었다는 사실에 전율했다.

1월 10일, 피니는 '비트코인 가동'이라는 트윗을 올렸고 이는 두고두고 회자되었다.[47]

평화로운 혁명이 시작된 것이다.

제네시스 블록

2009년 2월에 나카모토는 비트코인의 이론적 배경을 P2P 기술 전문가 메시지 보드에 게재했다.

강력한 암호기술이 등장하기 전까지 사용자들이 정보의 기밀을 유지하는 방법은 비밀 번호밖에 없었다. 개인의 프라이버시는 항상 프라이버시와 다른 우선순위 사이의 경중에 대한 관리자의 판단이나 그의 우월적 지위에 밀려 희생되어야 했다. 그러다가 강력한 암호기술이 대중에게 널리 보급됨에 따라 제3의 신뢰기관은 더 이상 필요하지 않게 되었다. 이제 데이터는 물리적으로 다른 사람이 접근할 수 없는 안전한 방식으로 지킬 수 있다. 어떤 이유나 그럴듯한 변명도 통하지 않게 된 것이다.

이제 우리는 이것과 똑같은 성과를 돈에 대해서도 달성할 때가 되었다. 암호 증명을 기반으로 하는 전자 화폐는 제3의 신탁기관이 필요 없어 안전한 화폐와 손쉬운 거래를 보장한다. 이런 시스템을 구성하는 기초 요소 중 하나가 바로 디지털 서명이다. 디지털 코인에는 그 소유자에 관한 공개 키가 담겨 있다. 그것을 누군가에게 전달하려면 소유자는 그 코인에 자신의 서명과 함께 상대방의 공개 키를 포함해야 한다. 누구라도 서명을 확인하여 그 코인의 소유권이 바뀐 과정을 입증할 수 있다. 이 방법은 소유권을 보장하는 데는 매우 효과적이지만, 여전히 해결해야 할 큰 문제가 남아 있다. 바로 이중 사용 문제다. 한 번 사용된 코인도 누구나 서명을 통해 다른 사람에게 한 번 더 쓰려고 할 수 있다는 것이다. 이 문제에 대해 지금까지는 중앙통제형 데이터베이스를 확보한 신탁기관이 이중 사용 여부를 확인하는 것이 해결책으로 제시되었다. 하지만 그렇게 되면 다시 제3의 신용기관 모델로 되돌아가는 결과가 된다. 신탁기관이란 본질적으로 사용자를 억압하는 존재일 뿐이다.

비트코인의 해법은 P2P 네트워크를 이용해 이중 사용을 확인하는 것이다. 그 결과, 단일 장애점이 없는 분산 시스템이 구현된다. 사용자는 암호 키를 사용하여 각자 통화를 소유하고 거래하며 여기에 P2P 네트워크의 도움으로 이중 사용 여부를 확인할 수 있다.[48]

나카모토는 디피와 차움, 백, 다이, 스자보, 피니 등과 같은 개척자들의 업적을 바탕으로 마침내 탈중앙화된 디지털 현금을 실현했다.

지금에 와서 되돌아보면 이것은 기존의 금융 시스템 밖에서 비공개 거래를 수행할 능력과 정치적 간섭에 방해받지 않고 자산을 보유하는 기술이 합해진 것이 가장 중요한 요소였다.

특히 후자는 1990년대 말까지만 해도 사이퍼펑크가 그리 중시하던 개념이 아니었다. 스자보가 비트골드를 통해 추구했던 목표가 이것이었고, 오스트리아 경제학자 프리드리히 하이에크Fredrich Hayek와 머레이 로스바드Murray Rothbard의 영향을 받은 이들이 정부의 통제를 받지 않는 화폐를 만들겠다는 꿈을 오래도록 꾸어왔다는 것도 분명한 사실이다. 그러나 사이퍼펑크가 초기 형태의 디지털 현금에서 추구했던 우선순위는 정부 정책에 대한 대응보다는 프라이버시를 지키는 것이었다.

프라이버시 운동가들이 통화 정책에 상반된 감정을 보이는 것은 오늘날도 마찬가지다. 지난 20년간 미국인의 디지털 권리 보호 운동을 해온 좌파 인권 단체들은 유독 비트코인에 대해서는 외면하거나, 노골적으로 적대시하는 태도를 보여왔다. 2,100만 비트코인 최대한도, 희소성, 그리고 '태환 화폐'로서의 성격 등은 디지털 현금을 통해 프라이버시를 달성하는 토대가 됨을 보여주었다. 그러나 디지털 권리 운동가들은 작업 증명과 변함없는 통화 정책이 인권 수호에 중요한 역할을 한다는 사실을 인식하지 못하거나 중요하게 여기지 않았던 것이 사실이다.

나카모토가 정부의 감시 스캔들이 터진 후가 아니라, 글로벌 금융위기 발발 후 통화 발행 실험이 진행되던 2007년과 2008년 무렵에 비트코인을 선보인 것도 디지털 현금을 창출하는 데 있어 희소성과 화폐 발행의 예측 가능성이 가장 중요한 이유를 설명하기 위해서였다.

이른바 '제네시스 블록(비트코인 네트워크에서 최초로 생성된 블록)'이라고 하는 비트코인 블록체인의 최초 기록은 일종의 정치적 결사의 외침이었다. 그 코드에는 의미심장한 메시지가 담겨 있다.

> 은행의 두 번째 구제금융을 앞둔 영국 재무장관
> _〈더 타임스〉, 2009년 1월 3일

이 메시지는 런던 〈더 타임스〉의 1면 기사 제목이다. 기사는 영국 정부가 정부 재정의 부채와 자산 부문을 모두 증대해 부실화한 민간 영역을 구제하고 있다는 내용이었다.[49] 중앙은행이 시중은행을 위해 그야말로 무에서 현금을 창출하고, 그 반대급부로 주택저당증권에서 기업 부채와 국가 부채에 이르는 자산을 취득하는 것은 당시 전 세계적인 추세였다. 영국의 경우, 잉글랜드은행은 경제를 살리기 위해 돈을 더 많이 찍어내는 길을 택했다.

나카모토가 제네시스 블록에 담은 메시지는 잉글랜드은행이 초래한 도덕적 해이에 대한 일종의 도전이었다. 잉글랜드은행은 그동안 자신의 무모한 정책을 추종한 결과로 파산 위기에 처한 영국 기업에 최종 대부자 역할을 자처하고 있었다.

불황이 오면 평범한 런던 시민은 속절없이 대가를 치르겠지만, 카나리 와프Canary Wharf(런던의 금융 중심지 역할을 하는 신도시 지구-옮긴이)에 사는 엘리트 계층은 어떻게든 그들의 재산을 지킬 방법을 찾아낼 것이다. 2007년과 2008년의 금융위기에도 영국의 은행 책임자 중 감옥에 간 사람은 아무도 없었지만, 수백만 명에 이르는 중하층 서민들은 극심한 타격을 입었다.

비트코인은 단지 디지털 현금이 아니라 중앙은행의 대체자 역할을 담당할 것이다. 나카모토는 관료 사회가 그 어느 때보다 금융화된 경제를 살리기 위해 부채를 증대하는 방식이 옳다고 생각하지 않았다. 그는 이렇게 말했다.

> 전통적인 화폐의 근본적인 문제는 이 시스템의 기반이 신뢰라는 점에 있다. 중앙은행은 대중으로부터 통화가치를 무너뜨리지 않으리라는 믿음을 줘야 하지만, 명목화폐의 역사는 그런 신뢰를 저버린 사례로 가득하다. 은행이 우리의 돈을 보존하고 그것을 전자 방식으로 고스란히 전환할 것이라고 믿을 수 있어야 하는데, 실상은 신용 버블의 파도에 맡겨 버릴 뿐, 그들이 비축하는 잔액은 극히 일부에 지나지 않는다.[50]

나카모토가 출범한 비트코인 네트워크는 중앙은행의 경쟁자로 통화 정책을 자동화함으로써 소수의 엘리트가 모든 사람의 돈에 관련된 정책을 밀실에서 결정하는 관행을 없애자는 제안이었다.

기술적 경이

아담 백은 처음부터 비트코인에 깊은 감명을 받았다. 그는 2009년 초에 피니가 발표한 기술 문서를 읽고 디지털 현금의 성공을 가로막아 왔던 초기의 문제를 나카모토가 상당 부분 해결했음을 알게 되었다. 그중에서도 백이 가장 놀랐던 사실은, 그리고 지금까지 그가 목격했던 그 어떤 프로젝트보다 비트코인이 더 큰 강점을 지니게 된 사건은 2011년 초 어느 시점부터 나카모토가 영영 자취를 감췄다는 사실이다.[51]

2009년부터 2010년까지 나카모토는 주로 비트코인토크BitcoinTalk라는 온라인 포럼에 최신 소식과 비트코인의 수정 사항 및 개선점을 올리고, 이 네트워크의 미래에 관한 생각을 밝히는 등 활발하게 활동하고 있었다. 그러던 어느 날, 나카모토는 모든 활동을 멈추고 종적을 감추었다.

당시만 해도 비트코인은 초기 프로젝트에 지나지 않았으므로 나카모토가 빠지면 시스템 전체가 무너질 위기에 놓인다고 여겨지던 때였다. 2010년 말까지 나카모토는 자비로운 독재자 역할을 맡고 있었다. 그러나 그가 사라짐으로써 그 어떤 정부도 이 프로젝트의 설립자를 체포하거나 회유하여 네트워크에 해를 가할 수 없게 되어 버렸다.

나카모토는 떠나기 전에 이런 글을 남겼다.

1990년대 이후로 등장한 시스템들이 모두 실패한 것을 보고 전자 화폐는 더 이상 가망이 없다고 생각하는 사람이 많다. 나는 그런 시스템의 실패 원인이 바로 중앙통제에 있었다는 것을 사람들이 깨닫기를 바란다. 나는 우리 시스템이야말로 탈중앙화를 달성하고 신탁기관을 배제하려는 최초의 사례라고 생각한다.[52]

백도 이 말에 동의했다. 그는 나카모토가 비트코인을 발표하고 사라진 것에도 놀랐지만, 특히 비트코인의 발행 정책, 즉 2130년대까지 발행되는 코인 수가 점점 줄어들다가 그 이후로는 아예 발행이 중단된다는 계획에 깊은 인상을 받았다. 즉 전체 통화량이 처음부터 2,100만 비트코인으로 고정된다는 것이었다.

채굴에 성공한 사람들이 블록 보상으로 새롭게 획득하는 비트코인의 수는 4년마다 절반으로 줄어든다. 이것을 '반감기'라고 한다.

2009년 초에 나카모토가 비트코인을 채굴할 당시 보상으로 제공된 수는 50비트코인이었다. 이 수는 2012년에 25, 2016년에는 12.5, 그리고 2020년 4월에는 다시 6.25비트코인으로 줄어들었다. 2021년 말 채굴된 총수는 약 1,900만 비트코인이며 2035년이 되면 전체 비트코인 수의 약 99%가 유통된다.[53]

다음 세기 내내 유통될 나머지 분량은 그때까지 남아 있는 채굴자를 유인하는 기능을 담당할 것이다. 그들은 시간이 지날수록 줄어드는 블록 보상보다는 거래 수수료에서 수익을 창출하게 될 것이다.

나카모토와 피니를 비롯한 몇몇 사람은 2009년에 이미 최대한도를 2,100만 코인으로 고정해둔 비트코인만의 독특한 통화 정책이 그 진가를 드러내는 순간부터 엄청난 가치를 발휘할 것이라고 내다보았다.

백은 이런 혁신적인 통화 정책 외에 이른바 '난이도 알고리즘'도 중요한 과학적 혁신이라고 생각했다. 이 방법은 백이 해시캐시를 만들 때부터 더 빠른 컴퓨터를 보유한 사용자가 시스템을 장악할 수 있다는 우려를 해결하는 것이었다. 나카모토는 비트코인에서 이런 일이 일어나는 것을 방지하고자, 2주마다 한 번씩 채굴 작업에 소요된 시간을 측정하여 이를 근거로 채굴의 난이도를 재조정하도록 네트워크를 설계했다.

시장의 붕괴, 대규모의 재앙(예컨대 2021년 5월에 중국공산당 정부가 전 세계 비트코인 채굴자의 절반을 온라인에서 쫓아낸 일), 또는 비트코인 채굴에 사용된 에너지의 전 세계 총량(이를 해시레이트hash rate라고 한다)의 부족 사태가 빚어진다면 블록 채굴 시간은 정상적인 경우보다 더 늘어날 것이다.

그러나 난이도 알고리즘 덕분에 이런 사태가 오더라도 네트워크가 신속하게 복구되어 좀 더 쉽게 채굴할 수 있는 환경이 갖춰진다. 반대로 전 세계의 해시레이트가 급증하거나, 더 효율적인 장비가 개발되거나, 채굴자들이 너무 빨리 블록을 채굴하더라도 난이도 알고리즘이 작동하여 재빨리 원상태로 회복할 수 있다. 이런 단순한 특징 덕분에 비트코인은 계절별로 크게 요동치는 채굴량과 가파른 가격 폭락, 끊임없이 재발하는 위협 등을 이겨내고 지금까지 살아남을 수 있었다. 오늘날 비트코인 채굴을 위한 기반 구조는 그 어느 때보다 더 탈중앙화의 성격을 잘 유지하고 있다.

이런 여러 혁신 요소는 백이 다른 디지털 화폐가 모두 실패했음에도 비트코인만은 성공할 수 있다고 생각한 이유이다. 그러나 아직 분명한 문제가 남아 있었다. 비트코인은 프라이버시 보호 측면에서 충분하다고 볼 수 없었다.

비트코인의 프라이버시 문제

사이퍼펑크에게 프라이버시는 가장 중요한 목적이었다. 과거 디지캐시를 비롯해 여러 차례 반복된 전자 현금 실험에서는 심지어 프라이버시를 확보하기 위해 탈중앙화를 어느 정도 양보한 절충안을 만든 적이 있었을 정도다. 그래서 이런 시스템들이 광범위한 프라이버시를 확보했을지는 모르지만, 사용자들은 조폐 당국을 믿어야 했고, 검열과 가치 저하의 위험에 노출될 수밖에 없었다.

나카모토는 법정화폐를 대체하는 체제를 만들기 위해 누구나 모든 거래를 열람할 수 있는 공개 원장open ledger 시스템을 채택할 수밖에 없었다. 그것만이 감독 기능을 보장하는 유일한 방법이었으나, 한편으로는 프라이버시를 희생하는 것이기도 했다. 백은 지금도 이 방법이 기술적인 면에서 올바른 결정이었다고 생각한다.

비공개 디지털 화폐 분야에서는 디지캐시 이후에도 많은 연구가 진행되었다. 1999년, 보안 연구가들이 발표한 〈감독할 수 있는 익명 전자 현금〉이라는 논문은 영지식 증명을 사용하는 개념을 다룬 내용이었다.[54] 그로부터 10년이 더 지나 이 개념을 최적화한 '제로코인Zerocoin'에 대한 논문이 발표되었다. 그러나 이런 시스템은 완벽한 프라이버시를

달성하기 위해 다른 측면에서는 어쩔 수 없이 양보해야만 했던 부분이 있었다.[55]

이런 익명 거래에는 복잡한 수학 계산이 필요했으므로 각 거래 절차가 매우 비대해졌고, 시간도 매우 오래 걸렸다. 오늘날 비트코인이 훌륭하게 작동하는 이유 중 하나도 각 거래의 크기가 불과 몇백 바이트밖에 안 된다는 점에 있다. 누구나 가정에서 저렴하게 서버(풀 노드full node라고 한다)를 운영하며 비트코인의 이력과 착신 거래를 추적 관리할 수 있어, 사용자가 실제로 시스템의 권한을 손에 쥘 수 있다. 시스템은 소수의 슈퍼컴퓨터에 의존하지 않는다. 오히려 평범한 컴퓨터로 비트코인 블록체인을 저장하고, 낮은 비용으로 거래 데이터를 전송할 수 있는 것은 모두 데이터 크기가 최소화된 덕분이다.

나카모토가 만약 제로코인 모델을 사용했더라면 거래당 크기가 100킬로바이트가 넘어 원장이 거대해졌을 것이고, 특수 데이터센터 장비를 보유한 소수의 인원만 풀노드를 운영할 수 있었을 것이다. 그렇게 되면 담합과 검열이 횡행하고, 심지어 소수 독점 권력에 의해 2,100만 비트코인 이상으로 통화량을 확대하자는 결정이 내려졌을지도 모른다. 비트코인 사회에서 "믿지 말고, 검증하라"는 말을 불문율로 삼고 있는 이유가 바로 여기에 있다.

백은 지금 와서 생각하면 자신이 나카모토에게 보낸 이메일에서 1999년 보고서를 언급하지 않은 것이 다행이었다고 말한다. 탈중앙화 디지털 현금을 발명하는 것이 가장 중요한 일이고, 프라이버시는 나중에 프로그래밍으로 해결하면 되는 문제였다는 것이 그의 생각이다.

2013년에 이르러 백은 비트코인이 디지털 현금의 기초가 되기에 충분한 안정성을 보여주었다고 판단했다. 그는 암호기술을 여러 분야에 응용해본 자신의 경험을 비트코인의 프라이버시 개선에 활용할 수 있다는 점을 깨달았다. 그 당시 백은 비트코인에 관한 내용을 하루에 12시간이나 할애해서 읽기 시작했다. 그는 먹거나 자는 시간도 없이, 시간 가는 줄도 모를 정도로 깊이 빠져들었다고 말했다.

그 해, 백은 IRCInternet Relay Chat(실시간 채팅 프로토콜) 비트코인토크 등의 비트코인 개발자 커뮤니티에서 몇 가지 중요한 개념을 제안했다. 그 중 하나는 비트코인에 채용된 전자 서명 방식을 타원곡선 전자 서명 알고리즘Elliptic Curve Digital Signature Algorithm, ECDSA에서 슈노르Schnorr로 바꾸자는 것이었다. 슈노르는 사용자에게 더 큰 유연성과 프라이버시를 제공하는 것이었음에도 나카모토가 원래 설계에 이 방식을 적용하지 않았던 것은 특허가 걸려 있기 때문이었다. 그런데 이 특허가 만료되었다.

오늘날에는 백의 제안이 채택되어 2021년 11월부터 비트코인 네트워크에 이른바 탭루트 업그레이드Taproot upgrade(여러 서명과 거래 방식이 복합된 대규모 업그레이드-옮긴이)의 일환으로 슈노르 서명이 추가되었다.[56] 탭루트가 대규모로 적용되면 (정부를 비롯한) 외부 관찰자의 눈에는 거의 모든 지갑과 거래가 똑같이 보이므로 감시 장치에 맞서 싸우는 데 큰 도움이 된다.

기밀 거래

백이 비트코인과 관련해 품었던 가장 큰 비전은 이른바 '기밀 거래 Confidential Transaction, CT'라는 것이었다. 현재는 사용자가 거래를 체결할 때마다 그에 따른 비트코인의 수량을 고스란히 노출하고 있다. 이것은 시스템의 감독 기능에는 도움이 되나(가정에서 비트코인 소프트웨어를 가동하는 모든 사람은 특정 수의 코인만 존재한다는 것을 확인할 수 있다), 한편으로는 블록체인을 감시할 수 있는 빌미가 되기도 한다. 만약 정부가 비트코인 주소와 소유자의 실제 신분을 대조할 수 있다면 그 자금을 추적하는 일이 얼마든지 가능하다. 코인조인CoinJoin(여러 명이 함께 비트코인을 전송해 누가 누구에게 전송했는지 모르게 하는 방법-옮긴이) 기법과 연동된 CT가 구현되면 거래량을 숨길 수 있어 감시 활동이 훨씬 더 어려워지거나 심지어 불가능하게 된다.

2013년에 백은 소수의 핵심 개발자(그는 그들을 '비트코인 마법사'라고 불렀다)와 대화를 나눈 결과 CT를 구현하기가 매우 어렵다는 사실을 깨달았다. 그도 그럴 것이 비트코인 커뮤니티는 프라이버시보다 보안과 감독 기능을 더 우선시했기 때문이었다.

그는 또 비트코인이 그리 모듈화된 체계가 아니라는 점(시스템 내에서 CT를 구현하는 실험을 할 수 없다는 뜻이다)도 알게 되었다. 그래서 그는 비트코인 기술을 위한 실험용 테스트베드를 새로 만들어 네트워크에 피해를 주지 않으면서 CT와 같은 개념을 테스트해봐야겠다고 생각했다.

백은 이 일이 만만치 않다는 사실을 곧 알게 되었다. 소프트웨어 라이브러리를 구축하고, 지갑을 통합하며, 호환성도 확보하고, 사용자 친화적인 인터페이스도 만들어야 하는 방대한 일이었다. 백은 이를 위해 실리콘밸리에서 2,100만 달러 규모의 초기 투자를 유치했다.

초기 자금을 확보한 백은 앞에서 언급한 비트코인 핵심 개발자 중 한 명인 그레그 맥스웰Greg Maxwell과 투자자 오스틴 힐Austin Hill과 함께 블록스트림Blockstream이라는 회사를 설립했다. 이 회사는 오늘날 유니콘 기업으로 성장하여 세계 최대 비트코인 기업 중 하나가 되었다. 백은 현재 CEO로서 전 세계 비트코인 사용자가 인터넷에 접속하지 않고도 네트워크를 사용할 수 있는 블록스트림 위성Blockstream Satellite 프로젝트를 추진하고 있다.

2015년에 백과 맥스웰은 마침내 그들이 꿈꿔왔던 비트코인의 '테스트넷testnet(test와 network의 합성어, 실제 블록체인 네트워크에 적용하기 전에 테스트하는 환경)' 버전을 출시하고, 여기에 엘리먼트Elements라는 이름을 붙였다. 그들은 이 보조 체인(지금은 이것을 리퀴드Liquid라고 부른다)에서 CT를 구현하는 노력을 계속했고, 오늘날 수억 달러 규모의 거래가 비공개로 진행되고 있다.

비트코인 사용자들은 2015년부터 2017년까지 거대 채굴 그룹 및 대기업을 상대로 이른바 '블록 크기 전쟁'을 벌이며 블록을 비교적 작은 크기로 유지하여 네트워크의 권한을 개인의 손에 남겨두기 위해 싸웠던 적이 있다. 따라서 앞으로 블록 크기를 대규모로 키우려는 어떤 계획이 나타나더라도 상당한 저항에 직면할 것이다.[57]

백은 지금도 코드를 최적화하여 소규모로나마 비트코인에서 CT를 실현하는 것이 가능할 것이라고 믿고 있다. 그런 기능이 추가되려면 아직도 수년이 더 걸려야 하겠지만, 백은 꿈을 포기하지 않고 계속해서 노력하고 있다.

지금 당장 비트코인 사용자가 프라이버시를 개선하기 위해서는 코인조인, 코인스와프CoinSwap 등의 기법을 사용하거나 라이트닝 네트워크 등의 레이어2 기술, 또는 머큐리Mercury나 리퀴드 등의 보조 체인을 사용하는 방법밖에 없다.

특히 라이트닝은 사용자들이 비트코인을 좀 더 저렴하고, 빨리, 비공개로 사용할 수 있게 해주는 방법이다. 비트코인은 이런 혁신 덕분에 전 세계 수천만 명의 사용자가 검열과 공격을 견뎌내어 일상적이고 편리하게 거래할 수 있는 기술로 발전해왔다.

가까운 미래에 비트코인은 디지털 현금을 먼 곳에 전달한다는 사이퍼펑크의 비전은 물론, 현금의 비공개 특성과 금의 가치 저장 능력을 두루 갖추게 될 가능성이 매우 크다. 이것은 각국 정부가 중앙은행 디지털 화폐Central Bank Digital Currency, CBDC의 실험과 도입에 이미 착수한 현실에서 다음 세기의 가장 중요한 사명이 될 것이다.

CBDC를 도입하는 목적은 종이 화폐를 전자 신용으로 대체함으로써 감시와 몰수, 자동 과세, 그리고 마이너스 이자율을 통한 가치 저하 등의 조치를 더 쉽게 하려는 데 있다. 이를 통해 사회 공학적 조작과 표적 검열이 가능해지고, 비판을 차단하는 구조가 자리 잡으며, 돈에 유효기간을 설정하는 길이 열리게 된다.

그러나 디지털 현금을 향한 비트코인의 비전이 충분히 실현된다면,

나카모토의 말처럼 "우리는 오랜 세월에 걸친 군비 경쟁에서 마침내 승리를 거두고 자유의 새로운 땅을 쟁취할 것이다."[58]

이것이 바로 사이퍼펑크의 꿈이며, 아담 백은 그것을 실현하는 데 집중하고 있다.

C H E C K

Y O U R

F I N A N C I A L

P R I V I L E G E

3장

페트로달러 체제의
숨은 비용

비트코인은 개념 수준의 백서에서 출발하여 수십조 달러의 자산으로 성장하며 세계적인 인권 옹호 수단으로 발전하는 동안 엄청난 비판을 받은 것도 사실이다. 비판론자들은 에너지 소비와 탄소 영향, 중앙 통제 및 규제 기능의 결여 같은 부정적인 외부효과에 초점을 맞춘다. 이런 주장이 과연 타당성이 있는지와 상관없이, 달러 패권을 중심으로 하는 기존 글로벌 금융 체계와 비트코인의 외부효과를 비교하는 비평가는 아무도 없다.

이렇게 된 데는 그들 중 다수가 비트코인을 마치 비자Visa와 같은 결제 플랫폼으로 간주하면서 '초당 거래량'으로 그 성과와 비용을 분석하는 데에도 어느 정도 원인이 있다고 봐야 한다. 그러나 비트코인은 비자와 경쟁하는 핀테크 기업이 아니다. 그것은 새로운 글로벌 준비통화가 되기 위해 경쟁하는 탈중앙화 자산으로 과거에는 금이, 지금은 달러가 담당했던 역할의 승계자가 되는 것을 목표로 삼고 있다.

바야흐로 전 세계는 미국 달러와 미 재무부에 의존하며 미국에 비할 데 없이 거대한 경제적 우위를 안겨주고 있다. 2021년을 기준으로 미국이 전 세계 GDP에서 차지하는 비중은 20%에 지나지 않음에도, 국제통화 거래의 90%가 달러로 이루어지고, 전 세계 외환보유고의 60%도 달러이며, 전 세계 부채의 약 40%도 달러로 발행되고 있다.[59] 달러가 누리는 이런 특별한 지위는 1970년대 미국과 사우디아라비아의 군사 협정을 통해 탄생한 것으로, 이를 계기로 전 세계는 석유 가격을 달러로 매기고 미국의 채권을 비축하게 되었다. 2020년 팬데믹과 금융 위기를 거쳐온 지금도 미국의 엘리트 계층은 궁극의 통화재이자 화폐인 달러를 발행하여 에너지와 재정을 조달하는 특권을 만끽하고 있다.

지난 수십 년 동안 세계는 경제 활동과 인구, 민주주의, 그리고 기술과 생활 수준 면에서 엄청난 발전을 이룩했다. 하지만 이 시스템에는 비록 거론되는 경우는 거의 없으나 수십억 인구의 삶에 지대한 영향을 미치는 수많은 결함이 존재한다.

세계 인구의 4%만을 대표하는 정부가 통제하고 조작하는 화폐가 아니라, 개방되고 중립적이며 예측 가능한 화폐가 준비통화가 된 세상은 과연 어떤 모습일까? 이번 장에서는 지금까지 거의 거론되지 않았지만 너무나 충격적인 기존 체제의 단점을 살펴보고, 그보다 더 공정하고 자유로우며 탈중앙화된 체제로 바꿀 수 있다는 희망을 모색해본다.

지금부터는 그동안 거의 다뤄진 적이 없는 페트로달러(석유를 팔아 얻은 달러)의 태동 과정을 살펴보고, 미국이 달러를 세계 준비통화의 지위에 올려놓기 위해 잔혹한 독재자들을 지원하고, 국가 안보를 위협하며,

미국의 산업 기반을 해치고, 화석연료 산업을 뒷받침하며, 나아가 해외의 충돌을 조장했음을 고발할 것이다. 이런 전략이 수십 년간 미국의 지도자들에게는 효과가 있었다. 하지만 그 결과가 바로 오늘날 세계 금융이 불가피하게 다극 체제를 향해, 그리고 어쩌면 비트코인 표준을 향해 나아가고 있는 것인지도 모른다.

페트로달러의 탄생

19세기에 대영제국이 경제 패권을 쥐고 있었음에는 의문의 여지가 없다. 하지만 20세기 초, 특히 제1차 세계대전 이후부터 그 동력을 상실하기 시작했다. 미국은 전쟁으로 피폐해진 유럽보다 훨씬 더 강성했을 뿐 아니라 그 어떤 나라보다 더 많은 금을 보유한 국가로 부상했다. 제2차 세계대전이 발발하자 달러는 의심할 여지없이 파운드를 제치고 세계에서 가장 영향력 있는 화폐로 올라섰다.

각국 정부는 여전히 금을 준비통화로 삼고 있었으나, 미국과 영국의 정책결정자들은 좀 더 '유연한' 체제를 창설하기로 마음먹었다. 제2차 세계대전이 끝날 무렵, 44개국의 지도자가 뉴햄프셔주 브레턴우즈의 한 호텔에 모여 새로운 금융 기반을 마련하기로 합의했다. 영국의 경제학자 존 메이너드 케인스John Maynard Keynes는 세계 여러 국가가 공동으로 관리할 단일 화폐, 즉 방코르bancor를 도입해야 한다고 주장했다. 그러나 미국은 금 가격을 온스당 35달러로 고정하는 달러 중심 통화 방안을 선호했다. 국제 무역 적자는 여전히 금을 통해 해소해야 했으므로, 미국은 세계 금 공급량에서 차지하는 압도적인 비중과 국제수지 면에서의 우월한 위치를 바탕으로 그들의 입장을 강력하게 밀어붙일 수 있었다.

이후 수십 년에 걸쳐 세계는 브레턴우즈 표준으로 조금씩 나아갔고, 각국 통화는 달러를 기준으로 고정된 채 조정이 허용되었다. 그리고 미국은 이 모두를 지탱할 수 있을 정도의 금 보유량을 바탕으로 세계 금융 체제의 신탁기관 역할을 맡았다. 이 체제는 1960년대 초까지 그 역할을 썩 훌륭하게 해냈다. 달러는 전 세계 중앙은행의 금고에서 금을 대체했고, 금을 태환할 수 있는 능력을 바탕으로 국제 결제에 필요한 지배적인 교환 수단이 되었다. 미국은 최대 채권국이자 경제 대국이 되었다. 그러나 냉전을 수행하기 위한 지출이 시작되고, 존 F. 케네디 대통령이 암살된 후 이 지출이 증폭하면서 미국 정부는 대규모 사회적·군사적 지출의 길을 선택하게 된다. 린든 존슨Lyndon B. Johnson 대통령이 내세운 '위대한 사회Great Society'를 위한 각종 프로그램과 베트남 침공으로 미국의 부채는 천정부지로 뛰어올랐다. 제2차 세계대전이나 한국전쟁과 달리, 베트남 전쟁은 거의 전적으로 미국의 신용에 의존해 전쟁 비용을 조달한 첫 번째 전쟁이었다.[60]

니얼 퍼거슨Niall Ferguson은 《금융의 지배The Ascent of Money》라는 책에서 다음과 같이 말했다. "1960년대 말, 미국의 공공 부문 적자는 오늘의 기준에 비춰보면 무시해도 될 만한 수준이었다. 하지만 프랑스로부터 미국이 준비통화의 지위를 바탕으로 달러를 마구 찍어내 미국 채권을 보유한 해외 국가로부터 세금을 뜯어내는 것은 마치 중세 봉건 군주들이 조폐 독점권을 남발하여 화폐 가치를 떨어뜨리던 행태를 연상케 한다는 불만을 살 정도로 컸다."

프랑스의 경제학자 자크 루에프Jacques Rueff는 이것을 '서구의 경제적 죄악'이라고 했고, 프랑스 정부는 '과잉 특권'이라는 용어를 만들어냈다.[61] 영국의 부실한 재정 정책이 1967년에 파운드화의 가치 절하를 초래하자, 미국의 지속 불가능한 지출로 인해 이와 비슷한 부정적 결과를 초래할 것을 두려워한 프랑스는 달러화 가치가 폭락하기 전에 자신들의 금을 돌려받기를 원했다.

1971년에 이르자 미국 부채는 그야말로 지나칠 정도로 증가했다. 110억 달러 규모의 금으로 무려 240억 달러의 자금을 떠받치는 꼴이었다.[62] 그해 8월, 프랑스의 퐁피두 대통령은 뉴욕에 전함을 파견해 자국 보유분의 금을 회수하고자 했고, 영국은 포트녹스에 보관 중이던 3억 달러 상당의 금을 돌려달라고 미국에 요청했다.[63] 1971년 8월 15일, TV 연설에 나선 리처드 닉슨 대통령은 미국 국민을 향해 미국은 지금부터 달러를 금으로 바꿔주지 않을 것이며, 아울러 경제를 살리기 위해 임금과 물가를 동결하고 수입 과징금을 부과하는 조치도 병행할 것이라고 말했다.[64] 닉슨은 금 태환 중단 조치는 일시적이지만, 사실상 영구 조치가 될 가능성이 크다는 말도 덧붙였다.[65] 그 결과, 달러화 가치가 10% 넘게 하락했고, 브레턴우즈 체제는 종식되었다. 세계는 커다란 금융 위기에 빠져들었다. 닉슨은 '닉슨 쇼크'가 해외 국가에 미칠 영향에 관한 질문을 받고 이렇게 답했다. "리라가 어떻게 되든 나는 관심 없습니다."[66]

데이비드 그레이버David Graeber의 《부채, 첫 5,000년의 역사Debt: The First 5,000 Years》라는 책에는 이런 구절이 나온다. "닉슨은 인도차이나 전역에 400만 톤이 넘는 폭탄을 투하하라고 명령했고, 그 전쟁 비용을 대느라 달러를 펑펑 썼다. 부채 위기는 그 폭탄, 더 정확히 말하면 그것을 공수하기 위한 막대한 군사 기반시설 조성 비용의 직접적인 결과였다. 이것이 바로 미국의 금 보유량에 엄청난 부담을 가한 원인이었다."

1971년 이후, 세계는 역사상 처음으로 순수한 명목화폐 표준 체제로 접어들었다. 전 세계 중앙은행이 보유하던 달러는 지지 기반을 잃었고, 미국의 지배우위가 의심받던 지정학적 위기가 있었으며, 다극 경제 체제는 뚜렷한 가능성으로 떠올랐다. 설상가상으로 1973년 석유수출국기구Organization of the Petroleum Exporting Countries, OPEC에 속한 아랍의 석유 수출국들은 세계 석유 가격을 4배로 인상했다. 그해 발발한 아랍-이스라엘 전쟁에서 이스라엘을 지원한 미국을 향해서는 금수 조치를 단행했다. 2달러 미만에 머물던 배럴당 유가는 불과 몇 해 만에 12달러로 올랐다. 미국이 두 자릿수에 달하는 인플레이션과 달러를 향한 세계적 신뢰 저하에 봉착하자, 닉슨과 국무장관 겸 국가안보 보좌관이었던 헨리 키신저는 금본위 이후 시대에도 미국의 군사력과 경제력을 유지함으로써 세계의 운명을 바꾸게 될 계획을 구상했다.

1974년에 그들은 신임 재무장관 윌리엄 사이먼William Simon을 사우디아라비아로 파견해 '그 적대적인 왕국이 새롭게 발견한 페트로달러 자산으로 미국의 늘어나는 적자 비용을 조달해달라고 설득'하도록 했다. 간단히 말해 페트로달러란 미국이 산유국으로부터 석유를 사는 대금으로 치르는 미국 달러를 의미한다. 〈블룸버그〉 기사의 표현대로 그 기본 틀은 '놀랍도록 단순했다.'[67] 미국은 "사우디아라비아로부터 석유를 사들이는 대신 그 왕국에 군사 원조와 장비를 제공한다. 그 대가로 사우디는 그들이 얻은 페트로달러 수익 중 수십억 달러를 빼돌려 다시 미국 재무부에 제공하면 미국은 그것을 지출 자금으로 사용한다." 이를 계기로 미국 달러는 공식적으로 석유와 결합하게 되었다.

1974년 6월 8일 워싱턴에서 키신저와 파드 왕세자는 사우디아라비아가 미국에 투자하고, 미국이 사우디 군대를 지원하는 건에 관한 협정에 서명했다. 며칠 후 닉슨은 제다로 날아가 세부 사항을 협의했다.[68] 훗날 기밀 해제된 문서에 따르면 미국 정부는 사우디가 '통상적인 외환 시장 틀을 벗어나 그들에게 유리한 환율'로 미국 채권을 매입하도록 허용했음이 드러났다.[69] 1975년 초에 사우디는 25억 달러어치의 미국 채권을 매입했다. 이것은 나중에 미국 채권에 수천억 달러가 투자되는 페트로달러 잔치의 시작이었다. 수십 년 후 당시 재무차관이었던 게리 파스키Gerry Parsky는 "사우디와의 비밀 계약은 벌써 오래전에 파기되었어야 했다"고 말하며, 자신은 "재무부가 그 계약을 그렇게나 오래 유지했다는 사실에 깜짝 놀랐다"고 밝혔다.[70] 그럼에도 그는 "그 계약이 미국에 나쁠 것이 없었으므로 후회는 없다"는 말도 덧붙였다.

1975년까지는 OPEC의 다른 국가도 사우디아라비아의 뒤를 따랐다. 세계 석유 매장량의 80%를 차지하는 그들로부터 석유를 사고 싶다면 예외 없이 달러를 내놓아야만 했다.[71] 이로써 세계 경제의 불확실성과 인플레이션이 꾸준히 증가하는 와중에도 미국 달러에 대한 수요는 새롭게 창출되었다. 석유가 필요했던 산업화 국가들은 이제 석유를 사려면 미국에 상품을 수출하거나 외환시장에서 달러를 매입해야 했다. 따라서 달러의 글로벌 네트워크 효과는 점점 더 커졌다. 1974년에는 전세계 석유 유통량의 20%가 영국 파운드화로 거래되었지만, 1976년에는 6%로 떨어졌다. 1975년까지 사우디아라비아의 미국산 군사 장비 수입액은 3억 달러에서 무려 50억 달러 규모로 증가했다.[72] 유가는 달러를 받고 팔 수 있다는 프리미엄 덕분에 1985년까지 고공행진을 계속했다.[73]

페트로달러의 영향

정치학자 데이비드 스피로David Spiro는 페트로달러에 대한 그의 연구에서 역사적으로 OPEC의 달러 수익은 미국 재무부로 되돌아가 "미국 정부의 부채 장려 정책과 미국 시민의 부채 기반 소비를 지원하는 데 사용되었다"고 주장했다.[74] 이렇게 회수된 페트로달러(나중에는 일본과 중국도 이런 회수에 참여한다)는 시간이 지나면서 금리를 낮춰 미국이 매우 저렴한 이자로 채권을 발행할 수 있게 해주었다. 이 체제가 수립되고 유지된 것은 순수한 경제 논리가 아니라 사우디아라비아와 맺은 협정 때문이었다. 1977년에 앨런 그린스펀은 과거 제럴드 포드 대통령의 경제자문위원회 의장을 역임했던 시절을 돌아보며, 사우디아라비아는 '비시장 의사결정자'였다고 말했다.[75]

그레이버는 페트로달러 회수야말로 미국 채권이 금을 대체하여 세계 준비통화, 나아가 궁극의 가치 저장 수단이 된 과정을 보여주는 사례라고 지적하며 이렇게 설명했다. "시간이 지나면서 낮은 이자 지급금과 인플레이션이 결합하면 이런 채권의 실제 가치가 하락하는데, 이를 경제학자들은 '시뇨리지seigniorage(국제통화를 보유한 국가가 누리는 이익-옮긴이)'라고 말한다."

1974년에 탄생한 페트로달러 체제는 그동안 세상을 다음과 같은 모습으로 바꾸어 놓았다.

- 미국과 사우디아라비아를 비롯한 걸프 지역의 여러 독재 정권이 긴밀한 동맹 관계를 맺었다.
- 페트로달러(연방준비은행의 통제가 미치지 않는 곳에서 탄생한 것이다)가 런던과 북미의 여러 은행에 넘처나게 되면서 미국 재무부에 회수되거나, 신흥시장에 다시 대출로 제공되면서 가파르게 상승한 '유로달러'는 세계 경제에 암운을 드리웠다.[76]
- 인위적으로 만든 강한 달러로 미국 경제가 금융화하면서 미국의 수출 경쟁력이 저하되자 중산층이 무너지고 경제의 중심이 제조업에서 금융, 기술, 국방, 서비스 등으로 옮겨갔다. 결국 경제 전반에 부채 비율이 증가하게 되었다.
- 소련에 대한 압박이 증가했다. 세계 시장이 점점 더 달러 중심으로 바뀌는 현실에서 미국은 돈을 찍어내 석유를 살 수 있는 데 비해, 소련은 땅을 파서 석유를 캐내야 했기 때문이다.[77]

- 신흥시장 국가는 고통스러운 현실을 마주했다. 그들은 갚기 어려운 달러 표시 부채에 허덕이면서도 국내 투자보다는 달러 축적에 더 우선순위를 둘 수밖에 없었다. 그러다 보니 소득이 떨어지고 부채 위기를 촉발하게 되었다. 멕시코, 동아시아, 러시아, 아르헨티나 등이 모두 이런 형편이었다.[78]
- 원자력 발전과 국가별 에너지 자립이 무너진 사이에 석유를 비롯한 화석연료 산업이 꾸준히 성장했다.

물론 미국이 군사적, 경제적 패권을 유지하고 전쟁과 사회 프로그램에 필요한 막대한 적자를 감당할 수 있었던 것은 모두 다른 나라들로부터 그 비용을 충당한 결과였다.

페트로달러 이론을 비판하는 사람 중에는 이런 현상이 대체로 신화에 불과하다고 말하는 이들도 있다. 그들은 달러가 지배적인 지위를 차지했던 것은 그저 경쟁이 없었기 때문이라고 말한다. 미국 경제정책연구소 딘 베이커는 이렇게 말했다. "석유 가격이 달러로 매겨지고 석유 거래가 대부분 달러로 이루어지는 것은 사실이나, 그렇다고 해서 달러가 미국의 경제적 안녕을 위해 국제통화로서 차지하는 위상에는 큰 차이가 없다."[79]

한편, 워런 모슬러Warren Mosler나 스테파니 켈튼Stephanie Kelton 등의 현대통화 이론가들은 페트로달러의 중요성을 경시한다. 그들은 페트로달러가 미국이 국내에서 할 수 있는 일을 제한하지 않으며, 국제적으로도 어떤 통화로 석유를 거래하든 각국은 매입 전에 얼마든지 통화를 교환할 수 있어 그리 중요한 요소가 아니라고 말한다. 비판론자들은 1973년 이전에도 달러는 이미 세계 준비통화였고, 상품 가격을 달러로 매기는 것은 단지 '관습'일 뿐이다. 그리고 "석유시장의 회계 단위를 유로나 엔, 심지어 밀 부셸bushel(미국 단위로는 35.24리터-옮긴이)로 한다고 하더라도 아무런 차이가 없을 것"이라고 말한다.[80] 아울러 그들은 석유 거래에 사용되는 달러는 다른 수요처에 비하면 '보잘것없는' 액수에 불과하다라고 말한다.

그러나 사우디아라비아와 OPEC이 석유 수출 가격을 달러로 매기고 그 수익을 미국 채권에 투자하기로 결정한 것은 순전히 시장 논리에 따른 것도 아니고, 운이나 우연에 맡긴 결정은 더더욱 아니었다. 그것은 어디까지나 보호와 무기를 대가로 내려진 정치적 결정이었으며, 그 이후 파생한 수많은 네트워크 효과를 통해 달러가 세계 준비통화의 자리를 공고히 하게 된 결정이었다. 이 점은 각국이 석유를 사기 위해 자국 통화를 달러와 교환할 때 미국과 그 나라와의 무역 관계를 공고히 함으로써, 미국은 에너지 시장 너머로 영향력을 확대할 수 있었다.

그레이버도 《부채, 첫 5000년의 역사》에서 달러 표시 석유 판매로 인해 미국이 과연 준비통화국으로서 누리는 이익이 있는지에 대해 언급했다. 하지만 그럼에도 가장 중요한 것은 "미국의 정책결정자들은 이 체제에 상징적인 중요성이 있다고 생각하며, 현상을 변경하려는 어떤 시도도 거부하는 것 같다"고 말했다.

미국의 외교 정책과 페트로달러

2000년 10월에 사담 후세인Saddam Hussein이 이라크는 달러가 아니라 유로로 석유를 판매하겠다고 선언한 것이야말로 페트로달러 체제의 변경을 시도한 사건이었다.[81] 이후 이라크는 2003년 2월까지 총 33억 배럴의 석유를 260억 유로에 판매했다.[82] 프랑스와 독일이라는 무역 상대국을 바탕으로 태동한 '페트로유로'가 만약 그대로 확대되었더라면, 유로화가 다른 통화 대비 강세를 보이며 발달하여 달러가 누리던 큰 특권을 잠식했을 것이다.[83] 그러나 한 달 후, 미국은 영국의 지원으로 이라크를 침공하여 사담 후세인을 끌어내렸다. 그리고 6월이 되어 이라크의 석유 판매 통화는 다시 달러로 회귀했다.[84]

미국은 과연 페트로달러 체제를 지키기 위해 전쟁을 벌였던 것일까? 우리는 그 전쟁을 평가할 때 이라크의 대량살상무기Weapons of Mass Destruction, WMD 비축이나 인권 유린, 테러 집단과의 연계성 등에 관심을 둘 뿐, 이런 질문을 던지는 일은 거의 없다. 그러나 당시에는 실제로 유로화가 달러에 도전하는 통화라고 생각하는 사람들이 많았다.[85] 후세인의 축출로 변화가 저지되고 페트로달러 체제가 훨씬 더 오래 지배력을 발휘할 수 있었다는 점을 생각하면, 이 질문이야말로 미국 현대사에서 가장 불가사의했던 전쟁의 이유를 가장 합리적으로 설명하는 열쇠가 될 수 있지 않을까?

2021년에 저널리스트 로버트 드레이퍼Robert Draper는 에즈라 클라인Ezra Klein이 진행하는 쇼에 출연하여 자신의 책 《전쟁의 시작To Start a War: How the

Bush Administration Took America into Iraq》을 소개했다.[86] 그들은 지난 10년을 되돌아보며 그 침공의 동기로 생각할 만한 가능성을 모두 검토했고, 마지막으로 '명분을 찾기 위한 전쟁'이었다고 결론 내렸다. 지금까지도 미국이 이라크를 침공한 이유에 대해서는 정확한 합의가 없는 실정이며, 공식적으로 발표된 명분은 억지로 꾸며낸 것이었음이 판명되었다.

전 재무장관 폴 오닐Paul O'Neill에 따르면, 2001년 2월에 이미 조지 W. 부시 행정부 내에서는 이라크 침공에 관한 논의가 검토되고 있었다고 한다.[87] 그는 논의의 대상은 '이유가 아니라 침공 방안과 속도'였다고 밝혔다. 청사진은 이미 만들어졌던 셈이다. 9월 11일, 테러가 발생한 지 불과 몇 시간 후에 국방부 차관 폴 울포위츠Paul Wolfowitz는 사담 후세인과 테러 조직의 연관성을 종합적으로 조사하라는 명령을 내렸다.

그 후 18개월 동안 부시 행정부는 열심히 전쟁 분위기를 조성했고, 2003년 3월에는 폭넓은 지지를 확보했다. 특히 국무장관 콜린 파월이 그의 신망을 토대로 유엔과 TV 뉴스 채널에서 홍보전을 펼친 노력이 주효했다. 후세인 제거 계획에는 상원의원 힐러리 클린턴Hillary Clinton과 존 케리John Kerry, 해리 리드Harry Reid, 조 바이든 등을 비롯한 상하 양원이 모두 지지 의사를 보냈다. 폭스 뉴스에서 〈뉴욕타임스〉에 이르는 언론 매체가 침공을 지지한 결과, 침공이 시작되기 몇 주 전에는 찬성 여론이 72%에 달했다.[88]

여론은 명확했다. 사담 후세인은 위험한 인물이고, 대량살상무기를 보유한 것으로 보이며, 그것이 알카에다의 손으로 흘러갈 수 있으므로 이를 막아야 한다는 것이었다. 당시 딕 체니Dick Cheney 부통령은 "후세인이 대량살상무기를 보유하고 있다는 데는 의심의 여지가 없습니다"라고 단언했다.[89] 어느새 전쟁은 인도주의적인 노력으로 포장되어 '이라크 자유화 작전'으로 불렸다. 그러나 지금 생각하면 미국이 이라크를 침공한 것은 인권을 증진하기 위해서가 아니었다. 그것은 알카에다나 9·11과는 아무 상관이 없는 전쟁이었다. 게다가 체니 부통령이 그렇게 단언했어도 이라크에서는 그 어떤 대량살상무기도 발견된 바가 없었다.

또 다른 동기로, 이란을 견제하기 위해서였다는 설명이 지금까지도 거론되고 있으나 이것은 설득력이 별로 없다. 대부분의 이라크인은 시아파고, 미군이 이라크를 점령하는 동안 그들의 정치 구조는 이란을 향해 기울어진 데다, 무엇보다 미국이 수십 년 전부터 바로 이 목적을 위해 후세인을 '지지해온' 터였기 때문이다.[90] 전쟁의 명분이 이토록 허술했으므로 역시 석유가 근본 원인이라고 믿는 사람이 많았다. 지난 150년에 걸쳐 오늘날 우리가 사는 세상을 형성해온 수많은 전쟁과 침공, 점령의 근본 원인은 바로 천연자원이었다. 아프리카 쟁탈전, 중앙아시아의 그레이트 게임(19세기 대영제국과 러시아의 대결 구도-옮긴이), 사이크스-피코 협정Sykes-Picot Agreement(제1차 세계대전 직후 영국과 프랑스가 맺은 중동 분할 협정-옮긴이), 모사데크Mossadegh(이란의 지도자-옮긴이)와 루뭄바Lumumba(콩고의 지도자-옮긴이)의 타도, 제1차 걸프전쟁 등이 모두 다 그렇다.

조지 W. 부시, 콜린 파월, 도널드 럼즈펠드Donald Rumsfeld 국무장관, 폴 브레머Paul Bremer 임시 정부 수반, 잭 스트로Jack Straw 영국 외무장관 등은 한결같이 그 전쟁이 석유 때문이었다는 말을 부인했다. 그러나 앨런 그린스펀Alan Greenspan 전 연방준비제도이사회(이하 연준으로 표기-옮긴이)의

장은 회고록에서 "애석하지만, 모두가 짐작하는 내용을 인정하는 정치적 불편함을 감수하고자 한다. 이라크 전쟁의 원인은 대체로 석유에 있었다"라고 밝혔고, 언론에서는 세계 석유 공급량 확보를 위해 후세인 제거는 '불가피한 일'이었다고 말했다.[91] 미국의 대이라크 작전 사령관을 맡았던 존 아비제이드John Abizaid 장군은 "물론 석유 때문이었습니다. 결코 부인할 수 없는 사실입니다"[92]라고 말한 바 있다. 척 헤이글Chuck Hagel 전 국방장관은 2007년에 "우리가 석유 때문에 싸우는 것이 아니라는 사람도 있는데, 분명히 석유 때문입니다"라고 인정했다.[93]

물론 그 당시 미국이 소비하는 중동산 석유의 비중은 크지 않았던 것은 사실이다.[94] 2003년에 미국이 소비한 석유는 주로 국내 생산분과 캐나다, 멕시코, 베네수엘라로부터의 수입량을 합한 것이었다. 그렇게 보면 단순히 석유를 '통제'하기 위해 이라크를 침공할 이유는 별로 없을 것 같다. 게다가 무력 전쟁은 이라크의 석유 기반을 해치게 되므로 생산 속도를 다시 끌어올리기까지 상당한 지연이 발생하리라는 것쯤은 누구나 짐작할 수 있다. 그러나 어쩌면 그 전쟁은 일반적인 의미에서의 석유 때문이 아니라, 구체적으로 페트로달러 체제를 지키기 위해 벌어진 것일지도 모른다.

침공 이후 이라크가 석유 판매 통화를 다시 달러로 전환하기 전이었던 2003년 5월, 하워드 파인만은 〈뉴스위크〉지에 기고한 글에서 유럽인들은 발견하지 못한 대량살상무기를 계속 수색할 것인지를 놓고 유엔과 논의하고 있다고 밝혔다.[95] 그는 기사에서 진정한 논점은 "대량살상무기와는 상관이 없다. 문제는 완전히 다른 곳에 있다. 누가 이라크 석유를 판매(및 구매)할 것이냐, 그리고 그 판매 가격을 어떤 통화로 표시할 것이냐가 쟁점이다"라고 했다.

그레이버는 이렇게 말했다.

"후세인이 달러를 거부하기로 한 결정은 미국이 그를 축출하기로 한 결정에 얼마나 큰 비중을 차지했을까? 알 수 없는 일이다. 그의 표현대로 '적국의 화폐'를 사용하지 않겠다는 그의 결정은 어떤 경우라도 전쟁으로 이어질 수 있는 일련의 적대적인 제스처 중 하나였을 뿐이다. 핵심은 이것이 가장 중요한 요소라는 소문이 넓게 퍼졌다는 사실이고, 따라서 결정을 내리는 위치에 있는 정책결정자로서는 그럴 가능성을 완전히 배제할 수 없다는 점이다. 물론 그 수혜자들은 인정하고 싶지 않겠지만, 모든 제국주의적 구도는 결국에는 테러에 의존할 수밖에 없다."

돌이켜보면 2000년대 초는 유로화의 도전이 뚜렷해지는 상황에서 미국이 행동에 나서는 것이 타당한 시대였다고 보아야 한다. 그러므로 페트로달러를 지키는 것이 이라크 침공의 주목적이든 아니든 결과는 똑같다. 즉 다른 나라들이 모두 후세인이 어떻게 되는지 지켜봤고, 따라서 그 이후 오랫동안 자국 화폐를 감히 '페트로' 통화로 밀어붙이려는 나라는 거의 없었다.

석유는 어떻게 되었을까? 이라크의 원유 생산량은 2001년부터 2019년까지 2배 이상 증가해 나중에는 하루 500만 배럴까지 증가했다. 지난 몇 년 동안 세계 경제는 다극화되었지만, 2019년까지 원유 거래 통화의 99%는 여전히 달러가 차지하고 있었다.[96]

독재자, 불평등, 화석연료

페트로달러 체제에는 이라크 전쟁 외에도 훨씬 더 뚜렷하고 부정적인 외부효과와 핵심 원인이 존재한다. 그중 하나는 미국이 사우디 독재 정권을 지지한다는 사실이다. 9·11 테러 납치범 19명 중에는 오사마 빈 라덴Osama Bin Laden을 포함한 15명이 사우디인이었다. 그럼에도 미국 정부는 이 테러 공격에 연루된 혐의로 사우디 정권을 수사하려는 시도를 극구 억누른 채 오히려 이를 보복한다는 구실로 다른 나라를 침공하고 폭격했다. 살인적인 사우디 왕가가 지금도 정권을 유지하고 있는 가장 큰 이유는 바로 페트로달러에 있다.

2002년, 채스 프리먼Chas Freeman 전 사우디 주재 미국 대사는 의회에 출석해서 이렇게 말했다. "역사적으로 사우디가 맡아온 중요한 역할 중 하나는 미국과 맺은 친선 관계를 바탕으로 석유 가격이 계속해서 달러로 매겨지는 체제를 고수하는 것입니다. 그 덕분에 미국 재무부는 화폐를 발행해서 석유를 살 수 있으며, 이는 다른 어떤 나라도 지니지 못한 이점입니다."[97] 2007년에 사우디는 미국 의회가 반독점법에 따라 법무부로 하여금 OPEC 회원국들을 석유 가격 조작 혐의로 고발할 수 있도록 한, 이른바 'NOPEC' 법안을 철회하지 않으면 페트로달러 체제를 철회하겠다고 으름장을 놓았다. 결국 이 법안은 제정되지 않았다.

2006년 〈뉴욕타임스〉 기사에 따르면, 사우디아라비아는 "2001년 9·11 테러와 관련해 사우디 정부를 어떤 형태로든 미국 법정에 세울 수 있는 법안이 통과될 경우, 사우디가 보유한 수천억 달러 상당의 미국 자

산을 매각할 것이라고 오바마 행정부와 의회에 말했다"고 한다.[98]

2020년, 당시 법무장관이었던 윌리엄 바William Barr는 9·11 사건에 연루된 한 사우디 외교관의 이름이 대중에 알려지면 "국가 안보에 심각한 위해가 된다"는 이유를 들어 이를 막았다.[99] 〈워싱턴포스트〉칼럼니스트 자말 카슈끄지Jamal Khashoggi가 암살당했을 때, 도널드 트럼프Donald Trump 대통령은 모하메드 빈 살만Mohamed bin Salman, MBS(사우디아라비아의 왕세자 겸 총리-옮긴이)에 대한 조치를 밀어붙이지 않았다. 그는 NBC 뉴스와의 회견에서 "나는 '그들과의 비즈니스를 원하지 않습니다'라고 말할 만큼 어리석지 않습니다"라고 말했다.[100] 조 바이든 대통령도 빈 살만이 카슈끄지 암살을 명령했다는 증거를 직속 정보기관으로부터 보고받고도 그에 대한 직접적인 처벌을 거부했다. 미국이 너무 큰 비용을 치르게 된다는 것이 이유였다.[101]

이는 미국과 사우디의 관계가 최고위층을 중심으로 얼마나 확고하게 지켜지고 있는지를 보여주는 여러 사례 중 일부에 불과하다. 사우디 정권은 예멘과 유혈 전쟁을 벌이고, 여성 정치범을 가혹하게 고문하며, 카슈끄지를 살해하기까지 했는데도 말이다. 스톡홀름 국제평화연구소의 조사에 따르면 "2015년부터 2019년까지 전 세계 무기 판매량의 5분의 1을 걸프 6개국이 구매하여 사우디아라비아와 아랍에미리트UAE, 카타르가 각각 세계 1위, 8위, 10위의 무기 수입국이 되었다. 같은 기간 사우디아라비아 한 나라가 미국이 수출한 전체 무기의 4분의 1을 구매했고, 이는 2010년부터 2014년 기간보다 7.4% 증가한 수치였다"고 한다. 1974년에 체결된 석유 가격 협정은 그 당시와 너무나 달라진 시대인

2021년에도 여전히 강력하게 유지되고 있었다.

미국 국내로 눈을 돌리면 페트로달러 덕분에 미국의 특정 세력은 번창했지만, 평균적인 미국인에게 미친 영향은 분명히 부정적이었다. 최근 〈포린어페어스Foreign Affairs〉지에는 다음과 같은 글이 실렸다. "달러 지배의 혜택은 주로 금융기관과 대기업에 돌아가는 데 비해, 그 비용은 대체로 근로자에게 전가된다. 따라서 달러 패권이 지속될수록 미국의 불평등과 정치적 양극화는 더욱 심화할 것이다."[102] 대기업과 자산 소유자들은 이 체제가 안겨주는 저금리 환경의 가장 큰 수혜자들이었다. 야코프 페이긴Yakov Feygin과 도미닉 뢰스더Dominik Leusder는 〈달러 체제가 초래한 사회 양극화〉라는 글을 통해 이렇게 주장했다.

"달러 지배 체제는 미국의 무역 적자를 부추겨 국가 경제를 생산성 증대보다는 지대 축적의 방향으로 내몬다. 이로 인해 국민소득에서 차지하는 자본 대비 노동 비중이 하락했고, 교육과 의료, 주택임대 같은 서비스 비용이 급증했다."[103]

수십 년간 페트로달러 체제로 인해 달러에 대한 국제 수요가 인위적으로 강하게 유지되면서 미국은 제조업 기반이 약해지고 경쟁력이 하락했으며 해외에서 일자리를 잃어갔다. 일반적으로 통화 강세가 지나치면 결국 적자 문제가 불거지고, 수출 상품 가격이 하락한다. 그러나 투자자이자 애널리스트인 린 알덴Lyn Alden이 〈미국 준비통화 체제의 파괴〉라는 글에서 말했듯이, 미국은 지금까지 자국의 적자를 해외 국가가 제공한 자금으로 메워왔기 때문에 그런 문제가 발생하지 않았다.[104] 이런 현상은 1960년에 경제학자 로버트 트리핀Robert Triffin이 처음 발견했다고 해서 트리핀 딜레마Triffin Dillema로 불린다. 즉 미국이 달러를 세계 준비통화로 유지하려면 전 세계에 막대한 유동성을 공급하기 위해 점점 더 큰 적자를 운용해야 하고, 결국 언젠가는 달러에 대한 믿음이 무너질 날이 올 수밖에 없다.

1947년에 GDP의 10%를 차지했던 미국의 금융 산업은 현재 20%를 차지할 정도로 성장했다.[105] 이런 금융화 추세는 자산을 보유한 연안 지역의 엘리트층을 부유하게 만든 데 비해, 러스트벨트(미국 중서부와 북동부의 쇠락한 공업지대) 지역 근로자는 정체된 임금에 시달리다 결국 몰락하게 되었다. 이는 포퓰리즘과 극단적인 불평등을 불러왔다. 그 결과, 오늘날 미국의 평균 자산은 여전히 주요 선진국에 비해 높은 편이지만, 자산 중간 값은 상대적으로 낮은 편이다. 바로 이런 이유로 알렌과 루크 그로멘Luke Gromen 등의 거시경제학자들은 달러 패권이 사실은 중국 같은 나라와 경쟁하는 미국에 손해를 초래한다고 주장했다. 중국은 계속해서 달러를 빌려 경화 자산을 비축하고 글로벌 주요 공급망에 대한 통제를 강화할 수 있기 때문이다.

물론 페트로달러 자체뿐만 아니라 그것이 환경에 미치는 영향도 생각해야 한다. 〈로이터통신〉의 보도에 따르면 "달러로 표시되는 석유 사용량이 풍력 발전, 태양광 및 수력발전 등에 밀려 감소한다면, 금본위제가 종식된 1970년대 이후 전 세계 거대 정유회사가 투자하거나 그들로부터 회수한 글로벌 페트로달러의 상승세도 석유와 함께 고갈될 수 있다"고 한다.[106] 다시 말해, 세계적인 재생에너지 전환 추세가 화석연료 수요에 결정타를 날린다면 그 결과가 어찌 되든 페트로달러 체제와 미국의 막대한 적자 운영 능력에도 엄청난 타격을 미칠 것이라는 말이다. 석유산업의 당사자들은 지난 수십 년간 원자력 발전과 재생에너지 개발에 대한 노력에 적극적으로 저항해왔다.[107] 미군은 지금도 석유 자원의 최대 소비 주체이다.

세계 준비통화가 고스란히 석유 판매에 의존하는 상황에서, 세계는 방대한 탄소배출 문제를 안게 되었다. 이미 언급했듯이 페트로달러가 유지되는 것은 미군의 세계적 존재감 덕분이다. 웬만한 중견 국가 하나 정도의 탄소 유발 효과를 지닌 미군이 이렇게 부풀려진 것은 바로 달러를 지켜야 하는 미국의 필요 때문이며, 여러 대륙에서 유가 급등을 초래하며 펼치는 전쟁에 힘입은 것임은 두말할 필요가 없는 사실이다.[108] 페트로달러 체제가 석유를 기반으로 하는 한, 세계가 친환경 체제로 나아가는 것은 불가능한 일이다.

비트코인과 다극 세계

미국의 외교 정책은 수십 년 동안 페트로달러의 우위를 지탱해왔지만, 그 힘이 쇠퇴하고 있다는 것은 이제 의심의 여지가 없다. 필자를 포함한 많은 미국인이 이 체제가 안겨주는 엄청난 특권을 누려온 것은 사실이지만, 그것이 영원히 지속될 수는 없다.

그로멘은 미국이 위협과 폭력을 앞세워 석유 가격을 강압적으로 통제하고 있다는 뜻에서 페트로달러 체제를 '기업 마을company town'이라고 불렀다. 온 마을의 상점과 주택을 사실상 한 기업이 소유하고 있는 모습과 다름없다는 것이다.[109] 그는 소련의 붕괴 이후 미국이 이 체제를 개혁하여 또 다른 브레턴우즈로 바꿀 수도 있었지만, 그렇게 하지 않고 단극 체제를 고수했다고 말했다. 미국은 이 체제를 페트로유로의 방해로부터 지켜낸 것 외에도 NAFTA(나프타)를 발족하거나 2001년에 중국을 세계무역기구에 가입시키는 등의 노력을 기울이며 수명을 연장해왔다. 미국은 이런 조치를 통해 상품과 서비스를 수입하는 대신, 제조업과 채권이 계속해서 해외로 나가는 것을 허용했다.

그는 2001년에 600억 달러였던 중국의 미국 채권 보유액이 10년 후 1조 3,000억 달러로 증가한 점을 지적했다. 2002년부터 2014년까지 미국의 최대 수출품은 바로 채권이었고, 해외 중앙은행들은 그중 53%를 금의 새로운 대체재로 매입했다. 그러나 이후 중국을 비롯한 여러 나라는 그 '금'의 가치가 하락할 것이라고 보고 채권을 매각하면서 미국을 새로운 체제로 몰아붙이고 있다. 그로멘에 의하면, 그들은 미국이 GDP 대비 부채 비율을 계속 증가시키는 현실에서 (1970년대에 35%였던 이 비율이 지금은 100%를 넘어섰다) 달러가 계속해서 석유 가격 책정 수단으로 남아 있다면 결국 유가가 급등할 것임을 깨달았다.[110] 2000년대 초에 유럽은 페트로달러 체제를 무너뜨리지 못했지만, 시간이 흐를수록 다른 나라들이 석유 가격을 자국 통화로 매기지 못하게 하는 미국의 힘은 그 패권과 함께 약화되었다.

유로, 위안, 루블과 같은 다른 통화로 석유 거래를 표시하는 국가가 점점 늘어나는 이유는 그들이 갈수록 약화하는 이 체제에 의존하기를 두려워할 뿐 아니라, 달러를 무기화하는 미국 정부의 행태가 계속될 것이라고 예상하기 때문이다.[111] 미국의 제재 시스템이 막강한 위력을 자랑하는 이유는 자국의 적을 스위프트 결제SWIFT payment system(스위프트 코드를 매개로 전 세계의 금융 거래가 이루어지는 체제-옮긴이) 네트워크나 세계은행, 또는 IMF 체제에서 퇴출할 수 있기 때문이다.[112] 〈파이낸셜 타임스〉는 "조 바이든은 미국 은행들을 러시아에 휘두르는 몽둥이로 사용함으로써 미국의 금융 체제가 적국을 향한 무기로 바뀔 수 있음을 보여주었다. 이는 오바마 시절부터 갈고 닦아 도널드 트럼프 재임 시에 가장 뚜렷하게 드러난 전술이었다"고 보도했다.[113]

2021년 초, 바이든 대통령은 러시아의 노르드스트림2 파이프라인 프로젝트를 공개적으로 비난했다. 이 프로젝트는 블라디미르 푸틴 러시아 대통령이 로스네프트Rosneft(러시아의 국영 에너지기업-옮긴이)를 통해 기존에 추진하던 계획의 연장으로, 유럽과 러시아를 연결하여 세계 석유 가격의 5% 이상을 유로로 결제한다는 내용이었다.[114] 보도에 따르면 바이든 행정부는 이 프로젝트를 '죽이기'를 원했고, 달러의 지배력이 행정부에 여전히 '엄청나게 중요한 일'이며, "그것이 가져다주는 자금 조달의 혜택과 충격 흡수 능력, 그리고 막대한 지정학적 이점 때문에 국익에 부합한다"는 말이 관계자로부터 흘러나왔다고 한다.[115] 이것만 봐도 만들어진 지 50년이 지난 페트로달러 체제가 지금도 정치적으로 미국에 얼마나 중요한지 알 수 있다. 비평가들은 세계가 달러를 사용하는 것은 순전히 시장 논리에 따른 것이라고 말하지만 말이다.

많은 나라가 미국의 경제적 통제에서 벗어나기를 원하고 있고, 그에 따라 세계적인 달러 가치 하락이 가속화하고 있다. 예를 들어 7년 전만 해도 국제 무역의 98%를 달러로 거래하던 중국과 러시아는 2020년에 그 비율을 33%로 낮췄다.[116] 중국은 위안화 표시 석유 거래를 확대하고 있으며, 많은 사람은 중국공산당이 추진하는 'DC/EP', 즉 디지털 위안 프로젝트가 위안화의 국제 사용 비중을 높이는 술책이 될 것을 우려하고 있다. 한편, 장클로드 융커Jean-Claude Juncker 전 유럽연합 집행위원장은 "유럽이 수입하는 에너지에서 미국산 비중은 2%밖에 안 되는데 에너지 수입 가격의 80%를 미국 달러로 치르는 것은 말이 안 되는 일이다"라고 말했다.[117] 달러는 여전히 우세적인 지위를 유지하고 있지만, 세계적인 추세를 보면 머지않아 다른 통화가 힘을 얻게 될 것임을 충분히 알 수 있다.

세계가 다극 통화 시대로 나아가는 것 외에도 페트로달러를 위협하는 또 다른 존재로서 달러, 유로, 파운드, 엔, 그리고 위안화를 기반으로 IMF가 채택한 '특별인출권Special Drawing Right, 이하 SDR'을 들 수 있다. 케인스와 그가 브레턴우즈에서 방코르 개념을 관철하지 못한 데서 영감을 얻은 SDR은 지난 몇 년 동안 2,000억 단위 이상이 유통되었고, 앞으로도 6,500억 단위 이상이 개설될 것으로 보이며 점점 더 큰 추진력을 얻고 있다.[118] 그러나 경제적 기득권을 확보한 정부가 선출도 되지 않은 알파벳 약어 조직에 그들의 금융 통제권을 순순히 내줄 리는 만무하다.

금에 대해 말하자면, 세계가 과거로 돌아가는 정황은 전혀 보이지 않는다. 1960년대에 자크 루에프는 이렇게 말했다. "민주주의 국가의 통화 관리자는 항상 인플레이션을 선택할 것이다. 오직 금본위제만이 그들의 선택권을 빼앗는다."[119] 좌파 역사학자 마이클 허드슨Michael Hudson 에 따르면, 그는 1970년대에 우파 학자 허먼 칸Herman Khan과 협력하여 미국 정부가 금본위제로 회귀하는 비정치적 사례를 만들어보려고 했다고 설명했다. "나는 그와 함께 미국 재무부를 찾아가 이렇게 설명했다. '금은 국제수지를 제약한다는 점에서 평화의 금속이라고 볼 수 있습니다. 각국이 국제수지 적자를 금으로 치러야 한다면 전쟁으로 수반되는 국제수지 적자를 감당할 수 없을 것입니다.'[120] 이 설명은 꽤 설득력이 있었고, 미국이 기본적으로 다음과 같이 대답한 이유이기도 했습니다. '바로 그런 이유로 우리가 금본위제로 돌아가지 않는 것입니다. 우리는 전쟁 능력을 갖추기를 원하고, 각국 중앙은행이 보유할 수 있는 유일한 통화가 미국 달러이기를 바라기 때문입니다.'" 금은 오늘날의 대다수 경제학자의 설명에 의하면 너무 제한적이다.

2020년 〈제도경제학 저널Journal of Institutional Economics〉에 실린 한 연구 논문은 향후 세계 경제가 마주할 잠재적인 시나리오를 네 가지로 제시했다. 그것은 달러 패권의 유지, 경쟁하는 통화 블록(유럽연합과 중국이 미국에 대해 균형추 역할을 한다), 국제적인 통화 연맹(국제 권력 구조의 최상위에 특정 국가가 아니라 국제결제은행과 SDR이 올라선다), 마지막으로는 국제통화의 무정부 상황이 조성되어 세계가 연결이 느슨해진 여러 개의 섬으로 축소된다는 것이었다.[121] 그러나 논문의 저자들은 다섯 번째 가능성을 빠뜨렸다. 그것은 바로 디지털 화폐가 준비통화로 올라서는 비트코인 표준 시대다.

2009년에 사토시 나카모토가 만들어낸 비트코인은 1페니에 미치지 못하던 가격에서 출발해 지금은 4만 달러를 훌쩍 뛰어넘었다. 그리고 세계 곳곳의 주요 도시로 확산하여 어떤 곳에서는 가치 저장 수단으로, 또 어떤 곳에서는 교환 매체로 사용되고 있다. 2021년 한 해 동안 테슬라를 비롯한 포춘 500대 기업과 싱가포르의 테마섹 같은 국부펀드, 심지어 엘살바도르 정부까지 비트코인을 저축하거나 비트코인 회사에 투자하기 시작했다.

많은 사람은 비트코인을 디지털 금이라고 말한다.[122] 우리는 지금 궁극의 가치 저장 수단일 뿐 아니라, 새로운 글로벌 기준 화폐가 탄생하는 순간을 목격하고 있을 가능성이 매우 크다. 이것은 중립적이고 탈중앙화된 면에서는 금과 같다. 하지만 프로그램화할 수 있고, 먼 곳으로 전송할 수 있으며, 쉽게 입증할 수 있고, 매우 희귀할 뿐 아니라, 중앙 감시에 잘 포착되지 않는다는 점에서는 금과 다르다. 어떤 국가의 국민이나 정부라도 인터넷에 접속만 하면 얼마든지 비트코인을 받을 수 있고, 저장하거나 보낼 수 있고, 어떤 동맹국이나 제국도 이 화폐의 가치를 떨어뜨릴 수 없다. 그것은 누군가 말하듯이 적들의 화폐다. 이 적들은 이 시스템을 사용하여 서로를 비난하지 않고 동등한 이익을 얻을 수 있다.

비트코인이 명목화폐 대비 가격이 상승하면서 점점 더 많은 기업과 개인이 이를 저축할 수 있게 되었다. 결국 정부도 그렇게 할 것이다. 그들은 처음에 다른 준비통화와 함께 포트폴리오에 소량만 추가하겠지만, 나중에는 할 수 있는 대로 사고, 채굴하며, 과세하고, 심지어 몰수하려고 할 것이다.

이전의 세계 준비통화가 정점에 이르렀던 시기에 탄생한 비트코인은 더 큰 가능성과 더 많은 제약을 가진 새로운 모델을 도입할 수 있었을지도 모른다. 인터넷에 접속할 수 있는 사람은 누구나 자신의 임금과 저축을 보존할 수 있겠지만, 마음대로 돈을 마련할 수 없게 된 정부는 국민의 뜻과 반대되는 전쟁을 영원히 치르거나 거대한 감시 국가 체제를 건설할 수 없게 될 것이다. 지배층과 피지배층 사이에 좀 더 긴밀한 협력이 존재할 수도 있다.

물론 세계적으로 달러 수요가 줄어들어 미국이 과도한 사회 프로그램과 군사비 지출을 감당할 수 없게 되리라는 것은 큰 두려움이다. 사람들이 유로나 위안화, 혹은 다른 나라의 채권을 더 선호하게 된다면 지금과 같은 모습의 미국은 큰 어려움에 봉착할 것이다. 닉슨과 키신저는 페트로달러를 고안하여 미국이 석유와 연계된 달러에 대한 세계의 수요로부터 큰 이익을 얻을 수 있게 했다. 그렇다면 비트코인과 연계된 달러에 대한 전 세계적 수요를 창출할 수는 없을까?

기준 화폐가 무엇이 되든 해당 국가의 경제력과 비트코인의 위상에 따라 가격이 매겨지는 법정화폐와 정부 부채는 여전히 존재할 수 있다. 새롭게 떠오르는 비트코인 세계에서도 미국은 여전히 기반시설이나 소프트웨어 개발, 인구수, 그리고 현재 추세로만 보면 채굴에 이르기까지 여러 분야에서 선두를 달리고 있다. 미국은 또 자유와 기회의 평등, 언론의 자유, 사유 재산, 개방된 자본시장, 그리고 비트코인이 강화하고 확대하는 여러 가치와 제도를 기반으로 건설된 나라다. 만약 비트코인이 세계 기준 통화가 된다고 하더라도 미국은 얼마든지 그 변화에 편승할 수 있는 위치에 있다.

즉 미국은 중동의 독재자와 맺은 비밀 협약에 의존하지 않아도 되고, 달러 우위를 지키기 위해 다른 나라를 위협하거나 침공할 필요도 없으며, 화석연료 산업을 보호하느라 원자력이나 재생에너지 기술을 반대할 필요도 없다는 뜻이다. 페트로달러 체제와 달리 비트코인은 세계가 재생에너지로 나아가는 추세를 가속할 수 있다. 채굴자들이 언제나 가장 저렴한 전기를 원하고 있으며, 추세를 봐도 미래에는 재생에너지 가격이 더 낮아질 것이기 때문이다. [123]

비트코인 표준에서는 모든 사람이 똑같은 규칙에 따라 행동하게 된다. 어떤 정부나 동맹 세력도 통화 정책을 조작할 수 없다. 그러나 개인에게는 재량권이 없고 규칙에 따른 화폐, 그리고 상품과 서비스에 대해 역사적 가치가 입증된 저축 방법을 선택할 수 있다. 오늘날 수십억 인구가 높은 인플레이션과 금융상의 억압, 경제적 고립에 시달리는 현실을 생각할 때, 어쩌면 이 점이야말로 지구상에 사는 모든 사람에게 가장 큰 혜택이 될지도 모른다.

자유민주 체제에 비해 더 폐쇄적이고, 폭압적이며, 격렬한 재분배를 지향하고, 고립적인 권위주의 정권이라면 이런 변화를 별로 달갑게 여기지 않을지도 모른다. 그러나 필자가 보기에 그것은 오히려 좋은 일이다. 운동가들의 노력으로 실패했던 개혁을 강제하는 계기가 될 수 있기 때문이다.

세계가 다극화를 향해 표류하는 것은 불가피한 일이다. 가까운 미래에 그 어떤 나라도 20세기 말에 미국이 보유했던 정도의 권력을 얻을 수는 없다. 미국은 앞으로도 오랫동안 강대국으로 존재하겠지만, 그것은 중국과 유럽연합, 러시아, 인도를 비롯한 여러 나라도 마찬가지일 것이다. 그들은 페트로달러와 비용이 많이 드는 그 모든 외부효과에서 벗어난 '새로운 통화 체제'에서 경쟁을 펼칠 것이다. 그것은 바로 개방 사회의 강점에 기여하고, 독재자나 화석연료에 의존하지 않으며, 궁극적으로 엘리트 기득권층이 아니라 국민의 손에 운영되는 중립적인 비트코인 표준이다.

CHECK

YOUR

FINANCIAL

PRIVILEGE

4장

비트코인은
자유를 위한
트로이 목마

율리시스에서 사토시 나카모토까지

비트코인이 세계 금융 시스템으로 확산하는 일이 정말 일어난다면, 이 예상치 못한 일은 과연 어떤 방법으로 달성할 수 있을까?

고대 로마의 시인 베르길리우스는 《아이네이스》 제2권에서 비트코인이 도입되는 과정을 예견했다. 고전 신화의 가장 상징적인 작품 중 하나인 이 책에서, 그는 전통적인 무기와 폭력보다 사기와 협잡의 설득력이 더 강하다고 설명했다. [124]

트로이 성을 포위한 채 십여 년을 싸워도 함락할 수 없었던 그리스군이 적군을 공격한 마지막 방법은 무력이 아니라 율리시스가 만들어낸 교묘한 속임수였다.

그리스군은 트로이의 성벽 밖에 펼쳐진 들판에서 철수하며 거대한 목마를 하나 남겨둔다. 홀로 남은 병사는 이 목마가 전쟁의 여신 미네

르바에게 바치는 헌정품이자, 그리스 군사가 흘린 피에 대한 사죄의 뜻이라고 트로이 사람들이 믿도록 꾸민다. 적이 마침내 항복하여 물러났다고 생각한 트로이 사람들은 카산드라와 라오콘의 경고(오늘날 "선물을 든 그리스인을 조심하라"는 격언이 여기에서 유래했다)를 무시하고 목마를 승리의 전리품으로 여겨 성안으로 들어온다. 그들은 열정에 눈이 먼 채 그 목마로 인해 무적의 도시가 될 것이라고 생각한다.

그들은 목마에 무장 군인들이 숨어 있다는 사실을 까맣게 몰랐다. 그 군인들은 야음을 틈타 목마에서 빠져나와 성문을 열고 밖에서 기다리던 자신들의 군대를 맞아들였다. 그들은 인근 바다의 섬 뒤에 함대를 숨겨두고 있었다. 그리스군은 성을 함락했고, 트로이는 새롭게 얻은 내부의 보물 때문에 패퇴했다.

수천 년이 지나 '트로이 목마'는 컴퓨터 과학 분야에서 유익한 업데이트를 가장한 악성 프로그램을 가리키는 말로 유명해졌다. 이것은 비트코인에 관심이 없거나 그것을 옹호할 자유를 싫어하는 사람들까지도 은밀히 끌어들이는 방법을 설명하는 훌륭한 은유이기도 하다.

이 밈이 시작되는 곳은 부유한 개인과 대기업, 그리고 이제는 비트코인을 반짝이는 디지털 금으로 바라보는 정부까지 포함된다. 그들은 자기 보존과 탐욕이라는 동기로 이 새로운 상품을 사거나, 채굴하거나, 또는 언젠가 세금을 부과하여 가장 건실한 돈을 저축하고 경쟁자에 대한 우위를 획득하려고 한다. 어쨌든 비트코인은 겉으로 보면 굉장히 매력적이다. 비트코인은 지난 13년간 세계 최고 수준의 실적을 달성한 금융자산이다.

비트코인이 수조 달러의 자산으로 성장하자, 월스트리트에서 베이징, 실리콘밸리에 이르는 모든 곳의 부자와 권력자들이 관심을 기울이고 있다. 비트코인이라는 유행에 뒤처지기 두려워하는 심리는 지난 한 해 동안 전문 투자자와 기업 재무관리자, 심지어 국부펀드와 대통령(5장 참조)에까지 침투했다.[125]

2020년 〈블룸버그〉의 한 기사에는 "비트코인, 인플레이션 헤지 수단으로 금을 대체하다"라는 제목이 달렸다.[126] 이 기사는 가치가 금에서 비트코인으로 흘러가고 있음을 뚜렷이 보여준다. 테슬라와 스퀘어를 비롯한 수십 개의 성장 기업이 이 새로운 통화를 자산에 편입하고 있다.[127] 뉴욕디지털인베스트먼트그룹Newyork Digital Investment Group, NYDIG은 비트코인 수익률 하락에 대한 헤지 수단이 될 수조 달러 대의 보험산업을 소개하고 있다.[128]

마이크로스트래티지MicroStrategy의 CEO 마이클 세일러Michael Saylor는 비트코인이야말로 가장 탄탄한 화폐이며, 시간이 지날수록 일방통행로처럼 움직인다고 말했다. 달러를 보유한 아르헨티나인이 비트코인을 페소로 바꾸지 않는 것처럼, 나중에는 비트코인을 달러로 되찾으려는 사람은 아무도 없을 것이다. 지금은 비록 초기에 불과하지만, 수십 년 후에 비트코인이 10조 달러의 금시장은 물론, 20조 달러의 예술품시장이나 100조 달러 규모의 주식시장, 225조 달러 대의 부동산시장, 나아가 250조 달러의 채권시장에 미칠 궁극적인 영향은 아무리 강조해도 지나치지 않다.[129]

숫자 상승과 자유 상승

비트코인에 숫자 상승Number Go Up, NGU(비트코인이 발행량은 제한적인데 거래자는 늘어나므로 가격이 계속 오른다는 뜻-옮긴이) 기술만 있는 것은 아니다. 놀라운 가격 상승의 이면에는 '자유 상승Freedom Go Up, FGU' 기술도 숨어 있다. 이 네트워크에 새로 들어오는 사람은 자기도 모르는 사이에 자유 상승에도 참여하는 셈이다. NGU와 FGU는 서로 불가분의 관계다.

비트코인의 탈중앙화 디지털 현금은 와이콤비네이터에서 나온 것이 아니라 사이퍼펑크의 성배에서 비롯된 것이다. 그들은 전자사회로 변화하는 거대한 흐름에서 개인의 자유가 어떻게 살아남을지를 고민하며 시민의 자유를 옹호하던 운동가들이었다(2장의 주인공). 그들의 목표는 화폐를 정부와 대기업의 손에서 떼어내고, 글로벌 감시 체제의 성장을 견제하며, 심화하는 디지털 시대 속에서 인권을 지켜내는 것이었다. 사토시 나카모토의 가장 큰 속임수는 마치 디지털 금처럼 보이고 실제로도 그런 역할을 하는 매개체를 통해 이런 열망이 살아 숨 쉬게 만들었다는 점이다.

그러므로 비트코인은 모든 사람(국적과 지위, 재산, 성별, 인종, 신앙에 상관없이)이 사용할 수 있는 세계 최고의 저축 기술이기도 하지만, 동시에 그 누구도 막을 수도, 깎아내릴 수도, 검열할 수도 없는 프로그래밍할 수 있는 화폐이자, 감시와 몰수에 맞서 싸우는 수단이기도 하다는 것이다. 민스크에서 라고스, 로스앤젤레스, 부에노스아이레스에 이르는 전 세계의 반체제 인사와 민주화 운동가, 야당 지도자, 독립 언론인 등이

이 사실을 깨닫고 있다.[130]

세계 지도자들은 늘 인권을 입에 달고 살지만, 정작 각론으로 들어가면 겉치레는 뒷전으로 밀려난다. 이 냉엄한 현실을 생생하게 떠올리기 위해서는 유엔 '인권'이사회나 자금세탁방지국제기구Financial Action Task Force, FATF에 버젓이 포함된 독재자들의 이름과 2022년 대량학살 올림픽(중국을 지칭한다.-옮긴이)을 후원하는 가정용품 기업 명단, 그리고 사우디아라비아가 주최한 '사막의 다보스' 행사에 참석한 월스트리트의 아이콘들을 보는 것만으로도 충분하다.[131]

인권 운동가들이 잘 알듯이 이익을 위해서라면 도덕성을 기꺼이 팔아넘기는 사회에서 자유를 증진하기란 매우 어려운 일이다. 비트코인은 이 시스템에 몰래 들어와 내부 구조를 개혁하면서 이윤을 추구하는 행동과 허가받지 않은 금융 해방 활동을 서로 연결 짓는다.

보이지 않는 혁명

그러나 누가 이 목마를 만들고 성안으로 끌어들였는가?

이번에는 월스트리트 밖에 진을 치고 숨어 있던 군대가 아니었다. 사토시 나카모토의 발명품은 강제가 아니라 자발적인 선택으로 확대되었다. 금융기관들은 그저 겉으로 보이는 모습이 마음에 들 뿐이다. 그것은 엄청난 부를 약속하고 있으며, 신기루는 절대 아니다. 실적이 말해주고 있으며, 앞으로도 그럴 것이다. 그러나 엘리트층 대부분은 그들이 지금 성소 안으로 무엇을 끌어들이고 있는지 모른다.

중앙통제와 사회공학이 점점 더 판치는 세계에서 비트코인은 정부 당국보다 개인에게 더 유리한 견제 기능을 제공한다. 물론 억만장자와 독재자들은 비트코인을 대량 구매할 수 있지만, 과거 명목화폐에 대해 그랬던 것처럼 이 시스템을 통제할 수는 없다. 달러나 유로, 위안 모델과 달리 그들은 발행량을 조절할 수도, 거래를 검열할 수도 없다. 그리고 특권층을 위해 별도의 규칙을 만들거나 구제금융을 지원하는 것도 불가능하다. 원격조종으로 거액을 몰수할 수도 없고, 가격을 떨어뜨릴 방법도 없다.

물론 정부와 기업은 비트코인을 자기들 입맛대로 장악하려 들 것이다. 사실 이미 시작되었다. 《블록 크기 전쟁The Blocksize War》은 중국의 억만장자와 실리콘밸리 공룡들이 자유의 도구인 비트코인을 강제로 소매 결제 수단으로 만들려고 시도해온 과정을 살핀 책이다. 그들의 시도가 실패했던 이유는 비트코인 네트워크에 단일 장애점이 존재하지 않기 때문이다. [132]

더구나 비트코인은 베르길리우스나 호메로스가 상상했던 그 어떤 트로이 목마보다 더 똑똑하다. 모든 개인은 디지털 키 조합을 사용하여 비트코인을 자기가 통제하는 주소로 옮겨 보관할 수 있다. 1933년에 미국 정부가 행정명령 6102호에 따라 보관 장소를 급습하여 국민이 소지한 금을 압류할 수 있었던 것과 달리, 각자 고유 키를 보유한 수백, 수천, 아니 수백만 명의 미국인에게는 그 방법이 통하지 않는다. 비트코인이 도입되는 과정에서 사이버 공간에는 수백만 개의 요새가 구축되고 있으며, 이 모두는 트로이 성보다 훨씬 더 튼튼하다.

고대 그리스인과 로마인들이었다면 대기업과 정부가 자신들의 권력을 잠식할 물건을 기꺼이, 심지어 열정적으로 성문 안으로 끌어들이는 아이러니를 분명히 알아차렸을 것이다. NGU는 엄청난 마약임에 틀림없다.

어떤 면에서 비트코인이 지금까지 성공해온 것은 그 기묘한 특성 뒤에 숨어 있었기 때문이다. 트로이 사람들이 성문 밖의 거대한 목마를 보고 당황했던 것처럼, 현대의 기득권층은 비트코인의 등장에 어쩔 줄 몰라 했다. 세상 사람들이 미처 눈치채기도 전에 가격이 0달러에서 4만 달러까지 올라갔다. 2% 미만의 사람들이 그것을 받아들였지만, 조롱한 사람은 그보다 훨씬 더 많다. 2022년 초까지만 해도 최고의 경제학자와 정치학자, 외교관, 중앙은행장들은 사실상 비트코인을 쓸모도, 가치도 전혀 없는 것으로 여겼다. 비트코인은 이런 취급을 받았기 때문에 오히려 자유롭게 성장할 수 있었다. 그리고 그 목마는 이제 성안으로 굴러들어 왔다.

이기심을 자유 확대로 전환하라

다보스 지도층이 그저 NGU 기술일 뿐이라고 생각했던 것도 사실은 FGU 기술이었다. 이타주의와 공감에 의존하는 경우가 많은 세계에서는 이런 유인책의 조정이 절실히 필요하다. 세계적 인권 투쟁을 예로 들어보자. 전 세계 비즈니스계는 대부분 중국공산당의 위구르족 탄압과 홍콩 토벌, 충격적인 감시 체제, 티베트 식민지화 등을 눈여겨보지 않는다. 이 경우 이기주의와 자유는 상충한다. 즉 대기업과 유명 인사, 운동선수, 국가 원수들은 자기 이익을 위해 도덕을 희생하고, 중국의 요구에 굴복하거나 그 잔혹성에 대해 침묵한다. 심지어 자선가들도 자유를 지키는 데 실패하고 있다. 예를 들어 '효율적 이타주의' 운동은 시민의 자유를 완전히 무시한다. [133]

비트코인은 이기심과 자유를 일치시킨다. 이타심이 없는 사람도 비트코인을 사거나 채굴하는 과정에서 네트워크의 보안 모델을 강화하여 다른 사람의 자유를 증진하는 틀을 만들게 된다. 솔직하게 말하자면, 비트코인은 사람들의 의도에 전혀 신경 쓰지 않는다. 거창한 인도주의가 아니라 참여자 각자의 솔직한 이기심을 통해 더 큰 자유와 권리가 확보된다는 뜻이다.

더구나 이런 움직임은 계속 확대되고 있다. 예를 들어 오늘날 여러 비트코인 거래소가 라이트닝 네트워크(블록체인 위에서 스마트 컨트랙트로 인해 실행되는 P2P 네트워크)를 채택하는 이유는 개인정보를 지키려는 목적이 전혀 아니지만(수수료를 줄이기 위해서다), 그들은 어니언 라우팅(컴퓨터 네트워크상에서 익명 커뮤니케이션을 보장하기 위한 기술)을 통해 레이어 2(기본 블록체인 위에 기능을 더하는 네트워크)라는 오프체인off-chain(블록체인 이외의 외부 거래 내역을 기록하는 방식) 거래 방식으로 감시를 파훼하고 있으니 어쨌든 자유 기술을 확산시키고 있는 셈이다.

머지않아 비트코인은 교차입력 서명 집합Cross Input Signature Aggregation(줄

여서 SigAgg라고 한다)으로 변모하여 결국 거래소들은 공동 지출에 참여하지 않을 수 없게 될 것이고, 이로써 감시 체제는 더욱 약화할 것이다.[134] 다시 말하지만, 기업들은 도덕적인 이유가 아니라 수익을 증진하기 위해 프라이버시 증진에 나설 것이다. 이것이 바로 이기심을 자유 확대로 전환하는 비트코인의 게임 이론이다.

테슬라가 비트코인을 매집하는 것은 테슬라에게만 이로운 것이 아니다. 비트코인의 글로벌 네트워크 효과가 향상되어 이자와 가격이 오르고, 더 많은 개발자를 끌어들여 UX User Experience(사용자 경험)를 개선하며, 채굴자 수가 늘어나 네트워크 보안이 강화되고, 거대한 피드백 루프가 형성되어 비트코인 보유자가 또 확대된다.

요컨대 비트코인은 디지털 금으로서의 유용성 때문에 전 세계에 계속 보급되겠지만, 그 본질은 트로이 목마 안에 숨은 자유 증진 기술이다. 이렇게 말하면 여러분은 혹시 비트코인 지지자들이 "좀 조용히 해! 자정까지 몇 시간만 더 버티면 목마에서 뛰어내려 아군을 트로이 성내로 불러들일 수 있어"라고 말할 것이라고 생각할지도 모른다. 그러나 걱정할 필요 없다. 트로이 사람들이 뭘 하기에는 이미 시간이 늦었다.

권위주의 정권은 반드시 비트코인을 매집하려고 할 것이다. 베네수엘라, 이란, 북한 등은 이미 비트코인이 제재에서 벗어날 유용한 수단이라는 점을 깨달았다. 그러나 시간이 지나면 비트코인을 저장하고 쓰는 일을 맡은 관리들은 그 실체, 즉 정부가 통제할 수 없는 돈이라는 사실을 깨닫게 될 것이다. 그들이 그 사실을 다른 사람들에 알리면서 점차 사회 전체로 확산해갈 것이다. 비트코인은 컴퓨터 바이러스인 '트로이 목마'처럼 권위주의 정권을 감염시킬 것이다. 처음에는 도움이 되는 것처럼 보이지만, 시간이 흐를수록 오히려 정권을 허물게 된다.

이 점을 깨닫지 못하는 사람들은 트로이 목마 우화를 잘못 해석하기도 한다. 영향력 있는 일부 미국 비평가들은 비트코인이 미국과 같은 자유 사회의 적이며, 비애국적이고 심지어 반역적이라고 말하기도 한다.[135] 그러나 사실 비트코인은 미국 같은 개방된 사회보다는 중국처럼 권위주의적이고 폐쇄적인 사회에 더 버거운 상대가 될 것이다. 우리가 이미 누리고 있는 재산권, 견제와 균형, 언론의 자유 등은 모두 비트코인이 강화하려는 가치다(11장 참조). 하지만 이 세 가지는 중국공산당이 달성하려는 목표와 정면으로 충돌한다. 비트코인은 시간이 지날수록 중국공산당과 같은 독재 정권이 자국민에 대해 보유한 통제력을 잠식할 것이다. 아울러 비트코인은 무소불위의 권력과 감시 체제를 견제한다는 점에서 개방된 사회를 더 나은 방향으로 유도하는 데도 도움이 될 것이다.

비트코인을 소유한 사람은 이미 수천만 명에 달한다. 그들은 비트코인의 현재 가치는 물론, 앞으로 계속 제공해줄 가치에도 만족한다. 그들은 한정된 디지털 부동산의 한 조각을 소유하고 있는 셈이다.

그러나 사람들은 대부분 세밀한 부분까지 읽지는 못한다. 그들은 제네시스 블록에 포함된 신문 헤드라인을 보지 못했고, 사토시 나카모토가 비트코인의 탄생일을 4월 5일로 선택한 자세한 의미(루스벨트 대통령이 미국에서 금 보유를 불법화하기 위해 행정명령 6102호를 발효한 날짜)도 눈치채지 못했고, 사이퍼펑크의 역사를 연구하지도 않았다(2장 참조).

비트코인의 핵심은 기존 시스템에서 우리를 해방하기 위해 만들어졌다는 점이다. 이것이 바로 빨간 알약이다. 비트코인을 도입한 모든 사람은 원하든, 원하지 않든지 간에 혁명에 참여한 셈이다.

권위주의 정권과 중앙은행을 비롯한 기득권층은 이미 비트코인이라는 트로이 목마에 무엇이 숨겨져 있는지 간파하고 있다. 현대의 많은 라오콘과 카산드라가 "이것을 성안으로 끌어들이면 안 돼!"라고 외치고 있다. 그러나 전설 속의 그 트로이 왕국에서처럼 이런 외침은 속절없이 외면당하고 말 것이다.

비트코인이라는 보물이 너무나 매력적이기 때문이다.

C H E C K

Y O U R

F I N A N C I A L

P R I V I L E G E

5장

마을과 독재자

번개처럼 빠른 라이트닝

2021년 8월 말에 나는 중남미의 한 마을에 신호등도 없는 비포장 거리에 있는 작은 커피숍에 서 있었다. 그곳에서 가장 가까운 큰 도시는 동쪽으로 자동차를 몰고 1시간을 가야 했다.

나는 호텔에서 출발해 금속판과 방수포로 지붕을 덮은 식당 여섯 곳을 지나 현지인들이 큰길에서 해변으로 가는 통로로 이용하는 가파르고 진흙투성이의 골짜기를 조심스레 걸어갔다. 엘살바도르 엘 존테El Zonte는 덥고 습한 곳이었다. 그곳에 접한 바다는 여름비가 쓸어내는 퇴적물 때문에 거친 갈색을 띠고 있었다.

그 마을에는 슈퍼마켓도 없었고, 주민들은 대부분 은행 계좌도 없었다. 기반시설도 부족하고 관광객이 많은 계절도 아니었지만, 마을 분위기는 떠들썩하고 활기찼다. 전에 없던 희망과 기회로 모두가 신난 표정이었다. 뭔가 특별한 일이 벌어지고 있었다.

커피숍 직원 카를라는 근사한 카푸치노를 막 만들어 놓고 내 앞 카운터에 놓인 태블릿으로 결제를 준비했다. 그녀는 태블릿 화면을 내 쪽으로 돌려 디지털 QR코드를 제시했다. 나는 아이폰을 꺼내 비트코인 지갑을 열어 픽셀 이미지를 스캔한 후 송금 버튼을 눌렀다. 2초도 채 되지 않아 화면에 녹색 불이 켜졌다. 결제가 끝났다.

나는 은행 시스템을 거치지 않고 커피 값을 순식간에 계산했다. 사실상 디지털 현금으로 커피를 산 것이다.

거래가 진행되는 동안 카를라는 마치 5달러 지폐로 결제할 때처럼 나에 대한 어떤 정보도 얻은 것이 없었다. 내 개인정보를 가로채는 제삼자도 없었고, 내 기호를 속속들이 파악하는 사회공학 프로그램도 없었으며, 기업이나 정부가 나의 최근 구매 이력을 알아내거나 다음 구매를 예측할 방법도 없었다. 사실 5달러 지폐로 계산하는 것보다 더 편리했다. 거스름돈을 받을 필요도 없기 때문이다.

나는 엘살바도르에 다녀온 일을 어떤 은행이나 금융회사에도 말할 필요가 없었다. 나는 내 신용카드가 통하지 않을까 봐 걱정하지도 않았다. 지금 엘존테에 가면 누구나 P2P 세계 금융 시스템의 잠재력을 엿볼 수 있다. 나는 비트코인을 받는 상인들이 그렇게나 많고, 결제가 그토록 간편하며, 거의 모든 사람이 그 기술에 친숙한 것을 보고 깊은 인상을 받았다.

카를라에게 팁을 주고 싶었다. 그녀는 휴대폰을 꺼내 자기 비트코인 지갑을 열더니 QR코드를 켰다. 나는 그것을 스캔하여 그녀에게 10

달러에 해당하는 BTC를 보냈다. 그 돈은 라이트닝 네트워크를 통해 (과연 그 이름답게) 순식간에 그녀의 지갑으로 이동했다. 나는 그녀에게 2만 5,000사토시를 10년간 저장해두면 2031년에는 자동차를 한 대 살 수 있을 거라고 말해주었다.

카를라는 비트코인을 사용한 지 몇 달밖에 되지 않았지만 내 말을 알아들은 것 같았다. 하지만 거의 모든 엘살바도르인이 그렇듯이, 심지어 이미 비트코인 경제에 종사하는 사람들처럼 그녀는 아직 이 새 화폐에 확신이 없었고, 급여는 여전히 달러로 받고 있었다. 그녀는 그동안 받은 팁을 모두 비트코인으로 저축하고 있으며, 모든 것을 고려할 때 "위험을 감수할 만큼 가치가 충분하다"고 말했다.

내가 카를라와 대화를 나눈 지 닷새 후, 엘살바도르에 새로운 국내법이 발효되어 비트코인이 미국 달러처럼 법정화폐가 되었다. 2021년 6월 5일에 나이브 부켈레Nayib Bukelle 대통령이 처음 발표한 이 조치는 대형 언론사들이 대서특필하며 전 세계를 놀라게 했다.

예전부터 비트코인 지지자 중에는 언젠가 각국 정부가 비트코인을 채택하기 시작할 것이라고 예측한 사람들이 많았다. 그러나 그들도 대개는 국가가 법정화폐를 BTC로 전환하여 중앙은행 재무상태표에 준비자산으로 보유할 것이라고 예상했다. 즉 비트코인이 가치 저장 수단이 될 것으로 본 것이다. 공식적으로 비트코인을 채택한 첫 정부가 비트코인을 결제망과 교환 매체로 사용할 것이라고 예상한 사람은 사실상 아무도 없었다.

비트코인이 법정화폐가 되면서 엘살바도르 사람들은 이제 달러 대비

BTC 가치가 상승하더라도 양도소득세를 낼 필요가 없고, 이를 은행에 진 부채를 갚는 데 사용할 수 있다. 정부의 계획이 약속대로 진행된다면, 그들은 곧 사토시 나카모토의 발명품으로 전국 어디에서든 상품과 서비스를 살 수 있을 것이다.

그러나 법안 시행 일자였던 2021년 9월 7일 아침이 되자, 분위기는 회의론으로 가득 찼다. 국가가 운영하는 '치보Chivo' 앱이 과연 작동할 것인가? '라이트닝'이 시스템에 포함될 수 있을까? 젊은 포퓰리스트 부켈레가 이끄는 행정부가 시행안의 세부 사항을 국민에게 전혀 알려주지 않았으므로 이 모든 의문에 대답할 수 있는 사람은 아무도 없었다.

법안이 시행되기 불과 며칠 전까지도 나는 과연 순조롭게 진행될지 의심했던 사람 중 한 명이었다. 치보 지갑 기능이 라이트닝을 통합할 것 (마지막 순간까지 프로젝트 내부자들에게도 수수께끼로 남아 있었다고 한다)이라고는 미처 생각하지 못했던 것이 사실이다. 그래서 출시 당일 아침, 나는 엘살바도르의 한 친구로부터 그들이 어떻게든 해냈다는 소식을 듣고 충격을 받았다.

그는 나에게 자신의 라이트닝 주소를 알려주었고, 나는 그에게 5달러에 해당하는 BTC를 보냈다. 그 자금은 캘리포니아에서 엘살바도르로 곧바로 결제되었고, 수수료는 너무 소액이라 내 지갑에 0.00달러로 표시되었다. 잠시 후, 그 친구가 치보 지갑을 통해 거의 제로에 가까운 수수료로 5달러를 다시 보내왔다.

그에 비해, 엘살바도르 사람이 웨스턴유니온을 통해 미국에서 보낸 돈을 받는 경우를 생각해보자. 그 사람은 은행이 있는 곳까지 버스를 타고 가서 1시간이나 줄을 서서 기다린 다음, 복잡한 KYCKnow Your Custom-er(고객확인절차)를 거쳐야 한다. 그러고서도 과도한 수수료 탓에 미국에서 보낸 100달러 중 실제로 받는 돈은 92달러뿐일 수도 있다.

라이트닝 앱은 인도주의적인 면에서 엘살바도르 사람들에게 엄청난 영향을 미칠 것이다. 국가 GDP의 23%가 해외로부터의 송금에 의존하고 있으며, 이런 흐름에 의존하는 인구는 중앙아메리카의 다른 지역보다 2.5배 이상 많다.[136] 이 자금의 출처는 주로 미국에 살면서 정기적으로 가족에게 송금하는 200만 명 이상의 엘살바도르 사람들이다.

그날 오전 늦은 시간, 〈비트코인 매거진〉의 저널리스트 애런 반 위덤이 산살바도르(엘살바도르의 수도-옮긴이)의 한 맥도날드 매장으로 들어갈 때만 해도 그 매장이 비트코인을 받을 것이라고 생각하지 않았다.[137] 그가 비트코인으로 결제해도 되는지 묻자, 계산원은 그에게 라이트닝 송장과 연결된 웹사이트의 QR 코드를 제시했다. 그는 곧바로 결제를 마친 뒤 데사유노 티피코desayuno tipico(스페인어로 아침 식사-옮긴이)를 유유히 즐길 수 있었다. 그는 깜짝 놀랐다. 반 위덤이 거의 10년이나 기사로 다뤄온 그 마법의 인터넷 화폐가 이제 맥도날드뿐만 아니라 스타벅스, 피자헛, 웬디스 등에서도 쉽고 빠른 지불 수단으로 사용할 수 있게 된 것이다.

며칠 뒤 반 위덤은 또 다른 사례를 경험했다. 그는 치보 현금지급기에서 20달러를 인출해보기로 했다.[138] QR코드가 현금지급기 화면에 뜨자 그는 그 사진을 찍어 해외에 있는 친구에게 보냈고, 친구는 수천 마일 떨어진 곳에서 비트코인 지갑으로 청구서를 지불했다. 그리고 기계는 아무런 문제 없이 바삭바삭한 20달러를 뱉어냈다. 그 과정에서 신분 검사라고는 간단한 문자 확인 1건뿐이었고, 이마저도 엘살바도르의 한 상점에서 현금으로 구입한 심 카드에 전화번호를 입력하여 무사히 통과할 수 있었다. 1990년대 중반에 활동했던 사이퍼펑크라면 이런 날이 올 줄은 꿈에도 몰랐을 것이다.

출범 당일은 어수선했다. 정부는 막바지 문제를 해결하기 위해 이른 아침부터 치보를 오프라인으로 전환해야 했고, 해결된 문제는 하루 내내 조금씩 앱스토어에 올라왔다. 일부 사용자들은 가입에 문제가 있다고 하소연했고, 분석가들은 여러 군데에서 설계 문제를 발견했다. 버그와 감시에 대한 우려가 넘쳐났고, 심지어 속임수라는 말도 나돌았다.

그날 하루 달러 대비 비트코인 가격은 17% 폭락했고, 이에 대해 부켈레는 정부가 공적 자금으로 550비트코인을 샀다고 발표하면서 "하락장에 샀다"고 농담했다. 구매 당시 약 2,100만 달러에 상당하는 이 금액은 비트코인의 '2,100만' 통화 한도 정책과 관련하여 결정되었을 가능성도 있다. 〈와이어드〉에서 〈월스트리트저널〉에 이르는 세계 주요 언론은 대체로 엘살바도르의 이 매입과 나머지 실행 계획 전체를 조롱하는 논조를 보였다.

그러나 결국, 치보 앱은 가동되기 시작했다. 눈에 거슬리는 버그 중 일부는 유머 감각을 발휘하며 수정되기도 했다. 출범 과정에 대한 논쟁이 더 큰 그림을 덮어버린 측면도 있었다. 정부가 공식적으로 국민을 개방적인 통화 네트워크에 연결했다는 사실은 지정학적 역사상 놀라운 사건이었다. 과거 영국이 중앙은행과 법정통화 제도를 개척했던 것처럼, 엘살바도르는 어쩌면 탈중앙화된 디지털 화폐를 법정통화로 사용하는 새 시대의 시작을 알리는 곳일지도 모른다. 부켈레는 중앙은행 디지털 통화로 나아가거나 중국과 통화 파트너십을 추구할 수도 있었지만, 그 대신 자유와 오픈소스를 지향하는 통화 소프트웨어를 선택했다.

비트코인 법의 시행으로 거둔 가장 가시적인 성과는 다음 두 가지다. 첫째, 엘살바도르 국민 누구나 국영 치보 앱을 다운로드한 후 국가 ID 번호를 사용하여 정부가 선물한 비트코인 30달러를 청구할 수 있었다. 둘째, 200개에 달하는 치보 ATM을 통해 엘살바도르와 미국 현지가 연결되어 국민이 무료로 치보 잔고를 미국 달러로 환전할 수 있었다.

부켈레 행정부가 이 법을 처음 공고한 지 불과 3개월 만에 시행을 발표했을 때 비트코인 지지자들과 비평가들은 모두 놀랐다. 물론 정치적으로는 부켈레의 신이념당New Ideas Party이 의회에서 압도적 다수를 차지하고 있었으므로 야당의 저항에 굴하지 않고 법안을 신속하게 통과시킬 수 있었다. 그러나 기술적으로 보면 과거 어느 나라도 이런 일을 해내지 못한 것이 사실이다.

2021년 7월과 8월에 드러난 세부 내용을 보면, 아테나에서 오픈노드, 비트고, IBEX 메르카도 등에 이르는 기업 집단이 부켈레 행정부를 지원하여 전국 규모의 치보 지갑, 치보 현금 포인트 및 거래 구조의 형성과 마케팅 및 활성화를 추진했다. 정부 발표에 따르면 비트코인 출시 자금으로 약 2억 2,300만 달러의 자금이 책정되었고, 이 돈은 모두 중앙아메리카개발은행Central American Development Bank, CADB으로부터 대출하여 조달한 것이었다.

부켈레 행정부는 여름 내내 이 계획을 불투명하게 진행했다. 마지막 순간까지도 앱과 ATM, 백엔드 구축에 어떤 회사가 참여했는지 아무도 몰랐다. 정부가 사들인 비트코인으로 앞으로 무엇을 할 것인지 아는 사람도 없었다. 비트코인을 달러로 환전하려는 국민을 위해 유동성 확보 차원에서 조성된 1억 5,000만 달러에 이르는 위탁 금액의 향후 운용 방안 역시 아무도 몰랐다. 부켈레는 이런 내용을 전통적인 방식으로 알리는 대신, 이따금 자신의 트위터 계정을 통해 실시간으로 흘리는 방식으로 전형적인 디지털 포퓰리즘을 과시했다.

한편 부켈레 정부는 비트코인 법안이 발효됨과 동시에 100명이 넘는 법관을 숙청하겠다고 발표했다. 대법원(그해 초 부켈레가 자신의 지지자들로 채워둔)도 헌법을 위반하면서까지 그가 2024년 대통령 임기에 한 번 더 출마할 수 있다고 판결했다. 필자가 속한 미국 인권재단을 비롯한 여러 국제기구가 부켈레의 반민주적 행동을 강하게 비판했다.

충격적인 모순이 아닐 수 없었다. 한편으로는 국민에게 가치가 떨어지지 않고, 검열이나 원격 몰수도 불가능한 새로운 화폐를 배포하는 정부가 다른 한편으로는 2000년대 베네수엘라의 위고 차베스가 권력 강화를 위해 사용한 구도를 훨씬 더 빠르게 추진하고 있었던 것이다.[139]

상황은 모순으로 가득 차 있었다. 엘존테에서 시작된 평화로운 풀뿌리 공동체 기반 운동이 정부가 주도하는 강제적 하향식 법률 제정에 영감을 주었다. 엘살바도르 사회를 장악하려는 정부가 정부의 통제를 넘어서려는 화폐의 도입을 밀어붙였다. 금융 체제가 선출직 정치인들에게 큰 영향력을 행사하는 미국 같은 나라에서도 꿈도 꾸지 못할 법안을 지독한 포퓰리스트 지도자가 강제로 통과시켰다. 이런 역설을 신속하게 분석하기란 매우 어려운 일이다. 단순한 흑백 구도만으로는 설명할 수 없다.

10년 후의 세계는 비트코인 법을 실패한 실험으로 볼 것인가, 아니면 비전에 찬 결단으로 볼 것인가? 시간이 지나야 알 수 있다. 그러는 동안에도 비트코인 채택을 둘러싼 논쟁은 찬성론자와 반대론자 사이에서 치열하게 전개될 것이다.

엘살바도르 곳곳을 살펴보면 이 나라가 비트코인과 같은 차세대 금융 기술을 출시한 첫 번째 국가가 되는 것은 거의 불가능해 보인다. 일본, 미국, 독일, 심지어 브라질의 역사책에는 이런 내용이 나오지 않을 것이다. 그러나 수십 년 후의 학생들은 엘살바도르에 대해 배울 때 그 스페인어 국명의 뜻대로 '구원자'로 기억할지도 모른다.

금융혁명이 일어나기 힘든 곳

과테말라와 온두라스 사이에 끼어 있는 엘살바도르는 중앙아메리카에서 가장 작고 인구밀도가 가장 밀집한 나라다. 1인당 평균 GDP가 약 3,500달러로 금융혁명의 근거지가 될 가능성은 거의 없다.

그럼에도 엘존테 마을의 커피숍 직원, 푸푸사pupusa(엘살바도르의 전통식 떡-옮긴이) 판매원, 서핑 강사 등은 월스트리트와 실리콘밸리의 거물들보다 비트코인의 개념과 사용법에 더 익숙하다. 그리고 그들은 모든 중앙은행장과 포춘 500대 기업 CEO들보다 비트코인의 본질을 훨씬 더 깊이 이해하고 있다.

월평균 소득이 300달러도 안 되는 나라가 세계 모든 산업 강대국을 제치고 라이트닝 네트워크를 국가 결제 시스템으로 채택한 최초의 국가가 된 것은 마치 할리우드 영화에나 나올 법한 이야기다. 그러나 세상에는 허구보다 더 기이한 진실이 존재하는 법이다.

역사적으로 엘살바도르는 남반구의 여러 국가가 그렇듯이, 풍부한 농업 자원을 보유하면서도 식량을 수입해야 하는 기구한 운명을 겪어왔다. 지난 세기 내내 엘살바도르를 지배해온 거대 기업들은 현지인을 희생시키면서 전 세계 소비자에게 수출하기 위해 최고의 농업 기반을 활용해왔다. 토지 소유권을 둘러싼 싸움은 군대가 3만 명이 넘는 농민의 목숨을 앗아간 1932년 '대학살La Matanza' 사건에서 절정에 달했다.[140]

역사적으로 이 나라에서 토지 병합의 대부분은 커피를 중심으로 이루어졌다. 그래서 이곳에서는 커피를 엘그라노 데오로el grano de oro, 즉 금 알갱이라고 한다. 1920년대에 커피는 국가 수출의 90%를 차지했다.[141] 1970년대 후반까지 커피는 GDP의 절반을 차지하며 엘살바도르를 세계 3대 생산국으로 만들었다.[142] 지금도 이 나라 영토의 약 10%는 커피 농장으로 덮여 있다.[143] '바나나 공화국(1차 상품 수출에만 의존하여 경제가 운영되는 남미 국가를 경멸하는 표현-옮긴이)'은 잔인한 표현이지만, 엘살바도르 사람들이 다국적 기업과 해외 강대국의 이익에 종속된 기간이 길었다는 점에서 이 나라의 운명을 정확하게 묘사하는 말이기도 하다.

1979년에 발발한 잔혹한 내전은 토지와 외부 통제를 둘러싸고 수십 년간 지속된 갈등은 결과적으로 좌익 게릴라와 우익 정권의 대결로 이어졌다. 엘살바로드 사람들은 미국과 소련 사이의 냉전을 대리하는 이 분쟁의 피해자였다. 미국은 엘살바도르 정권에 무기와 현금을 제공하며 외국 기업에게 빼앗긴 토지를 되찾겠다고 공언한 혁명 세력을 물리치도록 지원했다.

미국이 공식적으로 내세운 명분은 이 게릴라들이 소련, 쿠바, 동독을 등에 업은 공산주의 세력이라는 것이었다.[144] 그리고 오래전부터 소련이 무기와 훈련으로 급진좌파 FLMN(파라분도 마르티 민족해방 전선)을 지원해온 것도 사실이었다. 이에 대한 대응으로 지미 카터 행정부 말기 미국은 '베트남 전쟁 이후 최대 규모의 반정부 운동'을 지원했다.[145]

엘살바도르 정권은 지독하게 잔인했지만, 공산주의 테러리스트와의 전쟁에서 언제나 미국의 지지를 받았다. 1980년, 설교할 때마다 군사정권을 비판해오던(그들을 향해 "탄압을 멈춰라"고 했다) 오스카 아르눌포 로메로Oscar Arnulfo Romero 대주교가 미사를 집전하던 중 암살당했다.[146] 이 총격은 조지아주 포트베닝의 악명 높은 군사 학교인 스쿨오브아메리카 졸업생 로베르토 다우비송Roberto D'Aubuisson(그가 자주 사용하던 고문 기법을 딴 '블로토치 밥'이라는 별명도 있었다)이 지휘한 것이었다. 이 사건 이후로 국가 폭력이 확산되었다.[147]

미국은 공산주의를 저지하기 위해 1980년대에 엘살바도르 정권에 50억 달러를 제공했다.[148] 이런 자금 지원은 1980년에 정부군이 3명의 미국인 수녀와 한 명의 미국인 선교사를 강간하고 살해한 사건이 일어난 후 퇴임을 앞둔 지미 카터 시절에는 잠시 얼어붙었으나, 로널드 레이건이 취임하기 직전에 다시 활성화되었다.[149] 지원을 재개하기로 한 결정이 공개적으로 의문시되자, 레이건 대통령의 정책 고문 진 커크패트릭Jeanne Kirkpatrick은 그 수녀들이 "단순히 수녀가 아니라 정치운동가였다"는 말로 이를 변호했다.[150]

1980년대 초 미국은 엘살바도르에 이스라엘이나 이집트를 제외한 다른 어떤 나라보다 더 많은 원조 자금과 군사 지원을 쏟아부었다. 예를 들어, 인도의 200분의 1에 불과한 이 나라에 뉴델리와 같은 수의 직원이 미국 대사관에 근무했다. 워싱턴이 보기에 엘살바도르는 소련의 영향력에 맞서는 중요한 방어선이었다.[151]

12년간 내전이 이어지며 수십 년에 걸쳐 제조업, 상업, 농업 생산 및 생활수준을 뒷받침해온 국가 기반시설이 모두 파괴되었다. 1998년에 엘살바도르의 도시 거주민 구매력은 1980년의 3분의 1 수준으로 떨어졌다. 내전은 부분적으로 재산과 토지 분배를 둘러싼 갈등의 성격이 분명했음에도 전쟁 후 불평등과 실질임금이 이전보다 더 악화했다는 사실은 비극이 아닐 수 없었다.[152]

잔혹한 폭력으로 100만 명 이상의 이재민과 7만 5,000명 이상의 사망자가 발생하며 국민 전체가 두려움에 떨었다.[153] 유엔 진실위원회에 따르면, 전체 희생자 중 미국의 지원을 받는 준군사조직과 암살단에 의해 살해된 사람이 무려 85%에 달했다고 한다.[154]

역사학자들은 미국의 지원을 받는 군대가 살해한 사람들의 유해를 지금까지 발굴하고 있다. 그중에는 1980년대 초 엘모조테티 Mozote에서 발생한 끔찍한 사건 현장도 포함되어 있다. 1981년 12월, 산악지대에 자리한 이 작은 마을에서, 미국에서 훈련한 아틀라카틀Atlacatl 특수 무장 부대가 900명 이상 학살했다.[155] 그중 248명은 여섯 살 미만의 아동이 었다. 라틴아메리카 현대사에서 가장 큰 규모의 학살이자, 냉전의 참상 을 보여주는 '대표적인 비극'으로 꼽힌다.[156]

엘모조테를 직접 취재한 기사들은 읽기조차 고통스럽다. 잔혹 행위 가 있은 지 몇 주 후에 그 지역을 방문했던 〈뉴욕타임스〉의 한 기자가 쓴 기사에는 맹렬한 기세로 휘몰아치는 군인들의 말할 수 없는 잔인함 이 생생하게 담겨 있다.[157] 그럼에도 몇 달 후, 레이건은 "심각한 문제들 이 여전히 남아 있지만, 우리는 엘살바도르 정부가 국제적으로 공인된 인권을 준수하기 위해 결연한 의지로 상당한 노력을 하고 있다는 결론 을 내렸다"고 말했다.[158]

엘살바도르 내전 당시 미국의 개입을 옹호한 사람들은 미국인들이 개입하지 않았다면 이 나라는 공산주의 쿠바의 길로 빠져들었을 것이 라고 말하며 유혈 사태를 정당화했다. 그러나 7만 5,000명의 목숨과 15 년 동안 경제가 무너지는 큰 대가를 감당해야 했다. 지난 25년 동안 엘 살바도르는 치유와 회복을 거듭해왔지만, 여전히 튼튼한 법치가 부재 한 채 엄청난 폭력으로 얼룩져 있다.

1980년대에 50만 명 이상의 엘살바도르 사람들이 대거 미국으로 이 주했다. 그러나 1992년 내전이 끝난 후 빌 클린턴 대통령은 엘살바도 르 사람들의 이민을 허용하는 특별 규정을 중지했다.[159] 미국 입국 허가 를 기다리던 수만 명은 빈손으로 돌아서야 했다. 이들 중 많은 젊은이가 조직 폭력배를 결성하거나 가입했다. 예를 들어 로스앤젤레스에서 조

직된 후 클린턴의 결정으로 엘살바도르로 쫓겨난 조직인 MS-13도 그중 하나였다.[160]

2000년부터 2017년 사이에 라틴아메리카, 중앙아메리카, 카리브해에서 약 250만 명이 살해되었는데, 이는 같은 기간 동안 시리아, 이라크, 아프가니스탄 전쟁에서 90만 명이 사망한 것과 비교된다.[161] 엘살바도르는 이 폭력의 중심에 있었으며, 그 대부분은 갱단 간에 펼쳐진 전쟁의 결과였다. 2015년에 엘살바도르는 전 세계의 전쟁에 휘말리지 않은 나라 중에서 가장 위험한 국가로 인식되었다.[162]

2015년의 한 보고서는 이렇게 말했다.

특히 갱들이 거의 모든 영역을 장악한 가난한 지역사회에는 일상생활에 공포가 만연해 있다. 그들 사이에 보이지 않는 선(겉으로 보기에는 평범한 다리나 도로, 공원 등)을 넘는 주민들은 구타나 심지어 죽음의 위험을 무릅써야 한다. 택시 운전사들은 길을 잘못 들었다가 강도나 납치를 당할까 봐 늘 불안해한다. 쇼핑이나 연인들의 데이트, 축구 시합 등은 모두 안전을 우려하여 제한된다. 집에 머무르는 것조차 안전을 보장하지는 않는다.

가게 주인, 미용사 그리고 음식점 주인들은 방화 혹은 배우자나 자녀의 귀나 손가락을 자르겠다는 강도의 위협을 받는 일이 흔하다. 부모는 사춘기에 가까워진 아들딸들이 지역 폭력 조직에 합류하지 않을까, 그리고 그에 따른 불가피한 압력을 늘 초조한 마음으로 걱정한다. 이들을 도와줄 사람이라고는 아무도 없다. 교사는 학생들을 겁내고 있고, 경찰조차 들어가기를 꺼리는 지역이 많다.[163]

비트코인을 어떻게 생각하는지와 상관없이, 얼마 전까지만 해도 전쟁지역으로 불렸던 곳이 오늘날 새로운 금융 기술의 선구자로 세계인의 입에 오르내린다는 사실은 놀라운 일이 아닐 수 없다.

달러 전환의 상흔

엘살바도르의 전후 폭력은 국민 경제의 시련을 동반했다. 오늘날 이 나라가 수출하는 커피, 소, 목재, 어류 등의 상품은 증가하는 인구의 수요를 충족하기에도 모자란다. 이 나라는 전쟁 후 발전하는 것처럼 보였지만, 한편으로는 대외 부채를 해결하지 못했고 지금도 대외 원조와 차입, 송금에 의존하고 있다. 1998년에 허리케인 미치의 영향으로 4억 달러 규모의 피해가 발생하고, 2001년에는 진도 7.6 규모의 지진으로 28억 달러 규모의 피해가 발생하는 등 자연재해도 경제 성장을 저해하는 적지 않은 요인이 되어왔다.[164]

엘살바도르 사람들은 흔히 "우리의 가장 큰 수출품은 국민이다"라고 말한다.[165] 한 연구에 따르면 지난 25년 동안 엘살바도르의 빈곤 감소에 기여한 주요 원인 중 하나는 해외로부터의 송금이었다.[166] GDP의 약 4분의 1을 차지하는 이 자금흐름은 없어서는 안 될 경제 요소이기는 하나, 로스앤젤레스나 워싱턴 또는 뉴욕의 엘살바도르 사람의 모든 시간과 노력은 고향에 있는 엘살바도르 사람들이 아니라 미국인이 사용할 물건을 만들고, 미국인을 위한 서비스를 제공하는 데 사용된다.

2001년 엘살바도르 정부가 미국 달러를 법정통화로 채택함으로써 달러는 신속하게 기존의 콜론을 대체하여 국가 화폐의 자리를 차지했다. 2000년 11월 프란시스코 플로레스 대통령이 전환을 선언했고, 그로부터 39일 만인 2001년 1월 1일 시행에 들어갔다. 불과 18개월 만에 달러가 이 나라 통화의 98%를 차지하게 된 것이다.[167] 공론의 장이 열릴 틈도 없이 갑자기 진행된 이 전환에 대해 국민 대다수가 아니라 엘리트층만의 혜택을 위한 조치가 아니었느냐는 의혹이 제기되었다.

심각한 인플레이션을 겪고 있던 에콰도르와 달리, 엘살바도르의 달러 전환은 비상사태에 대처하는 방안으로 도입된 조치가 아니었다. 2000년에 인플레이션은 4.3%였다.[168] 달러 전환은 거시경제적 처방이었다. 찬성론자들은 이 조치로 정부의 통화 남용으로부터 근로자를 보호하고, 그들의 구매력을 보존할 수 있다고 말했다. 상거래를 촉진하고, 부채의 금융화를 방지하며, 해외 투자를 유치하고, 금리를 낮출 수 있을 것으로 보았다. 금리가 낮아지면 더 싼 이자로 해외에서 자금을 빌려와 국내 대출로 수익을 낼 수 있어 특히 은행들은 혜택을 볼 수 있다.

그러나 엘살바도르의 달러화를 연구한 카네기멜론대학교 정치학과 실비아 보르주츠키Silvia Borzutzky 교수는 이 정책이 "경제 전반에 도움이 되지 않았고 최저소득층에는 매우 부정적인 영향을 미쳤다"고 말했다.

엘살바도르의 여론조사 기관Instituto Universitario de Opinion Publica이 실시한 2002년 조사에 따르면 엘살바도르 국민 중 달러 전환을 성과로 생각한 비율은 단 2%에 그친 데 반해, 62.2%는 달러 전환이 국가에 손해를 입힌 것으로 생각한다고 답했다. 2002년에 실시된 중앙아메리카대학교의 또 다른 조사에 따르면 엘살바도르 응답자의 61%는 달러 전환이 "개인의 경제 사정에 부정적인 영향을 미쳤다"고 말했다. 중앙아메리카대학교의 한 논문에 따르면 "달러 전환 과정에서 가장 혜택을 받은 분야는 정치권의 결정 덕분에 통화가치 절하에 따른 지불금 증가 위험을 걱정하지 않아도 되는 금융계였다."

달러 전환 당시 엘살바도르 인구의 문맹률은 21%에 달했고, 그보다 훨씬 더 많은 사람이 달러 경제의 가격 결정에 어려움을 겪고 있었음에도 모든 것이 달러당 8.75콜론의 환율로 책정되는 시대가 찾아온 것이었다. 오늘날의 한 연구는 다음과 같이 지적했다.

> 기업들은 콜론 대비 달러 가격을 인상하는 것이 허용되지 않았다. 따라서 공식적인 시장 가격은 센트로 반올림되고 그에 따른 인플레이션은 최소한에 머무른다. 그러나 빈민층이 경험하는 비공식 시장의 상황은 전혀 다르다. 규제가 거의 없으므로 상인들은 과거 콜론으로 매기던 것보다 훨씬 더 높은 가격을 달러로 부과한다. 한 설문 참가자는 "어떤 사람들은 이 변화를 이용하여 과거 7콜론이었던 상품이 지금은 1달러가 되었다"고 말했다. 7콜론에서 1달러로 오른 것은 25%의 인플레이션에 해당한다.[169]

구매력이 더욱 큰 폭으로 감소한 데는 중상층과 빈민층의 소비 습관 차이에도 그 원인이 있었다. 부자들은 일주일이나 한 달에 한 번 정도만 장을 보면 되지만, 가난한 사람은 하루에도 여러 번씩 물건을 사야 하기 때문이다. 달러 전환의 주요 이점인 낮은 이자율은 저소득층에도 소용이 없었다. 가난한 사람은 보통 은행에서 대출받는 것이 아니라 비공식 시장에 의존해야 하기 때문이다. 2002년 자료에 따르면 당시 엘살바도르 신용 대출의 70%는 4개 은행이 제공했고, 단 400명의 고객에 대한 대출이 전체 대출의 60%를 차지했다.

달러 전환이 불러온 또 하나의 절망은 어떠한 사전 협의 없이 전 국민에게 갑자기 정책이 시행된 탓에 내전 시기에 잔혹한 정권이 나라를 파괴하도록 부추긴 제국주의 화폐가 자국 통화를 대체했다는 인상을 주었다는 점이었다.

달러 전환에 대한 부정적인 정서는 오랫동안 수그러들지 않았다. 2007년 〈로스앤젤레스 타임스〉는 자넷이라는 감자 장수와의 인터뷰 기사를 실었다. 그녀는 과거 매일 100파운드 분량을 팔았지만, 이제는 "그 정도는 일주일 안에 다 팔면 다행입니다. 살기가 더 어려워졌어요. 이게 다 달러 때문입니다"라고 말했다.

2000년대 중반에 엘살바도르의 평균 임금 상승이 4%에 그치는 동안, 식음료 가격은 14% 상승했다. 농부와 농산물 판매업자는 상품 가격의 상승뿐만 아니라 상품 수요마저 감소하는 어려움에 직면했다. 〈로스앤젤레스 타임스〉 기사에 등장하는 또 다른 인물은 닭 농장주이다. 그녀는 달러 전환의 결과로 기르던 닭을 도살하고 사업을 포기할 수밖에 없었고, 결국 그녀조차 닭을 먹을 수 없는 처지가 되고 말았다.[170]

자국보다 경제력이 우월한 나라의 통화를 사용하는 나라들이 모두 그렇듯이(예컨대 서부 및 중앙아프리카의 CFA 사용 국가들이 여기에 해당한다. 6장 참조), 달러 전환으로 엘살바도르 정부는 상품과 서비스를 경쟁력 있게 유지하기 위해 통화를 조정할 수 없었고, 임금도 다른 국가보다 더 비쌀 수밖에 없었다.[171] 달러로 전환한 지 5년 후 엘살바도르의 수입 규모는 '수출보다 거의 3배 빠르게' 증가했으며, 마침 경쟁력을 유지하기 위해 통화를 평가절하한 중국의 부상은 엘살바도르에 큰 피해를 미치는 요인이 되었다.[172]

20년이 지난 오늘날에도 비록 거시적으로는 달러 전환이 엘살바도르 전체에 긍정적인 효과를 거둔 것처럼 보이지만, 공식 데이터에는 나타나지 않는 부정적인 흐름이 분명히 존재한다. 예를 들어 미국 정부가 금융위기를 완화하고 미국의 주식과 부동산 가치를 인위적으로 끌어올리기 위해 부채를 현금화할 때 미국 국민은 경기부양책을, 미국 기업은 구제금융을 받는다. 그러나 이런 생명선은 물가 상승의 대가를 고스란히 느끼는 엘살바도르의 일반 국민에까지 그 혜택을 확장하지는 않는다.

달러 전환은 많은 엘살바도르인에게는 아픈 기억이므로, 새로운 하향식 화폐 변화라면 그저 두렵기만 하다는 생각이 충분히 들 수 있다. 2021년 여름, 갑자기 발표된 비트코인 법과 그 시행은 해묵은 두려움을 되살렸다. 대개 정부가 통화를 바꾸는 것은 국민에게 좋은 일이 아니다.

과연 이번에는 어떨까?

마을

엘살바도르에서 비트코인이 채택된 이 불가능해 보이는 이야기는 그 누구도 사토시 나카모토에 대해 들어본 적이 없었던 15년 전, 호르헤

발렌수엘라Jorge Valenzuela와 라몬 '침베라' 마르티네스Ramon 'Chimbera' Martizez가 맞이한 행운에서 시작된다.

3,000명이 넘지 않는 바닷가 마을 엘존테에서 자란 그들은 자신과 같은 젊은이들이 뭔가 다른 일을 할 기회가 매우 드물었다고 말했다. 그지역에서 그들 가족은 대대로 도시에서 온 부유한 지주들의 주택을 관리하거나 해안에서 물고기를 낚는 것으로 생활을 이어갔다.

마르티네스는 "우리 아버지도 어부고, 발렌수엘라의 아버지도 어부입니다. 따뜻한 날씨와 좋은 음식, 친절한 사람들이 있는 낙원에 살았지만, 우리 가족에게 이렇다 할 경제적 기회는 없었습니다"라고 말했다.

엘존테에 와서 영감의 씨앗을 심고, 그들에게 희망을 가르쳐 새로운 길로 인도하고자 노력한 사회복지가 없었다면, 그들의 그런 삶은 계속되었을 것이다. 마르티네스는 "우리는 현실을 바꾸려는 꿈을 키웠습니다"라고 말했다.

그 사회복지가의 투자는 열매를 거두었다. 발렌수엘라와 마르티네스는 식당 건설, 부동산 관리, 서핑 강사 등의 일을 거쳤다. 그리고 그들은 조금씩 엘존테를 오늘날의 모습으로 만드는 데 일조했다.

마르티네스는 "우리는 공동체를 변화시키기 위해서는 먼저 다른 사람들부터 바꿔야 한다는 것을 배웠습니다. 혼자 변화하는 것만으로는 부족합니다"라고 말했다. 하지만 길은 험난했다. 마르티네스는 자신과 발렌수엘라가 멘토링으로 혜택을 받았지만, 주변 사람들은 대부분 그렇지 않았다고 말했다.

마르티네스는 "우리는 친구와 가족을 잃었고, 더 이상 꿈을 꾸지 않는 아이들을 보기 시작했습니다"라고 말했다. 경제 불황과 집단 폭력은 여전히 나아지지 않았지만, 문제는 그것이 아니었다. 정말로 가장 큰 타격은 놓친 기회들이었다.

2006년 마르티네스와 발렌수엘라는 친구인 이르빙 팔마Hirvin Palma와 함께 고아들에게 가정을 제공하기 위해 '어둠 속의 빛'이라는 프로그램을 시작했다. 마르티네스는 "아버지를 여읜 아이들이 많습니다. 우리는 아이들의 변화를 통해 이 문제를 해결하는 사회 구조를 만들고자 했습니다"라고 말했다.

그들은 길을 잃은 아이들을 멘토링하고 새로운 지원 네트워크를 제공했다. 시간이 흐르면서 그들이 도왔던 수백 명의 학생 중 일부는 갱단이 아닌 대학교에 진학했다. 그들은 이 프로그램을 '사랑의 탱크 채우기'라고 불렀다. 마르티네스는 "우리는 모두 탱크를 갖고 있으며 그것을 채워야 합니다"라고 말했다.

문제는 몇 년 전 마르티네스와 발렌수엘라의 프로그램이 자금이 바닥나면서 활기를 잃기 시작했다는 것이다. 마르티네스는 어느 날 한 미국인이 아이디어를 하나 생각해냈다고 말했다.

내전이 끝난 후 서퍼와 배낭여행자들이 엘존테 인근 지역으로 오기 시작했다. 그런 관광객 중에 캘리포니아에서 온 마이크 피터슨Mike Peterson이라는 사람이 있었다. 마르티네스는 "우리가 마이크를 처음 만났을 때 그는 이미 지역 주민들과 함께 시간을 보내며 이 지역사회에서 믿음을 얻기 시작했습니다"라고 말했다.

세 사람은 2013년 전후로 본격적으로 힘을 합쳐 지역 내 청소년들에게 장학금과 멘토링, 일자리 등을 제공하기 시작했다.

2019년에 피터슨과 연결된 익명의 기부자가 거액의 기부금을 약속했다. 단, 그 돈은 비트코인으로 보낼 것이고 엘존테 지역에서 순환되어야 한다는 조건이었다. 마르티네스는 "우리는 비트코인에 대해 아무것도 몰랐습니다. 그러나 우리는 꿈이 있었고, 무엇보다 마이크를 믿었습니다"고 말했다.

최초로 비트코인을 받은 상인은 마마 로사Mama Rosa로 불리던 발렌수엘라의 어머니였다. 2019년에 그녀는 마르티네스와 발렌수엘라의 지역사회 프로그램을 통해 아이들에게 푸푸사를 팔면서 새츠(비트코인의 가장 작은 단위인 사토시를 일컫는 엘살바도르의 용어, 1억 분의 1BTC에 해당한다)를 받기 시작했다.

어느 날 저녁, 나는 친구들과 함께 엘존테의 길을 걸어 마마 로사의 푸푸사 가게로 갔다. 그곳은 지방 고속도로에서 몇 피트 떨어진 곳에 있는 소박한 노변 상점이었지만, 엘존테 스토리에서 특별한 역사를 간직한 곳이다.

우리는 여러 가지 푸푸사를 주문하고 비트코인으로 결제했다. 식사를 마치고 나는 마마 로사 앞에 앉아 물어보았다. "아들이 마법의 인터넷 화폐를 받아보자고 했을 때 어땠습니까? 혹시 미쳤다고 생각하지는 않았나요?" 그녀는 웃으며 "그 애가 미쳤다고 생각하지는 않았지만, 그 돈을 받는 것은 확실히 망설여지더군요"라고 말했다.

최근 정부가 시행한 대대적인 통화 전환 때 그녀는 고통을 겪었다. 내가 달러 전환 이야기를 꺼내자마자 그녀는 마치 어딘가 아픈 듯이 얼굴을 찡그렸다.

그녀는 "우리는 달러를 좋아하지 않았어요. 그저 콜론을 계속 사용하면 좋겠다고 생각했습니다"라고 말했다. 전환이 시작된 후 그녀는 상당한 인플레이션을 겪었고, "그때 너무 힘들었어요"라고 말했다.

그녀는 그때의 기억 때문에 처음에는 발렌수엘라의 생각에 확신이 없었다. 그러나 아들을 믿고 새 화폐를 받기 시작했고, 휴대폰 지갑에 그 일부를 저장하기 시작했다.

오늘날 그녀는 모든 수입을 비트코인으로 보관하고 있다. 변동성이 크다는 것을 알고 있지만 그런 특성을 그대로 받아들였다. 그녀는 자랑스럽게 식당 뒤에 있는 멋진 트럭을 가리키며 저축한 비트코인이 불어난 덕분에 최근에 산 것이라고 말했다. 비트코인의 가격 상승에 놀랐느냐는 내 질문에 그녀는 활짝 웃으며 말했다.

"물론, 깜짝 놀랐지요. 부자가 되었으니까요!"

그녀는 아들이 똑똑하고 현명한 결정을 내렸기 때문만이 아니라 많은 사람의 생활을 개선해준다는 점이 너무나 자랑스럽다고 말했다.

나는 비트코인 법을 두려워하는 국민과 특히 여성들에게 조언해주고 싶은 말이 있느냐고 물었다.

그녀는 이렇게 말했다. "무엇이든 새로운 것이 나타나면 쉽게 믿을 수 없는 것이 당연합니다. 게다가 그동안 수많은 사기꾼이 전화를 걸어 비트코인을 보내주면 상품이나 서비스를 제공하겠다고 해놓고는 사라진 일이 많았습니다. 올바른 혜택을 누리려면 우리에게 교육과 지식이 필요합니다." 그리고 이렇게 덧붙였다. "그러나 겁낼 필요는 없습니다.

어쨌든 그것 역시 또 하나의 화폐일 뿐이니까요."

비트코인 비치

발렌수엘라는 비트코인 비치Bitcoin Beach를 처음 구상할 때 이것은 송금
과는 별 상관이 없었다고 말했다. 원래 목표는 순환 경제를 만들어보자
는 것이었다. 이 계획의 핵심은 엘존테에 비트코인을 둘러싼 모든 교육
이 이루어지는 현대식 다층 건물을 '희망의 집'이라는 이름으로 건설하
는 것이었다.

하지만 큰 문제가 있었다. 상인들이 "만질 수 없는 것을 취급할 수는
없다"는 반응을 보인 것이었다. 그래서 처음에 비트코인 비치의 리더들
은 프로그램 수강생과 몇몇 사람에게 종이로 된 청구서를 제공했다. 만
약 비트코인 가격이 하락하면 희망의 집이 손실분을 전액 보상하겠다
고 약속했다. 처음에는 수강생 모두가 청구서를 달러로 교환해달라고
했다. 그러나 시간이 지날수록 그들은 청구서를 점점 더 많이 보관하기
시작했고, 각자가 자신의 은행이 되어 비트코인을 지갑에 소유하는 것
이 어떤 의미인지를 드디어 깨닫게 되었다.

발렌수엘라는 마을의 소상인들을 설득하여 비트코인을 받아들이는
첫 가게가 나왔을 때, 그들 대부분이 처음으로 디지털 방식으로 거래한
것은 물론, 저축에 대해 진지하게 생각한 것이 처음이었다고 말했다.

발렌수엘라는 이렇게 말했다. "아시다시피, 이곳 사람들은 은행 계좌

가 없습니다. 우리 지역에는 금융 강좌도 없고, 청년들에게 조언을 해줄 만한 사람도 없습니다. 그러나 비트코인 자체가 훌륭한 스승이지요."

가족들은 생애 처음으로 저축을 시작했다.

발렌수엘라는 "여기서는 주식이나 부동산에 투자할 방법이 없습니다"라고 말했다.

비트코인은 사람들이 금융 시스템에 합류하는 데 도움이 되었다. 발렌수엘라는 주민들이 미래를 위해 저축하기 시작한 것을 알게 되었고, 그것은 심리적으로 매우 큰 변화라고 말했다.

비트코인 비치는 사람들에게 새로운 화폐를 사용하는 방법을 안내할 지역사회 리더 그룹을 교육했다. 발렌수엘라는 그들을 '금융 포용 추진 조'라고 불렀고, 그들 덕분에 "아이들이 어두운 세계로 빠지지 않게 되었고, 미래에 더 관심을 기울이게 되었습니다"라고 말했다.

그들이 비트코인 비치의 대표적인 새 건물(너무나 멋지고 잘 갖춰져 있다)을 희망의 집이라고 이름 붙인 것도 바로 그 이유에서다. 마르티네스는 사람들은 이제 자신의 운명을 선택할 자유와 그런 미래를 꿈꾸게 되었다고 말했다.

마르티네스는 새로운 패러다임 덕분에 전 세계가 엘살바도르를 보는 사고방식이 바뀌었다고 말했다. 사람들은 이제 갱단과 돈세탁이 아니라 낙관적인 수사rhetoric를 이야기하고 있다.

마르티네스는 이렇게 말했다.

"사람들은 음식, 푸푸사, 서핑, 날씨, 투자 옵션을 이야기합니다. 엘살바도르는 이제 기회의 땅이 되고 있습니다. 우리가 현금자동입출금기ATM를 처음 들여왔을 때 사람들은 웃었습니다. 지금은 아닙니다. 우리는 마침내 살인 발생률 외 다른 분야에서 1등을 차지했습니다. 이 모든 혁신이 유럽이나 미국, 심지어 실리콘밸리가 아니라 바로 여기 엘존테에서 일어난 것입니다. 다른 도시들이 이제 우리에게 전화를 걸어 비밀이 무엇이냐고 묻습니다. 그러나 비밀은 없습니다. 오직 열심히 일하고 공동체를 건설할 뿐이지요."

오늘날 비트코인 비치는 그들의 철학을 지역의 다른 공동체들과 하나씩 공유하고 있다. 발렌수엘라와 마르티네스는 매주 다른 도시로 가서 사람들이 지갑을 설치하는 것을 도와주고, 소액의 비트코인을 준다. 그들은 만약 정부가 이렇게 했다면 사람들이 의심했을 것이라고 말했다. 그러나 그들은 같은 마을 사람이기 때문에 마음을 열었다.

마르티네스는 활짝 웃으며 말했다. "이제 전국에서 금융 시스템에 접근할 수 있게 되어 기쁩니다. 우리가 15년 전에 바랐던 것이 바로 이것입니다. 처음의 꿈이 이루어졌습니다. 우리 고향은 더 이상 무서운 지역이 아니라 누구나 가고 싶은 신나는 곳입니다. 우리는 이 점이 너무나 기쁘고 행복합니다."

그리고 이렇게 덧붙였다. "그러나 비트코인 법은 시작에 불과합니다. 우리 계획을 쉽게 이룰 수 있다고 볼 수는 없습니다. 겨우 3,000명의 사람을 데리고 여기까지 오는 데 2년 반이 걸렸습니다. 인구 600만 명의 나라는 어떨까요? 시간이 걸릴 수밖에 없습니다."

기부금

엘존테에서 피터슨과 함께 그의 집 현관 앞에 앉아 이야기할 때, 그는 자신이 엘살바도르에 온 것은 2004년이었다고 말했다. 그 당시에 비하면 사정이 많이 나아진 것 같았다. 내전이 일어난 지 10년이 지났고, 사람들은 희망을 품고 있었다.

그의 가족은 작은 서핑 마을에 집을 사서 1년에 몇 달씩 그곳에서 지내기 시작했다. 그동안 고아원을 운영하는 교회 단체와 연계하여 지역사회의 봉사활동을 함께하고, 조직폭력배에 몸담았던 이들의 재활을 도우며, 성매매 피해자들과도 협력했다.

그러나 월스트리트에서 시작한 '대 금융위기'가 엘존테와 엘살바도르 전체를 강타했다. 그는 폭력조직은 이전부터 문제가 되고 있었지만, 2008년과 2009년에 훨씬 더 심해졌다고 말했다. 폭력 사태는 2016년에 최고조에 달했다.

현재 피터슨의 집 건너편 해변이 내려다보이는 곳에는 스케이트보드장이 있다. 하지만 몇 년 전 그곳은 작은 집이 한 채 있던 자리였다.

2016년 선거에서 도널드 트럼프가 미국 대통령에 당선되던 날 밤, 피터슨은 집에서 결과가 발표되는 것을 지켜보고 있었다. 그때 총성이 몇 발 울려서 밖으로 나가 살펴봤다. 아무것도 보지 못한 그는 다시 안으로 들어왔다. 그러나 아침에 집을 나서던 그는 길 건너편 집에서 경찰이 시체를 운반해 나오는 것을 보았다.

그의 이웃은 40발의 총탄을 맞고 살해되었다. 5년 후 피터슨과 대화를 나누며 내가 앉아 있는 그 자리에서 돌을 던지면 닿는 거리였다. 그것은 엘존테에서 3주 동안 세 번째로 발생한 살인사건이었다. 그 시절에는 사람들이 밤에 절대 외출하지 않았다고 했다. 심지어 나라를 떠나 니카라과나 과테말라로 간 사람도 있었다. 지역의 사업주들은 폭력조직에 보호비를 내야만 했다.

그가 말했다. "돈을 내지 않으면 죽음이 기다리고 있었으니까요."

피터슨은 이런 악순환이 하층민에게 가장 큰 영향을 미쳤다고 말했다. 가난한 사람들은 부자들이 그들을 억압한다는 생각에 폭력으로 맞서지만, 개인적으로 경비를 고용할 수 있는 사람은 부자들뿐이므로 결국 피해는 하층민에게 돌아온다.

그 시절은 피터슨이 엘존테의 공동체 프로젝트에서 발렌수엘라, 마르티네스와 함께 일한 지 3년을 맞이했을 때였다. 그 공동체에는 10~15명의 지도자가 활동하며 모든 일을 진행했지만, 그들 모두 발렌수엘라를 '작전 쿼터백Quarterback of Operation'이라고 불렀다. 그들은 2017년과 2018년 내내 묵묵히 프로젝트를 이어갔다. 다행히 그 기간에 국가 및 지역 범죄는 급격히 감소했다. 그러나 자금 문제가 남아 있었다.

2019년 봄, 피터슨의 친구 중 한 명이 비트코인 자선 활동에 관심이 있는 기부자를 연결해주면 어떻겠느냐고 물었다. 그는 기꺼이 대화를 나누고 싶다고 대답했다. 그는 비트코인을 좋은 개념으로 생각했을 뿐, 그때까지 비트코인을 자기 일에 적용한다고는 생각해본 적이 없었다.

기부자는 익명이었기 때문에 피터슨은 그의 연락선과 만났다. 만나보니 엘존테 지역의 사회사업에 기부할 수 있지만, 그 돈은 비트코인으로 제공되며, 지역 프로그램에 녹아들어야 한다는 조건이었다. 기부자는 비트코인이 달러로 환전되기를 원치 않았고, 단순히 '동아줄'이 아니라 지역 철학의 일부가 되기를 원했다.

피터슨은 평소 부당하고, 관료적이며, 파산한 그곳의 은행 시스템을 지켜봤기에 비트코인 개념에 마음이 열려 있었다. 1시간 동안 버스를 타고 가서 긴 줄을 서야 하며, 높은 수수료에 설명할 수 없는 지연으로 인해 미국에서 보낸 돈을 받는 것 자체가 '너무 어려운' 일이었다.

그는 약 10년 전 자동차를 사려고 ATM에서 미국 계좌에 들어 있는 돈을 인출하려다 혼이 난 적이 있었다. 이체 과정이 무려 몇 주가 걸리는 바람에 마침내 현금을 손에 넣었을 때는 자동차 소유자가 이미 다른 사람에게 팔아버린 후였다. 그는 외국인들이 부동산을 사서 그 지역을 개발하려고 할 때도 송금과 도착 사이에 1~2주의 시차가 있어서 양쪽이 위험을 감수해야 하므로 결국 거래가 무산되는 경우가 많다고 했다.

그러나 이런 것들은 모두 가난한 사람들이 부담하는 높은 수수료에 비하면 아무것도 아니다. 피터슨은 "가장 높은 대가를 치르는 사람은 항상 그들입니다"라고 말했다.

그래서 피터슨은 기부자에게 보여줄 사업 설명을 구상했다. 여기에는 비트코인이 마을에서 어떻게 유통될 수 있는지를 직접 그린 도표와 3년간의 도입 계획이 포함되어 있었다. 그 기부 계획은 여름이 끝날 무렵에 승인되었다. 그리고 비트코인 비치는 동네 청소, 도로 보수 및 건설 프로젝트 등을 수행하는 개인에게 비트코인으로 비용을 지불하는 공식 프로그램을 운영하기 시작했다.

피터슨은 시카고에 본사를 둔 아테나Athena 회사와도 접촉했다. 이 회사의 지원으로 비트코인 현금인출기를 마을로 조용히 들여왔다. 피터슨은 주민들이 필요할 때마다 비트코인을 달러로 쉽게 현금화할 수 있게 되자 심리적으로 크게 달라졌다고 말했다. 가을이 되어 피터슨은 수도에 사는 중산층들이 현금인출기에서 비트코인을 사기 위해 주말에 차를 몰고 엘존테까지 온다고 말했다. 변화의 계기가 마련된 것이다.

2019년 11월 피터슨은 우루과이에서 열린 비트코인 콘퍼런스에 참석하여 영국의 팟캐스터 피터 맥코맥Peter McCormack을 만났다. 그는 맥코맥에게 엘존테를 방문해달라고 부탁했다. 맥코맥이 "좋아요. 이번 주에 가겠습니다"라고 대답하자 피터슨은 깜짝 놀랐다.

맥코맥은 엘존테를 방문하여 피터슨과 인터뷰했고, 그 내용을 자신의 인기 프로그램인 〈비트코인이 한 일〉에 연속 방영으로 올렸다.[173] 피터슨은 그 방송이 비트코인 업계의 수많은 사람이 엘존테라는 곳을 처음 들어본 계기가 되었다는 점에서 매우 중요한 일이었다고 말했다.

2020년 7월, 〈포브스〉지에 비트코인 비치를 자세히 다룬 기사가 실렸다.[174] 피터슨에 따르면, 세계적인 금융 잡지에 '엘살바도르가 긍정적으로 소개된 것은 처음'이라고 한다.

〈포브스〉 기사와 맥코맥의 팟캐스트 방송 사이에 갈로이Galoy의 창업자 니콜라스 버티Nicholas Burtey, 스트라이크Strike의 창업자 잭 말러스Jack Mallers, 스퀘어의 상품책임자 마일스 서터Miles Suter 등 미래에 엘존테의 핵심 기여자가 될 사람들이 이 공동체를 파악하고 다가오는 가을과 이듬해 봄에 방문할 생각을 하게 된다.

2020년, 팬데믹의 여파로 관광업이 멈췄다. 호텔은 대부분 문을 닫았다. 이에 비트코인 비치는 40달러 상당의 비트코인을 형편이 어려운 가정에 정기적으로 나눠주는 UBI 프로그램을 시작했다. 이 보조금을 2022년 1월까지 보유하고 있었다면 300달러 이상의 가치에 달했을 것이다.

2020년 말에 피터슨과 발렌수엘라, 마르티네스는 비트코인이 엘존테뿐만 아니라 전국에서 화폐로 통용될 가능성이 충분하다고 생각했다. 하지만 그들은 그런 변화가 바로 이듬해 전격적으로 시행되리라고는 상상조차 할 수 없었다.

2021년 초 피터슨은 모레나 발데스Morena Valdez 관광장관을 만나기 위해 서터, 마르티네스, 발렌수엘라와 함께 차를 타고 수도로 향했다. 그들은 2시간에 걸쳐 엘살바도르가 비트코인 전략을 채택하는 방안을 논의했다. 그들은 이것이 국가 이미지를 갱단에서 기회로 바꾸는 데 도움이 되는 싸고 쉬운 아이디어라고 제안했다. 그것이 국제적인 인지도를 위한 '꿀팁'인 셈이라고 말이다. 피터슨은 그녀가 그 말을 이해했지만 큰 인상은 받지 않은 것 같았다고 말했다.

그러나 5월이 되자 피터슨은 뭔가 일이 벌어지고 있음을 알았다. 관계자들이 정부를 설득하기에 앞서 엘존테로 내려와 희망의 집 운영 상황을 자세히 살폈다. 2021년 4월과 5월에는 교육차관과 관광장관이 직접 방문했다.

피터슨은 지난 6월 비트코인 법 발표 이후 진행되는 변화가 "모두 장밋빛을 가리키는 것은 아니었다"고 말했다. 엘살바도르 국민은 오랜 부패 이력을 지닌 중앙정부가 무슨 꿍꿍이로 이러는 것인지 여전히 의심의 눈길을 거두지 않고 있었다.

피터슨은 전 국민이 비트코인 법에 강하게 반발하는 데 대해, 사람들은 대체로 비트코인을 잘 모르는 데다 정부가 이렇다 할 설명도 없이 새로운 제도를 도입해서 또 국민을 등치려고 한다고만 생각하기 때문이라고 말했다. 지난 3명의 엘살바도르 대통령이 모두 나라를 약탈했던 점을 생각하면 그들이 이렇게 생각하는 것도 무리가 아니다.

피터슨은 사람들이 엘존테의 스토리도 의심한다고 말했다. 익명의 누군가가 엘살바도르에 거액을 기부한 일은 드물거나 심지어 전례가 없는 일이었으므로, 비트코인 비치가 기부금으로 시작한 일을 두고 많은 의혹이 제기되었다. 이에 대해 피터슨은 이렇게 말했다. "누군가가 뭔가 모의를 꾸미고 싶었다면, 굳이 왜 이 시골 마을에서 고등학교도 나오지 않은 엘살바도르인 2명과 컴맹 외국인 1명을 데리고 시작했겠어요? 당연히 수도 산살바도르에서 했을 것 같지 않아요?"

온 나라가 의심하고 있음에도 피터슨은 향후 몇 년 동안 비트코인이 성공적으로 도입될 것이라고 보고 있다.

그는 이렇게 말했다. "개발도상국에서 기술이 '중간 단계를 건너뛰어' 더 빨리 수용되는 것은 드문 일이 아닙니다. 예를 들어 유선전화를 생략하고 바로 휴대폰으로 이행하는 사회도 많습니다. 특히 비트코인은 대규모 자본 투자도, ATM 정도 외에는 막대한 인프라도 필요 없습니다. 그저 모든 것은 소프트웨어일 뿐이고, 사람들이 이미 휴대폰을 가지고 있어 도약이 일어날 가능성이 충분합니다."

피터슨은 비트코인 법이 장기적으로 미칠 영향을 다음 네 가지로 정리했다.

첫째, 저축 문화를 형성한다. 오늘날 산살바도르 주변을 자동차로 다녀보면 엄청나게 많은 패스트푸드 식당을 볼 수 있고, 그런 곳에서 파는 음식 가격은 보통 사람이 하루 임금으로 감당할 수 없는 수준이다. 그런데도 보조금을 생산적인 일에 사용하는 것이 아니라 패스트푸드를 사먹는 데 써버리는 사람이 많다. 내일에 대한 희망이 없기 때문이다. 비트코인은 그들이 이 고리를 끊을 수 있게 해준다.

둘째, 비즈니스 기회를 제공한다. 호텔 건설과 백오피스 결제를 지원하는 기술 분야, 비트코인 결제를 도입하려는 전 세계 국가와의 비즈니스나 컨설팅 등에서 상당한 일자리가 창출될 수 있다.

셋째, 송금 수수료와 시간을 절약함으로써 얻게 될 효율성이 엄청나다. 피터슨은 "미국인들은 이해하기 어렵겠지만, 사람들은 송금을 처리하기 위해 긴 줄에 서서 기다리는 데 일주일에 상당 시간을 써야 하며, 높은 수수료를 부담하며 살고 있습니다"라고 말했다.

넷째, 남에게 뒤지는 것이 아니라 자신이 앞장서고 있다는 생각에서 오는 자부심을 사람들의 표정에서 볼 수 있다. 그는 이것이 가난을 견디는 것과 탈출하는 것의 차이라고 말했다. 이렇게 비극적인 역사와 폭력의 주기를 가진 나라에서, 어둠을 떠나 신나는 목적지로 향하는 일은 값을 매길 수 없을 정도로 귀하다.

그렇다면 비트코인 비치의 다음 계획은 무엇일까?

피터슨은 이렇게 말했다. "물론 우리도 그 점을 치열하게 고민하고 있습니다. 엘존테에 집중할 것인가, 아니면 전국으로 확장할 것인지부터 문제였습니다."

그는 결국 자신들의 뿌리로 돌아가 비트코인을 지역 청년들을 위한 도구로 알리는 일에 힘쓰기로 했다고 말했다. 전국 규모의 일은 다른 사람들이 하면 된다.

피터슨은 "우리의 주목적은 비트코인을 도입하는 것이 아니라 젊은 이들의 성공을 돕고 더 나은 미래를 건설하는 것입니다. 그 일을 통해 더 많은 혜택이 돌아올 것으로 믿습니다"라고 말했다.

피터슨은 비트코인 비치 같은 공동체는 얼마든지 복제할 수 있지만, 단순히 기술을 보급하는 것보다 더 심오한 목표가 있어야 한다고 말했다. 공동체를 개선하려는 사명감이 있어야 한다는 것이다.

만일 비트코인이 작년에 폭락했다면, 그들은 기존 프로젝트를 달리로 진행하고 있었을 것이라고 말했다. 그러나 그는 비트코인에는 자신도 미처 예측하지 못했던 이점이 많았다고 했다. 그것은 바로 사람들의 금융 지능을 일깨워 미래를 위해 눈앞의 만족을 뒤로 미루는 법을 익히도록 해주는 것이다.

피터슨은 "비트코인 개발자들에게는 희망이 있었습니다. 그리고 그 희망이 여기서 퍼지고 있습니다. 우리는 오늘보다 더 밝은 미래를 믿습니다"라고 말했다.

독재자

정치적 카멜레온이자 기회주의자인 40세의 부켈레는 원래 좌파 정당인 FMLN의 일원이었다가 오늘날 우익으로 분류되는 신사고당을 창당하여 집권했다. 무려 90%에 달하는 지지율을 자랑하는 그는 남반구는 물론 어쩌면 세계에서 가장 인기 있는 정치인일지도 모른다.

부켈레의 인기는 상당 부분 그가 범죄를 소탕하고 새로운 인프라를 구축하여 나라를 더 안전하고 매력적으로 만들었다는 인식에서 온 것이다. 엘살바도르의 살인율은 2015년의 10만 명당 100명 선에서 그가 취임할 때는 40명 정도로 낮아졌고, 그는 전체적인 변화를 이뤄낸 공을 상당히 인정받고 있다(그가 집권하는 동안 다시 20명대로 줄어들었다).[175] 〈엘 파로El Faro〉 같은 독립신문은 부켈레가 거대 조직폭력배들과 거래함으로써 폭력을 줄였다고 주장하지만, 이에 대해 불평하는 사람은 거의 없을 것이다.

가장 큰 문제는 부켈레가 그의 인기를 이용해 민주주의 제도를 허물어뜨렸다는 점이다. 전 세계가 그의 행태를 엿본 것은 2020년 초에 부켈레가 지출 법안을 통과시키고자 저격수들로 국회 건물을 포위하고 무장 군대를 의회로 끌어들였을 때였다. 2021년 2월, 집권당은 입법부에서 압도적 다수를 차지했고, 그 후 몇 달 동안 그는 사법부를 지휘했다. 5월에는 5명의 대법관이 해임되고 그 자리를 그의 지지자들이 차지했다. 동시에 부켈레는 정부의 부패를 조사하던 법무장관을 해임했다. 그는 또 국회에서 팬데믹과 관련된 정부 지출을 비밀로 해달라고 요청해 투명성에 대한 우려를 불러왔다.

2021년 8월 31일, 입법부는 재직 기간 30년을 초과하거나 60세가 넘은 판사 전원(법원의 약 3분의 1에 해당했다)의 사퇴를 종용하고, 그 후임자를 부켈레가 임명하는 법안을 통과시켰다. 이 판사들 가운데는 엘모조테에서의 만행을 포함하여 1980년대 정부가 민간인을 상대로 저지른 전쟁 범죄를 조사하고 있었다.[176] 만약 이 사건이 그대로 종결되면 아무도 그곳에서 일어난 일에 대해 책임지지 않아도 되는 것이었다. 이 외에도 8월에 부켈레 측 관계자들이 일당 지배 금지 조항을 삭제하는 헌법 개정안을 추진하는 등 수많은 전횡이 있었다.[177]

9월 3일, 이제 부켈레 편이 된 대법원은 대통령이 연임할 수 있다고 판결함으로써 그가 2024년 재선에 출마할 수 있는 길을 열어주었다. 물론 명백히 위헌인 판결이었다.[178]

최근에 엘살바도르 주재 미국 대사는 부켈레를 위고 차베스와 비교했다. 국제인권감시기구Human Rights Watch가 지적했듯이 차베스가 베네수엘라 대법원을 장악하는 데는 5년, 대규모 사법 숙청을 단행하는 데는 7년, 선거 제한을 우회하는 데는 10년이 걸렸다.[179] 그런데 부켈레는 이 모든 일을 단 2년 만에 해치웠다.

대법원의 판결과 동시에 비트코인 법이 시행된 것은 우연이 아닌 것으로 보인다. 부켈레는 세계를 상대로 트위터를 능수능란하게 활용하면서도(IMF를 비웃고, 미국에게는 남의 일에 신경 쓰지 말라고 말했다), 대법원에 대해서는 아무런 언급도 하지 않았다. 지난 6월 부켈레가 마이애미에서 열린 비트코인 2021 콘퍼런스에 보낸 영상을 통해 비트코인을 엘살바도르의 법정화폐로 만들겠다는 계획을 발표하기 전날, 정부는 미주기구Organization of American States, OAS와 맺은 반부패 협약을 파기했다. [180]

독재자들은 일단 정치적 통제를 강화하고 나면 (푸틴, 에르도안, 차베스 그리고 전 세계의 많은 다른 사람에 의해 사용되는) 언론을 탄압하고, 그다음에는 자신에게 방해가 되는 기업가에게 손을 뻗는다. 이번 여름에 엘살바도르 당국이 〈엘 파로〉 기자 다니엘 리자라가Daniel Lizarraga를 추방한 것이 바로 그런 모습이다. [181]

〈엘 파로〉 기사는 이렇게 말했다. "이전 행정부에서 공적 자금의 부적절한 사용과 체계적인 부패가 있었음이 언론의 취재로 드러났다. 이 취재의 결과로 부패에 연루된 정부 최고위층이 기소되었고, 그런 행위를 덮어온 양당의 신뢰도 크게 무너졌다. 사실 부켈레와 그의 당이 탄탄대로를 걸어온 것도 그 취재에 힘입은 바 컸다." 신문은 그가 오늘날 자신을 있게 해준 바로 그 기관들을 무력화하려 한다고 지적했다.

〈엘 파로〉의 편집장 카를로스 다다Carlos DaDa는 전화통화로 스위스나 독일 같은 나라야말로 비트코인 실험을 먼저 했어야 했다며 "엘살바도르 국민은 정부가 무엇을 하는지 알 수 없고, 여기서는 비트코인이 무엇인지 아는 사람도 없습니다. 달러 전환 때는 그나마 달러가 무엇인지는 알았습니다"라고 말했다.

이후 그는 자신의 견해를 소셜미디어에 이렇게 밝혔다. "비트코인은 불투명하고 권위주의적이며 부패한 정부에 의해 빈곤한 국민에게 제공되었다." [182]

그 보도 때문에 다다는 살해 위협을 받았다. 그는 〈뉴요커〉지와의 인터뷰에서 2021년 초 어느 날 자신이 앉아 있던 사무실 창밖으로 드론이 한 대 떠 있는 것을 봤다고 말했다. [183] 그리고 그는 "드론을 향해 가운뎃 손가락을 시원하게 날렸다"고 말했다.

맷 오델Matt Odell이나 아니타 포쉬Anita Posch 같은 프라이버시 운동 지지 자들은 치보 앱이 확대될수록 기본적으로 개인정보 보호 기능이 뛰어 난 현금 거래를 대체할 수도 있다고 우려했다. 이런 지불 거래가 정부가 거래 내용을 속속들이 알고 있는 디지털 시스템으로 옮겨가면 결국 감시 국가 체제가 구축될 수 있다는 것이다.

그렇다면 부켈레가 그 법안을 밀어붙인 이유는 무엇이었을까? 그의 뻔뻔한 권력 강화 행태에서 세상의 시선을 돌리기 위해서였을까? 혹은 (그의 비판자들이 주장하듯이) 은행 시스템보다 감시하기 어려운 네트워크 를 통해 돈을 세탁하기 위해서였을까? 그것도 아니라면, 국민을 치보 시스템으로 끌어들이면 감시와 통제가 더 쉽다고 판단했던 것일까? 해 외 금융기관이 그의 자금을 차단할 경우를 대비한 보완 계획의 일환이 었을까? 혹시라도 (그의 지지자들의 말에 따르면) 디지털 군비 경쟁에서 앞 서 나가 국가를 현대화하고, 투자와 인재를 유치하기 위해서였을까? 아 니면 엘살바도르와 자신의 존재감을 세계에 과시하기 위해서였을까?

물론 이런 모든 이유가 복합된 결과일 수도 있을 것이다. 한 가지 확 실한 것은 부켈레는 2020년보다 지금 국제사회에서 훨씬 더 유명하고, 중앙아메리카에서 가장 인정받는 지도자라는 점이다.

지정학적으로 보면 엘살바도르는 IMF로부터 받은 10억 달러의 차관 을 아직 모두 상환하지 않았으며, 미국과 다른 국제 단체는 자금 상환이 끝나기 전에 부켈레가 양보하도록 압박할 수도 있다. 그들로서는 부켈레가 워싱턴 합의에 머물며 사토시 나카모토가 만든 세상으로 들어가지 않기를 더 바란다. 그 양보가 민주주의 훼손과 관련된 것인지, 아니면 비트코인 추진에 관한 것인지는 아직 명확하지 않다. 비트코인 법이 통과된 직후, 바이든 행정부는 부켈레와 가까운 11명의 엘살바도르인을 부패 혐의로 제재 대상에 올렸다. 그리고 2021년 9월 5일, 미 국무부는 부켈레가 민주주의를 훼손했다고 비난하는 보도자료를 발표했다.[184]

비평가들은 부켈레가 비트코인을 미국의 제재에 맞서 싸울 도구로 활용할 것이라고도 했다. 그러나 〈이코노미스트〉가 지적했듯이, 미국이 부켈레를 너무 강하게 압박할 가능성은 크지 않다. 바이든은 이주민 위기에 시달리는데, 엘살바도르가 불안정해지면 미국으로 유입되는 이민자의 유입이 증가해 백악관의 정치적 문제를 더욱 심화할 수 있기 때문이다.[185] 2021년 8월 27일, 미국 정부는 엘살바도르에 8대의 헬리콥터를 포함한 군사 지원을 제공했다.

비트코인 법이 엘살바도르 입법부를 통과한 6월 8일, 부켈레는 투자자이자 기업가인 닉 카터가 개설한 트위터 스페이스에 가입한 후 2만 명이 넘는 접속자들의 질문에 대답했다. 나도 질문할 기회를 얻어 그에게 두 가지를 질문했다. 첫 번째 질문은 '엘살바도르 사람들이 원하는 지갑을 마음대로 사용할 수 있는가, 아니면 치보 지갑만 사용해야 하는가'였다(그는 국민의 선택에 달린 일이라고 했고, 그 말은 지금까지 지켜지고 있다). 두 번째 질문은 '정부가 비트코인 채굴에 엘살바도르의 천연자원을 활용할 계획이 있는가'였다. 그는 처음에는 아니라고 했지만, 이내 엘살바도르 화산지대의 지열에너지를 이용해 비트코인을 채굴하는 아이디어를 설명하기 시작했다.

다음 날 부켈레는 지열발전소 촬영 영상을 올리며 정부가 100% 청정에너지 95메가와트MW를 사용해 비트코인 채굴 계획을 마련하고 있다고 밝혔다.[186] 이후 그는 미래형 비트코인 채굴 시설에 대한 스케치를 올렸다. 2022년 1월, 이 아이디어는 휴화산의 열을 활용해 비트코인을 채굴하는 실행안과 재생에너지 보유량을 기반으로 하는 '화산 채권' 발행 계획으로 발전했다. 정부가 이 분야의 실행 계획을 효과적으로 마련할 수 있다면 새로운 개발 자금 조달, 나아가 비非IMF 수익원에 대한 청사진을 제공하여 다른 신흥시장 국가도 모방할 수 있게 할 것이다.

비트코인 법은 개인에게 권한을 부여하고 송금 절차를 개선하며 엘살바도르의 위상을 올려놓는 등의 장점이 있었지만 아마도 부켈레가 대통령이 되고 나서 시행한 정책 중 가장 인기 없는 정책일 것이다. 2021년 여름에 중앙아메리카 호세시메온카냐스대학교Universidad Centroamericana Jose Simeon Canas가 실시한 여론조사에 의하면 엘살바도르 사람들의 약 95%가 비트코인 도입 의무화에 찬성하지 않고, 정부가 공적 자금을 비트코인에 사용하는 것에 반대하는 사람도 과반수에 이른다. 그리고 10명 중 7명은 이 법을 철회해야 한다고 말했다.[187] 이 조사는 또 엘살바도르 사람들이 비트코인에 대해 얼마나 무지한지를 보여주기도 했다. 그것을 물리적 화폐로 생각한다는 사람이 43%에 달했고, 20%는 1BTC의 가치가 1달러도 안 되는 줄 알고 있었다.

나는 2021년 9월 1일 산살바도르 시내에서 열린 비트코인 법 반대

시위에 참석했을 때 이런 지식 부족을 직접 확인했다. 한편으로는 부켈레의 권위주의적 행동을 떠올리기도 했다. 그날 아침 경찰은 소셜미디어에서 비트코인 법에 대해 매우 비판적인 태도를 보인 컴퓨터 과학자 마리오 고메즈Mario Gomez를 체포했다. 그는 나중에 풀려났지만, 그 행동은 명백한 협박이었다.

그 시위에서 나는 엘살바도르 사법부 직원노조 지도자를 만났다. 그녀는 사람들이 자유를 잃을까 봐 두려워하고 있으며, 달러 전환으로 인한 상흔도 여전히 가시지 않았다고 말했다. 그녀는 인터넷에 접속할 수 없는 가정이 여전히 많고, 심지어 수도 거주민 중에도 (셔츠 주머니에 아이폰이 있음에도) 인터넷 접속에 어려움을 겪는 사람이 있다고 말했다.

그녀는 시골 지역은 사정이 훨씬 더 열악하다고 말했다. 이 점은 반대론자들이 빼놓지 않고 지적하는 부분이기도 하다. 비록 엘살바도르 전체의 휴대폰 보급률은 1인당 1.5대에 달하고, 사실상 엘존테의 모든 사람이 휴대폰을 가지고 있으며, 국민의 3분의 2가 소셜미디어를 사용하고 있지만 말이다.[188] 그럼에도 그녀는 "이 법은 1%를 위한 것입니다"라고 말했다.

시위 참가자들은 자신들이 기술이 아닌 법을 반대한다고 주장했고, 자신들이 비트코인에 대해 아는 것이 거의 없다고 인정했음을 그들의 진술을 봐도 알 수 있다. 비트코인이 개인에게 힘을 실어준다는 점을 이해하지 못한다면, 당연히 누구라도 이런 프로젝트에 2억 달러나 쓸 돈이 있으면 사람들을 도와줄 다른 분야에 써야 한다고 생각할 것이다.

시위자들이 비트코인 법 시행을 둘러싼 부켈레의 투명성 결여와 의사소통 부족을 질타하는 것은 정당하고도 중요한 일이다. 사실 거의 모든 엘살바도르인은 최근까지 비트코인에 대해 들어본 적도 없으며, 비트코인에 대한 중요한 사실을 알고 있는 사람도 극히 드물다. 사람들이 비트코인이 돈세탁을 위한 도구라고 의심하는 이유도 바로 여기에 있다.

그 노조 지도자는 이렇게 말했다. "이 법이 시행되면 더 많은 악인이 혜택을 받게 될 겁니다."

나는 그녀에게 비트코인에 대해 더 알고 싶은지 물었다.

그녀는 "관심 없다"고 답했다.

나 자신이 은행이 된다

엔조 루비오Enzo Rubio는 카를라가 일하는 포인트 브레이크 카페를 창업한 엘살바도르의 사업가로, 인근 마을 엘툰코에 더 큰 매장을 소유하고 있다. 그는 산살바도르에서 자랐고, 2016년에 엘존테 지역으로 옮겨온 것은 서핑 때문이었다고 말했다.

이 지역을 사랑한 루비오는 2017년 엘툰코에 커피숍을 열었다.

그는 "커피를 좋아하는데 주변에 좋은 커피를 마실 데가 없었습니다"라고 말했다.

그는 폭력 사태가 잦아들기 시작하면서 관광객들이 새로 밀려오는 바람에 장사가 잘됐다고 말했다. 엘툰코는 엘존테보다 훨씬 더 큰 지역으로 상점, 식당, 호텔, 그리고 유동 인구도 대체로 더 많다.

그의 단골손님 중에 엘존테에 있는 가르텐 호텔의 소유주가 있었다. 루비오는 2018년에 그의 설득으로 이곳에 두 번째 매장을 준비했고, 몇 년의 공사 끝에 2020년 11월에 마침내 문을 열었다.

루비오는 엘존테의 지역사회가 근근이 살아가고 있다는 것을 곧바로 알 수 있었다. 그리고 그는 비트코인과 관련하여 모종의 움직임이 있다는 것도 알았다.

"그게 정확히 뭔지는 몰랐지만, 소문은 듣고 있었어요."

그의 첫 고객 중 한 명이었던 버티는 바로 그 유명한 비트코인 비치 지갑의 개발자였다. 그는 아내와 아이들과 함께 엘존테에 머무르고 있었다. 카페가 문을 연 지 얼마 안 된 어느 날, 그들은 카페로 들어와서 카푸치노 몇 잔을 주문했다. 그리고 계산할 때가 되어 버티가 "비트코인을 받나요?"라고 물었다. 루비오는 아니라고 대답했지만, 받고 싶다고 말했다.

루비오는 "니콜라스가 2분도 안 돼 지갑을 설치해주더니 8.50달러 상당의 BTC를 지불하더군요. 그 돈은 이제 25달러가 되었습니다"라고 말했다.

루비오는 버티 가족의 도움으로 비트코인을 받는다는 팻말을 세웠다. 그리고 처음 몇 달 동안 실제로 비트코인이 매출의 10~15%를 차지했다. 그는 다행히 두 곳의 사업이 모두 잘되어 비트코인을 팔 필요가 없었다고 말했다. 그는 시간이 지남에 따라 달러 환산 가치가 오르는 것을 지켜보았다.

아마도 가격이 정반대로 움직인 해였다면 그는 당황했을 것이다.

루비오는 "시간과 장소가 딱 맞아떨어진 셈이지요"라고 말했다.

루비오는 2021년 초까지 관광객들로부터 500달러 이상의 비트코인을 모았다. 희망의 집을 통해 공동체 활동을 하며 새츠(사토시)를 받은 현지인들도 마찬가지였다.

그는 초기에 유동성 문제를 약간 걱정했지만, 희망의 집이 언제든지 BTC를 달러로 바꿔준다는 것을 알게 된 후 안심했다. 라이트닝 네트워크가 그랬듯이, 그것을 현금화할 수 있다는 사실이 모든 것을 바꿔 놓았다. 거래가 체결될 때까지 10분이나 20분을 기다려야 한다면 쓸모가 없었을 것이다. 그러나 라이트닝이 등장하면서 판도가 달라졌다.

루비오는 말러스가 방문했을 때를 떠올렸다.

"어느 날 친구가 매우 흥분한 목소리로 전화했습니다. 그는 '잭 말러스가 여기 왔어!'라고 외치더니 후드티를 입은 남자를 만나러 가보라고 말했습니다."

루비오는 말러스가 하루에 서너 번씩 카페에 와서 비트코인으로 결제했고, 그 덕분에 그가 아무리 자주 주문해도 그와 직원들은 별 불편함이 없었다. 루비오는 '좋은 연습'이었다고 말했다. 2021년 8월에 내가 포인트 브레이크 카페를 방문했을 때도 카를라는 마치 평생 비트코인을 사용해온 것처럼 과정이 순조로웠다.

처음에는 손님이 비트코인으로 지불하겠다고 말하면 카를라가 그에게 전화하고, 그러면 그가 그녀에게 QR코드를 보내야만 했다. 그러나 지금은 스트라이크 계정이 태블릿에 들어 있어 일이 훨씬 간편해졌다. 루비오는 카를라의 이야기야말로 '금융 포용의 명백한 사례'라고 말했다.

내가 라이트닝을 이용해 카를라에게 커피값을 치르는 장면을 트위터에 올리자, 65만 건 이상의 조회 수를 기록하며 입소문을 탔다.[189] 나는 그 영상에 카를라의 스트라이크와 비트코인 비치 팁 페이지를 첨부했고, 그녀의 계좌에는 전 세계 수십 개국으로부터 온 다양한 금액의 팁으로 넘쳐났다.

루비오는 "놀라운 장면이었습니다"라며 몇 시간이나 팁이 끊이지 않고 들어올 때도 있었다고 말했다. "어쩌다가 입소문을 타서 수백만 명이 내 틱톡 영상을 보는 것도 좋은 일이겠지만, 이것은 그에 비할 바가 아니었습니다. 이건 사토시였으니까요."

그는 이렇게 말했다. "그녀는 지금 이곳의 많은 사람처럼 저축 전략을 세우고 있습니다. 저도 마찬가지입니다. 저는 다른 사업도 여러 번 해봤지만, 비상시를 위해 돈을 저축한 적은 없었습니다. 비트코인은 소비보다는 저축할 동기를 더 줍니다. 우리는 달러의 공식 인플레이션이 연간 3~4% 정도라고 알고 있지만, 여기서 그 정도는 심지어 일주일 만에 뛰어넘기도 합니다. 저는 BTC를 쓰지 않고 참을수록 내 구매력이 증대한다는 것을 알고 있습니다."

루비오는 이 지역 전체 경제가 실제로 활기를 띠고 있다고 말했다. 원래 엘툰코 매장의 사업 규모는 엘존테의 3배 정도였는데, 지금은 엘존테 매장이 엘툰코 매장의 사업 규모로 성장했다.

루비오는 "포인트 브레이크 카페는 이제 지역의 명소"라며 〈블룸버그〉와 〈월스트리트저널〉에서도 인터뷰하러 왔었습니다"고 말했다.

사실 내가 엘존테를 방문했을 때는 습도와 열기가 최고조에 이른 데다 거의 매일 비가 내리는 전형적인 비수기였다. 그런데도 심지어 주중에도 호텔들은 손님으로 꽉 찼고, 매일 밤 흥얼거리는 기운이 감돌았다.

그런데 루비오에게 부켈레에 대해 물었을 때는 말투가 바뀌었다. 루비오는 부켈레가 비트코인을 국민에게 강요한다는 사실이 모순이라고 생각했다. 그는 "비트코인은 매우 반정부적인 도구인데, 정부가 국민에게 비트코인을 제공하려는 것은 매우 놀라운 일입니다"라고 말했다.

2021년 초만 해도 루비오는 법정화폐 법안이 통과하기는 불가능할 것으로 생각했다. 그는 2017년에 부켈레가 트윗에서 비트코인을 언급한 것을 몇 번 본 적이 있었고, 그가 오래전부터 비트코인을 염두에 두고 있음을 알고 있었다. 그렇다면 정부가 사람들에게 은행 시스템 밖에서 거래하도록 허용한 이유는 도대체 무엇일까?

그는 "자금세탁 방지법은 이미 많습니다. 비트코인까지 허용하는 경제 개방은 정반대로 가는 길입니다"라고 말했다.

루비오에 따르면 비트코인 법을 발표하기 두 달 전부터 정부에서 다시 콜론으로 돌아가려고 한다는 소문이 돌았다고 한다. 그의 어머니는 통화가 바뀌면 미용실에 갈 돈마저 없을까 봐 걱정되니 은행에서 돈을 찾아놔야 하지 않겠느냐고 말할 정도였다.

루비오는 그 법이 통과되자 깜짝 놀랐다고 했다. "비트코인 그 자체뿐 아니라, 정부가 도입 과정을 어떻게 진행하는지를 놓고도 많은 이야기가 오갔습니다. 비트코인은 정부에 도전하는 것입니다. 정부의 개입을 반대하는 것이 아니라 정부가 우리 경제와 우리의 돈, 우리가 모아놓은 저축을 건드리지 못하도록 그 힘을 뺏자는 것입니다."

그는 비트코인을 의무적으로 받도록 한 조치가 '큰 실수'였다고 말했다. 그는 치보 지갑에 대해서도 비판적이다. "이런 목적으로 불과 몇 주 만에 만들어낸 민간 기업일 뿐, 정부 지갑이라고 볼 수 없습니다."

루비오는 납세자들의 돈을 써서 뭔가를 만들겠다는 모의인 것 같은데, 이 민간 기업이 얻는 보상은 어디에서 나오느냐는 점을 걱정하고 있었다. 그는 "어떤 공공기관도 그것을 규제하지 않습니다"라고 말했다.

루비오는 정부 지갑을 반대하기 위해 나름대로 노력하고 있었다. 그는 아직 치보 지갑을 다운로드받지 않았고, 다른 사람들에게도 가능한 한 다른 지갑을 이용하라고 말했다.

그는 이렇게 말했다. "혁명은 내가 스스로 은행이 되는 것이며, 부켈레의 지갑을 사용하면 그것은 불가능합니다."

열쇠가 없으면 내 돈이 아니다

존 왕이 마그나 카르타에 서명한 것은 좋은 일이었을까? 중국공산당이 민간 기업을 허용했을 때는 어떨까? 또 쿠바 독재 정권이 인터넷을 도입한 것은 어떻게 생각하는가?

모두 좋은 일이었다고 할 수 있다. 이런 정치적 변화는 수십억 명의 삶이 개선되는 데 도움이 되었다. 그렇다고 이런 전면적인 변화를 가능케 한 권위주의 통치자들이 꼭 칭찬받을 자격이 있는 것은 아니다. 비트코인이 성공한다면, 계속해서 많은 지도자를 선출할 것이다. 하지만 비트코인은 국가와 돈을 서로 분리하기 위해 존재하는 도구이며, 비록 돈이 해방되더라도 국가 권력에 대해서는 늘 경계를 늦추지 말아야 한다.

지금도 부켈레는 빠르게 움직이고 있다. 이 장을 쓰고 있는 2021년 여름, 그가 재선에 출마한다는 화두는 추측에서 예정 사항으로 바뀌더니 대법원이 실제로 그렇게 판결하면서 탄탄대로가 열린 모양새다. 2021년 9월에 그는 290만 명의 팔로워가 있는 트윗 계정에 "독재 정권이라고요Y la dictadura?"라는 글을 올렸고, 자신의 프로필을 풍자조로 '독재자'로 바꿔 놓았다. 자신에 대한 국제사회의 비판 여론을 의식하고 있음이 분명하다.

물론 그의 지지자들은 그가 인적 쇄신과 부패 청산, 개혁 등을 추진하려면 시간이 더 필요하다고 말한다. 그러나 포퓰리즘과 독재를 공부해본 사람이라면 독재자를 지지하는 사람들이 늘 그렇게 말해왔다는 것을 알 것이다. 나는 니카라과와 베네수엘라 사람들과 함께 엘존테를 방문한 적이 있었다. 그들은 전에 엘살바도르 영화를 보다가 정치적 위험 신호에 깜짝 놀랐다고 한다.

부켈레가 꼭 독재자가 된다고 단언할 수는 없다. 그러나 그가 행동을 바꾸지 않는 한, 하루하루가 지날수록 점점 더 그렇게 될 것으로 보인다. 한편 평화적 시위와 개인의 권한을 쟁취하는 도구인 비트코인이 어쩌다 보니 부켈레와 그의 정권을 연상시키는 상징이 되어 버렸다. 그 연관성을 깨는 것은 불가능하지는 않더라도 상당히 어려운 일이 될 것이다.

인권 운동가들은 무엇을 할 수 있을까? 독립 언론을 지지하고 정부의 행동을 감시하는 전통적인 전략 외에 또 해볼 만한 일이 있다면, 그것은 엘살바도르 사람들에게 신탁기관이 없는 비트코인 지갑을 사용하고 정부 지갑을 피하라고 권장하는 것이 될 수 있다. 결국 치보에 있는 돈은 진짜 비트코인이 아니며, 단지 언제든지 압수할 수 있는 약속어음일 뿐이다. "열쇠가 없으면 내 돈이 아니다Si no tienes las llaves, no es tu dinero"라는 문구가 시위 구호가 될 수도 있다.

비트코인이 엘살바도르에 장기적으로 긍정적인 영향을 미치게 하기 위해서 지금 가장 시급한 사항은 교육일 것이다. 카를라와 마마 로사의 말처럼 처음에는 비트코인 세계에 합류하기가 힘들다. 사람들은 처음에는 비트코인을 망설이다가 시간이 지나면서 뒤늦게야 그 가치를 알게 된다. 지금도 엘살바도르에는 이런 회의적인 사고방식을 가진 사람이 600만 명이 넘지만, 사실 그들 대부분은 비트코인을 사용해본 적도 없고 그것이 무엇인지도 모른다.

지역사회가 비신탁형 비트코인 사용 방법을 확산하여 정부의 힘을 견제하고 개인의 자유를 보호하려는 노력을 꾸준히 이어가지 않으면 국민은 혜택을 누리지 못할 수도 있다.

엘존테를 방문하여 공동체 지도자들과 이야기를 나눠보고 분명히 깨달은 것은 비트코인은 그저 마을에 뿌린 다음 열매를 거둘 수 있는 그런 간단한 일이 아니라는 것이다. 비트코인만 있다고 사람들이 경제적으로 자립할 수 있는 것은 아니다.

물론 작은 마을의 세상을 바꾸는 데 비트코인이 도움을 준 것은 사실이다. 그러나 발렌수엘라, 마르티네스, 피터슨, 마마 로사, 루비오, 그리고 카를라처럼 위험을 기꺼이 감수하는 사람들이 없었다면 어떤 변화도 일어나지 않았을 것이다.

    엘살바도르의 비트코인 운동은 독재자가 아니라 한 마을에서 시작된 것임을 기억해야 한다.

6장

금융 식민 지배에
대항하는
오픈소스 코드

1993년 가을, 포데 디오프^{Fodé Diop}의 가족은 포데의 미래를 위해 돈을 저축하고 있었다. 세네갈에 사는 18살의 똑똑한 포데는 농구선수와 엔지니어로서 밝은 길을 꿈꾸고 있었다. 학교 선생님인 그의 아버지는 그에게 컴퓨터를 통해 세상을 보는 눈을 키워주었다. 한편 그의 운동 재능은 그에게 유럽과 미국에서 공부할 기회를 안겨주었다.

그러나 1994년 1월 12일 아침에 모든 것이 바뀌었다. 하루아침에 그의 가족은 저축한 돈의 절반을 잃었다. 절도, 은행 강도, 회사 파산 때문이 아니라 5,000킬로미터 밖 외국 권력자들이 통화 평가절하를 단행했기 때문이었다.

그 전날 저녁, 프랑스 관리들은 CFA 프랑 또는 줄여서 '세파^{seefa}'라고 부르는 '프랑스 아프리카 금융공동체 프랑(또는 아프리카 금융공동체 프랑)'의 운명을 논의하기 위해 다카르에서 아프리카 관리들과 만났다. CFA 프랑은 포데가 태어난 후 줄곧 프랑스 프랑에 1 대 50의 비율로 고정되어 있었다. 하지만 심야 회의가 끝나고 자정에 발표된 새 비율은 1 대 100이었다.

수백만 세네갈 국민의 경제적 운명이 전적으로 타의에 의해 결정된 것은 잔인한 아이러니가 아닐 수 없었다. 아무리 항의해도 경제적 지배자를 굴복시킬 수는 없었다. 수십 년 동안 새로운 대통령이 여러 차례 바뀌었지만 근본적인 금융 구조는 변하지 않았다. 전형적인 법정화폐와 달리 이 제도는 훨씬 더 음험한 것이었다. 그것은 통화 식민주의였다.

CFA 체제의 메커니즘

경제학자 패니 피조Fanny Pigeaud와 은동고 삼바 실라Ndongo Samba Syla는 《아프리카의 마지막 식민 통화: CFA 프랑 이야기Africa's Last Colonial Currency: The CFA Franc Story》라는 놀라운 책을 통해 CFA 프랑의 비극적이고 충격적인 역사를 소개한다.[190]

프랑스는 여느 유럽 강대국처럼 제국주의 전성기에 세계의 많은 나라를 잔인하게 식민지로 삼았다. '프랑스 식민제국'은 제2차 세계대전 중 프랑스가 나치 독일에 의해 점령된 후 해체되기 시작했다. 프랑스는 그들의 식민지를 지키기 위해 싸웠고, 그 과정에서 막대한 인적 피해가 발생했다. 값비싼 일련의 세계대전을 치르면서 인도차이나, 시리아와 레바논, 나중에는 소중한 석유와 가스가 풍부한 알제리의 정착민 식민지를 포함한 북아프리카의 프랑스 영토마저 상실했다. 그러나 프랑스는 서아프리카와 중앙아프리카 영토만큼은 잃지 않기로 결심했다. 이 두 곳은 두 번의 세계대전 동안 군사력의 보루였고, 본국의 풍요와 유지를 보장하는 천연자원(우라늄, 코코아, 목재, 보크사이트 등)의 보고였다. [191]

1960년이 다가오던 즈음에 식민지 해방이 불가피해 보였다. 유럽은 수십 년에 걸쳐 약탈을 저지른 끝에 아프리카와 분리하면서 하나로 뭉쳤다. 하지만 프랑스 당국은 정치적 통제는 포기하지만, 통화 체제는 그대로 유지하면 기득권을 지킬 수 있다는 것을 깨달았다.

그 결과, 바로 지금도 프랑스어를 사용하고 파리가 통제하는 통화를 사용하는 15개국이 존재한다. 그들은 세네갈, 말리, 코트디부아르, 기니비사우, 토고, 베냉, 부르키나파소, 니제르, 카메룬, 차드, 중앙아프리카공화국, 가봉, 적도기니, 콩고공화국, 코모로 등이다. 2022년 1월 현재 프랑스는 여전히 인도 면적의 80%에 해당하는 250만 제곱킬로미터 이상의 아프리카 영토에서 통화 통제권을 행사하고 있다.

프랑스는 1956년에 식민지에 더 많은 자치권을 부여하고 민주 제도와 보통 선거권을 부여하도록 규정한 '데페르 기본법La Loi-cadre Defferre'을 제정하면서 공식적인 탈식민지화를 시작했다. 1958년에 프랑스는 헌법 개정을 통해 '범 프랑스 공동체La Communaute', 즉 자치와 민주를 기반으로 운영되는 해외 영토 집합체를 수립했다. [192] 샤를 드골 대통령은 서아프리카와 중앙아프라카 식민지를 순회하며 그들에게 즉각적이고 완전한 독립 대신 이 공동체를 통한 자치권을 제공했다. 그는 공동체에 참가하면 특전과 안정을 제공하겠지만, 그렇지 않고 독립을 택한다면 큰 위험과 혼란이 있을 것임을 분명히 했다.

1960년에 프랑스의 실제 인구는 15개 CFA 국가 인구의 합계인 3,000만 명보다 더 많은 약 4,000만 명이었다. 그러나 오늘날 프랑스 인구는 6,700만 명이고, CFA 국가 전역에는 1억 8,300만 명이 살고 있다. 유엔의 예측에 따르면 2100년에 프랑스 인구는 7,400만, CFA 국가 전체 인구는 8억 명에 달할 것이라고 했다. 프랑스가 여전히 그들의 경제적 운명을 손에 쥐고 있음을 감안하면 상황은 점점 더 경제적 인종차별의 모습과 닮아가고 있다.

1945년에 CFA 프랑이 도입될 당시 가치는 1.7프랑스 프랑이었다. 1948년에는 2프랑스 프랑에 이를 정도로 강세를 보였다.[193] 그러나 CFA 프랑이 유로에 고정되던 1990년대 말에는 0.01프랑스 프랑으로 떨어진 상태였다. 통화가치가 무려 99.5%나 하락한 것이다. 프랑스가 CFA 프랑을 평가절하할 때마다 그들의 이전 식민지에 대한 구매력은 높아지고, 그들이 수출하는 생필품 가격은 비싸졌다. 1992년 프랑스 국민은 국민투표를 통해 유로를 채택할지 말지를 결정할 수 있었다. 그러나 CFA 국가들에는 그런 권리가 전혀 부여되지 않았고, CFA 프랑은 그들이 제외된 협상을 통해 새로운 통화로 고정되었다.

CFA 체제의 메커니즘은 그것이 만들어진 이래로 진화해왔지만, 착취라는 핵심적인 기능과 그 방법은 변하지 않았다. 피조와 실라는 그것을 '종속 이론'으로 설명했다. 주변 개발도상국의 자원은 "핵심 부국의 이익을 위해 지속적으로 고갈되고, 부유한 국가는 저소득 국가에 투자하지 않아 그들이 더 부유해질 기회를 박탈한다. 잔혹한 노예 제도에서 출발한 착취 체제는 세월이 흐르면서 정치적이고, 겉으로 뚜렷이 드러나지는 않지만 경제적인 노예 제도를 유지하는 형태로 더욱 정교하게 진화했다."

오늘날 15개 CFA 국가를 관장하는 3개의 중앙은행은 서아프리카중앙은행BCEAO, 중앙아프리카은행BEAC, 그리고 코모로중앙은행BCC 등이다. 이들은 각 지역에 속한 개별 국가를 위해 외환보유고(즉 국민저축)를 보유하게 되는데, 놀랍게도 이 돈은 항상 프랑스 재무부와 50%의 비율을 유지해야 한다. 이렇게 높은 비율은 역사적 협상의 결과다. 과거 식민지들은 원래 그들의 보유고를 100% 프랑스에 보관해야 했다. 1970년대에 와서야 그중 일부에 대해 통제권을 얻었을 뿐, 나머지 65%는 '순순히' 파리에 양도해야 했다. 오늘날 일부 CFA 국가들이 이 비율을 더 줄이려는 부분 개혁을 진행하고 있지만, 이런 조치를 해외 통제라는 근본 문제와 상관없는 겉치레에 불과하다고 비판하는 사람도 있다. CFA 국가들은 해외에 보관 중인 그들의 보유고에 대한 재량권이 전혀 없다. 사실 그들은 이 돈이 어떻게 사용되는지도 모른다. 하지만 프랑스 파리에는 세 개의 중앙은행에 각 국가의 '운영 계좌'를 운영하기 때문에 모든 CFA 국가의 돈이 어떻게 사용되는지 정확하게 알고 있다.

구체적인 예를 들어보자. 코트디부아르의 한 커피 회사가 100만 달러어치의 상품을 중국의 구매자에게 판매하면, 구매자로부터 받은 위안화는 프랑스의 화폐시장에서 유로로 교환된다. 그러면 프랑스 재무부는 유로를 인수하여 서아프리카중앙은행에서 CFA 프랑으로 계산한 금액을 코트디부아르 계좌로 송금하고, 이 계좌는 국내에서 커피 제조사의 계좌로 송금한다. 모든 것이 파리를 거쳐 가고 있다. 피조와 실라에 따르면, 프랑스는 지금도 CFA 역내에서 사용되는 모든 지폐와 동전을 생산하고 있으며, CFA 국가 금 보유량의 90%인 약 36.5톤도 여전히 프랑스에 있다.

CFA 체제가 프랑스 정부에 안겨주는 혜택은 크게 다섯 가지가 있다. ① 프랑스의 재량으로 운영할 수 있는 추가 준비금, ② 수출 가격은 높게, 수입 가격은 낮게 유지할 수 있는 큰 시장, ③ 국내 보유 자금은 고스란히 유지한 채 전략 광물을 자국 통화로 매입할 능력, ④ CFA 국가가 신용이 있을 때는 유리한 대출을 얻고, CFA 국가가 부채를 안고 있을 때는 유리한 금리를 누리는 점(역사적으로 프랑스의 인플레이션이 늘 부채 이자율을 웃돌았다는 사실은 프랑스가 CFA 국가들의 준비금을 보관하는 대가로 수수료를 강요하고 있음을 의미한다), 마지막으로 ⑤ CFA 국가가 이런 왜곡된 거시경제 환경에서 프랑스로부터 돈을 빌려 효과적으로 사용하려면 프랑스 기업들과 계약하는 것 말고는 다른 방법이 없다는 사실이다. 다시 말해 대출 원금은 즉시 프랑스로 돌아가지만, 아프리카 국가는 여전히 원금과 이자 모두를 떠안게 된다.

이렇게 되면 일종의 '페트로달러 회수'와 유사한 현상(3장에서 설명했듯이, 사우디아라비아가 석유 판매를 통해 벌어들인 달러는 다시 미국 국채에 투자된다)이 일어난다. CFA 국가의 수출업자들은 과거부터 프랑스에 원자재를 팔아왔고, 그 수익의 일부는 지역 중앙은행으로 들어가 프랑스 정부, 즉 지금은 유럽 정부의 채권을 거쳐 다시 부유한 국가가 발행한 채권에 '재투자'되기 때문이다. 게다가 CFA 프랑은 선택적인 환전성도 갖추고 있다. 기업들은 CFA 프랑을 지금의 유로(이전에는 프랑스 프랑)로 쉽게 팔

수 있지만, CFA 프랑을 소지한 국민은 해당 중앙은행을 벗어나면 공식적으로 환전할 수 없다. 이 지폐의 가치는 고작 엽서 정도에 지나지 않는다. 만약 코트디부아르 사람이 자국을 떠나려면 우선 지폐를 유로로 교환해야 한다. 이 지점에서 프랑스 재무부와 유럽중앙은행은 환율을 통해 시뇨리지를 거두어 간다.

통화 억압이 작용하는 방식은 프랑스가 CFA 국가들로 하여금 엄청난 양의 준비금을 파리의 금고에 보관하도록 강요함으로써 아프리카 사람들은 국내에서 신용을 창출할 기회를 박탈당한다는 점이다. 이 지역의 중앙은행들은 결국 낮은 금리로 대량의 여신을 제공할 길은 막히고, 매우 높은 금리로 아주 적은 양의 금액만 대출해줄 수 있다. 게다가 중앙은행들은 자신의 바람과는 달리 전략 예비비를 프랑이나 지금은 유로로 발행된 부채를 매입하는 데 사용해야 한다.

가장 놀라운 일은 수출입 우선 거부권이라는 특권이다. 만약 말리의 면화 생산자가 상품을 국제 시장에 내놓으려면 그전에 먼저 프랑스에 제공해야 한다. 혹은 서아프리카 베냉에서 사회기반시설을 새로 건설한다면 다른 나라보다 먼저 프랑스에 입찰을 제안해야 한다. 즉 프랑스가 옛날부터 자기네 식민지 상품을 시장보다 싼 가격에 사고, 자국의 상품과 서비스를 시장보다 높은 가격에 판매해온 관행이 지금까지 이어진다는 뜻이다.

피조와 실라는 이것을 '식민지 조약'의 연장이라고 했는데, 이 조약은 네 가지 기본 원칙을 중심으로 이루어졌다. 즉 "식민지는 산업화가 금지된 대신 본국에 원료를 공급하면 그들이 그것을 완제품으로 만들어

식민지에 되팔았다. 본국은 식민지에 수출과 수입의 독점을 누렸고, 또한 식민지 생산물의 해외 운송에 대해서도 독점권을 가졌다. 마지막으로, 본국에는 식민지 생산물에 상업적 혜택을 부여했다."

그 결과, 다음과 같은 상황이 조성되었다. "중앙은행들이 낮은 금리나 심지어 마이너스 실질금리로 보수를 얻는 외환보유고를 풍부하게 보유하고, 시중은행은 초과 유동성을 보유하며, 가계와 기업에 제공되는 신용은 배급제로 운영되고, 각국은 개발 프로젝트에 자금을 조달하기 위해 외화 대출을 지속 불가능한 금리로 계약해야 할 의무가 증가한다. 이 모두는 자본 이탈을 더욱 부추긴다."

오늘날 CFA 체제는 '아프리카화'되었다. 즉 지폐에는 아프리카의 문화와 동식물이 그려져 있고 다카르, 야운데, 모로니 등에 중앙은행이 있지만, 이것은 단지 피상적인 변화일 뿐이다. 화폐는 여전히 파리에서 인쇄되고, 운영 계좌는 여전히 프랑스 당국이 운영한다. 지역 중앙은행의 이사회에는 지금도 프랑스 관리가 자리를 차지하고 있으며 사실상의 거부권을 가지고 있다. 프랑스 관리가 가봉의 국민을 대신하여 결정을 내리는 기막힌 상황이다. 생각해보라. 일본인과 러시아인이 ECB(유럽중앙은행)나 연준에 앉아 유럽인과 미국인을 위한 결정을 내린다면 어떻겠는가.

역사적으로 세계은행과 IMF는 프랑스가 CFA 체제를 실행하는 데 협력했을 뿐 그 착취 성격을 비판한 적은 거의 없다. IMF는 사실 제2차 세계대전의 처리 성격으로 성립된 브레턴우즈 체제의 일부였고, 그 총재 자리는 주로 프랑스인이 도맡아 왔다(미국인이 세계은행을 이끌고, 유럽인이

IMF를 주도하는 식이었다. 12장 참조). 최근까지 재임했던 크리스틴 라가르드Christine Lagarde 역시 프랑스인이다. IMF는 오랫동안 프랑스가 CFA 국가에 자신들이 원하는 정책을 밀어붙이는 행위를 도왔다. 대표적인 예로 1990년대 초 코트디부아르가 프랑스의 압력으로 마지못해 통화 절하를 단행한 것을 들 수 있다. 피조와 실라는 이렇게 말했다. "1991년 말, IMF는 코트디부아르에 차관 연장을 거절하며 두 가지 선택권을 제시했다. IMF와 계약한 부채를 배상하거나 통화 절하를 받아들이라는 것이었다." 3년 후 코트디부아르와 다른 CFA 국가들은 이에 굴복하고 통화 절하를 받아들였다.

프랑스의 국가 모토인 자유, 평등, 동지애의 가치와 상반되게 프랑스 당국은 지난 60년 동안 CFA 역내 독재 권력을 지지해왔다. 예컨대 이 시기에 가봉의 오마르 봉고Omar Bongo, 카메룬의 폴 비야Paul Biya, 토고의 냐싱베 에야데마Gnassingbe Eyadema 이 3명이 권좌를 차지한 기간은 모두 합쳐 120년에 달한다. 프랑스가 현금, 무기, 그리고 외교적인 지원을 제공하지 않았다면 국민들은 이들을 더 빨리 끌어내렸을 것이다. 피조와 실라에 따르면, 1960년과 1991년 사이에 "파리는 이익을 방어하기 위해 16개국에서 40차례나 군사 개입을 실행했다." 이 수치는 현재 확실히 더 증가했다.

CFA 체제는 오랫동안 프랑스가 CFA 국가의 자본과 노동력을 착취하는 한편, 그들이 자본을 축적하고 수출 주도형 경제를 발전시키지 못하도록 막는 역할을 했다. 그 결과, 인류의 발전에 큰 해악이 되었다.

2021년 코트디부아르의 인플레 조정 1인당 GDP(달러화)는 1970년대 후반의 2,500달러에 비해 약 1,700달러 수준이다. 세네갈의 인플레 조정 1인당 GDP는 1960년대에 기록한 최고치를 2017년이 되어서야 넘어섰다.[194] 피조와 실라는 "CFA 프랑 권역의 10개국이 최고 수준의 평균 소득을 기록한 것은 2000년대 이전이었다. 지난 40년 동안 거의 모든 지역의 평균 구매력이 떨어졌다. 가봉의 평균 소득이 최고를 기록한 것은 1976년으로, 2만 달러에 조금 못 미치는 수준이었다. 40년이 지난 지금은 절반으로 줄어들었다. 기니비사우는 평균 소득의 정점을 기록한 1997년에 CFA 체제에 가입했다. 19년이 지난 지금은 20% 감소했다."

15개 CFA 국가 중 무려 10개국이 아이티, 예멘, 아프가니스탄과 함께 유엔이 정한 '세계 최빈 개발도상국'에 포함된다. 니제르, 중앙아프리카공화국, 차드, 그리고 기니비사우는 여러 국제 순위에서 역시 세계 최빈국으로 분류된다. 사실상 프랑스는 작가 앨런 패링턴Allen Farrington이 묘사한 이른바 '자본 노천광capital strip mine'의 극단적인 버전을 유지하고 있는 셈이다.[195]

세네갈의 정치인 아마두 라미네-기예는 CFA 체제를 다음과 같이 요약했다. "그 체제에는 의무만 있고 권리는 없습니다. 식민지의 임무는 어디까지나 생산량을 늘리는 것입니다. 그들의 필요 이상으로, 그들의 이익에 해가 될 때까지 생산하여 본국의 생활수준을 개선하고 안전한 공급을 보장하는 것뿐입니다." 물론, 그 본국은 이런 설명을 부인했다. 2017년 4월에 미셸 사팽Michel Sapin 프랑스 경제장관은 이렇게 말했다. "프랑스는 그곳의 우호 세력입니다."

이제 여러분은 이렇게 질문할지도 모른다. 아프리카 국가들은 이 착취에 저항하는가? 대답은 예스지만, 그들은 엄청난 대가를 치러야 한다. 아프리카 독립 시대의 초기 민족 지도자들은 경제적 자유의 중요성을 철저하게 인식하고 있었다.

1963년 가나를 사하라 이남의 아프리카에서 최초의 독립국으로 이끈 콰메 은크루마Kwame Nkrumah는 "독립은 우리에게 주어진 경제와 사회의 문제들을 해결하기 위해 더 적극적으로 펼칠 투쟁의 서막일 뿐이다"라고 선언했다.[196] 그러나 CFA 지역의 역사를 통틀어 프랑스 당국에 맞선 국가 지도자가 거둔 성과는 대체로 저조한 편이다.

1958년 기니는 통화 독립을 관철하려고 했다. 열렬한 민족 지도자 세쿠 투레Sekou Touré는 샤를 드골을 찾아간 자리에서 다음과 같은 유명한 말을 남겼다. "우리는 노예 제도의 화려함보다 자유 속의 가난을 택할 것입니다." 그리고 그 직후 CFA 체제를 떠났다. 〈워싱턴포스트〉는 이렇게 보도했다. "프랑스는 이에 대해 2개월 동안 기니에서 전격적으로 철수하면서 프랑스어권의 다른 나라를 향해 경고했다.[197] 그들은 건물의 전구 나사를 풀고, 수도 코나크리의 하수 관로 가설 계획을 취소하고, 약품마저 기니인이 사용하지 못하도록 모두 불태웠다."

뒤이어 프랑스는 응징 차원의 '퍼실 작전Operation Persil'을 시작했다. 피조와 실라에 따르면 프랑스 정보기관은 엄청난 양의 기니 지폐를 위조한 다음 그 나라에 '대량으로' 살포했다고 한다.[198] "그 결과, 기니 경제는 붕괴했다." 기니의 민주화를 향한 희망은 재정과 함께 무너졌다. 혼란 속에서 투레가 다시 권력을 공고히 한 후 26년간의 잔혹한 통치를 시작했기 때문이다.

1962년 6월 말리의 독립 지도자 모디보 케이타Modibo Keita는 말리가 CFA 체제를 떠나 독자 화폐를 발행한다고 발표했다.[199] 케이타는 경제적 과다 의존(말리 수입액의 80%를 프랑스가 차지하고 있었다)과 의사결정 권한의 파리 집중, 경제 다변화 및 성장 둔화 등의 이유를 상세히 설명했다. 그는 현 상황에 대해 '탈식민지화의 바람이 낡은 건물을 지나갔지만 크게 흔들리지 않은 것이 사실'이라고 언급했다.

이에 프랑스 정부는 말리 프랑화의 태환을 금지 조치했다. 이후 심각한 경제위기가 닥쳤고 케이타 정권은 1968년 군사 쿠데타로 전복됐다. 결국 말리는 CFA 재가입을 선택했으나 프랑스는 복귀 조건으로 두 차례에 걸쳐 말리 프랑을 평가절하했고, 1984년까지 재진입을 불허했다.

1969년 니제르의 하마니 디오리Hamani Diori 대통령이 좀 더 '유연한' 합의를 통해 자국의 통화 독립성을 증진하는 방안을 요청했으나, 프랑스는 이를 거부했다. 프랑스는 니제르 사막 광산에서 수확하는 우라늄 대금 지불을 유보하겠다고 그를 위협했다. 그 우라늄은 원자력 발전을 통해 프랑스의 에너지 자립을 확보해주는 것이었음에도 말이다. 6년 후, 니제르의 우라늄 가격 재협상 회의가 열리기 3일 전에 세이니 쿤체Seyni Kountché 장군이 디오리 정권을 전복했다. 디오리는 가격을 인상하려고 했지만, 옛 식민 지배자는 동의하지 않았다. 피조와 실라가 조심스레 언급한 바에 따르면 쿠데타 발발 당시 프랑스 군대는 근처에 주둔하고 있으면서도 손가락 하나 까딱하지 않았다고 한다.

1985년, 부르키나파소의 혁명군 지도자 토마스 산카라Thomas Sankara는 한 인터뷰에서 이런 질문을 받았다. "CFA 프랑은 아프리카를 지배하려는 무기 아닙니까? 부르키나파소는 계속 이런 부담을 지고 갈 계획입니까? 아프리카 마을에 사는 농민에게 태환 화폐가 필요한 이유는 무엇입니까?" 산카라는 이렇게 대답했다. "아프리카 농민에게 화폐의 태환 여부는 관심 밖입니다. 농민은 무방비 상태로 자신의 의지와 다른 경제 체제에 빠져든 것뿐입니다."[200]

산카라는 2년 후에 그의 가장 친한 친구이자 부사령관인 블레즈 콩파오레Blaise Compaoré에 의해 암살되었다. 재판은 한 번도 열리지 않았다. 오히려 콩파오레가 권력을 잡고 2014년까지 CFA 체제의 충성스러운 하인으로서 철권을 휘둘렀다.

파리다 나부레마의 토고 경제 자유화 투쟁

1962년 12월, 토고의 식민시대 이후 첫 지도자인 실바누스 올림피오 Sylvanus Olympio는 토고중앙은행과 토고 프랑의 설립을 공식적으로 추진했다. 그러나 그가 이런 변화를 공식화하기 며칠 전인 1963년 1월 13일 아침, 프랑스에서 훈련받은 토고 군인의 총격으로 사망했다. 냐싱베 에야데마Gnassingbé Eyadéma는 그 범죄를 저지른 군인 중 한 명이었다. 그는 나중에 권력을 잡아 프랑스의 전폭적인 지지를 받았고, 이에 힘입어 토고의 독재자로 50년 이상을 통치하며 2005년 사망할 때까지 CFA 프랑을 지지했다. 그의 아들은 오늘날까지 통치하고 있다. 올림피오 피살 사건은 결국 미궁에 빠졌다.

파리다 나부레마Farida Naboulema 가족은 항상 토고의 인권을 위해 투쟁해왔다. 그녀의 아버지는 야권의 적극적인 지도자였고 정치범으로 오래도록 수감 생활을 했다. 그의 부친은 식민지 시대에 프랑스에 맞섰다. 2022년 현재, 그녀는 민주주의 운동의 선두에 선 인물이다. [201]

파리다가 토고 독재 정권의 역사와 CFA 프랑이 서로 얽혀 있다는 사실을 안 것은 15살이 되던 무렵이었다. 아버지와 친해지기 시작했던 2000년대 초반, 그녀는 아버지에게 조국의 역사에 대해 질문했다. "독립한 지 불과 몇 년 만에 첫 대통령이 된 분이 왜 암살됐어요?"

그에 대한 답은 그가 CFA 프랑에 저항했기 때문이었다.

1962년에 올림피오 대통령은 프랑스로부터의 재정 독립을 위한 운동을 시작했다. 의회는 그런 전환과 토고 프랑 창설, 토고중앙은행의 준비금 보유 등의 모든 안건에 찬성표를 던졌다. 파리다는 토고가 CFA 협정을 떠나기로 되어 있던 날 바로 이틀 전에 올림피오가 암살된 것을 알고 충격을 받았다. 그녀는 이렇게 말했다. "통화 자유를 추구하기로 한 그의 결정은 프랑스가 아프리카에서 차지한 패권에 대한 모욕으로 보였을 것입니다. 그들은 다른 나라가 그 뒤를 따르는 것을 두려워한 것입니다."

그녀는 오늘날 토고의 여러 운동가는 CFA를 더 넓은 자유를 추구하는 주요한 이유로 여기고 있다고 말했다. "그것은 반대 운동에 참여한 많은 사람에게 활기를 불어넣고 있습니다."

그 이유는 분명하다. 파리다는 프랑스는 토고 준비금의 절반 이상을 자국의 은행에 보관하고 있으며, 토고 국민은 이들 은행이 보유한 자금이 어떻게 사용되는지 전혀 알 수 없다고 말했다. 토고 국민이 벌어들이는 이 준비금은 프랑스 채권 구매를 통해 프랑스 사람들의 활동 자금을 대주는 데 사용된다. 이 돈은 사실상 마이너스 실질 수익률로 과거 식민 지배자에게 대출되는 셈이다. 토고 국민은 자기 돈을 프랑스가 보관해주는 대가를 그들에게 지불하고, 그 돈은 프랑스 국민의 생활수준을 유지하는 데 사용된다.

1994년 세네갈의 포데 디오프 가족의 저축금을 가로챈 통화 절하는 토고에도 큰 타격을 입혔다. 그에 따라 국가 채무가 큰 폭으로 증가했고, 지역사회의 기반시설 마련에 사용될 공적 자금이 감소했으며, 빈곤이 증가했다.

파리다는 이렇게 말했다. "우리 정부는 우리 돈을 국내에서 쓰는 것보다 프랑스 은행에 준비금으로 채우는 것을 우선시하도록 강요받고 있습니다. 그래서 충격이 닥치면 우리는 국내 통화를 평가절하해서라도 파리 사람들이 적절한 금액을 확보할 수 있도록 해야 합니다."

이렇게 되면 국가적 의존도는 더욱 고착된다. 토고는 원자재를 수출하고 완제품을 들여올 뿐, 자국의 발전을 위한 길은 찾을 수 없다.

파리다는 약 10년 전부터 반 CFA 운동이 더욱 추진력을 얻기 시작했다고 말했다. 휴대폰과 소셜미디어 덕분에 사람들은 분권적인 방식으로 연대와 조직 활동을 펼칠 수 있게 되었다. 예전에는 아이보리코스트인과 토고인이 따로따로 투쟁했지만, 지금은 두 지역의 운동가들 사이에 연대가 이루어지고 있다고 한다.

수십 년 전부터 지역 경제 강국인 나이지리아와 가나를 비롯해 서아프리카 경제공동체ECOWAS에 속한 국가 전체를 위한 '에코' 통화 개념이 성장해왔다. 파리다는 프랑스가 이 계획을 가로채 그들의 금융 제국을 확장하는 수단으로 이용하려 했다고 말했다. 2013년, 프랑수아 올랑드 Francois Hollande 당시 대통령이 조직한 위원회는 프랑스가 아프리카에서 열어갈 미래에 관한 문서를 채택했다. 그 문서에서 그들은 가나와 같은 영어 사용권 국가를 반드시 참여시켜야 한다고 말했다.

에마뉘엘 마크롱Emmanuel Macron 행정부는 프랑스 식민지 금융 시스템의 '아프리카화'를 지속하는 연장선에서 CFA 프랑의 이름을 에코로 바꾸려 하고 있다. 나이지리아와 가나는 프랑스가 통제권을 계속 유지하려는 의도를 깨닫고 에코 프로젝트에서 물러났다. 공식적으로는 아직 아무 일도 일어나지 않았지만, 현재 서아프리카중앙은행 관리하에 있는 국가들은 2027년까지 이 에코 통화로 전환할 계획이다.[202] 프랑스는 여전히 의사결정권을 보유할 것이고, 중앙아프리카 CFA 국가들의 중앙은행이나 코모로중앙은행의 조정과 관련된 공식 계획은 아직 없다.

파리다는 이렇게 말했다. "마크롱과 같은 프랑스 지도자가 다보스에 가서 식민주의는 끝났다고 말하는 것은 위선의 극치이며, 그들은 오히려 그것을 확대하려고 노력하고 있습니다."

그녀는 원래 CFA 프랑은 프랑스를 점령했던 나치가 수립한 통화 계획에 기초하여 만들어졌다고 말했다. 제2차 세계대전 시기에 독일은 프랑스 식민지를 위한 국가 통화를 창설하여 하나의 금융 지렛대만으로 수입과 수출을 쉽게 통제하는 수단으로 삼을 계획이었다. 전쟁이 끝나고 프랑스가 자유를 되찾자, 그들은 식민지 경영에 바로 그 모델을 적용하기로 했다. 파리다는 "CFA 프랑의 기초는 나치에서 비롯된 것입니다"라고 말했다.

이 체제에는 어두운 천재성이 숨어 있다. 시간이 지날수록 프랑스는 돈을 찍어내 과거 식민지에서 주요 상품을 살 수 있었지만, 아프리카 국가들이 열심히 일하는 것은 준비금을 벌기 위해서라는 점에서 그렇다. 파리다는 "이 체제는 공정도 독립도 아닌 오로지 착취 그 자체입니다"라고 주장했다.

프랑스는 이 체제가 토고 사람들에게 안정성, 낮은 인플레이션, 그리고 태환성을 제공하기 때문에 좋다고 주장한다. 그러나 태환성은 결국 자본 유출을 초래하는 한편(기업은 쉽게 CFA를 벗어나 벌어들인 수익을 유로로 보관할 수 있다), 토고 국민은 시뇨리지 정권의 볼모가 될 수밖에 없다. CFA 프랑이 환전될 때마다(국민은 해당 경제권역 밖에서 그것을 사용할 수 없다) 프랑스와 유럽중앙은행은 자기들 몫을 취하게 된다.

파리다는 토고가 여러 독립국에 비해 인플레이션이 낮은 것은 사실이지만, 수입의 많은 부분은 국내의 사회기반시설과 산업 성장에 사용되는 것이 아니라 인플레이션을 억제하는 데 들어간다고 말했다. 파리다는 독립적인 통화 정책을 가지고 있고 CFA 국가보다 인플레이션이 높은 가나의 성장률이 시간이 지날수록 토고를 앞선다는 점을 지적했다. 의료, 중산층의 성장, 실업률 등 어떤 측정 기준에서도 가나가 더 우월하다. 사실 자세히 들여다보면 아프리카에서 가장 부유한 10개국 중 CFA 국가는 단 하나도 없다. 그러나 최빈국 10개국 중 절반은 CFA 지역에 있다.

프랑스의 식민주의는 돈에만 그치지 않고 교육과 문화에도 영향을 미친다. 예를 들면, 세계은행은 아프리카의 프랑스어권 국가의 공립학교가 책값을 치를 수 있도록 매년 1억 3,000만 달러를 지원한다. 그런데 이 책 중 90%는 프랑스에서 인쇄된 것이다. 그 돈은 세계은행에서 토고를 비롯한 아프리카 국가로 가는 것이 아니라 곧바로 파리로 간다. 파리다는 그 책이 세뇌를 위한 도구라고 말했다. 그 책들은 프랑스 문화의 영광에 초점을 맞추고 있으며, 미국과 아시아, 아프리카를 막론하고 다른 국가가 이룩한 성취는 모두 깎아내린다.

고등학교 시절에 파리다는 아버지에게 이렇게 질문한 적이 있었다. "유럽 사람들은 프랑스어 말고 다른 언어를 사용하나요?" 그는 웃었다. 그들은 프랑스 역사, 프랑스 발명가, 그리고 프랑스 철학자에 대해서만 배웠다. 그녀는 이 세상에 유일하게 똑똑한 사람들은 프랑스인이라고 생각하며 자랐다. 그녀는 첫 해외여행을 떠나기 전까지 미국이나 영국 책을 읽은 적이 없었다.

파리다는 프랑스에서 인쇄된 책의 80%는 대체로 프랑스권 아프리카에서 소비된다고 말했다. 마크롱 대통령은 이 지배력을 확장하기를 원한다. 그는 아프리카에서 프랑스어를 부흥시키기 위해 수억 유로를 지출하겠다고 말했다. 그는 프랑스어가 대륙의 '제1언어'가 될 수 있다고 선언하고 그것을 '자유의 언어'라고 불렀다.[203] 현재 추세대로라면 2050년까지 전체 프랑스어 사용자의 85%는 아프리카인이 될 것이다. 언어는 CFA 프랑의 생존을 지지하는 하나의 기둥이다.[204]

또 다른 기둥은 정치다. CFA 체제의 중요한 부분은 프랑스의 독재 정권 지원이다. 세네갈을 제외하면 단 하나의 CFA 국가도 의미 있는 민주화를 이룬 적이 없다. 파리다는 프랑스권 아프리카에서 성공한 독재자는 모두 프랑스 정부의 전폭적인 지원을 받고 있다고 말했다. 민주주의 정권을 향한 쿠데타가 있을 때마다 프랑스는 그 쿠데타 세력이 CFA 체제에 우호적인 한 어김없이 지지한다. 그러나 누구나 반프랑스적인 성향을 비치는 순간, 제재와 위협, 심지어 암살을 마주하게 된다.

파리다는 오늘날의 차드와 말리를 예로 들었다. 두 나라는 모두 테러와 반란의 위협에 처해 있다. 차드에서는 군부 독재자였던 이드리스 데비Idriss Déby는 2021년 4월 사망할 때까지 30년 동안 프랑스의 지원을 받았다. 차드 헌법에 따르면 의회의 수장이 대통령직을 승계하는 것이 보통이었으나, 군부는 관례를 어기고 데비의 아들인 군 장성을 대통령에 임명했다. 프랑스 정부는 이 불법적인 정권 교체에 박수를 보냈고, 마크롱 대통령은 심지어 이 가짜를 축하하기 위해 차드를 방문하기도 했다.[205] 그는 헌사를 통해 데비를 '친구'이자 '용감한 군인'이라고 불렀으며, "프랑스는 오늘도 내일도 차드의 안정과 정통성에 대해 그 누구도 이의를 제기하거나 위협하도록 허용하지 않을 것이다"라고 말했다.[206] 물론 그 아들은 CFA 프랑을 지지할 것이다.

반면에, 말리에서는 차드의 권력 승계가 완료된 지 한 달 만에 쿠데타가 일어났다. 군사정권과 국민은 파리에 별로 우호적이지 않고 테러를 저지할 새로운 파트너로 러시아를 기웃거리는 것으로 보였다. 그래서 프랑스 정부는 그 쿠데타를 "용납할 수 없다"고 말했고, 파리다의 말대로 "테러범들과 잘해보라"며 말리에서 철군하겠다고 위협하면서 제재를 준비하고 있다.[207] 말리는 차드와 똑같이 행동했는데 프랑스로부터 처벌을 받고 있다. 양측 모두 전제정치와 부패가 있다. 한 가지 다른 점은 차드는 아직도 협조하는 반면, 말리는 프랑스의 통화 통제를 벗어나고자 했다는 것뿐이다.

파리다는 "당신이 만약 독재자라고 해도 프랑스를 위해 일하는 한 그들은 당신이 권좌에 머물도록 도와줄 구실을 계속 찾아 나설 것입니다"라고 말했다. 2005년에 프랑스가 토고에서 정확히 그렇게 한 덕분에 독재자였던 아버지로부터 권좌를 물려받는 아들을 본 것이 파리다가 정치적으로 각성한 계기가 되었다.

세네갈에 비트코인을 도입하는 포데 디오프의 사명

포데 디오프는 미국을 다녀오고 나서야 외부의 눈으로 조국 세네갈을 바라보기 시작했다.

처음에는 1994년에 CFA 프랑이 평가절하되면서 그의 학문적 미래가 위험에 처했다. 다행히 그는 캔자스의 한 대학에서 공부하고 농구도 할 기회가 있었지만, 그의 가족이 모아두었던 재산이 파괴된 후였다. 그의 가족이 주변 사람들보다 운이 좋았던 점이 있었는데, 부친이 제작한 교재의 저작권을 담보로 포데를 학교에 보내는 데 필요한 돈을 빌릴 수 있었다는 점이었다.

대학 졸업 후 몇 년이 지난 어느 날, 포데는 미국에서 살면서 형과 함께 새로운 주문형 비디오 사이트를 만드는 작업을 하던 중 우연히 세네 갈 과학자이자 역사학자인 체이크 안타 디오프 박사의 유튜브 영상을 보게 되었다. 디오프 박사는 돈과 언어가 사람들의 마음과 생계를 통제 하는 도구가 될 수 있다고 이야기했다.

포데는 이전에 디오프 박사의 이름을 들어본 적이 있었지만(세네갈에 서 가장 큰 대학의 이름이 그의 이름을 딴 것이었다), 그가 CFA 체제를 비판하 는 내용에 귀를 기울이지는 않았었다. 그 영상은 포데에게 큰 충격이었 다. 마치 그가 좋아하는 영화〈매트릭스〉에서 네오가 모피어스가 준 빨 간 알약을 먹고 환상에서 벗어나 잔인한 현실 세계로 나온 것 같은 느낌 이었다. 그는 마침내 평생 살면서 헤엄쳐 온 물을 돌아보았다.

포데는 "살면서 처음으로 스스로 생각할 줄 알게 되었습니다. 내가 살던 나라의 화폐가 통제 수단이었다는 사실을 처음으로 깨달은 순간 이었습니다"라고 말했다.

그것은 단순히 화폐를 통제하는 것 이상의 의미가 있었다. 프랑스는 각국에서 운영하는 계좌를 통해 돈을 찍어내고 통제하기 때문에 데이 터를 확보할 수 있다.

포데는 이렇게 말했다. "그들은 무엇이 어디로 가고 있는지를 포함해 모든 나라에 대한 정보를 가지고 있습니다. 그들은 이들 나라의 머리 위 에 있습니다. 그들은 누가 부패했는지 알고 있습니다. 그들은 누가 프 랑스에서 부동산을 구매하는지 압니다. 그들은 무엇을 이용할 수 있는 지 알고 있습니다. 그들은 수출입 가격 우선 거부권을 가지고 있습니 다. 그들은 완전한 지배권을 가지고 있습니다."

그는 이후 1994년의 통화 절하를 돌아보았다. 당시 그는 겨우 18살이었으므로 집안 형편이 훨씬 어려워진 것 외에 무슨 일이 일어났는지 이해하지 못했다. 그는 "그들이 머리 위에 보자기를 덮어씌운 바람에 현실을 눈치 채지 못했습니다"라고 말했다.

그러나 돌이켜보면, 당시 그 일을 놓고 여러 말이 있었다. 사람들은 프랑스 프랑으로 바뀌면 같은 일을 하고도 버는 돈의 가치가 반으로 줄어든다는 것을 알았다. 프랑스의 논리는 수출품 가격이 낮아지면 아프리카 국가의 생산 경쟁력이 증대된다는 것이었다. 그러나 포데의 생각은 달랐다. 이것은 어디까지나 프랑스가 가격을 후려쳐 상품을 싸게 살 수 있는 바탕에 지나지 않았다.

포데는 그 후 '빨간 알약'을 먹는 순간을 두 번 더 맞이했다. 한 번은 2007년에 그가 라스베이거스에서 기술 분야에 종사하고 있을 때였다. 그는 아이폰을 세상에 막 알린 스티브 잡스의 영상을 보고 있었다. 포데는 말문이 막혔다. 자체 터치스크린 브라우저가 있는 휴대폰이라니. 컴퓨터로 보던 화면이 이제 전화기에 달려 있다. 그는 그것이 세상을 바꿀 것임을 바로 알 수 있었다. 그가 다음으로 떠올린 생각은 아이폰 앱에 자체 결제 기능을 탑재하면 은행 계좌와 신용카드가 없는 사람도 모바일 머니를 사용할 수 있지 않을까 하는 것이었다.

포데의 마지막 빨간 약은 2010년에 비트코인에 대해 알게 된 사건이었다. 그는 로스앤젤레스에 살 때 'P2P 전자 현금 시스템'에 관한 사토시 나카모토의 백서를 처음 읽었다.[208] 포데는 그 백서를 읽자마자 이렇게 생각했다. 역사상 처음으로 억압과 식민주의에 맞서 싸울 무기가 우리 손에 들어왔다. 정부의 손이 미치지 않는 국민의 돈 말이다. 그는 "이것이 바로 우리가 필요로 하는 것이다"라고 외쳤다.

몇 년 전 포데는 케빈 켈리Kevin Kelly의 《통제 불능Out of Control》이라는 책을 읽었다. 그 책에는 전자 화폐를 다룬 장이 있었다. 그는 결국 모든 돈은 거대한 글로벌 전자 혁명의 일부인 디지털 화폐가 될 것이라는 사실을 알고 있었다. 하지만 그는 디지털 화폐가 가질 수 있는 혁신적인 힘에 대해 깊이 생각해본 적이 없었다. 비트코인을 만나기 전까지는 말이다.

그는 "돈이란 무엇인가? 그것은 어디에서 온 것인가? 나는 비트코인 때문에 이런 질문을 던지게 되었습니다. 그전에는 그런 생각을 한 적이 없었습니다"라고 말했다. 그는 언젠가는 프랑스가 세네갈 국민의 돈을 인쇄하고 통제할 권리나 능력을 상실할 날이 올지도 모른다고 생각했다.

라스베이거스에 있는 포데와 그의 룸메이트는 다가올 미래에 비트코인을 통해 지불과 저축은 물론, 할 수 있는 모든 금융 활동에 대해 생각하면서 밤을 새운 적이 한두 번이 아니었다. 그는 신용카드를 한번 긁을 때마다 어떤 정보가 노출되는지 알게 되었다. 그리고 제삼자가 그 정보를 가지고 무엇을 하는지도 알게 되었다.

그는 스마트폰과 비트코인을 결합하면 개인의 권익을 증진하는 놀라운 도구가 될 것이라고 생각했다. 포데는 세네갈을 자주 방문했고, 갈 때마다 전화기를 한 묶음씩 가지고 가서 사람들에게 나눠줬다. 그는 그것이 고향 친구들과 외부 세계를 연결하는 고리라고 생각했다.

이후 몇 년 동안 그는 우리 삶을 디지털화하는 분야와 관련된 여러스타트업 기업에서 일했다. 2017년에 그는 라스베이거스를 떠나 샌프란시스코로 갔다. 그는 컴퓨터 엔지니어가 되기로 마음먹고 코딩 부트캠프에 합류했다. 처음에는 암호화폐 전반에 관여했는데 리버의 설립자 알렉스 레이시먼Alex Leishman이 진행하는 샌프란시스코의 대화식 세미나에 참석하면서 드디어 이더리움과 "사랑에 빠졌다"고 말했다. 그는 비트코인 분야의 여러 핵심 개발자와 초기 라이트닝 사용자를 만났다.

2019년에 그는 수송 분야의 한 해커톤Hackathon('해커'와 '마라톤'의 합성어로, 컴퓨터 전문가들이 한 장소에 모여 마라톤을 하듯 장시간 동안 쉬지 않고 특정 문제를 해결하는 과정을 의미)에 참가하여 테슬라 자동차의 문을 여는 라이트닝 인보이스를 만들어 우승했다. 이 일은 그가 세상의 변화에 도움이 될 수 있다는 큰 자신감을 얻는 계기가 되었다.

그는 세네갈로 돌아가 비트코인 교육을 확산하기로 결심했다. 그러던 차에 그는 엘리자베스 스타크Elizabeth Stark라는 CEO의 후원으로 베를린에서 열리는 라이트닝 콘퍼런스에 참가할 기회를 얻었다. 그곳에서 그가 만난 고테나goTenna의 리처드 마이어스Richard Myers와 개발자 윌 클라크Will Clark는 메시 네트워크를 통해 인터넷 검열에 대항하는 법을 연구하고 있었다. 포데는 생각했다. 세네갈에서는 프랑스 통신사 오렌지가 모든 전화 네트워크를 통제한다. 어쩌면 그들은 비트코인과 라이트닝을 이용해 프랑스의 통신망 통제를 우회하고 '인터넷을 끄는' 방법을 고안해낼 수 있을지도 모른다.

세네갈의 통신 게이트웨이는 프랑스가 통제한다. 따라서 세네갈 지도자에 대한 시위가 발생할 경우, 그가 CFA 체제를 고수하는 한 프랑스는 언제라도 통신망을 폐쇄할 수 있다. 그러나 포데는 다른 서비스망을 이용해 통신 단말을 찾는 일이 가능하다고 말했다. 그것은 또 다른 전국 전화 네트워크나 심지어 위성 연결망이 될 수도 있다. 포데는 이런 제3의 신호를 인식할 수 있는 장치를 만들었다. 휴대전화를 이 장치에 연결하면 프랑스가 인터넷을 끊더라도 사용자는 온라인에 접속할 수 있다. 그는 사람들이 이 장치를 더 많이 사용하도록 장치 대금을 비트코인으로 받으려고 했다. 라이트닝으로 지불하면 세네갈에서 데이터를 라우팅하고 이 장치를 운영할 수 있다. 이것이 지금 포데가 연구하고 있는 분야다.

포데는 이렇게 말했다. "매우 위험한 일입니다. 감옥에 가거나 벌금을 물 수도 있습니다. 그러나 경제적 보상이 따른다면 사람들은 기꺼이 할 것입니다."

이제 오렌지가 동맹 정부를 보호하기 위해 인터넷을 차단하더라도 국민은 정권이 어찌할 수 없는 새로운 통신 방법을 갖게 될 수도 있다.

포데는 라이트닝 덕분에 이 모든 일이 가능하다고 말했다.

"즉석에서 저렴하게 결제할 수 있어야 합니다. 온체인on-chain(블록체인 거래를 기록하는 방식 중 하나로, 네트워크에서 발생하는 모든 전송 내역을 블록체인에 저장하는 방식) 비트코인 결제는 안 됩니다. 수수료가 너무 비싸니까요. 라이트닝 외에는 다른 선택지가 없습니다. 그런데 그게 아주 좋습니다."

라이트닝의 장점은 송금 분야에서 특히 두드러진다. 세계은행에 따르면 많은 CFA 국가에서는 송금이 GDP의 큰 비중을 차지한다.[209] 예를 들어, 코모로는 GDP의 14.5%를 송금에 의존한다. 세네갈의 경우 10.7%, 기니비사우 9.8%, 토고 8.4%, 말리는 6%이다. 사하라 이남 아프리카 지역에 200달러를 송금하는 데 드는 평균 비용은 8%이고, 500달러를 송금하는 데 드는 평균 비용은 9%다. 그런데 스트라이크를 비롯한 비트코인 기반 송금 서비스의 수수료는 1%에도 훨씬 못 미친다. 이 점을 생각하면 CFA 국가가 비트코인 모델을 도입하면 무려 GDP의 0.5%에서 1%에 달하는 금액을 절감할 수 있다.[210] 시야를 더 넓히면 전 세계 송금자가 매년 고향으로 보내는 돈은 약 7,000억 달러에 달한다. 그렇다면 연간 절감액이 300억 달러에서 400억 달러에 이른다는 것이다. 이 금액은 미국이 매년 외국 원조에 지출하는 것과 거의 비슷한 수준이다.

포데는 서구 사람들이 비트코인에 대해 회의적인 이유를 이해하고 있다. 그는 이렇게 말했다. "벤모Venmo와 캐시앱Cash App을 사용하는 사람이라면 비트코인이 왜 중요한지 이해할 수 없을 것입니다. 여러분은 현대 화폐 시스템의 모든 편리함을 누리고 있습니다. 그러나 세네갈의 경우, 국민의 70% 이상은 은행에 한 번도 가본 적이 없습니다. 제 어머니도 평생 신용카드나 직불카드를 가져본 적이 없었습니다."

그는 "세네갈 사람들은 어떻게 글로벌 금융 시스템에 참여할 수 있을까?"에 대해 궁금해했다.

그는 스마트폰과 비트코인의 결합이 사람들을 해방하고 사회를 변화시킬 것이라고 말했다. 포데는 마이크로스트래티지의 CEO 마이클 세일러가 휴대기기 혁명에 관해 쓴 《모바일 웨이브The Mobile Wave》라는 책이

"눈에 확 띄었다"고 말했다.²¹¹ 포데는 아이폰을 처음 만지자마자 그것이 자신이 기다리던 것이었음을 알았다. 그는 우주가 음모를 꾸미고 있다고 생각했다. 그로부터 불과 몇 년 안에 아이폰, 대금융 위기, 사토시 나카모토의 비트코인 출시를 보았고, 그는 미국 국민이 되었다.

그는 인생의 절반을 아프리카에서, 절반을 미국에서 보냈기 때문에 앞으로 나아갈 길을 볼 수 있었다고 말했다.

"고향에 가면 사람들이 억압당하는 모습을 볼 수 있습니다. 그러나 우리가 유선전화를 건너뛰고 휴대폰으로 바로 갔던 것처럼, 은행을 건너뛰고 곧바로 비트코인으로 가는 것도 얼마든지 가능합니다."

그가 세네갈에서 확인한 또 하나의 효과는 비트코인을 접한 사람은 저축을 시작한다는 사실이다.

"요즘 저는 고국의 사람들이 돈을 저축하도록 도와주는 방법을 생각하고 있습니다. 여기서는 아무도 저축하지 않습니다. 그들은 CFA 프랑이 손에 들어오는 대로 써버릴 뿐입니다."

포데는 레이시먼이 BTC를 준 것에 대해 "영원히 감사하다"고 말했다. 레이시먼은 행사에 참석했거나 좋은 질문을 한 세네갈 사람들에게 BTC를 조금씩 나누어 주었기 때문이다. 사람들은 시간이 지나면서 그 가치가 오르는 것을 똑똑히 목격했다.

포데는 엘살바도르에서 벌어지는 일을 흥미진진하게 지켜봤다. 2021년 6월, 포데는 마이애미의 한 콘퍼런스 홀에서 스트라이크의 설립자 잭 말러스가 비트코인이 한 나라의 법정화폐가 되었다고 말하는 것을 보며 눈물을 흘렸다. 그는 이런 일이 절대 일어나지 않으리라고 생각했다. 그는 "가치 저장 수단으로 출발했던 것이 이제 교환 매체로 진화하고 있습니다"라고 말했다.

엘살바도르(5장 참조)는 CFA 지역 국가들과 유사한 점이 몇 가지 있다. 외화에 묶여 있고, 수입에 의존하며, 수출 기반이 취약한 가난한 나라다.[212] 통화 정책은 외부 강대국이 통제하고 있으며, 전국 70% 지역에 은행이 없으며, 국가 GDP의 22%가 송금에 의존한다.

포데는 '그들에게 좋은 선택지가 될 수 있다면 우리에게도 통할 수 있다'라고 생각했다.

그러나 그는 큰 장애물이 있다는 것을 알고 있다.

하나는 프랑스어다. 깃허브GitHub에는 프랑스어로 된 정보나 라이트닝과 비트코인 코어에 관한 자료가 많지 않다. 현재 포데는 이 중 일부를 프랑스어로 번역하여 현지 개발자 커뮤니티의 참여를 활성화하는 작업을 진행 중이다.

세네갈에도 비트코인 비치 커뮤니티가 생길 수 있을까? 포데는 그렇다고 했다. 그것이 바로 그가 고향으로 돌아가 미트업Meet-up을 운영하며, 라이트닝 팁 기능을 통해 기부금을 모으고, 국민이 운영하는 '라디오 프리 유럽Radio Free Europe'의 비트코인 버전을 개발하는 이유다.[213]

그는 이렇게 말했다. "그들은 저를 감옥에 가둘 수도 있습니다. 그러나 미트업을 통해 제가 단일 장애점이 되지 않는 형태를 갖추려고 합니다."

그는 프랑스의 영향으로 세네갈에서 비트코인을 채택하기는 어려울 것으로 생각한다. 그는 "그들은 순순히 물러서지 않을 것입니다"라고 말했다.

은동고 실라는 이렇게 말했다. "오늘날 프랑스는 오랫동안 자신들의 아성이라고 생각했던 곳에서 상대적인 경제 침체에 빠져 있다. 중국 같은 다른 강대국이 부상하고 있지만, 프랑스는 자신의 주도권을 포기할 생각이 없다. 그들은 끝까지 싸울 것이다."[214]

그러나 식민주의를 몰아내는 것은 어쩌면 폭력혁명이 아니라 점진적인 평화혁명이 될 수도 있다. 포데는 이렇게 말했다. "갑자기 스위치를 끄는 방식이 아니라 시간이 지나면서 사람들이 스스로 선택하는 병렬 체제가 될 것입니다. 강요가 아닙니다."

정부를 향해 우리의 권리를 보호해달라고 요청하면 된다고 생각하는 사람에게는 무슨 말을 해줄 수 있을까? 포데는 이렇게 대답했다. "그들은 프랑스와 같은 민주주의 국가에 이토록 나쁜 면이 있을 줄은 꿈에도 모를 것입니다. 프랑스가 우리에게 자유를 주지는 않습니다. 우리는 사이퍼펑크의 발자취를 따라 오픈소스 코드로 우리의 자유를 지켜야 합니다."

포데는 비트코인이 중앙은행을 대체할 가능성을 묻는 질문에 "미국인이 들으면 미쳤다고 하겠지만, 세네갈이나 토고인들에게 중앙은행은 사회의 기생충이나 마찬가지입니다. 우리는 맞서 싸워야 합니다"라고 대답했다.

포데는 비트코인을 '삶을 바꾸는 것'으로 생각한다.

"우리는 지금까지 탈중앙화 방식으로 돈을 만들어내는 시스템을 경험해본 적이 없습니다. 그러나 지금은 우리 손에 그것이 있습니다. 그것은 가장 절박한 사람에게 주어진 해결책입니다. 우리는 역사상 처음으로 억압에 대항할 수 있는 강력한 도구를 가지게 된 것입니다. 그것이 완벽하지 않을 수도 있지만, 지금 우리 손에 들어온 무기를 가지고 사람들을 위해 싸워야 합니다. 누군가가 도와주기를 기다리면 안 됩니다."

화폐와 국가의 분리

1980년에 카메룬의 경제학자 조셉 툰장 푸에미Joseph Tchundjang Pouemi는 《화폐, 노예, 그리고 자유Monnaie, servitude et liberte: La repression monetaire de l'Afrique》라는 책을 썼다.[215] 이 책의 주제는 통화 의존이 다른 모든 의존의 기초라는 내용이었다. 특히 이 책의 마지막 문장이 오늘의 현실에 강한 울림을 던진다. "아프리카의 운명은 돈을 통해 형성될 것이다. 그렇지 않으면 아예 존재하지 않을지도 모른다."

세계 인권 운동에서 돈과 화폐는 겉으로 드러나지 않는다. 그 주제는 인권을 논하는 자리에서도 언급되지 않고, 운동가들조차 거의 거론하지 않는다. 그러나 권위주의 체제에 맞서 싸우는 민주주의 운동가에게 돈에 대해 물어보면 놀랍고 비극적인 이야기를 들려줄 것이다. 에리트레아와 북한의 통화 불능 사태, 짐바브웨와 베네수엘라의 초인플레이션, 중국과 홍콩의 국가 감시, 벨로루시와 나이지리아의 송금 동결, 이란과 팔레스타인의 경제 장벽 등이다. 여기에 토고와 세네갈의 화폐 식민주의를 추가할 수 있다. 경제적 자유 없이는 각종 운동과 비정부기구도 자립할 수 없다. 그들의 은행 계좌가 폐쇄되거나, 지폐가 쓸모없어지거나, 화폐 가치가 하락하면 그들의 힘은 제한되고 폭정은 계속된다.

통화 억압은 여전히 감춰져 있고 점잖은 자리에서는 언급되지 않는다. 오늘날 CFA 국가에 살고 있는 1억 8,200만 명의 현실은 명목상으로는 정치적 독립일지 몰라도 경제와 돈은 여전히 식민 지배하에 있다. 해외 열강은 여전히 그 관계를 악용하고 연장하여 그 사회와 지역으로부터 가능한 한 많은 가치를 착취한다.

최근 들어 CFA 국가 국민의 사기는 점점 더 오르고 있다. "프랑스 탈출!"이 중요한 시위 구호가 되었다. 그러나 피조와 실라를 비롯해 이 체제를 가장 혹독하게 비판하는 논자들조차 실행 가능한 대안을 제시하지는 못하는 것 같다. 그들은 현상 유지와 IMF의 속박을 거부하지만, 그들의 제안은 그저 이 지역의 지도자들이 통제하는 지역 화폐나 CFA의 각 국가가 자체적으로 화폐를 만들고 운영하는 체제를 만들자는 것뿐이다. 그러나 세네갈이나 토고가 프랑스로부터 통화 독립을 얻었다고 해서 그들이 잘 해낼 수 있을지, 또는 그 나라의 지도자들이 통화를 남용하지 않을 것인지는 그 누구도 보장할 수 없다.

국내 독재자의 실정이나 러시아와 중국 등 외세에 의해 사로잡힐 위협도 여전히 남아 있다. 사람들이 자기 뜻대로 통제할 수 있는 돈, 어떤 정부에 의해서도 조작될 수 없는 돈이 절실히 필요하다는 것은 분명하다. 과거 교회와 국가가 분리되어 인류 사회가 더 풍요롭고 자유로운 길로 나아갔던 것처럼, 바야흐로 화폐와 국가의 분리도 진행되고 있다.

앞으로 시간이 흘러 CFA 국가 국민의 인터넷 접속률이 높아지고 비트코인이 널리 보급되어 정부가 비트코인 채택을 사실상 의무화하는 날이 올 수 있을까? 라틴아메리카의 에콰도르가 선심 정책으로 달러 전환을 감행했던 것처럼 말이다.[216] 물론 역사가 말해주겠지만, 한 가지 확실한 것은 세계은행과 IMF가 이런 방향의 어떠한 움직임에도 저항할 것이라는 점이다. 이미 그들은 엘살바도르에게 몽둥이를 휘둘러왔다.[217]

2021년 6월, 〈뉴욕타임스〉는 미국 흑인 사회의 비트코인 운동과 관련하여 배우 힐 하퍼Hill Harper의 발언을 소개했다.[218] 그는 "그들은 비트코인을 식민지로 삼을 수 없다"고 단언했다.

파리다 나부레마도 이에 동의한다. 그녀는 "피부색, 이념, 국적, 부의 양, 과거 식민주의 등과 상관없이 누구나 이용할 수 있는 탈중앙화 화폐가 등장한 것은 역사상 처음 있는 일이다"라고 말했다. 그녀는 비트코인이 대중의 화폐이며 한 걸음 더 나아가 "어쩌면 탈식민화의 화폐라고 불러야 할 것이다"라고 말했다.

7장

팔레스타인의
통화 자유

2021년 7월 어느 날, 나는 가자지구 내의 한 비트코인 사용자와 통화했다. 그는 나에게 큰 위험을 무릅쓰고 통화하는 만큼 익명을 유지하겠다며 자신을 우캅Uqab이라고 불러달라고 말했다. 아랍어로 독수리를 뜻하는 말이었다.

우리는 텔레그램으로 통화했고, 우캅은 하루에 몇 시간밖에 전기를 쓸 수 없었으므로 통화 시간도 미리 약속해야 했다. 우리가 대화한 시간은 그에게는 한밤중이었다. 팔레스타인 친구의 도움으로 통화는 실시간 통역으로 진행되었다. 통화를 하면서도 그쪽의 생활이 어떤지는 가늠하기 어려웠다.

우캅이 나와 대화를 나누던 곳은 가자지구 남부의 라파라는 도시였다. 불과 몇 주 전에 이스라엘군의 집중 포격을 당했던 곳이다. 마치 다른 행성에 있는 사람과 대화를 나누는 기분이었다.

그는 도로가 파괴되고, 건물은 산산이 흩어졌으며, 전력이 끊기고,

보급은 제한되었다고 말했다. 이스라엘의 미사일 공격 지도에서 가자지구가 마치 스위스 치즈처럼 보이는 것을 보면 이곳이 얼마나 파괴되어 있는지 알 수 있다.[219]

우캅은 팬데믹과 그에 따른 봉쇄로 인해 전 세계적으로, 심지어 미국에서도 얼마나 경제가 나쁜 상황이었는지 생각해본 후 "이제 우리 상황이 어떨지 상상해보세요"라고 말했다.

상시 개방 검문소

가자지구는 이스라엘 남서부 모퉁이와 이집트 시나이강, 그리고 지중해 사이에 끼어 있는 대략 폭 8킬로미터, 길이 45킬로미터 정도 되는 영토다. 이곳은 원래 1948년 아랍-이스라엘 전쟁 이후 지금의 이스라엘 땅으로부터 도망친 난민들이 몰려와 형성된 팔레스타인 공동체의 영토이자, 오늘날 지구상에서 가장 인구밀도가 높은 곳 중 하나다. 가자지구의 크기는 텍사스 오스틴의 절반도 안 되지만, 인구는 2배 이상이다. 사막으로 둘러싸인 채 기반시설이 모두 붕괴된 홍콩을 떠올리면 쉽게 이해될 것이다.

지난 40년 동안 200만 명의 주민들(그들 중 절반은 18세 미만이다)은 문명이 철저히 붕괴되는 고통에 시달렸다. 2006년 팔레스타인 선거에서 하마스(이스라엘의 생존권을 인정하지 않고 오로지 그들을 파괴하기 위해 설립된 단체)가 당선되었는데, 이는 팔레스타인 자치정부가 수립된 이래 12년 동안 집권당인 파타당이 보여준 극심한 부패와 무능에 대한 항의 표시로 받아들여졌다.[220] 국제사회의 여러 유력자는 그 선거가 합법적이지 않았으며(예를 들어 미국과 유럽연합은 하마스를 테러 집단으로 여긴다), 파타가 요르단강 서안지구에서 권력에 집착한다고 생각했다.[221] 한편 가자지구는 이슬람 경찰국가 독재 권력의 수중에 넘어갔다. 이에 대한 보복으로 2007년에 이스라엘과 이집트 정부는 가자지구를 외부 세계와 차단했다.

오늘날 가자지구에 살고 있는 그는 가장 최근이었던 2021년 봄을 포함, 이스라엘방위군IDF과 하마스 간에 벌어진 네 번의 주요 전쟁에서 살아남은 15살의 청소년이다.

2021년 5월 10일부터 5월 21일까지 하마스는 이스라엘의 도시와 마을들을 향해 4,300발 이상의 로켓을 발사하였고, 이스라엘방위군은 1,500발 이상의 자체 미사일로 대응했다. 이 전투는 2014년 이래로 양자 간 최악의 전투였다. 2021년 7월에 발표된 유엔 보고서는 피해액을 2억 8,000만 달러에서 3억 8,500만 달러로 추정하였고, 복구 예산을 3억 4,500만 달러에서 4억 8,500만 달러로 예상하였다.[222] 잔해 속에 살아남은 80만 명의 가자지구 사람들은 깨끗한 식수도 마실 수 없었다. 그들은 공식적으로 두 개의 검문소를 통해서만 외부로 나갈 수 있으며, 그나마도 폭력이 자행되는 기간에는 닫혔다 열리기를 반복했다.

2012년 유엔은 가자지구가 2020년까지 '사람이 살 수 없는 지역이 될 것'이라고 예측하는 논문을 발표했다.[223] 그 예측은 슬프게도 정확했다. 2021년 6월에 발표된 세계은행 보고서에 따르면 또 다른 폭격이 이어지기 전 가자지구 전체의 실업률은 48%, 30세 미만의 경우는 64%였다.[224] 40만 명 이상의 어린이를 포함한 가자지구 주민 2명 중 1명은 빈곤 상태에 살고 있으며, 80%가 넘는 가구가 원조 식량이나 각종 사회적 지원에 의존하고 있다.

2017년 IMF 보고서에 따르면, 2008년 말 이스라엘과 하마스 간의 전쟁으로 가자지구 자본 기반의 60% 이상이 파괴되었고, 2014년 폭탄 테러로 남아 있는 자본의 85%가 파괴되었다.[225] 1994년 가자지구의 평균 소득은 요르단강 서안 지역 주민의 96%에 달했으나 25년이 지난 2018년에는 30%로 줄어들었고, 그동안 1인당 실질 GDP는 44%나 감소했다. 이런 상황에도 출산율은 세계에서 가장 높은 수준을 보여 2019년 가족당 3.5명 이상의 자녀를 낳았는데, 그나마 이 수치는 1990년의 가족당 7명에 비해 엄청나게 줄어든 것이다.[226]

가자지구에 대한 외부 투자는 1994년 팔레스타인 전체 GDP의 11%에서 2018년 2.7%로 시들해졌다.[227] 2008~2009년 하마스와 이스라엘 간 전쟁의 여파로 이 지역 공장의 90% 이상이 문을 닫은 것으로 추산된다. 이스라엘과의 무역에 대한 극심한 제한은 큰 타격이었다.[228] 가자지구의 유일한 발전소는 충분한 연료와 부품을 수입할 수 없어 생산 능력의 극히 일부만 되었다.[229] 농부들은 이스라엘이라는 주요 시장을 잃고 훨씬 더 작은 가자지구 인구에게 더 낮은 가격에 팔 수밖에 없어 농업 부문이 붕괴되었다.[230] 그 결과, 일부 농부는 농작물을 파기할 수밖에 없었다.

2020년 유엔 보고서는 가자지구가 2006년 이후 추가적인 규제를 당하지 않는 대신, 요르단강 서안지구와 같은 속도의 경제 성장을 달성한 가상의 경우를 추산해보았다.[231] 그런 '가상'의 세계에서라면 1인당 소득은 105.5%가 증가한 1,539달러에 이르게 된다. 그러나 악몽 같은 현실에 살고 있는 가자지구 주민들의 1인당 소득은 1,000달러에도 훨씬 못 미친다.

가자지구의 경제 재앙은 새로운 것이 아니며, 지난 15년간의 전쟁과 권위주의 독재의 결과만도 아니다. 오히려 그것은 수십 년 전에 시작된 여러 정책의 결과다. 1987년에 하버드대학교의 사라 로이Sara Roy는 1967년 이후 20년 동안 가자지구가 군사 점령으로 당한 경제적인 피해를 살피기 위해 진행한 수년간의 현지 조사와 인터뷰를 바탕으로 획기적인 논문을 발표했다.[232] 그녀는 자신이 목격한 것을 '개발 부정de-development'이라는 새로운 용어로 설명했다. 즉 '토착 경제가 지배 경제의 힘에 의해 의도적, 체계적, 점진적으로 해체되어 원래 가지고 있던 경제적, 사회적 잠재력이 왜곡되는 것을 넘어 부정된 상태'를 말한다.

1967~1987년 사이 가자지구의 소득과 경제 생산은 이스라엘과 해외에서 노동으로 벌어들인 송금에 힘입어 크게 증대했다. 그러나 로이는 1980년대 중반까지 가처분소득의 3분의 2가 민간 소비에 사용되었고, 이런 자본흐름이 대체로 이스라엘에서 소비재를 구매하는 데 사용되었다는 점에 주목했다. 그 결과, "가자지구 내에서의 소비 수준이 증가한 것은 사실이나 그에 따른 경제적 이익은 거의 없었다"고 말했다.

로이는 이스라엘 노동인구에서 가자지구 인구 비중이 증가하는 것이 "노동력이 농업에서 비농업 활동으로 점진적으로 이동하는 산업화

(또는 현대화) 과정의 전형적인 패턴과 관련된 사회적 징후는 아니다. 오히려 가자지구 출신 근로 인력이 이스라엘 내에서 일자리를 구하기로 결정한 것은 가자지구 내에서 선택지가 없다는 것이 결정적인 변수가 된다"고 지적했다. 1987년에 로이는 가자지구 경제의 뚜렷한 특징이 '자체 경제 기반의 잠식과 그에 따른 이스라엘에 대한 의존'이라는 사실을 관찰했다.

1991년 이스라엘 국방장관 모셰 아렌스Moshe Arens는 가자지구의 경제 개선 방안을 모색하기 위해 사다위원회Sadan committee를 설립했다.[233] 그들이 내린 결론은 다음과 같았다. "팔레스타인 주민의 경제적 이익 증진을 위한 초점은 단기 임금 근로자에게 맞춰졌다. 임금 근로자와 관련해서는 이들을 이스라엘 경제에 고용하여 소득을 늘리는 데 우선순위를 두었다. 가자지구 내에서의 기반시설 개발과 공장 설립, 고용 장려 등의 정책을 선택한 경우는 극히 드물었다. 가자지구의 기업가 정신과 사업 부문의 촉진에는 우선순위를 두지 않았다. 게다가 당국은 그런 계획이 기존 이스라엘 기업과 경쟁하며 이스라엘 시장을 위협한다고 판단할 때마다 이를 어김없이 저지했다."

그러므로 가자지구 주민이 처한 충격적인 곤경은 수십 년간 지속된 대외 정책의 결과로 볼 수 있다.

먼저, 어쩔 수 없이 이스라엘 경제에 의존한 탓에 이스라엘 군사 점령하에서 자체적인 산업 발전이 저해되었다. 그 후 시간이 지나 가자지구 주민은 이스라엘 내에서 일하는 것이 금지되었고, 결국 외부 세계와 단절되면서 경제적 생명줄이 끊어졌다. 그리고 마지막으로, 전쟁을 통해 그들의 기반시설이 파괴되었다.

2021년 초 바이든 행정부는 안토니 블링컨 국무장관을 요르단강 서안지구로 파견해 마흐무드 압바스Mahnood Abbas 팔레스타인 자치정부 수반을 만나 가자지구 재건을 위해 7,500만 달러를 원조하겠다고 약속했다.[234] 그러나 이 지역의 역사를 보면 이런 원조금의 상당 부분은 엘리트들의 주머니에 들어갈 뿐, 일반인의 삶을 개선하는 데는 거의 사용되지 않았음을 알 수 있다. 원조만으로는 죽어가는 자본 기반을 일으킬 수 없다.

가자지구 주민은 이 모든 역경에도 굴하지 않고 믿을 수 없이 강인한 끈기를 보여주고 있다. 2021년 5월, 분쟁 기간에 아쉬라프 아부 모하메드Ashraf Abu Mohammad라는 가게 주인은 〈로이터통신〉과의 인터뷰에서 이렇게 말했다. "이번이 첫 번째 전쟁도 아니고, 마지막 전쟁도 아닙니다. 인생은 계속됩니다. 마음이 아프고, 재난이 있었으며, 가족의 이름이 주민등록에서 지워져서 매우 슬프지만, 이것이 이 땅에 사는 우리의 운명입니다. 견뎌내는 수밖에 없습니다."[235]

그러나 인내에도 한계가 있다. 나는 우캅과 대화하면서 그가 영영 참고만 있지는 않으리라는 것을 분명히 알 수 있었다. 그는 탈출해서 가족을 위해 더 나은 삶을 살고 싶다고 말했다. 그리고 비트코인을 통해 탈출구를 찾았다.

그는 지난 3년간 가자지구의 젊은이들을 중심으로 비트코인에 대한 수요가 증가하고 있다고 말했다. 가자지구 사람들은 물리적으로 갇혀 있고 경제적으로 외부와 단절되어 있을지 모르지만, 우캅은 비트코인을 '상시 개방 검문소'라고 불렀다.

그는 "비트코인 덕분에 가난에서 벗어난 사람이 있습니다. 그들은 그저 조금씩 투자하고 있을 뿐이지만 분명히 효과가 있습니다"라고 말했다. 그는 심지어 최근 가자지구 주민 사이에 '저점 매수'가 유행이라며 2021년 여름에 비트코인 가격이 내려가면서 구매에 박차를 가하고 있다고 전했다.

어떤 사람들은 해외에 있는 친구나 가족으로부터 모바일 앱을 통해 직접 비트코인을 받는다. 다른 이들은 텔레그램 그룹을 통해 직접 만나 현금을 비트코인으로 교환하거나, 소매점에 현금을 가져가서 환전하기도 한다. 우캅은 당국이 이런 상점을 검문해서 사고판 사람들의 명단을 보관하고 있다고 말했다. 그러나 아직 아무도 비트코인 사용으로 체포되지는 않았다고 한다. 가자지구 주민들이 휴대폰에 비트코인을 저장하기 위한 신탁 솔루션으로는 바이낸스Binance나 페이어Payeer가 있고, 비신탁 솔루션으로는 아랍어를 지원하는 블루월렛을 사용하면 된다.

관계자들이 경고했어도 비트코인 네트워크에 가입하는 가자지구 주민은 날이 갈수록 늘어나고 있다. 우캅은 이렇게 말했다. "가자에는 이런 말이 있습니다. 정부가 하람이라고 하면 실제로는 할랄인 줄 알면 된다는 겁니다(이슬람 교리상 허락된 것은 할랄, 금지된 것은 하람이라고 한다.-옮긴이)."

우리는 많은 이야기를 했다.

우캅은 왜 셰켈보다 비트코인을 선호하는가? "가자지구에서는 모든 것이 감시의 대상이지만, 누구나 마음만 먹으면 많은 비트코인을 소유할 수 있고, 가족들은 알지도 못할 것입니다."

이스라엘방위군이나 하마스가 비트코인 사용을 막을 수 있을까? "우리는 이 문제에 대해서만큼은 매우 똑똑합니다. 언제든지 탈출구를 찾아낼 것입니다."

사토시 나카모토는 과연 가자지구 사람들이 비트코인을 사용할 것이라고 예측했을까? "절대 아닙니다."

엘살바도르가 비트코인을 법정화폐로 만들었다는 소식을 들은 적이 있는가? "크나큰 승리였다고 생각합니다. 우리는 그 소식을 듣고 환호했습니다."

가자지구가 이스라엘보다 비트코인을 더 빨리 채택할 수 있을까? "가자지구 사람들이 기꺼이 감수하는 위험을 그들은 아마 감수하지 않으려 할 겁니다."

은행 시스템의 문제가 무엇이라고 생각하는가? "돈을 빌려주고 이자를 청구하는 것이 죄악임은 모두가 아는 사실입니다."

우캅은 가자지구에는 벤모도 없고, 페이팔도 없으며, 외부와 거래할 수 있는 쉬운 방법도 없다고 말했다. 금융 인프라는 물리적, 사회적 인프라 못지않게 형편없이 무너지고 있다. 그러나 이전에는 불가능했던 것을 이제 비트코인으로 할 수 있게 되었다. 해외의 가족들과 신속하게 직접적으로, 거의 수수료 없이 돈을 주고받을 수 있다.

우캅은 걸프만이나 미국에서 송금하려는 사람은 과거에는 중국이나 태국 같은 나라의 은행 계좌를 통해 송금해야 했을 것이며, 이 돈은 가자지구의 어떤 환전소에 도착하게 되었을 것이라고 말했다.

그는 "그 과정에서 중간에 있는 사람들이 저마다 몫을 챙겨가고, 수령인의 손에는 원래 송금액의 일부만 남게 됩니다"라고 말했다. 또한 그는 오늘날 웨스턴유니온 지점들이 혈연관계 증명을 요구하기 시작했으며 심문과 압수가 빈번해졌다고 말했다.

우캅은 "비트코인은 어떤 확인도 거치지 않고 어떤 빈칸에도 체크할 필요가 없습니다. 그냥 사용하면 됩니다"라고 말했다.

2021년 현재, 그는 국경을 넘어 직접 돈을 받거나 벌 수 있다. 그는 새로운 금융 시스템에서 스스로 은행이 될 수 있다. 그는 "다른 어떤 것보다 훨씬 더 좋다"며 세상의 다른 사람들과 적어도 어떤 면에서는 '대등한 동료'가 된 느낌이라고 자랑스럽게 말했다.

"우리는 비트코인 덕분에 삶을 이어가고 있습니다. 제발 더 많은 팔레스타인 사람이 이 기술을 만나기를 기도합니다."

우캅은 아직 가자지구를 떠나지 못하고 있다. 그러나 적어도 지금까지는 사이버 공간에 저축하면서 당국으로부터 돈을 안전하게 지키고 있다. 이것은 커다란 혁신이며, 팔레스타인 사람들에게 가장 절실한 일이다.

이스라엘의 군사 점령과 하마스의 테러 전술, 부패한 팔레스타인 자치정부, 그리고 대체로 무관심한 세계 등 이들의 정치적 고통은 끊임없이 보도되고 있다. 하지만 이들이 처한 통화와 경제적 상황에 대한 정보는 그 어디에서도 찾아볼 수 없다. 그러나 이들이 고군분투하는 근본 원인은 바로 돈이다.

팔레스타인은 그들의 통화를 통제할 수 없다. 그들의 경제적 주권 박탈은 성장과 미래에 대한 전망에 큰 손상을 입혔다. 그러나 우캅처럼 금융 자유를 쟁취하는 방법으로 비트코인에 눈을 돌리는 사람이 늘어나고 있다.

금융 억압의 역사

사라 로이는 1987년에 가자지구에 관한 논문을 발표한 지 30여 년이 지나 다음과 같이 회고했다. "그동안의 여러 사건을 거치며 팔레스타인은 인도주의적인 문제의 대상자로 전락했다. 그들은 정치적, 경제적 권리를 박탈당한 (게다가 누릴 자격도 없는) 채 생계유지를 국제사회에 의존해왔고, 그들에게 중요한 것은 발전이 아니라 구제가 되어 버렸다. 물론 그것이 유일한 정치적 선택지는 아니겠지만 말이다.[236] 팔레스타인 사람들이 보는 미래는 현재보다 더 암울하다."

이런 절망의 원인 중 많은 부분은 그들의 금융 및 경제 상황과 관련이 있다. 팔레스타인 사람들은 외부 세계에 깊이 의존하면서도 동시에 외부와 단절되어 있다. 그러나 오늘날 화폐라는 주제는 주류 담론에서 철저히 소외되고 때로는 무시된다. 예를 들어 2021년 4월에 국제인권감시기구가 이스라엘과 팔레스타인 관계에 대해 작성한 많은 분량의 보고서에서는 통화와 은행, 송금, 무역 등의 문제는 전혀 언급하지 않았다.[237] 파리의정서는 1994년에 체결되어 지금도 팔레스타인의 통화와 경제를 규정하는 매우 중요한 문서임에도 이에 대해서는 오늘날 철저히 도외시되고 있다.

이 문제를 더 깊이 파헤치려면 또 다른 질문을 던져야 한다. "팔레스타인 경제는 왜 이토록 이스라엘 경제에 의존하고 있는가? 팔레스타인은 왜 자국 화폐가 아닌 셰켈(이스라엘 화폐)을 사용하는가? 팔레스타인은 왜 아마존에서 쉽게 상품을 주문하거나 해외에서 보낸 돈을 받을 수 없는가?" 더 자세히 알아보기 위해 나는 팔레스타인 정치경제학자 알라 타르티르Alaa Tartir와 통화했다.

팔레스타인 라말라에서 태어난 타르티르는 현재 가족과 함께 스위스에 살고 있다. 돈에 대한 그의 관심은 그가 일하던 10대 시절로 거슬러 올라간다. 그는 가족을 부양하고 교육비를 마련하기 위해 14살부터 식료품점에서 장시간의 교대 근무를 시작했다. 그는 어떤 것도 거저 얻을 수 없는 환경에서 모든 일을 스스로 해내야 했다. 이런 환경은 그가 재무 및 회계 분야 학위를 마칠 때까지 7년 동안 계속 일을 하게 되는 동기가 되었다.

그러는 동안에도 그는 자신을 둘러싼 경제 체제를 공부하며 자랐다. 그는 자신이 귀족과 엘리트들을 상대하고 있었음을 깨달았다. 그는 팔레스타인 자치정부가 자신의 지위를 이용하여 원조와 기타 수입을 빼돌려 부를 축적하는 한편, 어떻게 이스라엘 정부와 공모하여 팔레스타인 대중을 냉대하는지 이해하기 시작했다.

타르티르가 들려준 현대 팔레스타인의 경제와 화폐에 얽힌 이야기는 거의 간과되거나 겉으로 드러난 정치적 이야기의 뒷전으로 밀려나는 것이 보통이다.

"우리가 세켈을 사용하는 것, 이스라엘 정부가 우리의 해외 수입을 가로채는 현실, 우리에게 중앙은행이 없는 것에 이르기까지 모든 것이 이스라엘 실력자가 팔레스타인 실력자를 지배하는 관계와 연관되어 있음에도 이런 사실은 기본적으로 숨겨져 있습니다."

그는 점령과 부패, 전쟁이 개발 부정과 문명 정체, 자본 기반의 잠식 등으로 이어지며 팔레스타인이 오늘날의 처지로 전락한 근본 원인은 바로 돈이라고 말했다.

이스라엘의 군사 점령이 시작된 1967년 이후 몇 년 동안, 이스라엘의 정책은 처음에는 경제적인 관점에서 팔레스타인을 돕는 것처럼 보였다. 다른 아랍 국가와의 무역이 개방되었고, 팔레스타인 사람들은 이스라엘에서 더 많은 임금을 받고 일할 수 있었다.

그러나 여기에 더 큰 문제가 있었다. 1960년대와 1970년대, 1980년대에 걸쳐 이스라엘 정부는 팔레스타인 사람들이 이스라엘에서 일하도록 유인하고 제조업 기반을 구축하지 못하도록 하는 점령 체제를 설계하여 그들의 이스라엘 수입품 의존도를 높였다. 1968년부터 1987년까지 20년 동안, 점령된 팔레스타인 영토OPT의 GDP에서 차지하는 산업 비중은 9%에서 7%로 떨어졌다. 1970년 OPT에는 농업 종사자가 5만 9,000명으로 전체 인구의 5.4%를 차지했는데, 1993년에는 5.3%인 5만 4,000명에 불과했다.[238]

타르티르는 1970년대와 1980년대에 OPT의 수입에서 이스라엘 제품의 비중이 90%를 넘어서면서 이스라엘에 거의 전적으로 의존하게 되었고, 팔레스타인은 미국에 이어 이스라엘 상품의 두 번째로 큰 구매자가 되었다고 설명했다.[239] 이스라엘 경제학자 쉬르 헤버Shir Hever는 이렇게 말했다. "팔레스타인의 주요 소득원은 국외 팔레스타인 근로자로부터의 송금이었다…. 1974년에 이미 팔레스타인 근로자의 3분의 1이 이스라엘에 고용되었다…. 팔레스타인의 많은 농부는 이스라엘에서 일하기 위해 농지를 버렸고, 이스라엘 당국은 이를 이용해 일정 기간 경작되지 않은 상태로 남아 있는 땅을 몰수했다."[240] 이런 사실은 '팔레스타인의 농업 생산성이 1967년 GDP의 53%에서 1980년대 후반에는 13%로 급격히 하락한 점'에서 입증된다.[241]

1980년대 중반에 팔레스타인의 경제 성장이 둔화하기 시작했다. 유가의 폭락과 이스라엘의 극심한 인플레이션은 해외에서 팔레스타인으로 오는 송금액에 큰 타격을 미쳤다. 1987년, 엄청난 정치적 좌절과 그동안 극심해진 삶의 질의 퇴보를 경험한 후, 팔레스타인에서는 자기 주권을 목표로 하는 분권 운동, 즉 인티파다Intifada가 일어났다.

정치학자 타리크 다나Tariq Dana에 따르면, 인티파다는 두 부분으로 구성된 '경제 전쟁'이었다. "첫 번째는 상업 부문의 파업, 이스라엘 제품 불매 운동, 납세 보류, 이스라엘 시장 및 정착지에서의 노동 거부와 같은 시민 불복종 전술을 통해 OPT에서 이스라엘의 경제적 이익을 해치고자 했다…. 두 번째 부분은 가계와 이웃이 중심이 되는 내수 경제 모델을 수용하여 팔레스타인의 생존과 자급을 보장하고자 한 것이었다."[242]

타르티르에 의하면 처음에는 이스라엘 정부가 점령을 통해 다음과 같은 이익을 얻었다고 한다. 세수가 지출보다 더 많았다. 이스라엘은 저임금 근로자들로 넘쳐났다. 이스라엘은 저품질 상품을 수출할 수 있는 '포로 시장'을 얻었다. 그리고 OPT의 천연자원을 시장가보다 낮은 가격으로 착취할 수 있었다.[243] 인티파다는 점령 비용을 훨씬 더 올리는 데 성공하여 1990년대 초 이후부터는 더 이상 이스라엘이 점령으로 이익을 얻는 것이 아니라 돈만 많이 드는 짐으로 변했다. 그러나 그 봉기가 팔레스타인에 실질적인 독립을 안겨주지는 못했다.

파리의정서

1994년 4월 29일, 팔레스타인해방기구PLO와 이스라엘 정부 대표단은 프랑스에서 만나 '경제 관계 의정서', 혹은 '파리의정서'라는 문서에 서명했다. 물론 오늘날 이 문서가 언급되는 일은 매우 드물다.

이 회의는 국제적 지지를 얻는 오슬로 협정의 일부였고, 이를 통해 팔레스타인은 정치적 자치권을 얻게 될 것이었다. 오슬로는 인티파다의 종식과 팔레스타인 자치정부PA 및 그들이 주도할 국가 건설 과정의 시작을 알렸다. 이 회의는 팔레스타인에 대한 외국 원조를 촉발했다. 과거 원조 제공자들은 그동안 직접적인 점령 권력인 이스라엘에 자금을 제공하기를 꺼렸기 때문이었다. 특히 이를 통해 야세르 아라파트Yassir Arafat PA 의장과 시몬 페레즈Shimon Peres, 이츠하크 라빈Yizhak Rabin 두 이스라엘 총리는 '중동의 평화를 위한 노력'으로 노벨평화상을 받았다.

이스라엘 정부는 왜 25년간 유지해오던 OPT에 대한 완전한 통제권을 포기했을까? 물론 팔레스타인의 저항과 국제적, 국내적 압력이 주요 요인이었지만, PA 창설을 통해 PLO에 정치적 자율성을 부여하는 것 같은 인상을 주면서도 파리의정서를 통해 사실상 배후에서 경제적 통제권을 유지하려는 것이 핵심적인 이유였다는 것이 타르티르의 생각이다.

2021년까지도 파리의정서는 팔레스타인의 통화, 재정, 세금, 농업, 보험, 산업, 노동 정책은 물론, 이스라엘과의 관광과 무역 분야에까지 여전히 효력을 발휘하고 있다. 이 의정서는 팔레스타인의 무역을 활성화하고, PA가 공식적인 공공 부문을 설립하여 자국민으로부터 세수를 창출하며 고용 기회를 증대하도록 되어 있었다.

그러나 타르티르에 따르면 오슬로 프로세스는 그저 소비주의 문화와 의존의 가속화를 부채질했을 뿐이다. 그는 "개인의 자유와 경제적인 주권은 아라파트와 그 추종자들의 이익에 희생되었다"고 말했다.

이 의정서는 원래 1999년까지 단 5년간 지속될 예정이었으나 29년이 지난 지금까지도 효력을 유지하고 있다. 이 문서는 팔레스타인에는 중앙은행도, 자국 통화도 없을 것이라고 못 박았다. 그 대신 '팔레스타인 통화당국PMA'이 창설된다고 규정했다. 사실 팔레스타인은 통화에 대해 어떤 권한도 없으므로, 이 이름은 가짜인 셈이다.

이후 이스라엘은 팔레스타인의 통화 정책과 은행 시스템을 통제하게 된다. 이스라엘의 새로운 셰켈이 요르단강 서안지구와 가자지구에서 의무적으로 법정화폐가 되었다. 은행들은 예금과 대출금을 셰켈로 표시했다. 팔레스타인 자치정부는 준비금 요건에 관한 것 외에는 거의 재량권을 갖지 못했다.[244] 이 제도를 변경하려면 공동경제위원회를 열어 투표해야 하는데, 이 기구는 휴면상태에 빠진 지 오래였고, 그마저도 이스라엘이 통제하고 있다.[245] 파리의정서에 서명함으로써 이스라엘 정부가 확보한 내용은 다음과 같다.

요르단강 서안지구나 가자지구로 향하는 물품에 대해 징수하는 관세, 부가가치세, 수입세 등의 금액을 통제하고, PA에 통관된 대금에 대해 3%의 '처리' 수수료를 공제한다.

팔레스타인 상품의 가격을 인위적으로 비싸게 함으로써 이스라엘 상품과의 경쟁을 막고, 팔레스타인 사람들에게 수입을 강요하며, 이스라엘은 다른 곳에서 판매할 수 없는 저품질 상품을 높은 마진으로 수출할 수 있는 특수한 시장을 확보한다.

무역 정책의 통제권을 확보하여 이스라엘은 요르단강 서안이나 가자지구로 들어오는 모든 상품에 대해서 거부권을 가지며, 의약품과 연료를 포함하여 군수용으로 '중복 사용'할 수 있다고 인정되는 모든 물품을 제한한다. 이는 이집트 정부의 도움으로 시행되었다.

이스라엘 정부는 이스라엘이나 정착촌에서 일하는 팔레스타인에게 소득세를 징수하거나 사회적 특전을 부여할 수 있고, 이를 매월 1회 PA에 승인한다. 이로써 이스라엘은 임금 지불을 연기하거나, 은행에 예치하여 이자를 부과하거나, 심지어 그것으로 국가 부채를 갚을 수도 있다.[246]

팔레스타인 근로자들은 사회보장세, 조합비, 치안세 등을 납부했지만, 정부로부터 보조금 혜택은 얻지 못했다.

파리의정서의 총체적 영향은 1994년에서 2011년 사이 팔레스타인의 제조 부문이 19%에서 10%로 감소했다는 충격적인 통계만으로도 간단

히 확인할 수 있다.[247]

타르티르는 이런 대외 의존성이 팔레스타인의 상황을 어렵게 만드는 것은 사실상 해외에서 국내로 자금을 보내기가 너무 어렵기 때문이라고 말했다. 타르티르는 "만약 제네바에서 라말라로 송금하고 싶다면 이스라엘의 해당 은행을 거쳐야 합니다"라고 말했다.

"팔레스타인 수출업자나 수입업자 혼자서는 아무 일도 할 수 없습니다. 무역을 진행하려면 반드시 이스라엘의 해당 담당자에게 의존해야 합니다. 이스라엘 항구에 독자적인 공간을 마련할 수 없습니다. 이런 강제적인 요소는 모든 거래 비용을 증가시킬 뿐 아니라 이스라엘 경제에 이익을 줍니다. 그러나 우리는 선택의 여지가 없습니다."

1997년에서 2017년 사이에, 이스라엘이 통제하는 통관 수수료와 해외 원조가 PA의 총수입에서 차지한 비중은 평균 72%였다.[248]

타르티르는 팔레스타인의 핀테크 부족도 지적했다. 그는 "라말라에는 페이팔도, 트랜스퍼와이즈TransferWise도, 벤모도, 리볼루트Revolut도 없습니다. 해외에서 돈을 받으려면 웨스턴유니온을 통해 현금을 찾아야 합니다"라고 말했다.

그는 웨스턴유니온도 예전에는 더 융통성이 있고 서안지구 전역의 상점에서 이용할 수 있었지만, 이제는 대테러 조치로 인해 이런 지불금을 한두 개 은행을 통해서만 받을 수 있다고 설명했다. 혹시 팔레스타인 통화당국으로부터 의심스럽다는 딱지를 받으면 송금에 며칠 또는 심지어 몇 주가 걸릴 수도 있는 데다, 수수료도 엄청나게 비싸다. 500달러를 송금하는 데 30달러나 40달러가 들어간다.

지금으로서는 유럽에서 요르단강 서안지구로 송금하고 싶다면 이것이 최선의 방법이다. 은행 송금은 훨씬 더 어려운 과정이다. 게다가 1만 달러가 넘는 금액을 송금하는 것은 '거의 불가능'하다.

2019년 유엔 보고서에 따르면 2000년부터 2017년까지 팔레스타인 점령지에 들어간 재정 비용 총액은 477억 달러로 2017년 OPT GDP의 3배에 달하는 것으로 추정된다.[249] 보고서는 파리의정서에 의해 정해진 메커니즘의 결과, 매년 팔레스타인 GDP의 3.7%가 이스라엘 재무부로 유출된다는 결론을 내렸다.

팔레스타인의 독립을 위한 조치라고 선전했던 것은 실제로는 대외 원조와 이스라엘 경제에 대한 팔레스타인의 의존도를 높이는 정책과 규칙이었다. 이스라엘은 수백만 팔레스타인 사람들에 대한 책임을 PA에 넘기면서도 통화 정책, 은행, 천연자원, 교통, 국경에 대한 통제는 포기하지 않았다.

그 결과, 1990년대에 이스라엘은 호황을 누렸지만, 팔레스타인 경제는 위축되었다. 오슬로 평화협정으로 희망을 품었지만 이후 수십 년간 팔레스타인의 생활수준은 하락했고, 일부 추정에 따르면 하락폭은 2008년 40%에 이르렀다.[250]

2000년 9월, 아리엘 샤론Ariel Sharon의 알 아크사 모스크Al-Aqsa Mosque 방문(당시 이스라엘 야당 지도자였고 나중에 총리가 되는 샤론이 동예루살렘의 이슬람 성지인 이곳을 방문한 사건-옮긴이)과 가자지구의 식수 위기로 제2의 인티파다가 촉발되었다. 이에 이스라엘은 가혹하게 대응했고, 결국 팔레스타인 경제는 치명타를 입었다.

세계은행에 따르면 2000~2003년 이스라엘이 자국 내 취업을 제한한 인구는 요르단강 서안지구 팔레스타인인이 53%인데 비해, 가자지구의 경우는 86%로 압도적이었다. 그 결과, 팔레스타인의 1인당 GDP는 40% 감소해 2001년 아르헨티나 금융 붕괴와 1930년대 미국 대공황 때 느꼈던 감소 폭을 넘어섰다.[251]

의존의 문제점

종합해보면, 파리의정서에 따른 규제는 팔레스타인의 만성적인 국제수지 적자를 초래했다. 일반적으로 한 국가가 이런 상황에서 취할 수 있는 선택지는 몇 가지가 있다. 첫 번째로 팔레스타인은 통화를 절하하여 더 많은 돈을 찍어낼 수 있다. 그러나 팔레스타인에는 통화 재량권도, 중앙은행도, 부채를 수익화할 방법도, 돈을 찍어낼 방법도 없다. 두 번째 선택권은 준비금 보유량을 줄이는 것이다. 그러나 팔레스타인은 통화 자립을 달성하지 못했으므로 준비금이 거의 없다. 세 번째로 부채를 통해 차입하는 방법도 있다. 하지만 팔레스타인은 국가가 아니므로 팔레스타인 채권을 원하는 사람은 거의 없다. 마지막으로 남아 있는 네 번째 선택권은 해외 원조다. 팔레스타인은 어쩔 수 없이 해외 원조에 의존하게 되었다. 원조금이 도착하지 않으면 정부가 공공 예산을 조달할 수 없는 경우가 허다했다. 1993년 이래 국제 기부자들의 도움으로 서안지구와 가자지구에서 400억 달러 이상이 지출되었고, 팔레스타인은 세계

에서 1인당 원조를 가장 많이 받는 국가가 되었다.[252]

타르티르는 이렇게 말했다. "팔레스타인 사람들은 원조 개발의 역설 속에서 살 수밖에 없었다. 거액의 원조를 받으면서도 사회경제적 지표와 인적 발전 지표는 하락했기 때문이다. 가자의 경우, 그런 지표의 감소는 디스토피아를 초래했다."

이 모든 원조를 받았어도 실업과 빈곤, 부채가 증가하고, 1인당 소득이 감소하고, 경제 기반은 악화하고, 생활비와 식량 불안정은 증가하고, 약속된 외국인 투자는 실현되지 않았다.

니키 틸레켄스Nikki Tillekens의 2010년 분석에 따르면 팔레스타인에 대한 해외 원조의 71%는 결국 이스라엘 경제를 지탱하는 데 사용되었다고 한다.[253] "2000~2008년 팔레스타인에 지급된 120억 달러 이상의 해외 원조 중 87억 달러가 결국 이스라엘 경제로 들어갔다."

타르티르는 국제 기부자들은 그들이 알든 모르든 이 현상을 유지하는 데 기여하는 셈이라고 말했다.

미국은 이스라엘에 매년 38억 달러의 원조를 제공하는 동시에 이스라엘의 가장 큰 수출입 시장이기도 하다.[254] 다시 말해 팔레스타인이야말로 원조에 의존해서 살아가는데 이스라엘의 1인당 원조 금액이 훨씬 더 많은 기이한 상황이 조성된 것이다. 심지어 1999년 이전에는 점령 비용의 전액을 미국의 원조로 충당했다.

지금도 미국은 이스라엘의 팔레스타인 점령에 엄청난 보조금을 지원한다. 다시 말해 이스라엘은 원조금을 달러로 받지만, 장벽 건설과 군대 유지에 들어가는 돈은 셰켈이다. 쉬르 헤버는 이런 구조를 '수익성 있는 벤처'라고 불렀다. 그 결과, 증가한 이스라엘 중앙은행의 외환 보유고는 무역 적자에 대한 보상이나 지난 20년간 달러 대비 25% 절상된 셰켈화의 강세를 지탱하는 데 사용된다. 헤버는 이스라엘 정부가 이런 메커니즘을 보호하기 위해 전력을 다하고 있다고 주장하면서, 심지어 2008년 가자지구 공격의 주된 동기가 셰켈화가 지하 터널을 통해 이집트로 흘러가는 것을 막기 위한 것이라는 이론을 제시하기도 했다.[255]

또한 미국 정부는 이집트 군부 독재와 요르단 국왕, 사우디의 폭정을 지지하고, 이들은 모두 이스라엘과 협력하여 이란과 역내 동맹국들의 위협에 맞서고 있다. 이스라엘은 핵무기를 보유하고 있으나 이란으로부터의 전멸 위협이 상존하는 상황에서 이에 경계심을 늦추지 않는 것도 이해할 만하다. 특히 이스라엘의 독립이 사방에서 공격받은 역사를 생각하면, 팔레스타인으로서는 이스라엘에 대한 외부(즉 미국)의 지원이 곧 끝날 것이라고 기대하는 것은 순진한 생각일 것이다.

현상 유지론자들은 이것이 단지 시간문제일 뿐이며, 팔레스타인의 생활수준이 계속 점진적으로 개선되면 언젠가 평화가 올 것이라고 주장한다. 이 생각은 1970년대 카터 행정부 시절로까지 거슬러 올라간다. 당시 미국은 '안정적인 고용과 제 기능을 하는 행정 체계를 갖춘 팔레스타인은 이스라엘 점령하에 있는 한 언젠가는 화해를 위한 협상에 나설 것'이라는 행복한 미래를 가정했다. 그리고 이런 철학의 결과는 경제 원조와 주권 문제를 분리하는 것이었다.[256]

이스라엘, 미국, 유럽의 여러 관리와 기부자는 이런 설명에 격렬하게 반대했다. 그리고 지역 안정에 위협이 되는 부패하고 폭력적인 지도자들의 손아귀에 놓인 취약한 팔레스타인 주민을 지원하는 데 최선을 다하고 있다고 말했다.

타르티르는 PA도 현상 유지에 한몫하고 있다고 비난했다. 그는 지금 이 순간에도 PA가 시위자를 탄압하고 있다고 말했다. 그들은 이스라엘과 맺은 이 비뚤어진 거래를 통해 내부자들만 이익을 취하는 구조가 흔들리는 것을 원치 않기 때문이다.

야세르 아라파트의 부패가 남긴 것

파디 엘살라민Fadi Elsalameen은 팔레스타인의 민주주의 옹호자다. 2021년 여름과 가을에 우리가 여러 차례 나눈 전화 통화와 직접 대화에서, 그는 팔레스타인 사람들이 16년 동안 서안지구를 통치해온 마흐무드 압바스 수반에 대항해 많은 시위를 벌이고 있다고 말했다. 엘살라민은 그가 "극도로 부패했다"고 말했다.

야세르 아라파트의 도둑 정치는 가히 전설적이라고 할 만하다. 그는 이스라엘에 있는 팔레스타인 근로자들의 후원으로 들어온 수입을 자신의 은행 계좌나 아내의 프랑스 계좌로 빼돌린 돈이 무려 수십억 달러에 달하는 것으로 추정되었다.[257]

엘살라민은 아라파트의 발자취를 따라 오늘날 압바스도 자신의 정치 권력을 이용해 보험, 통신, 건설, 그리고 담배 등의 산업에서 제국을 건설했다고 말했다.[258] 파나마 페이퍼스Panama Papers(파나마 법률회사 모색

폰세카가 보유한 비밀문서. 그중에서도 국제탐사보도언론인협회가 입수한 문건을 말한다.-옮긴이)의 유출된 문서들에 따르면, 압바스와 그의 두 아들은 "권력과 영향력을 이용해 두 개의 주요 팔레스타인 경제위원회(아랍 팔레스타인 투자회사, 팔레스타인 투자기금)를 통제하고 3억 달러 이상의 서안 경제 제국을 건설했다."[259]

압바스 수반의 아들 야세르는 요르단강 서안지구에서 미국산 담배 판매 독점권을 행사하는 팔콘 토바코Falcon Tobacco를 소유하고 있다. 엘살라민에 의하면 압바스 수반은 자신의 수입 사업 이익을 위해 요르단강 서안지구 담배 생산자들에게 지나친 세금을 매겨 결국 그들을 몰락시켰다고 한다. 비판론자들은 압바스 수반이 개인적 이익을 위해 수억 달러의 팔레스타인 국가 자금을 빼돌렸다고 비난했다.[260] 2016년 여론조사에 따르면 팔레스타인 국민의 95.5%가 압바스 수반이 부패했다고 생각하지만,[261] 그는 법령에 따라 계속 통치하고 있다.

엘살라민은 "물론 압바스보다 하마스가 더 싫습니다. 그러나 서안지구에 있는 우리는 이곳 피라미드 음모의 꼭대기를 표적으로 삼아야 합니다"라고 말했다.

엘살라민에 따르면 PA가 국민에 대한 자기 책임을 덜기 위해 고의로 해외 원조에 의존하게 만들었고, 그로 인해 사회의 나머지 사람들과 분리된 특수 엘리트 계층도 형성되었다고 한다. 공공 세입은 수십 년간 이 제도를 지탱해왔다. 〈알자지라〉에 따르면 2015년 'PA의 연간 예산 중 16%는 교육, 9%는 보건, 1%가 농업'에 사용되었고 26%는 보안 분야에 사용되었는데 이는 팔레스타인을 겨냥한 것이었다.[262]

지난해 여름에 발생한 시위는 압바스 수반이 자신을 가장 격렬하게 비판했던 운동가 니자르 바나트Nizar Banat를 살해한 사건을 전후로 일어났다.

엘살라민은 당시를 이렇게 설명했다. "그가 동원한 폭력배들이 밤중에 바나트의 집을 찾아가 납치한 후 곤봉을 휘둘러 살해했습니다. 압바스는 그들에게 완전한 면책특권을 부여했습니다. 희생자 가족은 '우리는 그가 물러날 때까지 항의할 것'이라고 말했고, 그 후 모든 사람이 그의 뒤를 따라 거리로 나섰습니다."

엘살라민은 수천 명의 사람이 서안지구를 행진하며 '정권 타도'를 외치는 모습은 10년 전 아랍의 봄을 떠올리게 했다고 말했다. 그러나 압바스 수반은 여전히 건재하다. 엘살라민은 압바스 수반이 이스라엘과 미국, 세계은행에 "내가 권좌에 있지 않으면 하마스가 이 자리에 있을 것이다"라고 말하며 계속 권좌에 머물러 있다고 말했다.

그는 "이것이 바로 압바스 수반이 그들을 자기 보호자로 만드는 방법이며, 그들은 그의 고객입니다"라고 말했다. 엘살라민은 실패한 시위를 가리키며 팔레스타인의 투쟁에 정치는 제한적일 수밖에 없으며, "우리가 갈 수 있는 한계선은 투표함까지"라고 말했다.

그는 비트코인을 어떻게 생각하느냐는 질문에 "맞습니다. 비트코인을 통해 평화적인 반격을 시작할 수 있습니다. 그것은 팔레스타인 젊은이라면 누구나 할 수 있는 일입니다. 물가 안정은 포기해야겠지만, 그 대가로 자유를 얻을 수 있습니다"라고 말했다.

그는 "사람들에게 그것을 알리는 것이 과제"라고 말했다. 그것은 새롭고 이상한 개념이지만 사람들은 한번 이해하고 나면 반드시 사용할 것이다. 그는 "그것은 침대 밑에 현금을 보관하거나 해외에 있는 가족으로부터 송금을 받기 위해 한 달을 기다리는 현실보다는 훨씬 더 나은 것입니다"라고 말했다.

그는 비트코인으로 부패와 싸울 수도 있다고 생각한다.

"결제 관리자에게 뇌물을 주면 송금을 더 빨리 처리할 수 있습니다. 그들은 그 돈으로 재산을 챙깁니다. 비트코인은 이런 관행을 끝낼 수 있습니다."

그는 "우리는 S&P 500에 투자할 수 없습니다"라고 말하며 많은 팔레스타인 젊은이가 비트코인을 구입하고 있다고 말했다.

엘살라민은 이스라엘과 PA가 모두 비트코인을 비판하는 것은 좋은 일이라고 생각한다. "그것만 봐도 비트코인이 팔레스타인 사람에게 도움이 된다는 것을 알 수 있습니다."

라말라의 은행에서 비트코인까지

이스라엘의 평균 일당은 264세켈인데, 요르단강 서안지구는 123세켈이다. 이런 현실에서 아무리 대외 의존도가 높다고 하더라도, 팔레스타인 사람들이 다른 곳에서 더 높은 소득을 추구하는 것을 과연 누가 비난할 수 있겠는가?[263]

이런 현실을 생각하면 탈식민화된 팔레스타인 경제는 어떤 모습이 될지 알라 타르티르에게 물어보았다. 그는 우울하게 말했다. "그것은 미래의 프로젝트이지, 가까운 일이 아닙니다."

그는 팔레스타인 사람에게 생존과 저항, 주권을 안겨주는 '저항 경제'라는 개념이 오래전부터 존재했다고 말했다. 제2차 인티파다 이후, 아랍계 이스라엘 작가 아즈미 비샤라Azmi Bishara는 "팔레스타인에 은행, 보험회사 혹은 출판사가 하나도 없다는 사실에 한탄하며 팔레스타인 투자자들을 향해 '자체적인 구조, 시장, 그리고 노동력을 갖춘 지역 경제 벤처기업을 구상하라'고 촉구했다."[264]

그러나 타르티르는 그들은 항상 셰켈과 이스라엘 금융, 철도에 의존해왔으며 "이를 실현할 수 있는 수단은 항상 부족했다"고 말했다.

과거 은행원으로 일했던 팔레스타인의 아부웨다드Abuwedead는 비트코인이 그런 도구가 될 수 있다고 생각한다. 그는 우리와 인터뷰할 때 익명을 원했지만, 최근 7년간 몸담아온 직장을 그만둔 후 라말라에 있는 그의 집에서 만나 이야기를 나눴다. 그는 퇴직 당시 요르단과 서안지구에서 영업하는 주요 은행의 차석 재무책임자로 일했다. 그가 떠난 이유는 팔레스타인의 재정적 피해를 심화하는 일을 바로 자신이 담당하고 있다는 생각에 도저히 견딜 수 없었기 때문이다. 그 일은 바로 대출이었다.

"지난 15년간 시스템 전체의 바탕은 사람들이 감당할 수 없을 정도의 돈을 빌리도록 하는 데 있었습니다."

게다가 그 대출금은 사업을 시작하거나 사회기반시설을 건설하는 데 쓰인 것이 아니라 결혼식, 자동차, 또는 시내의 아파트를 사는 데 들어갔다. 정책 연구원인 야라 하라리Yara Harari에 따르면 "지난 10년간, 자동차 대출금은 2008년 4,000만 달러에서 2억 5,000만 달러로 6배가 뛰었다. 그 결과, 라말라는 모르는 사람이 보면 호화로운 빌라와 최고급 자동차로 가득 찬 번영하는 도시인 줄 알 것이다. 그러나 이것은 단지 겉모습일 뿐이다"라고 했다.[265]

아부웨다드는 실물 경제가 뒷받침되지 않은 그 많은 돈은 (여기에 로빈후드도, 전자무역도, 세계 최고의 주식시장에 투자할 수도 없는 환경이 더해져) 결국 부동산에 차곡차곡 쌓였다고 말했다. 1994년과 2016년 사이에 팔레스타인에 형성된 자본의 80%가 건물로 들어갔다.[266] 그 결과, 가격이 '비현실적으로' 상승했다. 그는 1인당 GDP가 3,500달러에 불과한 이곳에서 작은 아파트 한 채에 10만 달러, 1,000제곱미터의 땅이 1,000만 달러가 되기도 한다고 말했다.

그는 팔레스타인의 대對이스라엘 의존도가 커지고 주권을 상실한 데는 은행의 죄가 크다고 말했다. 이는 2007년 살람 파야드Salam Fayyad 당시 팔레스타인 총리가 주도한 개혁의 결과였다. 아부웨다드는 그가 "독립보다 소비주의를 우선시했다"라고 말했다.

알라 타르티르 등의 편저로 최근 간행된 논문집《팔레스타인의 정치경제Political Economy of Palestine》에 따르면 "팔레스타인에서 운영되는 은행들은 법에 따라 현지 운용 신용 대출을 40%로 확대했고, 그에 따라 신용 대출액이 2008년 13억 달러에서 2018년 450% 증가한 71억 달러로 치솟았다"고 한다.[267]

아부웨다드는 이렇게 말했다. "팔레스타인 보안군 병사의 급여는 600달러입니다. 그들은 월급의 5배, 심지어 10배를 대출받을 수 있고,

현금으로 10%를 깎아 라말라에 있는 화려한 120제곱미터짜리 아파트를 살 수 있습니다."

물론 은행은 25년에 걸쳐 대출금 10만 달러당 20만 달러를 벌 수 있어 행복하다. 그러나 사람들은 평생 빚을 져야 한다. 아부웨다드는 아파트뿐만 아니라 온갖 생필품을 사기 위해 대출을 받아야 하는 것이 오늘날 팔레스타인의 현실이라고 말했다.

그에 따르면 산업, 농업, 또는 기업 운영에 필요한 차입은 거의 없다. 2008년을 기준으로 은행 대출금의 7%만 농업과 제조업에 사용되었고, 33%는 '자동차, 신용카드, 소비재'에 사용되었다.[268]

아부웨다드는 "이것은 수십 년 전 우리에게서 산업 기반을 조성할 권한을 박탈하고 외세에 의존하게 만든 바로 그 정책으로, 단지 여기에 '국가 건설'과 '경제적 권한 부여'라는 새로운 옷을 입힌 것일 뿐이다"라고 말했다.

"지금도 모든 팔레스타인 사람은 자유를 고대하고 있습니다. 그러나 이 제도는 우리가 그 궁극적인 목표에 집중하지 못하고 눈앞의 재무적 사안에만 주의를 팔게 합니다. 사람들은 미래를 위한 저축과 투자는 꿈도 못 꾼 채 하루 먹고살 돈을 벌어 대출금을 갚는 동안 은행의 재산은 나날이 불어갑니다."

은행 일을 그만둔 후, 아부웨다드는 라말라에 있는 기술 회사에서 몇 년간 일했고, 친구들과 온라인 게임 사업을 시작하려고 했다. 그는 팔레스타인 사람들이 e스포츠에서 경쟁력을 가질 수 있고(비록 지금은 아니지만), 게임이 협력과 팀워크, 개인의 존엄성 증대, 그리고 해외 사람들과의 교류에 도움을 줄 수 있다고 믿었다. 그러나 아직 인터넷이 충분히 보급되지 않았고(불과 몇 킬로미터 떨어진 이스라엘은 엄청나게 빠르다), 컴퓨터 가격이 너무 비싸다는 등 많은 장애물이 존재한다.

아부웨다드는 미국이나 이스라엘에서는 1,500달러 정도인 노트북을 팔레스타인에서 산다면 거의 3,500달러가 될 것이라고 말했다. 언뜻 보기에는 이스라엘과 팔레스타인이 같은 화폐를 사용하기 때문에 셰켈화의 인플레이션이 양쪽에 똑같이 피해를 줄 것으로 생각할지 모른다. 아부웨다드는 그렇지 않은 이유를 설명해주었다.

"팔레스타인 수입품이 이스라엘에 도착하면 세금이 부과된 다음 서안지구로 향할 때까지 보관비용이 듭니다. 트럭 배정이 원활하지 않기 때문입니다." 그 과정에서 상품이 도난당할 때도 많다. 따라서 현지 판매업자는 세금과 수익을 충당하기 위해 상품 가격을 올려야 한다. 모든 사람이 똑같은 통화를 사용하고 있음에도 라말라에서 노트북이 판매될 때쯤이면 텔아비브보다 2~3배까지 가격이 오를 수도 있다.

또 다른 조사에 따르면 팔레스타인 무역상은 상품을 수입하여 판매하는 데 평균 '38일'이 걸린 데 반해, 이스라엘 무역상은 10일이면 상품을 판매할 수 있다고 한다.[269] 이로 인해 라말라에서는 거래당 평균 비용이 텔아비브의 3배에 달하게 된다. 아부웨다드는 많은 소비재 상품의 경우 이처럼 심각한 인플레이션이 실제로 발생한다고 한다.

"우리가 직접 수입할 수 있다면 훨씬 저렴할 것입니다." 그는 세계가 급변했는데도 30년 동안 조금도 달라지지 않은 채 '구식'을 고집하는 파리의정서를 주범으로 지목했다.

이스라엘과 팔레스타인의 인플레이션 곡선은 셰켈 붕괴로 팔레스타인의 구매력이 감소했던 1980년대와 이후 1990년대까지 줄곧 같은 움직임을 보이다가 2000년 10월 제2차 인티파다 이후 갈라지기 시작했다. 이스라엘은 디플레이션을 겪었지만, 팔레스타인은 소득이 감소하고 물가가 상승하는 스태그플레이션이 찾아왔다. 팔레스타인의 구매력은 이스라엘의 구매력에 크게 뒤처졌다. 쉬르 헤버는 2008년까지 "똑같은 제품이라도 팔레스타인 도시에서 팔리는 가격이 이스라엘 도시보다 32% 더 비쌌다"고 지적했다.

창업으로 이 덫에서 벗어나려던 아부웨다드의 계획은 코로나19 팬데믹으로 실패했다. 특히 서안지구의 피해가 커서 경제 활동이 위축되었다. 그 이후로 그는 비트코인에 깊이 빠져들었다. 그는 현재 서안지구와 가자지구에 사는 전체 인구가 비트코인에 관여하고 있다고 말했다. 나는 그에게 2021년 전 세계 비트코인 도입률은 1997년 당시 인터넷 보급률과 비슷한 2% 정도이며, 인구수로 환산하면 약 2억 명 정도라고 말해주었다. 그는 팔레스타인에서도 대략 그 정도 비율일 것이며, 향후 몇 년 동안 빠르게 증가할 것이라고 말했다.

팔레스타인 사람들은 어떻게 비트코인을 살 수 있을까?

아부웨다드는 "우리는 언제나 구멍을 찾아냅니다"라고 말했다.

그는 누군가 현지 은행 계좌를 통해 거래소에서 암호화폐를 사려고 하면 팔레스타인 통화당국이 그 거래를 차단하는데, 여기서 테더 스테이블코인USDT은 예외이므로 이 허점을 이용하면 된다고 말했다. 그가 생각하기에 테더가 달러와 연결되어 있어 당국이 내버려두었고, 바이낸스와 같은 플랫폼에서 테더를 구매하는 게 차단되지 않는 것 같았다. 아부웨다드는 자신이 아는 사람은 거의 모두 테더에서 암호화폐를 산다고 말했다. 그들은 테더를 저축 수단 삼아 비트코인을 사거나 그곳에 머물며 결제 계좌로 사용하기도 한다. 어떤 사람들은 아예 은행 시스템 전체를 돌아다니기도 하며, 텔레그램이나 페이스북 그룹을 통해 P2P 방식으로 테더나 비트코인을 구입하는 사람도 있다.

아부웨다드는 테더가 이상적인 해결책이 아니라는 것을 알고 있지만, 지금으로서는 효과가 있다고 말했다. 우리는 가까운 미래에 팔레스타인 사람들이 달러와 같은 법정화폐에 고정된 '라이트닝' 지갑을 갖게 된다면 테더에 의존할 필요 없이 그 지갑을 사용할 수 있다는 이야기를 나누었다. 그는 라이트닝에 대해 잘 몰랐지만, 우리가 '왓츠앱'으로 통화하는 동안 나는 '뮤운Muun' 지갑을 다운로드해서 '라이트닝'을 통해 5달러를 보내는 법을 보여주었다.

그는 내가 묵고 있던 보스턴에서 라말라로 즉시 송금되는 것을 보고 "정말 빠르다"며 놀라워했다. 내가 수수료도 사실상 거의 들지 않았다고 하니 그는 더욱 놀란 눈치였다. 우리는 팔레스타인 사람들이 원거리에서 돈을 주고받는 일이 힘들다는 점을 생각하며 비트코인이 바꿀 판도를 이야기했다. 나는 수천 킬로미터 떨어진 곳에서 그에게 돈을 보냈고, 그 과정에는 세관, 지연, 적신호, 몰수, 부가가치세 등도 없었다. 이스라엘 정부도 몫을 떼지 못했고, PA도 마찬가지였다.

그는 안정적인 라이트닝 지갑이 팔레스타인 사람에게 커다란 영향을 미칠 수 있다고 생각했다. 어떤 ID도 필요 없고, 자기 돈을 통제할 수 있으며, 사실상 수수료 없이 세계 어디에서나 즉시 거래할 수 있고, 달러에 가치를 고정하거나 비트코인 그 자체로 유지할 수 있는 은행 계좌, 그것이야말로 "우리의 꿈입니다"라고 그는 말했다.

아부웨다드는 비트코인을 부패하고 착취하는 중앙집권적인 금융 시스템에 대한 평화로운 항의로 여긴다. 그는 현재로서는 소수의 팔레스타인 사람만이 비트코인을 사용하고 있는 것이 장애물이라고 했다.

"대다수가 그것을 투자로 볼 뿐, 통화로 보고 있지는 않습니다."

그는 대중운동이 되기까지는 시간이 걸릴 것이며, 교육이 매우 중요하다고 말했다. "처음에는 모르는 것투성이지만 시간이 지나면 모두 배우고 사용하게 될 것입니다."

그는 최근 팔레스타인 자치정부가 자체적으로 디지털 화폐를 출시한다는 보도를 보았지만, 사람들은 그것을 신뢰하지 않을 것이라고 했다. 만약 그렇다면 더 많은 사람에게 비트코인을 사용하도록 장려할 수 있을 것이다.

"우리가 비트코인을 세상에 저항하는 무기로 사용하여 오슬로와 파리의 합의에서 벗어나려면 무엇보다 일상생활에서 사용하는 것이 중요합니다. 물론 시간이 걸릴 것입니다. 우리는 모두 국제사회가 우리에게 자유를 주지 않을 것임을 알고 있습니다. 자유는 우리 스스로 찾아내야 합니다."

그는 딸을 낳게 된다면 아이의 이름을 아부웨다드라는 자신의 이름을 따서 웨다드Wedad라고 할 것이며, 아마도 딸은 비트코인 세계에서 성장할 것이라고 말했다.

새로운 저항경제

케파 아부크데이어Kefah Abukhdeir는 팔레스타인계 미국인 3세다. 그녀는 조지아주 애틀랜타에서 자랐고, 남편과 함께 동예루살렘에 정착해 교육자로 일하고 있다.

아부크데이어의 가족은 오스만제국이 예루살렘을 통치하던 시절에 징병을 피해 미국과 남아메리카로 떠났지만, 이후에도 고국과의 끈을 놓지는 않았다. 그녀의 아버지는 팔레스타인으로 돌아왔고, 1960년대에 요르단 사람이 서안지구에 들어오는 데 반대하며 노골적인 반체제 인사가 되었다. 결국 그는 완전히 미국으로 이주했고, 조지아 공대에 진학하면서 미국 남부에서 가정을 꾸렸다. 아부크데이어는 선대의 뒤를 이어 1990년대에 아랍어를 배우기 위해 서안지구로 돌아가 비르제이트 대학교에 입학했다. 그곳에서 교육학 학위를 받은 후 비로소 동예루살렘으로 이주했다.

그녀는 이렇게 말했다. "팔레스타인 어머니들은 자녀가 경영학이나 농업을 공부하겠다고 말하면 마음이 아파집니다." 실질적인 독립을 달성하는 데는 이 두 분야가 중요하지만, 이곳에서는 만류나 기피의 대상이 될 뿐이다. 그것은 토착 경제의 발전을 '시간 낭비'로 여겨온 결과로 벌어진 일이다.

아부크데이어는 지난 10년간 미국 국무부 프로그램을 통해 아이들을 위한 교사 연수 및 과외 프로그램을 제공하는 에듀리치EduReach라는 기관에서 팔레스타인 청소년을 가르치는 일을 해왔다.

그녀는 그곳에서 딜레마에 직면했다. 학생들이 경쟁력을 갖추려면 영어를 배우고 이스라엘의 학교에 다녀야 한다는 것이었다. 그녀는 이렇게 되면 팔레스타인 사람들이 주변 세계에 의존 상태로 남아 있는 상황은 계속 연장되고, 이스라엘 경제는 더욱 발전한다는 것을 알았다. 그러나 그녀는 가능한 한 고용 자격을 갖추고 아이들이 가장 바람직한 미래를 맞이하기를 원했다. "우리는 밤새 이 문제를 놓고 토론합니다."

"두뇌 유출을 부추기는 것 같아 죄책감을 느끼기 시작했습니다. 아이들이 성공하면 이스라엘이나 미국 대학에 진학할 것이고, 아이들은 다시 돌아오지 않으려고 할 겁니다." 대학을 졸업한 후에도 팔레스타인에는 그런 학력에 걸맞은 일자리가 없기 때문이다. 그녀처럼 비정부기구나 외국 단체에서 일하는 것이 가장 좋은 경우이다. 그녀는 말했다. "우리는 지역 경제의 일부가 아닙니다. 우리가 하는 일은 재투자와 상관없습니다."

그녀가 겪은 상황은 1967년 이래 팔레스타인 사람들이 겪고 있는 딜레마를 압축해서 보여준다. 그들은 고향에 머무르거나, 가족을 위해 이스라엘에 가서 더 높은 임금을 받거나, 더 많은 일을 할 수도 있다. 그러나 그들은 타협했고, 그곳에서 경제 활동을 이어가며 그곳의 개발에 헌신했을 뿐, 고향의 발전에는 아무런 도움이 되지 않았다.

아부크데이어는 "독립의 핵심은 돈입니다. 재정적 자유가 없다면 아무것도 변하지 않을 것입니다"라고 말했다.

아부크데이어는 팔레스타인의 화폐 사용이 시대에 따라 변화해온 점을 지적했다. 사람들은 여전히 미국 달러뿐만 아니라 요르단 디나르를 사용하지만, 최근에는 가자지구에서도 세켈이 더욱 인기를 얻고 있다고 한다. 그녀는 "일상의 모든 거래의 80%가 세켈로 이루어진다"고 말했다. 다시 말해 팔레스타인 사람들이 하는 거의 모든 거래가 "이스라엘에 대한 의존을 유지하고 심화시키고 있다"는 것이다.

애틀랜타에서 자란 그녀는 미국의 인권운동에 대해 많은 것을 배웠으며 남아프리카와 아일랜드의 비슷한 운동에 대해서도 공부했다.

"그들이 가장 먼저 한 일은 경제적으로 독립한 것입니다. 그러나 우리는 그러지 못했습니다. 우리 손에 있는 것이라고는 받지도 못할 혜택을 위해 치러야 할 붉은 깃발, 몰수, 그리고 세금뿐입니다."

최근 아부크데이어는 라말라와 예루살렘의 기술 허브에서 시간을 보내기 시작했다. 그녀는 그곳에서 '기술 식민주의'라는 개념을 인식하게 되었다고 했다. 이스라엘 기업은 가장 유능하고 똑똑한 인재를 모집하지만, 팔레스타인에는 인재를 고용할 회사 자체가 없다.

"우리가 고용 인력을 양성하는 이유는 일자리가 계속된다는 전제 때문입니다. 기술이 중요한 이유는 원자재가 필요 없는 계획을 수립해야 하기 때문입니다. 우리는 땅을 소유할 수도 없고, 제조업을 할 수도 없습니다. 그렇다면 도대체 우리는 무엇을 할 수 있을까요?"

아부크데이어는 비트코인에서 변화의 가능성을 모색하고 있다. 그녀는 동예루살렘과 요르단강 서안지구, 이스라엘을 망라한 팔레스타인 기업의 생태계 지도를 만들고, 새로운 사업 방식을 장려하는 운동에 참여하고 있다.

그들은 우선 팔레스타인 사업체에 비트코인을 결제 수단으로 삼으라고 제안할 계획이다. 그렇게 해서 호기심을 불러일으키고, 순환 경제를 시작하여, 더 많은 사람에게 비트코인을 배우도록 권하고, 돈이 어떻게 작동하는지 가르치겠다는 것이다.

그녀는 "이런 방법으로 세켈에 대한 의존을 끝낼 수 있다"고 말했다.

아부크데이어는 이제 가자지구에서 그녀를 도와 일해줄 교사들을 확보했다. 그녀는 그들에게 돈을 전달하는 일이 매우 복잡하다고 말했다. "저는 이스라엘계 미국인으로 이중국적자인데도 페이팔을 사용할 수 없습니다. 제가 가진 금융 특권으로도 어렵더군요."

그녀는 ATM을 통해 이스라엘 계좌에서 돈을 빼내 팔레스타인 은행에 예금한 다음(그 은행은 미국 여권을 가지고 있어야만 개설할 수 있다), 다시 그 계좌에서 가자지구의 교사 계좌로 송금한다고 설명했다. 이렇게 하려면 시간이 걸리고 비용도 많이 든다. 그러나 그녀는 비트코인을 사용하면 가자지구에 있는 교사에게 즉시 돈을 보낼 수 있다고 말했다.

그녀의 머릿속에는 지금도 미래의 그림이 담겨 있다. "비트코인만 있으면 PA 은행을 이용할 필요도 없고, 세켈과 이스라엘 경제에 의존할 필요도 없는 완전히 독립된 회사를 만들 수 있습니다."

아부크데이어는 결국 변화란 '엄청난 폭력 아니면 대규모 경제 활동 중 하나를 통해서만 일어날 수 있으며, 성공할 수 있는 유일한 방법은 후자뿐'이라고 생각한다. 그녀는 오슬로 프로세스가 실패한 과정을 상기시키며 이렇게 말했다.

"우리는 어설픈 해결책에 만족할 수 없습니다. 우리는 현 체제에서 완전히 벗어나야 합니다. 통화 체제를 극복하지 않으면 오히려 현 체제를 강화하게 될 뿐입니다."

이스라엘 비트코인 커뮤니티

팔레스타인 사회 일각에 비트코인을 미래로 나아가는 길로 보는 시
각이 있는 것은 분명하다. 그렇다면 이스라엘은 어떨까? 먼저 배경을
설명하자면, 나는 익명을 전제로 몇몇 이스라엘 비트코인 투자자와 이
야기를 나눴다.

당장 이스라엘의 정치 환경을 걱정하는 이들도 있었다. "그렇게 나쁘
지는 않다"는 의견도 있지만, 한 기업가는 '좌파'로 인식되는 일(비트코인
을 통해 팔레스타인 사람들을 돕는 것 등)을 하는 것은 위험하며, 마음속에 품
은 생각을 말하는 것 자체가 점점 더 어려워지고 있다고 말했다.

그는 "날이 갈수록 분위기가 나빠지고 있습니다. 세계 역사상 좋지
않았던 시절을 자꾸만 떠올리게 됩니다. 이곳에서는 밝은 미래를 생각
하기가 어려워졌습니다. 심지어 이곳에 머무를지조차 심각한 딜레마입
니다"라고 말했다.

그러나 그는 지금까지 텔아비브에서 열린 비트코인 관련 미팅에서
팔레스타인 사람들과 연대하는 내용을 다루는 것이 우선순위가 된 적
은 없지만(사실 '한 번도' 없었다고 강조했다), 그것이 충분히 가능한 일이라
고 생각했다.

그는 비트코인은 언제나 장벽이 아니라 다리를 건설하는 도구라고

말했다. 그리고 만약 이스라엘 사람들이 팔레스타인 사람에게 자유를 확대하는 실제적인 방법을 곰곰이 생각해본다면 비트코인이 그중 하나가 될 것이다.

그는 이렇게 말했다. "그것은 전에 우리에게 주려고 했던 것 같은 가짜 자유가 아닙니다. 제가 이 일을 하는 이유는 공존을 위해서입니다. 제가 원하는 것은 단일 국가 솔루션입니다. 저는 비트코인이라는 화폐로 모두가 같은 규칙을 따르는 하나의 체제를 원합니다. 비트코인은 이런 공존의 분위기를 조성하는 데 도움을 줄 수 있다는 점에서 매우 중요합니다. 두 개의 국가를 만드는 것이 아니라 국가의 힘을 줄이는 것이 핵심입니다."

이스라엘 정착민이 보는 비트코인

이스라엘의 비트코인 사용자들은 대체로 진보적이며, 심지어 오픈소스 화폐로 팔레스타인 사람을 돕는다는 생각에 동조하는 사람도 많다. 그러나 민족주의 시오니스트(팔레스타인에 유대인의 나라를 세우려고 힘쓰던 시오니즘을 믿고 받드는 유대인들)는 어떨까? 아니면 정착민들은 어떻게 생각할까? 놀랍게도 그들 중에는 팔레스타인에서 비트코인을 홍보하려고 노력하는 사람이 한 명 있다.

조너선 카라스Jonathan Caras는 서안지구에서 10년째 살고 있는 미국의 기술 사업가이자 비트코인 옹호자다. 그는 나와 화상채팅으로 대화를 나누던 중 "창밖으로 멀리 라말라가 보입니다"라고 말했다.

오늘날 약 1,400만 명의 사람들, 즉 유대인의 절반과 팔레스타인인의 절반이 지중해와 요르단강 사이에서 이스라엘 정부의 경제적 통제하에 살고 있다.

이 이스라엘 체제의 한쪽에 있는 900만 명의 국민은 비록 잠식당할 지언정 아직은 견고한 민주주의 사회에 살고 있다. 다른 한쪽에는 이제 54년째에 접어든 군사 점령지에 거의 500만 명에 달하는 팔레스타인 사람들이 있다. 이 두 지역을 지난 20년 동안 건설된 700킬로미터의 장벽(말 그대로 콘크리트 벽이 설치된 곳이 많다)이 나누고 있다.[270] 그리고 이 장벽의 동쪽에 카라스를 포함한 수십만 명의 이스라엘 정착민들이 살고 있다.

이스라엘의 민권 단체 비트셀렘B'Tselem에 따르면, "260만 명이 넘는 팔레스타인 사람들이 엄격한 군사 통치 아래 정치적 권리도 없이 수십 개의 단절된 서안지구 거주지에서 살고 있다.[271] 이스라엘은 이 영토의 약 40%에서 일부 시민권을 PA에 이양했다." 그럼에도 우리는 "PA는 여전히 이스라엘에 종속되어 있고 이스라엘의 동의가 있어야만 제한된 권한을 행사할 수 있다"는 것을 알 수 있다.

요르단강 서안지구 영토의 61%(광대한 공터와 농지가 차지하고 있다)는 C 구역으로 분류되어 이스라엘군이 직접 관할한다. 1995년 합의에는 자원이 풍부한 C 구역을 1997년까지 "점진적으로 팔레스타인 관할구역으로 이양한다"고 명시했지만,[272] 그런 일은 일어나지 않았다. 오히려 팔레스타인 사람들은 이 땅에서 수확이나 투자를 할 수 없었고, 이스라엘 정착민과 기업들이 점차 이 지역을 식민지로 만들었다.

이스라엘은 C 구역의 많은 자원을 활용하는데, 여기에는 1만 가구 이상의 이스라엘 가정과 수자원, 농지를 위한 태양광 발전이 포함된다.[273] 동시에 팔레스타인의 재산을 몰수하기도 하는데, 예를 들어 지난 20년 동안 이스라엘 군대는 팔레스타인의 생산성이 우수한 나무 100만 그루 이상을 뿌리째 뽑았다.[274] 이스라엘과 요르단은 사해 주변 C 구역에서 나오는 칼륨과 브롬 등의 광물을 판매하여 매년 42억 달러를 번다. 세계은행 보고서는 팔레스타인도 이런 사업에 투자할 수 있게 한다면 GDP를 거의 10%까지 증대할 수 있다고 말했다. 이 보고서의 전체적인 결론은 팔레스타인이 C 구역을 농업, 광물, 광산, 건설, 관광, 통신에 활용할 수 있다면 GDP를 35%까지 증가시킬 수 있다는 것이다.[275]

이스라엘군은 요르단강 서안지구 대부분에서 팔레스타인 민간인 출입을 차단했고, 나머지 A 구역과 B 구역에는 사람들의 이동을 제한하기 위해 검문소와 장벽을 설치했다. 대테러라는 명목으로 시행된 이런 막무가내식 조치로 인해 팔레스타인 사람들은 이동과 건축, 해외여행, 결혼, 부동산 매입, 근로, 심지어 자신들을 통치하는 체제에 참여하려는 투표 권리마저 제한된다.[276] 이 체제를 강제하는 데 사용된 기술은 칸디루Candiru, 셀레브라이트Cellebrite, NSO그룹 등과 같은 이스라엘 회사들에 의해 전 세계 정부에 판매된다.[277] 이런 감시 상품은 서안지구와 가자지구에서 홍보와 시도, 시험을 이미 거친 만큼 수요가 매우 많고 세계적인 수준을 갖춘 것으로 대우받고 있다.

1948년 전쟁 이후 이스라엘과 팔레스타인을 분리하기 위해 그어진,

이른바 그린라인Green Line 동쪽 요르단강 서안지구 정착촌에는 오늘날 수십만 명의 유대인 정착민이 영구 거주하고 있다.[278] 이 정착민들은 그곳으로 이주를 유인하는 이스라엘 정책에 따라 세제 및 주거 혜택을 포함한 재정적 보상과 보조금을 받는다. 서안지구에는 총 280개 이상의 이스라엘 정착촌과 다양한 산업 구역이 있으며, 지난 10년 동안 60개 이상의 전초기지가 조성되었다. 하지만 이 모든 행동은 국제법에 위배된다. 이렇게 통제 영역이 변화하는 전체 그림을 보면 그야말로 아연실색하지 않을 수 없다.[279]

1993년 오슬로 프로세스가 시작되었을 때 서안지구에는 동예루살렘을 제외하면 10만 명이 조금 넘는 이스라엘 정착민이 살고 있었다. 그런데 2021년에는 이 인구가 47만 5,000명을 넘게 되었다.[280]

그들 중 한 명인 카라스는 자신을 '종교적 시오니스트 정착민'이라고 말했다. 그의 목표는 '다윗의 왕국을 재건하고 솔로몬의 성전을 건축하는 것'이다. 20년 전 그는 처음 이스라엘에 와서 "내가 성경의 의무를 다하는 가장 좋은 방법은 서안의 언덕 꼭대기 빈터에 정착하는 것임을 깨달았다"고 말했다.

지난 몇 년 동안, 카라스는 '기술이 혼합된 상호작용과 공존을 촉진하는 방법'을 주제로 여러 차례 강연해왔다. 그는 인간이 이전에는 통과할 수 없었던 법적, 재정적 그리고 이념적인 국경을 비트코인으로 넘을 수 있다고 말했다.

그는 "비트코인을 통해 우리는 함께 모일 수 있습니다"라고 말했다. 그는 유대와 사마리아 상공회 모임에 나가고 팔레스타인 사람들과 자주 교류하는 일을 자신의 역할로 여긴다.

그는 팔레스타인 사람들과 함께 일하면 그들의 생명이 위험해질 수 있다고 말했다. "제가 이웃과 사업을 시작하면 그의 자녀가 살해될 수 있습니다. 비트코인은 우리가 함께 일하면서도 그를 안전하게 지키는 방법입니다."

그는 이스라엘 사람들과 거래하는 것에 대한 경고의 메시지로 자동차가 불타 재로 변하는 것도 봤다고 했다.

카라스는 그 지역에 살던 레바논, 시리아, 이집트 등의 사람들이 높은 물가나 초고인플레이션에 시달리는 동안, 팔레스타인 사람들은 세켈의 강세로 이득을 봤다고 말했다. 비록 하마스와 PA는 부패했지만, 세켈은 믿을 수 있는 회계 단위이자 교환 매체, 가치 저장 수단으로써 그들의 실정으로부터 팔레스타인 사람들을 보호하는 측면도 있다고 했다.

내가 그에게 팔레스타인 사람들은 여전히 상당한 물가 상승으로 고통받고 있다고 말하자, 그는 "물 한 잔은 나이아가라 폭포보다 사막에서 더 비싼 법"이라며 이것은 돈과는 관계가 없고, 국경과 상품 및 서비스에 대한 통제와 관련된 문제라고 말했다.

"서안지구에 사는 팔레스타인 사람들은 아마존에서 물건을 살 수 없습니다. 가격 차이는 항상 존재할 수밖에 없습니다."

그는 팔레스타인 사람들을 옥죄는 이 제한적 경제 체제는 팔레스타인의 폭력 위협 때문에 이스라엘과 국제사회가 어쩔 수 없이 '참고 있는 것'이라고 말했다. 그는 "하마스와 PA가 유대인 국가의 전멸을 목표로 하는 한 팔레스타인 사람들이 텔아비브와 같은 가격을 누릴 희망은 없습니다"라고 말했다.

그러나 종교적 관점에서 볼 때, 카라스는 셰켈과 모든 법정화폐가 '이슬람 유대-기독교적 관점에서 비윤리적이고 비도덕적인 것으로 보일 것'이라고 생각했다. "법정화폐는 국가의 불로소득이자, 명백한 절도 행위입니다. 그것은 사실상 내가 가족을 위해 재산을 축적하는 대가로 정부에 이자를 제공하는 것입니다."

그는 법정화폐를 '하늘 아래 모든 사람의 평등'을 실현하는 금이나 비트코인 같은 상품 기반 화폐와 비교해보라고 했다.

그는 비트코인에 대해 이렇게 말했다. "우리는 모두 규칙이 무엇인지 알고 있습니다. 그리고 앞으로 그 규칙을 바꾸지 않고도 사람들이 참여할 수 있다는 것을 압니다. 기본적으로 양자 구도인 법정화폐는 그렇지 않습니다. 한쪽에는 통화 정책을 정하고 자금흐름을 통제하는 살찐 고양이들이 있고, 다른 쪽에는 그들의 강제 행위의 대상이 되는 삯꾼과 노예가 있습니다. '법정화폐'라는 이름 자체에 우리가 평등하지 않다는 뜻이 내포되어 있습니다."

카라스는 우리가 '메시아 시대에 살고' 있고, '성경의 예언들이 펼쳐지고' 있으며, 비트코인이 그런 예언에 해당한다는 '많은 증거'가 있다고 믿고 있다.

그는 이스라엘 정부가 비트코인을 공포나 저항의 도구로 금지하거나 제한하려 할 것으로 보느냐는 질문에 이스라엘 국민은 기술의 혁신과 기회가 위험보다 훨씬 더 크다는 것을 알고 있다고 말했다. 그는 하마스가 비트코인으로 자금을 모아 은행 규제를 회피하려 하더라도(최근

이스라엘 정부는 거래소에서 하마스와 연루된 것으로 보이는 비트코인을 포착했다고 주장했다) 그것은 "정원사나 웹 개발자에게 비트코인으로 돈을 지불하는 것보다 더 쉽게 규제할 수 있다"고 말했다.[281]

그는 신임 이스라엘 총리가 사이버보안과 기업경영 분야에 경력이 있다는 점에서 금지할 가능성은 크지 않다고 봤다.

"비트코인을 금지하는 것은 마리화나를 금지하는 것만큼이나 말이 안 됩니다. 주머니에 씨앗이 있으면 언제라도 밭에 곡식을 심을 수 있습니다. 머릿속에 12개의 단어만 있으면 아무도 나를 막을 수 없습니다."

카라스는 비트코인이 이미 시가총액 기준으로 셰켈보다 훨씬 더 큰 자산인 점을 지적했다.[282] 그는 각국이 머지않아 비트코인을 준비자산으로 편입해 법정화폐로 삼을 수밖에 없다고 생각했다. 그렇지 않으면 비트코인을 금지하거나 싸우려고 할 것이다. 하지만 그 싸움은 질 수밖에 없고 나중에 더 비싼 가격에 사야 할 것이다.

그는 중앙은행 디지털 통화CBDC를 격렬하게 비판하면서, 현금이 좋은 이유는 아무도 막을 수 없는 사적 소유물이기 때문이라고 말했다.

"현금을 CBDC로 대체하는 것에 강력하게 반대합니다. 그것은 통제의 한 형태입니다. 트위터 계정이 72시간만 동결돼도 누구나 큰 피해를 봅니다. 사회에 현금이 사라진 다음, 내가 어떤 사람과 손잡고 있는 것을 정부가 보안 카메라로 감시하다가 마음에 들지 않는다고 계정을 동결한다면 그야말로 내 사업은 죽을 것입니다."

그러나 그는 현금은 언제라도 가치 절하될 수 있어 이는 장기 저축 수단으로는 약점이 있다고 말했다.

"비트코인 덕분에 우리 세대는 자신을 위해 투자할 수 있고, 시한장치가 달려 담보로 사용할 수 있는 돈을 매달 일정 금액 저축할 수 있게 되었습니다. 언젠가는 팔레스타인과 이스라엘 사람들에게 개인적, 국가적 차원에서 사회경제에 영향을 미칠 것입니다."

"아이들을 위해 비트코인에 돈을 넣어뒀습니다. 앞으로 20년간은 이스라엘 중앙은행보다 비트코인을 더 신뢰할 것입니다. 그리고 저는 이스라엘의 열렬한 지지자입니다. 제가 무슨 말을 하고 있는지 잘 생각해 보세요."

카라스는 누군가에게 세켈을 지불하는 것 자체가 일종의 권력 구도라는 데 동의하며, 항상 비트코인으로 결제해도 되냐고 먼저 물어보는 이유도 거기에 있다. "사람들이 지금은 받기 싫더라도 먼저 지갑부터 만들고 그것이 뭔지 알아야 합니다."

그는 이스라엘이 비트코인 도입에서 팔레스타인에 뒤처질 수도 있다고 생각하느냐는 질문에 이스라엘 정부가 앞서가도록 로비하고 있다고 말했다. 그러나 그는 팔레스타인이 먼저 비트코인 표준을 도입한다면 이스라엘이 '그들을 뒤따를' 것이라고 생각했다.

카라스는 자신에게도 편견이 없지 않으며, 팔레스타인 사람 중에는 자신을 전범이자 '그들이 겪는 모든 고난의 주범'으로 여기는 사람이 있음을 알고 있다고 말했다. 그럼에도 그는 팔레스타인 사람과 마주 앉아 비트코인에 관해 대화를 나눌 수 있다고 말했다.

"우리는 모두 금융 주권을 원합니다. 저는 유대인뿐만 아니라 모든 사람의 번영에 관심이 있습니다."

주권 쟁탈전

많은 팔레스타인 사람이 이스라엘 정착촌에 반대하고 있으며, 그중에는 비트코인을 그들의 노력에 도움이 되는 도구로 생각하는 사람도 있다. 나는 자세히 알아보기 위해 팔레스타인 사회기금에서 일하는 자이툰Zaytoon이라는 사람과 이야기를 나누었다. 이 단체는 요르단강 서안의 농업 활동을 위해 팔레스타인 디아스포라를 중심으로 활동하는 크라우드 펀딩 단체였다.

자이툰은 팔레스타인이 "전적으로 해외 원조와 수입에 의존하고 있으며, 우리의 생산 능력은 점점 줄고 있습니다. 우리에게는 주권이 없습니다"라고 말했다. 그는 '식량 자립'에 미래가 달려 있다고 믿는다. 그의 계획은 요르단강 서안의 모든 마을을 중심으로 공동체를 성장시켜 '개인과 공동체가 주인이 되는' 새로운 자치 패러다임을 출범하여 외국의 원조나 팔레스타인 자치정부에 대한 의존에서 벗어나는 것이다.

물론 이것은 좌파적 비전이다. 나는 그에게 미국에는 농업 자립을 추구하고 연방정부와 거리를 두며 자유를 지향하는 자유주의적 비트코인 커뮤니티도 있다고 말했다.

그는 이렇게 말했다. "결국 우리는 모두 인간입니다. 이스라엘 점령 하에 있는 우리의 현실은 농업적인 해결책이 절실한 상황입니다. 당신이 말하는 미국인들은 우리와 달리 소비주의에 점령당했을지도 모르지요. 그러나 결국 양쪽 다 추구하는 것은 똑같다고 생각합니다. 동전의 양면이지요."

농업 독립을 달성하는 것은 힘든 일이다. 자이툰은 이스라엘 정착촌이 오히려 확대되고 있다고 말했다. "그들은 우리 땅을 야금야금 잠식하고 있습니다. 처음에는 언덕 꼭대기를 차지하더니 그다음에는 가장 비옥한 사해 주변 지역으로 들어갔습니다. 이곳은 1년 내내 농작물을 재배할 수 있는 아주 좋은 땅이지요."

민권 단체 비트셀렘에 따르면 이스라엘의 엄격한 허가제 때문에 팔레스타인 통제하에 있는 땅도 경작 비율이 8분의 1밖에 안 된다고 한다.[283] 그는 "우리가 가진 것에서부터 시작해야 합니다. 집 주변의 땅부터 말입니다. 그렇게 분권화를 점차 확대하다 보면 저항 경제를 구축할 수 있습니다"라고 말했다.

자이툰은 농업 자급자족이 바로 초기 인티파다의 정신이었지만, 야세르 아라파트와 PLO 추종자들이 돈과 개인의 이익을 좇는 바람에 어느샌가 실종되었다고 말했다.

"우리는 다시 시도해야 합니다."

자이툰과 그의 팀이 마주친 큰 문제는 팔레스타인으로 들어가는 모든 돈을 이스라엘이 검사한다는 것이다. 금융 국경은 통제되고 있다. 돈은 지연, 과세, 할인, 몰수의 대상이다.

"그들은 우리가 위험하다고 생각하면 심지어 캐나다에 있더라도 우리 자산을 단 몇 초 만에 동결시킬 수 있습니다." 따라서 그는 비트코인으로 돈을 모아 제약 시스템 전체를 피해 갈 계획이다. 그의 팀은 현재 오픈소스 결제 프로세서인 BTC 페이 서버 설치를 추진하고 있다.

그러나 자이툰은 반식민 화폐는 그 자체로 불완전한 해결책이라고 분명히 못 박았다. "통화의 자유는 반드시 생산력 구축과 병행되어야 합니다. 결국 모든 화폐는 자원의 다른 이름일 뿐입니다. 자연을 통해 우리 힘으로 자원을 생산해 사회에 유용한 상품으로 만들 수 있어야 혁신과 교육, 의료와 식량 안보를 강화할 수 있습니다. 그러기 위해서는 팔레스타인 사람들이 이스라엘 경제나 페트로달러, 다른 어떤 것에 고정된 통화가 아니라 우리가 통제하는 통화를 사용해야 합니다."

팔레스타인 비트코인의 미래

2021년 7월, 이스라엘 정부는 하마스와 연결된 비트코인 자금을 압류했다고 공개적으로 발표했다.[284] 이스라엘방위군이 비트코인을 테러리스트의 도구로 몰아세울 것이 거의 확실해 보이고, 어쩌면 이스라엘과 팔레스타인 사람들이 비트코인을 사용하기는 더 어려워질지도 모른다.

이스라엘 정부가 가자지구와 서안지구를 드나들면서 최대한 많은 경제 흐름을 중앙집중 통제하에 두고자 애써온 점을 생각하면, '공식 통로'를 벗어나는 자금은 일단 의심스럽게 지켜볼 가능성이 크다. 그렇게 되면 앞으로 비트코인 도입은 상당히 늦어질 것이다.

그러나 현재 팔레스타인에서는 팍스풀Paxful과 로컬비트코인LocalBitcoins 이 이미 활기찬 P2P 시장을 형성하고 있다.[285] 비트코인이 팔레스타인의 수백 개 기업과 수십만 명의 개인에게 도입된다면 이는 놀랍도록 강력한 평화 시위가 될 수 있을 것이다.

팔레스타인 사람들이 (혹은 외국의 점령과 국내의 권위주의, 붕괴하는 경제, 또는 구조적인 기회 부족 등의 환경에 갇힌 취약한 국민이라면 누구나) 비트코인을 새로운 화폐로 채택할 가능성이 있다. 이미 수백만 명의 개인이 튀르키예, 아르헨티나, 나이지리아(제1장 참조), 이란, 레바논 등에서 비트코인을 화폐로 선택하고 있다.

팔레스타인 인구의 3분의 2 이상은 30세 미만이고, 70% 이상이 인터넷에 접속할 수 있다.[286] 젊은이들은 모바일머니라는 개념과 문제에 대한 기술적 해결책을 찾아내는 데 익숙하다. 비록 위험한 일이지만, 팔레스타인 사람들이 비트코인을 순환 경제의 일부로 받아들인다면 이를 바탕으로 이웃들과 교류하며 다음 세기의 미래를 여는 데 큰 도움이 될 것이다.

엘살바도르는 비트코인이 미래 투자를 위한 저축 수단으로서뿐만 아니라 전 국민을 세계 누구와도 실시간으로 연결하는 결제 네트워크가 될 수 있음을 보여준 국가 차원의 본보기라고 할 수 있다.

그렇다면 팔레스타인은 중동의 엘살바도르가 될 수 있을까? 나이브 부켈레 대통령도 알고 보면 팔레스타인 사람이다.[287] 그의 조부모는 원래 오스만제국의 침공 기간에 예루살렘과 베들레헴에서 엘살바도르로 이주했다. 그의 아버지는 이슬람으로 개종하여 "산살바도르의 유명한 이맘(이슬람교 각 공동체의 지도자-옮긴이)이자 팔레스타인 대의의 열렬한 옹호자가 되었다".

부켈레는 자신이 팔레스타인 출신인 것에 대해 매우 자랑스럽게 생각했고 "팔레스타인 국가가 번영하는 모습을 보고 싶다"고 말했다.[288]

팔레스타인 혈통을 지닌 사람이 세계 최초로 비트코인을 국가 화폐로 채택한 지도자가 되었다는 것은 아이러니한 일이다.

이스라엘 정부, 미국 정부, 팔레스타인 자치정부, 세계은행 그리고 유엔이 모두 그런 움직임에 반대할 것임은 의심의 여지가 없다. 그들은 현상 유지에 너무 많은 투자를 하고 있다. 그러므로 비트코인 도입은 어차피 아래로부터의 혁명을 통해 이루어질 수밖에 없다.

과거에 있었던 개혁 논의의 사례로는 2021년에 이른바 공동경제위원회JEC를 다시 시작하려는 움직임이 있었다. 이것은 파리의정서 당시 만들어진 조직으로, 나중에 팔레스타인을 위한 새로운 통화를 만들게 되어 있었다. 공동경제위원회는 2009년 이후 회의가 열리지 않았고 주로 OPT 운영을 감독하는 데 이용되었지만, 현재 이스라엘과 PA의 총리들은 공동경제위원회를 개조하여 PA 경제 활동의 '장애물을 제거한다'는 계획을 구상하고 있다.[289]

팔레스타인 사람들은 전에도 이런 장면을 본 적이 있다. 예전에도 이스라엘 정부는 PA를 지원한다고 했지만, PA 지도부에 뒷돈을 챙겨준 것 외에 서안지구나 가자지구의 일반 주민에게 실질적인 혜택이 되는 일은 한 적이 거의 없었다. 이번에 명시된 목표는 팔레스타인 근로자에게 '이스라엘의 건설 및 산업 분야에서 일할 수 있는' 허가증 1만 7,000개를 추가 발급하고, 팔레스타인 연료관리국Palestinian Fuel Administration, PFA의 기능을 강화한다는 것이었다.[290] 다시 한번 말하지만, 이곳에서 이루어지는 어떤 개혁도 이스라엘 경제에 대한 팔레스타인의 의존을 심화하고, 팔레스타인 자치정부의 호흡기를 연장하는 것으로 끝날 가능성이 크다.

최근에 팔레스타인 통화당국이 '중앙은행 디지털 화폐' 도입을 검토하고 있다는 뉴스가 보도되었다. 개인의 휴대폰에 들어 있는 화폐와 코인을 중앙은행 디지털 채권으로 대체한다는 것이었다. 비판론자들은 시큰둥한 반응을 보였다. 이스라엘 전 수석보좌관 배리 토프Barry Topf가 이렇게 말했기 때문이다. "디지털 화폐가 세켈이나 디나르, 또는 달러를 대체하지는 않을 것입니다. 그것은 결코 가치 저장 수단이나 회계 단위가 될 수 없습니다."[291]

팔레스타인은 그동안 파리의정서에 따라 자국 화폐를 발행할 권한이 없었지만, 설사 그랬다고 하더라도 팔레스타인 자치정부가 권한을 남용하여 대규모의 인플레이션을 초래하지 않았을 것이라는 보장은 없다. 재정 문제에 관한 팔레스타인 자치정부의 과거 행적은 결코 좋다고 볼 수 없다. 어쩌면 토프 전 보좌관의 말이 맞을지도 모른다.

게다가 팔레스타인 통화(디지털이든 아니든)가 창설되면 오늘날 팔레스타인 경제에 존재하는 권력 불균형이 연장될 위험이 있다. 그것은 금융 '포용'을 실현할까, 아니면 반대로 세계 금융으로부터 소외되는 결과를 초래할까?

게다가 더욱 심각한 것은 팔레스타인 경제가 디지털 경제로 전환하면(그 과정을 팔레스타인 자치정부나 세계은행, 이스라엘이나 그 밖의 어떤 주체가 통제하든), 그나마 팔레스타인 사람들이 현금과 비공식 경제를 통해 정부의 통제 밖에서 저축하고 거래할 수 있는 얼마 안 되는 자유마저 끔찍한 위험에 직면하게 된다. 중앙은행 디지털 화폐가 도입되면 그것을 누가 설계했든지 간에 블랙리스트 작성, 압수, 감시 등의 활동이 증가할 것은 불을 보듯 뻔한 일이다.

도덕성 과시를 넘어서는 운동?

팔레스타인의 여러 온라인 운동은 이른바 '도덕적 과시Virtue Signaling(특정 정치, 사회 문제를 인식하고 있음을 과시하며 정당성을 입증하려는 태도-옮긴이)'로 분류될 수 있다. SNS 게시물에 "#팔레스타인에자유를"이라는 해시태그를 달면 얻을 수 있는 건 얼마나 될까? 거의 없다. 하지만 누군가에게 비트코인 사용법을 알려줘서 가치가 몰수되는 것을 막고, 세상 누구와도 연결할 수 있게 해준다면 얼마간의 실질적인 자유를 선물하게 될 것이다.

비트코인은 몰수만 당하며 살아온 팔레스타인 사람들이 자신의 시간과 피땀의 결실을 하마스, 이스라엘, PA, 세계은행의 손이 닿지 않는 사이버 공간에 수학적인 방법으로 안전하게 보관할 수 있게 해준다. 평화적 시위이자 디지털 방패가 큰 변화를 끌어낼 수 있다.

이 장을 쓰기 위해 내가 만나본 사람들은 이구동성으로 이 점을 강조했다. 이 책에 이야기를 담지 못한 팔레스타인 사람도 대여섯 명이나 된다. 그들이 모두 공감하는 내용이 몇 가지 있다.

첫째, "우리 손으로 문제를 해결하지 않으면 아무 일도 일어나지 않습니다"라고 말한 사람이 있었다. 모든 면에서 당국의 신뢰는 이미 무너질 대로 무너져 있었고, 새로운 것을 시도하지 않는 이상 현상이 지속

될 것임을 모두 알고 있었다.

둘째, 만약 소수의 사람만 비트코인을 사용한다면, 당국이 그들을 추적해서 감옥에 가둘 것이라는 점에 모두가 동의했다. 그러나 만약 10만 명이 비트코인을 사용한다면, 당국은 도저히 어쩌지 못한다. 세력을 만드는 것이 무엇보다 중요하다.

셋째, 그들은 비트코인을 제대로 알지도 못한 채 자신이 누리는 특권적 위치에서 계속 비트코인을 공격하는 좌파 비평가들에 대해서는 "말만 앞세우고 실제로 문제를 해결하는 데는 관심이 없는 것 같다. 그들은 무슨 해결책이 있는가?"라고 말했다.

좌파는 전통적으로 비트코인을 싫어하거나 무시한다. 좌파 비평가와 경제학자들은 그것이 쓸모없다고 말하는 경우가 많다. 그저 폰지 사기나 범죄자의 도구, 환경 재앙 등으로 치부한다. 국제앰네스티와 국제인권감시기구는 비트코인에 대해 계속 침묵을 지키고 있다. 물론 그들이 팔레스타인 사람들의 고통을 자세히 알린 것은 훌륭한 공적이다. 그러나 이미 수많은 사람이 자립을 쟁취하기 위해 사용하고 있는 기술에 대해서는 왜 꿀 먹은 벙어리일까?

국제사회 전반에 대해서도 같은 이야기를 할 수 있다. 그들이 정말 현장 상황을 바꾸고 싶다면 무엇보다 돈 문제를 건드려야 한다. 그러려면 비트코인을 결코 외면할 수 없다.

비트코인에 대한 이런 침묵은 기존 체제를 기반으로 존재하는 팔레스타인 경제연구소 MAS나 이스라엘 민권 단체 비트셀렘의 웹사이트에서 비트코인이라는 용어만 검색해봐도 잘 알 수 있다. 즉 아무것도 나오지 않는다. 실로 슬픈 현실이 아닐 수 없다. 팔레스타인 사람들이 비트코인을 계속해서 받아들일 것임은 분명하다. 그러나 전 세계에서 그들을 지지하는 사람들이 과연 이 문제로 그들을 도울지는 불분명하다.

오늘날 팔레스타인은 통화 자립도가 없고, 앞으로도 계속 점령자의 통화를 사용할 수밖에 없다. 자본 기반을 늘릴 수도 없고, 소비지상주의에 빠져 부채를 떠안았으며, 외국 원조에 전적으로 의존하고 있다. 그 결과 가자지구는 문명 붕괴에 직면해 있다.

사라 로이는 최근 '해야 할 일'을 숙고한 뒤, '지식 생산 그 자체가 저항 운동'이라는 결론에 도달했다.

비트코인 정보는 이미 수많은 팔레스타인 사람에게 도움이 되었다. 그러므로 이를 계속 알린다고 해서 우리가 잃을 것이라고는 하나도 없다. 다른 시도는 모두 실패한 마당에 세계 최대의 오픈소스 화폐 프로젝트를 거기서 한번 해보는 것은 어떤가.

돈을 바로잡으면 세상이 바로잡힌다

비트코인 커뮤니티에는 "돈을 바로잡으면 세상이 바로잡힌다"는 말이 있다. 분명히 돈은 우리 사회 구조의 한 부분일 뿐이다. 그러나 그것은 매우 중요한 부분이다. 팔레스타인 사람들 역시 돈 문제를 해결하지 못하면 세상도 바꿀 수 없을 것이다.

우캅은 통화가 끝날 때쯤, 가자지구 사람 중에는 너무나 절박한 나머지 비트코인을 받고 집을 파는 사람마저 있다고 말했다. 기업들도 마찬 가지라고 했다. "가자지구에 문을 여는 기업은 누구나 망하게 돼 있습니다. 기업주는 다들 계속 운영하기보다는 매각하려고 합니다."

요컨대 그들의 계산은 이렇다. 가자지구에서 부동산 가치는 어차피 '제로가 될 것'이기 때문에 최악의 경우 비트코인이 폭락하더라도 '본전'이라는 것이다.

그러나 만약 비트코인이 지금까지의 곡선을 그대로 이어가 법정화폐의 가치를 넘어선다면? "그때는 드디어 자유의 문이 열리게 됩니다."

그는 마지막으로 "아이들을 위해 저축하고 있습니다. 비트코인은 이곳을 떠나는 티켓이 될 것입니다"라는 말을 남기고 전화를 끊었다.

8장

쿠바의
비트코인 혁명

루시아Lucia는 인구 15만 명의 마탄자스에 사는 30세 의료 종사자이
자 비트코인 사용자다. 그곳은 쿠바 북부 해안의 아바나에서 동쪽으로
약 50마일 떨어진 도시다. 스페인 식민 개척자들에 대한 원주민의 반란
에서 이름을 딴 마탄자스Matanzas라는 단어는 문자 그대로 '학살'을 의미
한다. 이 정착지는 나중에 노예제와 설탕 농장의 19세기 진원지로 바뀌
었다. 오늘날 이곳은 여느 쿠바 도시와 마찬가지로 재정적, 인적 위기의
민낯을 드러내고 있다.

 2021년 초부터 쿠바 국민은 1990년대 초에 소련의 붕괴로 정권이 생
명줄을 잃어버렸던 시절 이래 최악의 경제적 곤경에 처해 있다. 당시 장
기 독재를 이어오던 피델 카스트로Fidel Castro는 국민에게 다 함께 단결하
여 '비상시기'를 헤쳐 나가자고 말했다. 그 시대는 식량 부족, 정전, 아슬
아슬한 뗏목에 몸을 싣고 플로리다로 탈출하는 수천 명의 보트피플, 그
리고 소련의 루블화 가치의 엄청난 하락 등으로 점철되었다. 1991년에

서 1994년까지 쿠바 경제는 35%나 수축했고 삶의 질은 극도로 악화되었다.[292]

1994년 여름, 아바나에서 말레코나조 봉기로 알려진 반정부 시위가 발발하면서 긴장이 최고조에 달했다.[293] 소련의 지원금 없이 국가 배급 시스템으로는 국민을 먹여 살리지 못했고, 중요한 상품은 갑자기 달러로만 구매할 수 있게 되었다. 그런데 쿠바인이 받는 임금과 연금은 페소화였으므로 달러는 날이 갈수록 비싸졌다. 절박해진 정권은 건국이념인 집단주의 철학마저 어기고 국민에게 전례 없는 수준의 세금을 부과했다. 이에 맞서 수만 명의 시위자가 말레코나조 해안가에 모여 정권 퇴진을 요구했다.[294]

인터넷이 없던 그 시절, 정권이 경찰을 동원해 잔혹하게 시위를 진압하는데도 국민 대부분은 무슨 일이 일어나는지 알지 못했다. 국영 TV와 라디오는 소규모 군중의 일탈과 비행 정도로 간단하게 언급하고 넘어갔다. 그러나 사실 말레코나조에서는 쿠바 혁명 이래 가장 큰 규모의 반정부 운동이 펼쳐지고 있었다.

화폐 체계가 무너지니 정권의 생존이 위협받게 된 것이다.

화폐 정화

오늘날, 루시아를 비롯한 쿠바인들은 그 '비상시기'가 다시 찾아왔다고 말한다. 화폐 개혁과 수십 년간의 억압, 관료주의에 따른 좌절의 결과, 다시 부족과 정전, 극심한 인플레이션과 시위가 찾아온 것이다.

큰 차이는 휴대전화와 인터넷이 널리 보급되어 모두가 무슨 일이 일어나는지 알고 있다는 점이다. 2021년 7월 11일, 1959년 혁명 이후 가장 큰 규모의 반정부 시위가 아바나뿐만 아니라 쿠바 전역에서 발생했다.

의료 시스템을 가장 가까이에서 지켜보는 루시아는 쿠바의 인적 지원 네트워크가 무너지고 있다고 말했다. 그녀는 팬데믹 당시 마탄자스의 모든 병원이 마비되어 거리에 시체가 쌓였다고 말했다. 쿠바의 엄청난 여름 무더위에 전기도 끊겨 사람들은 하루에 몇 시간씩 걸어 다녔다. 음식, 특히 소고기, 생선, 닭고기, 계란은 여전히 부족했고 아예 없는 경우도 허다했다. 당시 트럼프 대통령이 퇴임 직전에 통과시킨 추가 규제로 쿠바인들은 미국에 있는 가족들과 재정적으로 단절되었다.

루시아는 이렇게 말했다. "음식도, 약도, 욕실용품도 구하기 어렵고, 전력망은 고장이고, 팬데믹이 최고조에 달하고 있으며, 수많은 노인이 사망하고, 의료 시스템이 붕괴하고, 우리는 산소도 선풍기도 없었습니다. 이대로는 살 수 없었습니다. 사람들이 거리에 내버려져 있었어요."

루시아는 국가의 실패와 전례 없는 시민 봉기의 근본에는 돈의 위기가 있다고 말했다.

2021년 1월, 쿠바 공산당은 이른바 '화폐 정화monetary purification'를 시행했다. 1994년부터 정부는 두 종류의 통화를 발행하고 있었다. 하나는 달러에 24 대 1로 고정된 쿠바 페소화CUP, 다른 하나는 달러에 1 대 1로 고정된 전환 가능 쿠바 페소화CUC였다.

공공 부문의 급여와 연금은 항상 페소화로 지급되었으나, 몇 년 전부터 사람들은 CUC가 있어야 의약품과 기초 식량 이상의 음식물, 의류, 청소용품, 그리고 전자제품 등을 구매할 수 있었다. 정권은 국민으로부터 돈을 빨아들이는 시스템을 고안했다. 카데카Cadecas라는 국영 환전소에서 CUC를 팔 때는 25페소를 받고, 되살 때는 24페소만 내어주는 구조였다. 정권은 농업과 산업 전 분야가 붕괴했음에도 중앙 계획 경제를 움직이는 사람을 위해서는 페소화를 계속 찍어내고 부풀려야 한다는 것을 알고 있었다. 이중통화 체제는 그들의 생활을 지탱했고, 엘리트층과 그 측근들의 구매력을 보장했다.

루시아는 이 체제가 낳은 결과를 설명했다. 커피 한 잔, 버스 승차, 간단한 식사 등은 페소로 아주 싼 가격에 살 수 있지만, CUC로 가격이 책정된 신발 한 켤레를 사거나 전화 요금을 내려면 한 달 월급을 모두 바쳐야 할 수도 있다. 그 결과, 그녀와 같은 의료 종사자를 포함한 주정부 공무원이나 교사, 경찰관 등은 관광 산업에 종사하는 웨이터나 택시 운전사 등에 비해 경제적으로 매우 불리한 위치에 놓이게 되었다.

아이러니하게도 비숙련 근로자는 고등교육을 받은 근로자보다 재정적으로 훨씬 나은 경우가 많았고, 후자의 다수는 CUC 경제권에 편입하기 위해 직장을 그만두고 식당에 취직하거나 택시 운전을 하러 갔다. 이중통화 체제는 국민을 가진 자와 가지지 못한 자로 명확하게 나눔으로써 불평등을 제도화했다. 무엇보다 루시아와 같은 다수의 사람은 이런 현실을 겪으면서 혁명이 거짓이었다는 것을 깨달았다.

1959년 피델 카스트로와 그의 군대가 아바나를 점령한 이후 150만 명 이상의 쿠바인이 고향을 떠났고, 그중 다수가 미국에 도착했다.

1960년대에 카스트로와 그의 추종자들은 쿠바에 공산주의 계획 경제를 시행하여 기업을 국유화하고, 토지를 몰수하며, 민간 부문의 역할을 사실상 제로로 줄임으로써 인적 자본의 도피를 촉발했다.

쿠바계 미국인 다수는 지금도 고향에 남아 있는 가족에게 달러를 보낼 방법을 찾고 있다. 매년 쿠바로 송금되는 돈이 30억 달러에 달하는 것으로 추정된다.[295] 달러를 CUC로 전환하기 위해서는 최소 10%의 수수료를 국가에 납부해야 한다. 외화는 정부가 가로채고 국민에게는 '가짜 달러', 혹은 더 나쁜 페소를 주는 시스템이다.

2006년에 피델 카스트로가 동생 라울에게 권좌를 넘겨준 후 정권은 살아남기 위해 어설픈 경제 개혁을 계속해왔다. 앤서니 드팔마Anthony De-Palma가 현대 역사서 《쿠바인들The Cubans》에서 썼듯이, 이 공산주의 정부는 "호랑이가 먹잇감을 가지고 놀 듯이 자본주의를 놓고 장난을 쳤다. 1분간 툭툭 건드린 후에는 그 안에 사는 사람을 쥐어 짜낸 것이다.[296] 사회주의 공무원들은 장차 자본가가 될 사람들에게 어서 사업체를 열라고 부추기고는 엄청난 규제를 겹겹이 쌓아 올려 그들의 수익을 제한하고 성공의 길을 막았다. 그들의 진짜 목표는 수백만 인구를 가난에서 벗어나게 하는 것이 아니라, 그 누구도 수백만 달러를 벌지 못하도록 하는 것이었다."

라울은 2011년을 기점으로 통화 일원화의 필요성을 공공연히 언급했으나, 7년 동안 집권하면서 아무런 조치도 취하지 않았다. 그의 재임 기간에 쿠바에 닥친 경제 재앙을 요약한 통계가 하나 있다. 2015년의 쿠바는 1985년에 비해 인구가 13% 증가했으므로 경제적 잠재력도

그만큼 성장했다고 봐야 하지만, 1인당 GDP는 여전히 제자리걸음이었다. [297]

2018년, 오랫동안 공산당 관료를 지내다가 대통령이 된 미겔 디아스카넬Miguel Diaz-Canel이 약 60년간 이어온 카스트로 가문의 횡포를 끝냈다. 디아스카넬도 라울처럼 계획 경제에 변화를 꾀했지만(공무원 대량 해고와 소규모 사업체의 개인 운영 허용 등), 그의 연설에는 피델의 구호가 여전히 반복되었다. "조국이 아니면 죽음을! 사회주의가 아니면 죽음을! 우리는 승리한다!"

드팔마는 이렇게 말했다. "피델 카스트로와 체 게바라는 죽었다. 라울의 무덤에는 이미 그의 이름이 새겨져 있고, 새로운 대통령의 이름은 지구상 어느 소규모 국가 지도자보다도 더 인지도가 낮다. 쿠바 혁명의 신화는 문신과 스마트폰, 그리고 허무주의에 익숙한 쿠바의 젊은이에게 아무 의미가 없다. 그들은 시에라의 노인들과 그들의 현실 사이에 아무런 연결점을 발견할 수가 없다. 쿠바가 그렇게 오랫동안 의존해온 대외 원조는 (처음에는 구소련, 다음에는 베네수엘라, 그리고 이후 추가로 동정을 보내온 전 세계 국가로부터) 말라 버렸고, 마거릿 대처가 말했듯이 쿠바에는 다른 사람들의 돈이 바닥났다. 이 모든 처방의 결과는 다음과 같은 문장으로 요약된다. '쿠바의 의료는 무료지만 비용이 든다'." [298]

루시아도 이에 동의하며 혁명의 동력이 떨어졌다고 말했다. 디아스카넬은 피델도 아니고, 인터넷이 없던 시대에나 효과가 있던 개인적 카리스마나 비밀경찰대로는 시위를 진압할 수 없다. 그는 어쩔 수 없이 행동을 취했고, 그중 하나가 화폐 정화였다.

2021년 1월 1일, CUC를 폐지한다고 발표했다. 쿠바 국민에게는 공식 환율로 CUC를 페소로 교환할 수 있는 6개월의 기간이 주어졌다. 쿠바 인들이 CUC를 위해 그토록 열심히 일했고, 달러와 맞먹던 통화가 빠르게 평가절하되어 소량의 통화로 청산되고 있다는 것을 생각하면, 국민의 시간을 대량으로 도둑질하는 것이나 마찬가지인 셈이다. 심지어 1월 이전에도 CUC는 달러에 대해 15% 할인된 가격에 거래되고 있었다.

통화 개혁은 이후 8개월 동안 페소화의 대규모 평가절하를 초래했다. 2022년 1월, 암시장에서 1달러 가격이 공식 환율인 24페소에서 많게는 90페소까지 오르면서 쿠바인들의 구매력은 2020년 말을 기준으로 75%나 하락했다.

2018년 쿠바의 공식 통계에 따른 임금 중간 값은 약 9,300페소, 달러로 환산하면 약 372달러다.[299] 루시아는 2020년 쌀 1파운드가 6~7페소 정도였는데 2021년 여름에는 50페소 이상으로 올랐다고 했다. 한때 60페소였던 치킨 2킬로그램은 지금 600페소가 넘는다. 임금이 동시에 오르면 인플레이션이 문제가 되지 않는다고 말하는 경제학자도 있지만, 현실은 임금이 거의 꿈쩍도 하지 않거나 달러 기준으로도 하락했다.

정부는 국민이 CUC를 상환할 수 있는 창구를 몇 개월 더 연장했지만, 통화가 본질적으로 '전환이 자유로운' MLCMoneda Libremente Convertible(자유태환화폐)로 대체됨에 따라 사용이 증발했다.

2019년에 쿠바 정권은 미래 화폐 시스템이라며 도입한 MLC는 일종의 재사용 기프트카드 같은 방식으로 작동했다. 은행에서 발급할 수 있는 플라스틱 MLC 카드도 있고, 휴대폰으로 다운로드할 수 있는 앱도 두

가지가 있다. MLC 지폐나 동전은 존재하지 않고 이자도 붙지 않는다. 국민에게 가장 유용한 기능은 해외에서 경화를 보내줄 지인에게 계좌 정보를 제공할 수 있다는 점이다. 물론 송금된 경화는 정권이 접수하고 국민에게는 국영 상점에서만 지출할 수 있는 MLC 화폐를 준다.

대부분 페소로 월급을 받거나 연금을 받는 쿠바 국민이 페소로 MLC를 살 수 없다는 것은 서글픈 일이다. 공식적으로 MLC 계좌를 '보충'할 수 있는 유일한 방법은 외화를 받는 것뿐이다. 해외에 있는 가족이나 지인에게 자금을 계좌로 보내달라고 해야 한다. 처음에는 달러로 가능했지만 미국 외교관들이 음파 무기에 노출되어 질병에 걸린 사건이 일어나면서 트럼프 행정부가 쿠바 송금을 단속한 후 그 선택권이 사라졌다. 때문에 지금은 주로 파운드, 유로, 캐나다 달러를 통해 MLC를 획득할 수 있다.[300]

25년 전에도 더 좋은 상품은 달러 상점에서만 살 수 있었던 것처럼 지금도 기본적으로 좋은 식품, 의약품, 청소용품, 가전제품 및 기타 생필품을 살 수 있는 유일한 장소는 MLC 상점이다. 페소 상점은 늘 물자가 부족하고, 그나마도 품질이 형편없다. 해외에 가족이 있는 쿠바인들은 MLC를 사서 생활을 유지할 수 있지만, 그렇지 않은 쿠바인들은 페소를 가지고 암시장에서 MLC를 구해야 한다. 이 책이 출판된 현재(2022년) 1MLC당 실질 환율은 90페소 정도이다.

MLC 시스템을 통해 쿠바 정권은 사실상 페소화를 찍어내어 경화를 획득할 수 있다. 이것은 쿠바인을 착취하는 거대한 속임수이며, 2021년에 발생한 역사적 시위의 주요 원인이기도 했다.

루시아에 따르면 정부의 공식 입장은 국가가 경화를 끌어들여 국제 시장에서 물건을 산 다음 그것으로 시스템을 유지하고 국민을 먹여살리기 위해 MLC 제도가 필요하다는 것이다. 그렇다면 놀랍게도 정부는 혁명의 실패를 인정한 셈이 된다.

비트코인을 통한 자유

내가 텔레그램에서 루시아를 처음 만난 것은 라틴아메리카 비트코인 채팅 그룹을 운영하는 친구의 소개를 통해서였다. 그녀는 2020년 초부터 주급으로 비트코인을 사기 시작했다. 그녀는 MLC나 페소를 받고 비트코인을 팔 의향이 있는 사람을 찾기 위해 텔레그램 그룹을 이용했다. 거래할 사람이 나타나면 카페 같은 곳에서 직접 만나 모바일 계정을 통해 상대방에게 MLC를 보내거나 체 게바라 같은 혁명 영웅의 얼굴이 찍힌 페소 지폐를 건네주고 그녀의 휴대폰에 깔린 블록스트림그린 Blockstream Green 지갑으로 비트코인을 전달받는다.

루시아는 '사토시 저축'을 시작한 이후 돈을 크게 불렸고, 구매력도 비약적으로 증가했다. 2020년 봄, 4,000달러 이하였던 비트코인은 4만 달러 이상으로 올랐다. 루시아가 저축한 돈이 페소였다면 거의 모두 사라지고 말았을 것이다. 비트코인 덕분에 그녀의 삶은 변화했다. 비트코인이 그녀를 구해낸 셈이다.

루시아는 자신이 기술에 정통한 사람이 아니라고 말했다. 처음에는 비트코인이 자신과는 관련이 없다고 생각했지만("수학을 별로 좋아하지 않거든요"라고 말했다), 2020년 초부터 매주 화, 목, 토요일마다 몇 시간씩 RT(구 러시아투데이)를 시청하기 시작했다. 쿠바 정권은 RT가 신뢰할 수 있는 러시아 선전물로 여겨 국영 TV로 송출했다. 그러나 RT를 통해 방영되는 〈카이저 리포트Keiser Report〉(맥스 키저Max Keiser와 스테이시 허버트Stacy Herbert가 제작)에서 비트코인 사용을 홍보하고 있었다. 아마도 미국의 외교 정책에 매우 비판적인 논조였기에 방송이 허락된 듯했다. 하지만 이 프로그램은 트로이 목마처럼 국영 TV의 전파를 타고 많은 쿠바인과 베네수엘라인에게 다가가 그들을 새로운 비트코인 경제에 탑승시켰다. 아이러니하게도 루시아에게 개인적 자유를 얻는 방법을 보여준 것은 미국이 1990년대부터 쿠바의 민주주의 증진에 쏟아부은 수억 달러가 아니라 사회주의 국가의 선전물이었다.

루시아는 〈카이저 리포트〉에서 듣게 된 새로운 형태의 디지털 화폐에 매료되어 비트코인을 연구하기 시작했다. 그녀는 그 프로그램을 본 라틴아메리카 사람들로 구성된 텔레그램 그룹에 가입했다. 처음에는 영어로 운영되었으나 나중에는 스페인어로 바뀐 모임이었다. 그리고 그곳에서 비트코인 사용법을 충분히 배울 수 있었다. 루시아는 "그들로부터 저 자신이 은행이 되는 법을 배웠습니다"라고 말했다.

루시아는 어느 날 친구와 대화하다가 그 친구도 비트코인에 관심이 있다는 것을 알게 되었고, 이후 꾸준히 비트코인 관련 정보를 주고받았다. 루시아는 텔레그램에서 쿠바를 중심으로 하는 여러 비트코인 단체에 가입하며 계속해서 지식을 넓혔다. 그녀는 10달러의 비트코인을 사서 해외에 있는 친구에게 보낸 적이 있는데, 은행을 이용하거나 신분증을 제시하거나 기타 공식적인 시스템을 전혀 사용할 필요가 없다는 사실에 두 사람 모두 놀랐다. 심지어 화폐 자체가 국가나 기업이 아니라 온라인 커뮤니티를 통해 생산된다는 것도 깨달았다. 그들은 누가 비트코인을 만들었는지조차 몰랐고, 그것이 중요하지도 않아 보였다.

"이건 획기적입니다. 비트코인을 받기 위해 작성해야 하는 서류가 하나도 없습니다!"

루시아는 해외에서 비트코인을 받은 뒤 MLC나 페소로 바꿔 식량이나 물자를 사는 사람이 많다고 했다. 그녀의 경우는 미래를 위한 투자를 위해 비트코인을 사용한다. 그녀는 그것을 '개인 은행의 준비금'이자 돈을 저축하는 최선의 선택지라고 불렀다.

그녀는 미국의 금수조치가 지금까지도 쿠바인들에게 큰 고통을 안겨준다고 말했다. "이런 현실을 믿지 못하는 사람이 많겠지만, 우리는 이제 달러로 MLC를 살 수 없습니다. 미국 금융 앱도 사용할 수 없습니다. 미국에 있는 우리 가족이 달러를 보내기가 너무 어렵습니다. 그런데 비트코인이 이런 고통을 상당히 덜어줍니다."

루시아는 비트코인을 달러 시스템의 대안으로 보고 있다.

"달러에서 벗어날 수만 있다면 우리도 자유를 얻을 수 있습니다."

나는 쿠바인들과 대화를 나누면서 그들이 혁명의 배신을 겪었어도 애국심은 잃지 않았음을 알 수 있었다.

루시아는 "금수조치로 우리 정부는 벽에 부딪히게 됐다"며 비트코인이 자신과 같은 사람에게 개인적으로뿐만 아니라 쿠바 사회 전체에 독립을 안겨줄 수 있다고 주장했다.

그녀는 비트코인을 통해 새로운 삶을 누리게 된 것은 호기심 덕분이라고 말했다. "호기심은 사람을 움직입니다. 제가 의료 종사자가 된 것도 그것 때문입니다. 호기심은 모든 인간에게 활력을 선사합니다."

이제 그 호기심은 그녀가 비트코인을 공부하고 다른 사람에게 전파하는 동력이 되었다. "사람들은 정말 궁금한 것이 많습니다. 누가 그것을 만드는가? 어떤 식으로 작동하는가? 어디서 구할 수 있는가? 저는 이런 것들을 알려줄 수 있다는 것이 너무 좋습니다."

그녀는 지금 마탄자스 주민을 비롯해 주변의 많은 사람에게 비트코인 사용법을 가르치고 있다.

그러나 배우는 일은 항상 어렵다. 그녀는 절박한 마음에 다단계 사기에 빠져든 사람도 많다고 했다. 정부가 비트코인과 다단계 사기를 혼동하는 바람에 사람들이 관심을 보이기를 꺼리는 경우가 많다고 한다. 그녀는 비트코인은 배우기 어렵다고 말했다. 그것은 사람들이 과거에 보았던 어떤 것과도 달라서 비트코인이 지닌 능력을 믿기 어렵기 때문이다. 이를 적절하게 사용하기 위해서는 시간과 연구가 필요하다.

그녀는 "도입이 진행되고 있지만 시간이 걸릴 것입니다"라고 말했다.

루시아는 대화를 마무리하며, 쿠바 여성들이 비트코인을 사용하는 것이 매우 중요하다고 말했다. "여성들이 재정적 자유를 주장하는 법을 배워야 합니다." 그녀는 쿠바 사회가 여성의 권리 분야에서 상대적으로 진보했을지 몰라도 여전히 남성주의와 여성 혐오 문화가 광범위하게 존재한다고 말했다. 그리고 남성들조차 재정적 독립을 이해하지 못하는 사람이 많은 현실에서 "여성들은 얼마나 힘들겠는지 상상해보세요"라고 말했다.

"비트코인은 돈과 소비, 더 나아가 인생을 통제할 수 있게 해줍니다. 여성인 제가 마침내 내 인생의 미래를 내 손으로 결정할 수 있게 되었습니다."

쿠바 경제 곤경의 역사

1950년대 말까지 쿠바는 라틴아메리카에서 가장 부유한 국가에 속해 있었다. 통화 연구자 보아즈 소브라도Boaz Sobrado는 이렇게 말했다. "쿠바는 멕시코나 도미니카공화국 같은 히스패닉 국가보다 루이지애나, 플로리다 같은 미국의 주와 공통점이 더 많았다. 쿠바의 1인당 소득은 멕시코보다 70%, 도미니카공화국보다 300%나 더 많았다. 1인당 소득은 과거 식민 지배국이었던 스페인과 포르투갈보다 훨씬 더 많았다."[301]

소브라도는 '20세기 중반 쿠바 인기의 상징'으로 아바나 힐튼을 꼽았다.[302] 630개의 객실, 42개의 스위트룸, 카지노, 6개의 레스토랑과 바, 오락실, 야외 수영장, 그리고 넓은 지하 차고를 갖춘 라틴아메리카에서 가장 높고 큰 호텔이었다. 그 당시 쿠바는 얼핏 보면 도저히 사회주의 혁명이 일어날 장소로 보이지 않았다. 그러나 오래된 아바나의 매력 뒤에는 깊이 무너진 사회가 있었다.

독재자 풀헨시오 바티스타Fulgencio Batista는 미국 정부와 민간의 강력한 지원을 등에 업고 철권통치를 휘둘렀다. 1958년 쿠바의 연간 소득은 1인당 353달러로 상당히 높은 수준을 유지했지만, 농촌 근로자들의 소득은 대부분 100달러 미만이었다. 공공 서비스도 거의 없었고 인프라도 매우 취약했다.[303] 외국 정부와 기업들이 경작지의 약 75%, 필수 서비스의 90%, 설탕 생산량의 40%를 소유하며 경제를 통제했다.[304]

1950년대에 피델 카스트로가 바티스타 정권에 도전하는 사회주의 운동을 일으켰다. 그는 주로 산악지대와 농촌을 중심으로 게릴라 전술을 펼치면서 1950년대 말까지 막대한 자금과 에너지를 수도에서 빼냈다. 바티스타가 대외적으로 지지를 잃기 시작하자 1958년 미국 정부는 쿠바에 무기 금수조치를 내렸다. 그리고 1959년 1월 1일, 카스트로의 군대가 아바나를 점령했다.

'엘 코만단테El Comandante', 즉 카스트로 장군은 인민 혁명을 약속했지만, 그의 통치는 순식간에 폭정으로 변했다. 강제 수용소, 수천 명의 자의적인 처형, 비밀경찰, 동독과 북한에 버금가는 감시 체제, 그리고 정치범의 수감 등 모든 요소를 두루 갖추었다. 쿠바의 폭정은 특히 잔인했다. 오랫동안 숨겨져 있었던 당시의 참상은 아르만도 발라다레스Armando Valladares의 《희망은 없다Against All Hope》라는 책에 기록된 생존자들의 증언으로 마침내 세상에 드러났다.[305]

앤서니 드팔마가 쓴 책에는 다음과 같은 대목이 있다.

감히 다른 생각을 하는 쿠바인들이 가장 두려워했던 것은 주변에 항상 존재하는

CDR(혁명수비위원회)이었다. 각 지역의 CDR 위원장에게 제보하는 사람은 바로 이웃들이었다. 이들은 5월 1일 노동절 행진에 참가하지 않는 사람, 즉 피델의 연설이 라디오 방송에 나오는 동안 야구 경기 중계를 듣는 사람, 불법 위성 안테나를 옥상에 숨겨둔 사람 등이 보이면 그 정보를 피델 휘하의 무서운 비밀경찰이나 KGB 훈련을 받은 내무부에 제보했다. CDR 위원장은 이른바 반혁명 활동을 했다고 의심되는 사람이라면 누구나 지목해서 규탄할 수 있었기에 '손가락으로 처형하는' 사람으로 불리기도 했다. 마이애미에 있는 친척에게 연락하겠다는 이웃에게 전화기만 빌려줘도 자칫하면 규탄의 대상이 되어 인생을 망칠 수도 있었다. 감시망이 너무 만연했기에 쿠바 사람들은 조그마한 불평이라도 꺼내기를 두려워했다. 심지어 자기 집에서도 누군가 듣고 있을까봐 '피델'이라는 이름을 함부로 언급하지 못했다. 그 대신, 이들은 감히 엘 코만단테를 비난하고 싶을 때 있지도 않은 수염을 쓰다듬었다.[306]

새 정부는 국민을 잔인하게 억압했지만, 실물 경제를 운영하는 데에는 미숙했다. 그들은 소련의 사례를 따라 계획 금융 체제를 채택했고, 곧바로 소련을 수출시장으로 의존하게 되었다. 경제 관료는 배경이나 능력에 상관없이 충성파로 교체되었다. 카스트로가 쿠바 중앙은행의 수장으로 체 게바라를 선택한 이유는 그가 "이 자리에 혹시 경제학자가 없느냐"고 묻자, 체 게바라는 공산주의자가 누구냐고 묻는 줄 알고 손을 들었기 때문이라는 이야기가 있다.[307]

1960년대 초, 아이젠하워와 케네디 행정부는 쿠바에 무역 제재를 가했고, 결국 전면 봉쇄로 이어졌다. 카스트로와 그의 군대는 이에 대응하여 수억 달러의 미국 부동산과 기업을 국유화했다.

혁명은 쿠바인들이 모아놓은 저축 자산을 파괴했다. 체 게바라는 중앙은행 총재로서 페소화의 고정 가치를 달러에서 루블로 바꾸고 기존 페소화를 75% 평가절하했다. 그러자 혁명 전에 발행된 지폐의 가치가 폭락했다. 만약 새로 들어선 정부가 내가 가진 구권을 받지 않으면 재산을 몽땅 잃어버리게 된다.

카스트로를 축출하려는 미국의 다양한 계획과 시도는 모두 실패했고 정권은 계속되었다. 쿠바 경제는 구조적으로 석유, 차관, 무기, 기술 훈련의 공급처로, 또 주요 수출품인 설탕의 판매 시장으로 소련에 의존하게 되었다. 그리고 모스크바는 이를 시장 가격보다 높은 가격으로 사줌으로써 사실상 보조금을 제공했다.[308]

이후 수십 년 동안 쿠바 경제는 주로 소련과의 관계에 의존하여 성장했다. 그러나 공산주의 쿠바가 가장 번성했던 1970년대 말과 1980년대 초에도 생계를 유지하는 것이 어려웠고, 나라를 떠나려는 사람은 수천 명에 달했다. 1980년에 12만 5,000명 이상의 쿠바인이 약 1,700척의 배와 뗏목을 타고 미국으로 도망갔다. 이를 마리엘Mariel 해상 탈출 사건이라고 한다.[309]

1990년대 초 소련이 해체되자 카스트로 정권은 연간 50억 달러에 달하는 보조금을 잃었고, 쿠바의 설탕 수출은 80%나 급감했다. 페소화 가치는 달러당 5달러에서 150달러로 평가절하되었다.[310] 1990년대 말 북한에서 수백만 명이 사망한 '고난의 행군' 때 김정일이 주민에게 강인함과 헌신을 요구했던 것처럼, 카스트로는 쿠바 국민에게 집단적 희생을 요구하며 '비상시기'를 헤쳐 나가자고 했다.

이 '비상시기'에 쿠바인들은 하루에 한 끼만으로 버티는 경우가 허다했다. 배급 통장에는 쇠고기와 닭고기도 받을 수 있다고 나와 있었지만, 현실에는 그런 것들이 존재하지 않았다. 피델은 모든 사람이 매일 우유한 잔을 마실 수 있다고 했지만 그것조차 사라지고 말았다.

드팔마에 따르면 쿠바인들은 "자몽 껍질을 납작하고 부드럽게 만들어 마치 스테이크처럼 구웠다. 또 바나나 껍질을 갈아서 향신료를 섞어 고기 대신 먹기도 했다."[311] 가구마다 매달 배급받은 계란은 약 9개였다. 식량뿐 아니라 전기도 부족해서 "밤이 되면 깜깜한 것이 정상이었다. 어쩌다 잠깐이라도 불이 들어오면 쿠바인들은 '빛이 돌아왔다'라고 흥분하며 기뻐했다."

산업은 무너졌다. 예를 들어 1990년대 말이 되자 고기잡이 어선이 거의 사라졌다.[312] 오늘날 쿠바인들이 소비하는 해산물은 1980년대 말에 먹던 양의 25%로 줄어들었다.[313] 바다에서 100킬로미터 이상 떨어진 곳에 사는 사람이 한 명도 없는 나라가 이제는 '물고기 없는 섬'이라는 자조 섞인 별명으로 불리게 되었다. 한때 식량의 80%를 생산했던 나라가 이제는 80%를 수입하고 있다.[314] 소브라도는 쿠바의 국내 소비가 "1990년 이전 수준으로 회복된 적이 없다"고 했다. 이 한마디에 굶주린 쿠바의 현실이 요약되어 있다.[315]

시대가 너무 암울해지자 1993년에 카스트로는 적국의 달러를 법정통화로 만들어 경화를 끌어들였다. 쿠바 국민은 해외에서 송금받아 은행에 달러를 예치하기 시작했다. 좋은 돈이 나쁜 돈을 몰아낸다는 '티어리의 법칙Thiers' law(경제학에서 악화가 양화를 구축한다는 그레샴의 법칙과 반대)'

이 충실히 구현되었다. 소브라도 총리는 하루 거래의 절반가량이 달러로 이뤄졌다고 추산했다. 이것은 오늘날 베네수엘라의 상황과 비슷한 수치였다. 정권은 이런 흐름과 완전 달러화를 막기 위해 '달러 페소화', 즉 CUC를 내놓았다. 그들은 CUC 발행금액당 같은 양의 달러를 쿠바 중앙은행에 예치한다고 말했다.

절박해진 카스트로는 가족 식당에 대해 소규모 개인 사업체로 운영하는 것을 허용했다. 이에 더하여 유럽 기업이 쿠바 호텔을 운영하게 하고, 일부 국민에게 자립 농장을 운영하게 했으며, 크리스마스를 국경일로 복원하는 등 폭넓은 개방 조치를 시행했다. 이 모든 조치의 대가로 교황 요한 바오로 2세의 방문을 성사시켰다. 작은 개혁과 외국인 투자 증대가 결합하자 '비상시기'에 비해서는 상대적으로 회복된 것으로 보였다.

2000년대 초, 베네수엘라의 우고 차베스Hugo Chavez 대통령이 새롭게 창출한 석유 수익의 일부를 쿠바에 지원하기 시작하면서 새로운 생명선이 마련되었다. 그러나 정부가 구제금융을 받는 동안에도 일반 국민은 여전히 매우 어려운 시절을 보내야 했다. 소브라도의 책에는 쿠바식 표현으로 "닭이 있다고 한다"라는 말이 있다. 기리를 시성이던 군중이 가게에서 닭을 살 수 있게 되었을 때 외쳤던 말이다. 또 예전에는 예금통장의 돈으로 생선을 살 수 있었고, 생선 대신 닭을 살 수 있었는데, 지난 몇 년 동안 그 닭도 바닥이 났다.

2004년 11월 쿠바 정부는 다시 찾아온 경제 붕괴 상황에 미국 달러의 국내 유통을 취소했다. 국영 상점과 기업, 은행은 CUC 체제로 완전히 바뀌었다. 달러는 쿠바에 도착하자마자 CUC로 전환되었고, 이를 통해 정권은 경화를 압류하고 세금을 부과한 뒤 국민에게는 경화로 뒷받침되지 않는 다른 통화를 찍어내 제공했다. 이 과정을 큰 그림으로 보면 예전에는 국민이 달러를 가지고 있었는데, 지금은 그것이 공산당 중앙은행에 들어가 있다는 점만 달라졌다.

CUC 시대에 이중통화 제도는 아주 기초적인 수준의 값싼 상품과 서비스는 정부가 제공할 수 있지만, 품질이 조금이라도 좋은 상품을 사려면 CUC가 꼭 있어야만 하는 시스템을 만들어냈다. 예를 들어 국영 빵집에 가면 1페소로 형편없는 빵을 살 수 있겠지만(물론 재고가 남아 있다면), 1CUC가 있으면 더 고급스러운 가게에서 훨씬 더 좋은 빵을 살 수 있다. 최근 수십 년 동안 관광객들은 고급 상점에서 훨씬 더 비싼 상품을 CUC만으로 쇼핑했기 때문에 정권의 금고에는 언제나 거액의 경화가 쏟아져 들어왔다.

이중통화는 국영기업에 이익이 되는 회계의 마술을 부리기도 했다. 예를 들어 소브라도가 언급했듯이, 부유한 엘리트들은 몇백 CUC나 몇백 달러가 아니라 몇백 페소만으로 쿠바를 떠나는 비행기표를 살 수 있었다. 즉 일부 국영기업은 수입품을 살 때는 '페소' 가격을 매기고, 팔 때는 달러 가격으로 내놓을 수 있다는 뜻이다. 자산을 부풀리고 부채는 과소평가하는 관행이 만성적으로 이어졌다. 이런 금융 속임수는 페소와 일반 근로자의 희생으로 지탱된 것이었다.

쿠바인 중에는 CUC(지금은 MLC) 생활권에 진입하면서 생존을 위협받는 돈벌이를 하고자 주 업무 외에도 다른 일을 하는 사람이 많다. 암시장에서 잘만 하면 월급이나 연금보다 더 많은 돈을 하루에 벌 수 있다. 소브라노에 따르면 심지어 마이너스 월급을 받는 사람도 있다고 했다. "어떤 사람은 출근하지 않는 대가로 상사에게 뇌물을 주기도 한다. 그러고는 하루 종일 다른 곳에 가서 훨씬 더 많은 돈을 번다."

드팔마는 이렇게 말했다. "모든 쿠바인(소규모 사업주나 저녁거리를 찾는 부모나)은 어떤 식으로든 범죄자가 되었다. 쿠바 언어로 인벤탄도Inventando(발명에 해당하는 스페인어)는 '도둑질'이라는 뜻이 되었고, 도둑질하는 물건은 이웃이나 친구가 아닌 국가의 소유물이기 때문에 도둑질을 묵인하도록 시민 사회의 규칙이 바뀌었다. 새로운 쿠바에서 인벤탄도는 기울어진 경기장을 평평하게 만들고 근로자들이 국가에서 받는 하루 1달러라는 비참한 임금을 보충하는 방법이었다."[316]

쿠바 경제의 붕괴가 누적된 결과는 상상하기조차 어렵지만, 2018년 설탕 수확량이 1894년 수확량과 같은 100만 톤에 불과하다는 사실만 봐도 충분히 짐작할 수 있다. 한때 세계 최대 설탕 수출국이었던 쿠바는 이제 어쩔 수 없이 프랑스에서 수입하고 있다.

라울과 디아즈카넬Miguel Diaz-Canel(2013~2018년에 재임한 쿠바 공산당 제1서기-옮긴이)이 발표한 '역사적인' 제도 개혁은 결국 작은 조정으로 끝났다. 도매시장이 존재하지 않고, 고용 인원 수에 엄격한 제한이 있으며, 허가증 발급에 많은 돈이 들고, 세금 부담이 과중하며, 신용이 부족한 환경에서는 기업가 정신이 자라날 리가 없다. 그동안 엄청나게 과장된 수많은 개혁이 이뤄졌다. 하지만 2017년에도 여전히 청바지 한 벌은 한 달 월급을 줘야 살 수 있었고, 단 며칠 만에 배급이 바닥났다. 자랑스러운 의료 체계는 콜레라 발병을 허용했고, 엘리트층을 위한 특별 진료로 기울어졌다.[317] 교육은 여전히 선전 수단에 머물렀다. 2014년과 2015년에 오바마 행정부가 미국의 규제 장벽을 걷어낸 일을 계기로 관광객이 몰려오면서 국내 기업이 되살아났다. 그러나 버락 오바마 대통령은 곧 쿠바 이민자 구분 관리 정책을 종료했고, 몇 년 후 트럼프 대통령은 전임 행정부의 개방 결정을 번복했다.[318]

드팔마에 따르면, 지난 15년간 정부가 쿠바 국민에게 제공한 작은 경제 개혁들은 "자립을 통해 생활을 개선할 자유가 아니라, 정부가 더 이상 제공할 수 없는 생존 수준을 각자가 보충하도록 한 허가였다. 정부는 국민의 기업가 정신과 재산 축적 능력에 각종 규제를 가했을 뿐 아니라, 자본가가 되려는 사람들에게 과중한 허가증 비용과 무거운 세금까지 요구했다. 정부가 제시한 목표는 한마디로 쿠바를 부유한 나라로 만들면서 부자는 한 명도 남기지 않겠다는 것이었다."

쿠바의 인권 위기

나는 이 장을 쓰는 데 필요한 기초 조사 차원에서 회계학과 재무학을 전공하고 아바나에 사는 인권 변호사와 이야기를 나누었다. 그녀는 익명을 원했지만(그녀는 "남의 눈에 띄지 않고 싶어요"라고 말했다), 화상통화 중에 나온 여러 민감한 주제에 대해 솔직하게 말해주었다. 지금부터 그녀를 베리타라고 부르겠다.

그녀의 우려는 이해할 수 있다. 쿠바는 지금도 공산당 일당 체제다. 디아즈카넬 정권은 카스트로 형제가 조성한 공포 분위기를 그대로 이어받았다. 다른 정당은 불법이고, 반대 의견은 억압되며, 시민의 자유는 심각하게 제한된다. 인권 감시 단체인 프리덤하우스Freedom House에 따르면, "2018년에 통치자가 바뀌고 그동안 교착 상태에 빠졌던 워싱턴과의 외교가 최근 몇 년간 정상화 과정을 거쳤음에도, 정권의 비민주적인 성격은 여전히 변함이 없다."[319]

2021년 프리덤하우스 민주주의 보고서에서 쿠바는 정치적 권리 부문에서 40점 만점에 겨우 1점을 얻고, 국민의 자유에 대해서는 60점 만점에 12점을 얻어 합계 100점 만점에 13점만을 기록했다.[320] 이 나라의 헌법은 독립 언론을 금지하고 있다. "독립 언론은 위법 상태로 활동하고, 그 출판물은 '적의 선전물'로 간주되며, 언론인은 일상적으로 괴롭힘, 구금, 심문, 위협을 당하고 공식 언론을 통해 명예를 훼손당하며, 해외여행이 금지된다."

쿠바인들은 소셜 미디어 플랫폼을 포함한 외국 서버에 콘텐츠를 게시하는 것이 금지되고, 일반적으로 '국민의 사회적 이익, 도덕, 좋은 관습, 그리고 진실성에 위배되는' 어떤 것도 공유할 수 없다. 민간이 건립한 대학교와 각급 학교는 1960년대부터 불법이 되었고, 교사들은 학문적 성과가 아닌 이념적인 충성심에 기초하여 승진했다. 독립적인 노동조합은 불법이고, 쿠바 근로자들은 파업과 쟁의, 집단 교섭을 할 수 없다. 쿠바에는 혁명과 관련한 유명한 속담이 있다. "혁명 안에서는 무엇이든 할 수 있으나, 혁명에 반하는 것은 아무것도 해서는 안 된다."

베리타는 쿠바 인권 보호 운동 그룹의 일원이다. 1990년대 '비상시기'를 겪으며 각성한 그들 모임은 끊임없는 공격을 견디며 살아남았다. 2003년에 쿠바 정권은 사회를 지탱하기 위해 화폐 제도를 바꾸어야 했던 바로 그 시기에 수십 명의 시인, 작가, 그리고 기자를 탄압한 이른바 '검은 봄' 단속을 시작했다. 지금까지도 이 정치범들의 자매, 아내, 그리고 딸들은 자유를 위해 매주 일요일 아바나에서 행진하고 있다. 그들은 '백의 여인들'로 불린다.

블로거이자 문헌학자인 요아니 산체스Yoani Sanchez가 설립한 〈14이메디오14ymedio〉와 〈디아리오데쿠바Diario de Cuba〉와 같은 독립 언론사가 계속 보도하고 있지만, 그들이 하는 일은 여전히 힘겹다. 쿠바의 대표적인 인권 옹호자 중 한 명인 오스왈도 파야Oswaldo Payá가 2013년에 자동차 충돌사고로 사망한 사건은 국가가 자행한 살인으로 널리 알려져 있다. 2021년에 수백 건의 실종 사건이 일어나고 시위자들에게 중형이 선고된 데서 알 수 있듯이, 거리에 나서 시위하는 행동은 지금도 엄청난 위험을 무릅써야 하는 일이다.[321]

2018년에 쿠바의 흑인 학자, 예술가, 언론인들이 모든 예술 활동은 사전에 정부의 인가를 받도록 규정한 공산당 법령 349조에 항의하기 위해 '산 이시드로 운동San Isidro Movement'이라는 단체를 결성했다.[322] 2020년 11월, 이 단체는 구성원 중 한 명인 래퍼 데니스 솔리스Denis Solis를 지지하는 시위를 시작했다.[323] 국가 경찰이 시위대를 급습했지만, 정권은 예술가들의 권리 증진을 약속해야 했다. 이 사건은 2021년 7월에 발생한 봉기의 씨앗이 되었다.

이런 시위의 중심에는 쿠바 흑인 사회가 자리 잡고 있다. 쿠바 백인 가정은 해외에서 송금하는 친척을 둔 비율이 최대 90%까지 추정되지만, 그런 선택권이 있는 흑인 가정은 30~40%에 불과하다. 흑인 반체제 인사로 잘 알려진 기예르모 '엘 코코' 파리냐스Guillermo 'El Coco' Farinas는 이 상황을 '폭발 직전의 화약고'라고 묘사했다.

흑인인 베리타는 처음에는 극도로 경직된 태도였다. 대화 초반에 경제 문제를 이야기할 때는 미리 준비해둔 원고를 그대로 읽다시피 했다. 그녀는 "물가 하락은 인플레이션에 영향을 미치지 않으며, 페소토-달러 환율은 24 대 1로 유지된다"는 정부의 설명만 그대로 반복했다. 그러나 대화가 무르익으면서 마음을 열더니 사실 당시 환율은 무려 70 대 1에 이르렀다고 실토했다. 그녀의 머릿속에는 여전히 빅브라더가 크게 자리하고 있음이 분명했다.

베리타는 MLC 제도가 경화를 비축하고 달러와 유로화의 유출을 막기 위한 정부의 전략이라고 설명했다. 또 그것은 쿠바에서 막대한 가치를 해외로 유출하고 있는 비공식 부문에 세금을 부과하는 방법이라고도 했다.

예를 들어 몇 년 전만 해도 쿠바에서 에어컨을 사고 싶다면 파나마 같은 곳에서 누군가('운반책'이라고도 한다)를 고용해 그가 물건을 보내주면 비용을 달러로 지불했을 것이다. 그러면 그 돈은 정권이 가로챌 새도 없이 쿠바 경제를 영영 떠나게 된다. 그런데 MLC 체제에서는 정권이 에어컨 같은 가전제품을 상점에 비축하고 있으므로 사실 국민으로서는 운반책을 이용하는 것보다 상점에서 사는 것이 더 편하다. 즉 국민은 해외의 가족이나 친지에게 MLC 계좌를 채워달라고 요청해서 에어컨을 사게 되므로 정권 입장에서는 경화가 유출되는 것이 아니라 오히려 축적되는 것이다.

그 결과, 페소화는 통용 불능 상태로 치닫고 있다. 화폐의 세 가지 주요 기능 중에서 페소화는 사실상 가치 저장과 회계 단위의 기능을 상실했고(이제는 MLC나 달러로 유출된다), 실제로는 개인이 정부를 상대할 때나 거리에서 물건을 살 때 교환 수단으로만 기능한다.

내가 그녀에게 정부는 페소화 인플레이션을 막을 계획이 있느냐고 묻자, 그녀는 결코 잊지 못할 표정을 지었다. 그녀는 얼핏 미소를 머금은 얼굴로 어이없다는 듯이 나를 쳐다보았다.

"계획이요? 아니요, 계획 따위는 없습니다."

그녀의 추정에 따르면 쿠바 경제가 현재의 충격에서 회복하려면 향후 12년 동안 매년 5%씩 성장해야 한다. 그러나 현실은 2020년에 11% 감소했고, 2021년과 2022년에는 더욱더 줄어들 전망이다. 그녀의 표현대로 '재앙'이 될 것이다.

계속되는 금수조치의 영향

미국의 대 쿠바 금수조치가 쿠바인에게 미치는 영향을 자세히 알아보기 위해 쿠바 망명 2세이자 쿠바연구그룹Cuba Study Group의 상임이사 리카르도 에레로Ricardo Herrero와 이야기를 나눴다. 그는 미국의 제재로 인해

2021년 현재 쿠바인들은 페이팔, 스트라이프Stripe, 캐시앱, 젤레Zelle, 코인베이스, 깃허브, 어도비Adobe, 드롭박스Dropbox, 리프트Lyft, 우버Uber, 아마존 등 다양한 미국의 서비스를 이용할 수 없다고 말했다. 그는 금수조치를 "한 사회에 가해지는 지구상에서 가장 엄격하고 포괄적인 제재다"라고 말했다.

에레로는 미국 정부가 이런 규제를 완화하도록 로비하는 일을 하고 있다. 그는 이 일이 어려운 이유는 특히 1990년대에 통과된 토리첼리와 헬름스버튼법이 취약한 카스트로 정권을 더욱 흔들고, 민주적인 반정부 운동을 촉진하기 위해 쿠바에 대한 미국인의 무역 및 사업, 여행의 규제를 공식화했기 때문이라고 말했다.

케네디에서 클린턴에 이르는 과거 쿠바 정책과 달리 1996년에 헬름스버튼법(쿠바 자유와 민주화를 위한 법)이 통과된 이후로는 금수조치가 법으로 규정되어 행정명령으로 해제될 수 없다. 헬름스버튼법은 혁명 기간 카스트로 정권이 미국의 사업과 재산을 탈취했다고 간주하는 미국의 주장에 따라 미국 기업에 대한 기존 규제를 확대하는 한편, 전 세계 어떤 기업도 쿠바에서 사업을 하지 못하도록 막는다. 예를 들어 쿠바와의 사업을 선택한 기업은 미국에 진출하거나 미국과 사업힐 수 없다고 위협한다. 클린턴, 부시, 오바마로 이어지는 미국 대통령들이 이 법의 일부를 포기하면서 일부 외국 기업은 쿠바와 거래해왔으나, 그 결과를 보는 시각은 엇갈린다.

소브라도가 지적했듯이 아바나 힐튼(혁명기에 아바나 리브르로 개명)은 결국 스페인의 호텔 체인 멜리아호텔스인터내셔널에 넘어갔고, 2020년

이 유명 호텔은 텅 비게 되었다.

트럼프 대통령은 퇴임 전 쿠바를 테러지원국으로 지정하고 금수조치를 강화하는 243개의 조치를 추가로 도입했다.[324] 바이든 대통령은 아직 이를 해제하지 않았다. 에레로는 헬름스버튼법이 발휘하는 억지야말로 쿠바에 스타벅스, 자라, 맥도날드가 없는 이유를 설명한다고 말했다. 이것은 쿠바가 IMF나 세계은행으로부터 대출을 받지 못하는 이유다. 또 후라과Juragua 원자력발전소가 아직 완공되지 않은 이유다. 2015년과 2016년 오바마 대통령 시절 일부 미국계 결제 업체들이 쿠바와 미국 간 결제 서비스를 구축하는 방안을 모색했으나, 트럼프 대통령의 당선으로 개통이 연기될 것이 분명해지자 계획이 보류됐다.

에레로는 금수조치가 쿠바 정부의 혁명 서사에 '정치적 산소'를 공급한다고 말했다. "금수조치는 오히려 쿠바 정권이 국민을 겁박하는 거대한 선동 장치입니다. 그것이 없다면 정권의 이데올로기가 붕괴할 것입니다."

비효율적이고 억압적인 정부에 금수조치가 더해지면서 비극이 더욱 악화했다. 대표적인 사례로 최근 당뇨병을 앓던 한 영국 국민이 아바나에서 현지 의료품 부족으로 인슐린을 구할 수 없게 된 사건을 들 수 있다. 그의 아내가 런던에서 그에게 몇 개를 배송하려고 했지만 DHL은 그 소포에 '미국의 쿠바 제재'라는 라벨을 붙여 반송했다. 그는 얼마 지나지 않아 병원에서 사망했다.[325] 그의 아내는 이를 두고 "미국의 대對쿠바 제재와 쿠바의 물자 부족에 대한 미숙한 대처, 여기에 코로나19 팬데믹이 합쳐진 치명적인 사태"라고 말했다.

에레로는 쿠바 국민이 겪는 고통의 대부분은 여전히 현 정권의 책임이라며 그들은 이중적인 게임을 하고 있다고 말했다. 이 정권은 쿠바의 거의 모든 위기에 대해 금수조치로 비난의 화살을 돌리지만, 그들은 "금수조치를 해제할 기회를 늘 고의로 놓쳐 왔다"고 말했다.

그들은 금수조치를 희생양으로 삼아왔고, 국제사회로부터 그들의 명분에 대한 공감을 끌어내는 도구로 계속 활용하고 있다. 에레로는 "그들은 늘 스스로를 제국주의 골리앗에 맞서는 다윗으로 치장합니다"라고 말했다.

오바마의 개방 아래 미국 기업이 몰려들어 협상을 벌였으나 쿠바는 서명을 허용한 적이 거의 없다. 에레로는 "관료들은 항상 양키는 적이고 자본주의는 악이라고 배웠다"라고 설명했다.

그들은 쿠바와 세계를 연결할 기회가 왔을 때 그것을 붙잡지 못했다. 지난 10년 동안 쿠바 정권은 틈날 때마다 민간기업과 경제의 분권화를 떠들었지만 모두 말뿐이었고 실제 행동은 없었다.

앤서니 드팔마는 자신이 쓴 쿠바 역사에서 이렇게 설명한다. "이 정권은 국민에게 북쪽 제국주의의 위험을 끊임없이 들먹이면서도 한편으로는 제국을 향해 금수조치 해제를 요구하며 미국 및 그 동맹국과의 거래를 늘리려고 한다.[326] 이 정권은 지난 60년간 미국의 끊임없는 개입 위협을 자신이 저지른 모든 잘못과 실패한 프로그램, 식량난, 또는 정전 사태를 덮는 수단으로 사용하면서, 한편으로는 망명자들이 송금으로 되돌려 보내는 수십억 달러에 의존해 쿠바를 지탱하고 있다. 국영 미디어들은 미국을 마약중독, 대량 살해, 폭주하는 소비주의의 지옥으로 제시하면서 쿠바는 아무 잘못도 없는 정부가 운영하는 평등주의의 천국으로 묘사하고 있다. 하지만 쿠바인들은 마이애미에 있는 친척에게서 듣는 이야기나 인터넷에서 보는 것과 자기 삶을 비교해보면서 그렇지 않다는 것을 다 알고 있다."

정권이 경제에 대해 선전하는 모든 내용은 자신들의 착취를 덮는 이념의 베일이다. 2018년 현재 쿠바의 최고 수입원은 놀랍게도 관광 산업이 아니라 매년 60개가 넘는 나라로 수출하는 5만 명 이상의 의료 종사자들이다.[327] 쿠바의 교육 시스템은 사실 해외로 파견되는 의사, 간호사 및 기술자(하얀 가운의 군대)를 추가로 배출하기 위한 홍보 시스템이다. 에레로는 이 프로그램이 '혁명을 해결책으로 짜 맞추는 방법'이라고 했다. 정부는 이들이 제국주의 권력에서 소외되어 몰락한 사람들을 구하기 위해 전 세계에 파견하는 의료 군단이라고 자랑스럽게 발표했다. 그러나 현실은 국가가 이 근로자들이 받는 급여의 75%를 몰수하여 연간 110억 달러 이상을 벌어들인다는 것이다. 쿠바는 세계 최대의 근로 파견 업체인 셈이다.[328]

한편, 해외에 있는 쿠바인들은 가족에게 돈을 보내는 간단한 일조차도 어렵다. 에레로는 파나마에 있는 누군가에게 송금한 후 그 사람이 현금을 아바나로 들고 가는 것이 하나의 방법이라고 말했다. 또 하나의 방법으로는 이슬람권에서 주로 사용되는 이른바 하왈라hawala라는 송금 방식이다. 예컨대 마이애미에 있는 사람에게 100달러를 준 다음, 아바나에 있는 사업 파트너에게 전화해서 100달러에서 수수료를 뺀 돈을 가족에게 전해달라고 부탁하는 것이다. 미국에서 쿠바로 웨스턴유니온을 이용해 전달하는 방법도 있었으나, 2020년 11월에 트럼프 행정부가 폐쇄했다.[329] 이 회사가 쿠바 전역의 407개 지점을 모두 폐쇄한 것은 언뜻 충격적인 것 같지만, 에레로는 서비스 가격이 너무 비싸다는 것을 이미 쿠바인 대다수가 알고 있었다고 말했다.

에레로는 2020년에 어떤 사람이 쿠바의 가족에게 웨스턴유니온을 통해 1,030달러를 송금하는 경우를 예로 들어 설명했다. 이 경우 수수료는 77.25달러이므로 송금자는 총 1,107.25달러를 보내야 한다. 쿠바에서 수취인에게 전달되는 금액은 1,000달러다. 이제 이 두 자릿수 수수료는 미국에서 통관 수수료로 1.5%, 웨스턴유니온으로 4%, 핀시멕스Fincimex(현재 제재 대상에 오른 쿠바의 국영 송금 업체)에게 1.5%가 돌아가고, 나머지 3%는 '환율' 환산이라는 명목으로 정부의 호주머니로 들어간다.

미국이 웨스턴유니온을 다시 개방하더라도 수령자는 1,000달러를 받을 때 1달러당 24페소의 '공식 환율'이 적용된다. 그래서 실제로는 9만 페소에 해당하는 돈을 송금해도 수령자가 받는 돈은 2만 5,000페소다. 물론 그 차액은 정권이 가져간다.

에레로는 2020년 중반까지만 해도 미국인들이 달러를 직접 MLC 계좌에 넣어줄 수 있었다고 말했다. 그러나 트럼프 행정부의 새로운 제재로 이 채널은 폐쇄되었다. 그는 이것이 항공편 폐쇄와 관광 감소와 결합하여 쿠바로의 달러 유입을 극적으로 감소시킨 '이중 타격'이라고 말했다. 그리고 바로 이때부터 비트코인이 급등하기 시작했다고 덧붙였다.

"지난 5년간 미국-쿠바 간 정책 변동을 이해하는 데 비트코인보다 더 도움이 되는 통화는 없습니다. 쿠바에서는 그 어떤 것도 성장하기 어렵습니다. 그러나 지난 몇 년간 쿠바에서도 성장한 것이 있다면 그것은 오로지 비트코인뿐입니다."

비트코인은 쿠바 체제를 푸는 '치트키'

에레로는 쿠바에서 비트코인으로 널리 알려진 에리히 가르시아 크루즈Erich Garcia Cruz라는 인물을 소개했다. 에레로는 그가 국영 TV에 게스트로 출연하고 다양한 기술과 결제 시스템을 다루는 유튜브 채널도 운영하는 '1인 CNET(미국의 유명 기술 미디어 웹사이트-옮긴이)'라고 불렀다. 나는 더 자세한 내용이 알고 싶어 크루즈와 연락을 취했다. 크루즈는 '아바나에서 나고 자란' 사람이라고 자신을 소개했다. 그는 이미 유명인사였으므로 자기 이름을 인터뷰에 그대로 사용해도 된다고 했다.

크루즈는 최근 시위가 식량과 의약품 부족으로 굶주림에 시달리던 사람들이 팬데믹과 정부의 관료주의, 높은 인플레이션 등이 겹친 잔혹한 환경에서 살아남기 위해 일으킨 사태라고 말했다.

"이제 쿠바 사람들은 지쳤습니다. 그들은 더 나은 삶을 원합니다. 시스템은 더 이상 작동하지 않습니다. 그래서 사람들은 그 탈출구로 비트코인으로 눈을 돌리고 있습니다."

크루즈는 미국에서 쿠바로 송금하려는 사람들이 마주한 거대한 문제를 해결하기 위해 비트리메사스BitRemesas라는 회사를 설립했다. 미국 은행은 쿠바 계좌로 달러를 송금할 수 없다. 역시 금수조치 때문이다.

트랜스퍼와이즈TransferWise도, 페이팔도, 레볼루트Revolut도, 웨스트유니온도 없다.

지금도 운반책을 이용할 수는 있다(쿠바에 직접 가서 가족에게 현금을 건네줄 누군가에게 송금하는 것). 그러나 비싸고 시간이 많이 소요된다. 크루즈는 스페인에 있는 은행으로 송금한 후 거기서 누군가의 MLC 계좌로 직접 보내는 방법도 있다고 설명했는데, 그 방법도 역시 비싸고 시간이 많이 들기는 마찬가지다.

크루즈는 비트코인이 더 좋은 선택지라고 했다.

"이제 비트코인이 외부와 연결하는 방법이 됐습니다. 그래서 쿠바에 비트코인 사용자가 폭발적으로 늘어나고 있습니다."

쿠바인 중에는 비트코인이나 암호화폐를 최소 한 번이라도 사용한 사람이 30만 명이 넘고, 정기적으로 사용하는 사람은 10만 명에 달하는 것으로 추정된다. 이는 쿠바 인구의 2.5%에 해당하는 수치로, 전 세계 인구 78억 명 중 2억 명이 비트코인을 사용한 적이 있을 것이라는 추정치와 정확히 일치한다.

크루즈는 이제 비트코인을 사용하지 않는 쿠바 기업은 국제금융 시스템을 배우고 적응하는 데 상당히 어려움을 겪을 것이라고 말했다.

"외부 세계를 상대하는 기업은 모두 비트코인을 사용할 수밖에 없을 것입니다. 버스가 마을을 떠나고 있으니 빨리 버스에 타라는 쿠바 속담처럼 말입니다."

그는 쿠바 인구의 비트코인 도입률이 유럽이나 캐나다보다도 더 높다고 생각하지만, 예전에는 자신도 비트코인을 믿지 않았다고 했다. 사실 2020년 3월까지만 해도 그것이 사기라고 생각했다. 주변에 암호화폐를 소개하려는 친구가 있었지만, 항상 마지막에는 아르비스타Arbistar나 트러스트인베스팅Trust Investing 같은 다단계 사기 업체로 BTC를 보내달라고 했다는 것이다.

그래서 그는 비트코인에 매우 회의적이었다.

2020년 3월에 크루즈는 트러스트인베스팅이 피라미드 사기임을 폭로하는 영상을 만들어 유명해졌다. 그 영상을 본 사람들이 그에게 다른 투자 방법을 한번 알아보라고 했고, 그가 알아본 방법 중 하나가 비트코인이었다. 그는 이 주제를 깊이 연구해봐야겠다고 결심했다.

2020년 4월과 6월, 그는 "토끼굴을 따라 내려가 성배를 발견했다." 그는 비트코인 렌즈를 통해 "쿠바인을 옥죄는 진짜 한계와 비트코인이 안겨주는 자유를 봤습니다. 세상이 전혀 다른 관점으로 보이기 시작했습니다. 우리는 전통적인 결제 방법을 이용할 수 없습니다. 사방이 벽으로 막혔어요. 좋습니다. 그렇다면 비트코인을 이용해 내가 직접 결제 업체를 만들고 이를 기회 삼아 사업을 키우면 됩니다"라고 말했다.

2020년 9월 1일, 크루즈는 쿠바의 수많은 가정이 미국-쿠바 간 송금 처리를 더 쉽게 할 수 있도록 도와주는 비트리메사스를 출시했다. 절차는 간단하다. 미국에 있는 누군가가 비트리메사스가 관리하는 지갑으로 비트코인이나 다른 암호화폐를 보내면(2-of-3 다중서명 방식으로 보안을 강화했다), 이 회사가 그 디지털 자산을 MLC나 페소 가격으로 판매하여 수취인에게 전달한다.

그는 이 회사가 '마이너스 입찰' 방식을 채택하고 있다고 설명했다.

회사가 현지 네트워크에 100달러의 비트코인이 새로 송금되었다고 공지한다. 그러면 어떤 사람은 95달러, 또 다른 사람은 94달러에 입찰한다. 그러면 비트리메사스는 가장 낮은 가격을 제시한 사람에게 팔고, 그 차액은 자신의 이익이 된다. 거래자는 수취인에게 그 돈을 전달한다. 이 방법이 쿠바로 송금하는 다른 방법에 비해 가장 크게 개선된 점은 수취인이 실제 시장 환율에 가까운 돈을 받을 수 있다는 것이다. 공식 시스템을 거치면 24페소 대 1달러의 환율을 벗어나지 못한다.

그는 쿠바 국민은 '똑똑하므로' 페소보다 비트코인이 더 나은 가치 저장 수단임을 안다고 말했다.

"페소로 사토시를 사서 3년을 기다릴 수 있다면 구매력이 엄청나게 증가하게 됩니다. 저는 정치가 어떠니, 정부가 옳으니 그르니 같은 말은 할 생각이 없습니다. 그저 쿠바인들에게 비트코인과 암호화폐를 이용해서 살아가는 방법을 알려주려는 것뿐입니다."

그는 자신이 새로운 인생과 사업을 시작할 수 있게 된 것은 모두 사토시 나카모토 덕분이라고 했다.

그는 특별히 정치권의 정보가 있는 것은 아니지만 정부가 현재 5개년 계획의 일환으로 암호화폐를 연구하고 있으며 결국 비트코인 전략을 도입할 수도 있다고 말했다. 예를 들어 우선 MLC 매장부터 비트코인을 받을 수도 있고, 사람들이 MLC 계좌를 채울 때 비트코인 사용을 허용할 수도 있으며, 관광 상품이나 수출품에 비트코인 결제를 포함하는 방법도 있다. 크루즈와 처음 대화를 나눈 지 두 달 후인 2021년 9월, 쿠바 정부는 암호화폐를 인정하고 합법화하도록 중앙은행에 공개적으로 지시했다.

그는 이렇게 말했다. "비트코인을 도입하는 것은 현명한 방향일 뿐 아니라 가장 믿을 만한 경화를 저축하는 수단이기도 합니다. 그러나 이 것은 지금 쿠바 정부 이야기니만큼 어떻게 될지는 알 수 없지요."

크루즈는 미국의 금수조치에 대해 매우 비판적인 입장이다. 그것 때문에 불과 수백 킬로미터 떨어진 플로리다주 마이애미 사람들이 누리는 다양한 서비스가 자신에게는 그저 그림의 떡일 뿐이다.

"금수조치와 싸워봤자 아무 소용도 없습니다. 쿠바 사람들에게는 두 가지 선택지가 있습니다. 쿠바를 떠나 매트릭스를 탈출할 수도 있고, 남아서 게임을 할 수도 있어요. 그런데 이 게임의 치트키가 바로 비트코인입니다. 그래서 저는 남기로 했습니다."

아바나의 비트코인 경제 건설

호르헤는 아바나에 있는 비트코인 회사에서 일하고 있다. 그는 2018년 3월에 비트코인을 알게 된 후 쿠바의 확장된 인터넷 접근성을 이용해 온라인상의 여러 가지 활동을 통해 사토시를 거래하고 저축하기 시작했다. 그러나 호르헤는 평생 외부 세계와 접할 기회가 거의 없었다. 웹은 크게 제한되었고, 쿠바에 들어오는 정보는 아주 은밀한 통로를 거친 것뿐이었다.

내가 미국 인권재단의 인턴으로 일하던 2007년에 참여한 프로그램이 하나 있었다. 쿠바에 아직 인터넷이 없던 그 시절, 해외 도서나 영화를 그곳 '지하 도서관' 시스템에 보내는 일이었다. 나는 〈브이 포 벤데타〉나 〈브레이브하트〉 같은 영화의 복사본을 음악 CD로 위장하여 멕시코를 거쳐 쿠바로 가는 라틴아메리카 사람들에게 보내곤 했다. 그들이 이런 지하출판물을 (의료용품이나 다른 기술제품 등과 함께) 우리 연락책에 전달하면 서너 명의 사람이 가정에 모여 휴대용 DVD 플레이어로 소규모 상영회를 열고, 끝나고 나면 토론회를 하는 식이었다.

쿠바인들은 오랫동안 이런 방법으로 (플로리다에서 방송하는 무선 신호를 수신하는 것을 포함해서) 외부 정보를 접했다. 그러다가 몇 년 후에 '파케테paquete(꾸러미)'가 등장했다. 몇몇 쿠바인이 불법 위성 장비로 해외 콘텐츠를 다운로드하여 하드드라이브에 담아 알음알음 퍼뜨리면 사람들이 콘텐츠를 하나씩 사서 USB에 옮긴 다음 집에서 보거나 읽을 수 있게 하는 방식이었다.

2014년과 2015년에 쿠바 전역의 호텔과 공공 중계기에 와이파이가 설치되었다. 이 시기에 파케테 보급이 급성장해서, 하루 종일 이런 콘텐츠를 다운로드해주고 돈을 버는 사람도 나타났다. 2017년과 2018년에는 휴대폰에 데이터가 도입되었다. 최근 몇 년간 인터넷 접속이 크게 확대되었지만, 여전히 속도는 느리고 검열과 감시는 사라지지 않았다.

호르헤는 "큰 방화벽은 없습니다. 그러나 쿠바의 인터넷이 오픈 웹처럼 부드럽고 빠르지는 않습니다"라고 말했다.

우리가 대화할 때 그는 VPN(가상 사설망)을 사용하고 있었다.

2021년 여름, 쿠바에서 인터넷의 위력이 제대로 드러난 일이 있었다. 2021년 7월 10일 샌안토니오의 데 로스 바노스라는 작은 마을에서 누군가 올린 페이스북 게시물이 다음 날 전국적 시위가 벌어지는 데 불을 당긴 것이었다.³³⁰

"전기 부족에 지쳤습니까? 우리를 무시하는 정부의 말을 참고 듣는 데 진저리가 납니까? 이제 나가서 요구합시다. 방구석에서 비난만 하지 말고 우리의 말을 똑똑히 들려줍시다."

호르헤는 2021년 7월 11일에 시위가 일어날 것을 예측할 수는 없었지만, 어쨌든 온라인으로 세상과 소통한다는 사실에 감격했다. 그는 웹에서 비트코인 디지털 화폐라는 흥미진진한 존재를 만났지만, 아직 저축 이상의 실제적인 '용도'를 찾지는 못하고 있었다. 그러던 차에 비트리필Bitrefill을 알게 되었다.

그는 이 온라인 서비스를 통해 전화기에 비트코인을 쌓기 시작했다. 쿠바 사람들은 비트리필 플랫폼에서 그동안 벌어둔 비트코인으로 휴대폰 바우처를 직접 사거나, 비트리메사스 같은 플랫폼을 통해 해외에서 사거나 받을 수 있다. 호르헤는 자신의 휴대폰에 있는 뮤운 앱이나 블루월렛 앱에 비트코인을 저장한다. 그는 이 두 가지 앱을 가장 좋아한다고 했다. 둘 다 무료이고, 오픈소스이며, 라이트닝에서 작동되고, 쿠바인들도 구글 플레이스토어에서 직접 스페인어로 다운로드받을 수 있다. 여기서 한 걸음만 더 나가면 비트리필에서 물건을 살 수 있다.

쿠바인들은 이 플랫폼에서 부당한 금융 시스템을 역으로 이용할 차익거래 기회를 발견했다. 예를 들어 국영 통신회사인 ETECSA(에텍사)는 경화를 유인하기 위해 휴대폰에 유로화나 파운드화를 충전하는 사람에게 추가 한도를 제공한다. 홍보를 너무 잘해서 중개업자에게 비용을 치르면서까지 휴대폰에 외화를 송금받는 사람도 있다. 그러나 비트리필 서비스를 사용하면 집에 가만히 앉아서 비트코인을 벌거나 산 다음 누군가의 휴대폰에 충전해주고 상당한 수익을 올릴 수 있다.

심지어 비공식 음식 배달시장에도 비트코인을 사용할 수 있다. P2P 서비스를 통해 음식을 주문하면 현관까지 배달된다. 그는 쿠바의 사이퍼펑크들이 우버이츠를 본따 만든 업체에 음식을 주문하고 비트코인으로 결제한다. 그는 사업이나 음식을 비롯해 필요한 거의 모든 것을 살 때 비트코인으로 결제한다고 말했다. 그에게 비트코인 경제는 미래의 꿈이 아니라 현실이다.

호르헤는 비트코인을 생활 전반에 사용하는 사람은 아직 많지 않고 자신은 얼리어답터에 속한다고 말했다. 그러나 어쨌든 비트코인을 MLC나 페소로 환전하고 필요한 것들을 사는 것은 자신에게 너무 쉬운 일이라고 했다. 비트코인이 그저 유행이라고 생각하냐는 질문에 "나는 돌아가지 않을 겁니다. 이제 비트코인이 없는 삶은 상상할 수 없습니다"라고 대답했다.

그는 의사나 변호사 친구들도 비트코인을 알기 전에는 저축해 놓은 돈을 인플레이션으로 인해 모두 날렸고, 또 다른 사업가는 비트코인을 중심으로 인생 설계를 다시 하고 있다고 이야기했다.

이 책을 위해 많은 정보를 제공해준 통화연구가 소브라도와 대화할 때, 그는 코로나19 이전에 쿠바에서 사업체를 운영했던 이야기를 들려주었다. 그의 사업은 택시 기사나 아파트 소유주 같은 사람들이 해외 송금을 쉽게 받을 수 있게 해주는 서비스였다.

소브라도의 회사 덕분에 외국인이 아바나 공항 픽업 비용을 온라인으로 지불할 수 있었다. 그들이 유로를 해외 계좌로 송금하면, 소브라노는 그 유로를 비트코인으로 바꿔 몇 분 안에 쿠바에 있는 그의 팀에게 보내고, 그 팀은 현지에서 CUC나 페소를 받고 비트코인을 팔았다. 그리고 운전사에게 현금을 내어주었다.

소브라도는 쿠바에서 OFAC(재무부 산하 해외자산통제국)의 특별 허가를 받은 부킹닷컴이나 에어비앤비를 이용해 쿠바인들에게도 비슷한 서비스를 제공했다.

"당신이 만약 쿠바에 아파트를 소유하고 있다고 생각해봅시다. 먼저 사업 허가증을 취득한 후 온라인에 집을 올리면 첫 손님이 올 겁니다. 손님이 에어비앤비에 요금을 결제하려면 바쿠바Va Cuba라는 송금 업체를 거쳐야 합니다. 이럴 때 쿠바에서는 보통 어떤 남자가 문간에 나타나 다행히 당신이 집에 있으면 현금 봉투를 직접 줍니다. 그런데 이 남자는 늦기 일쑤고, 그 현금은 공식 환율을 적용한 것입니다. 모두 엉망입니다. 그래서 우리가 대신 한 일은 바로 비트코인을 통해 실제 가격으로 직접, 즉시 지불하도록 한 겁니다."

소브라노는 만약 비트코인이 존재하지 않았다면 이런 사업이 성립하지 않았을 것이라고 했다. 가격을 최소 5% 인상해야 했고, 그러면 이익이 나지 않았을 것이다. 소브라도는 전체 수익 면에서 가장 좋았던 때는 2019년 말과 2020년 초라고 했다. 팬데믹 기간에 '모든 것이 멈춰 섰지만', 이 사례는 창의적인 정신이 더 나은 삶을 만들고, 일의 효율을 개선하여 돈을 버는 방법을 보여주었다. 그것도 이렇게 음침한 경찰국가에서 말이다.

작가 안토니오 가르시아 마르티네스Antonio Garcia Martinez는 2017년에 쿠바의 인터넷 도입에 관해 쓴 글에서 '해결사resolver'라는 단어의 중요성을 설명했다. "이 말은 문자 그대로는 '해결하다'는 의미지만, 사실은 실리콘밸리에서 자주 쓰이는 '인생 꿀팁'이라는 말과 비슷하다. 물론 그곳 사람들의 은근히 잘난 체하는 삶의 태도와는 거리가 멀다."[331]

"소기업 허가를 취득하기 위해 끝없는 장애물에 시달릴 때 무엇이 필요할까? 바로 해결사다. 쿠바 사람들은 해결사 중에서도 왕이다. 그들이 '비상시기'를 거치며 지금까지 살아남은 것도 바로 해결사 기질 덕분이다. 그런데 풍부한 자원을 바탕으로 위력을 발휘하는 해결사의 반대쪽에 중요한 단어가 또 하나 있다. 바로 콤플리카도complicado, 즉 골칫거리다. 쿠바의 검열을 조롱했다고 학대와 투옥에 시달리기를 밥 먹듯이 하는 반체제 언론인과 만나고 싶다면? 그것이 바로 골칫거리다. 해외여행을 위해 여권과 비자를 발급받고 싶은가? 역시 골칫거리를 마주해야 한다."

호르헤에 의하면 비트코인은 해결사의 화신이다. 비트코인은 골칫거리를 무찌를 해결책이다. 마르티네스가 말했듯이 해결사는 '언제나' 골칫거리를 이긴다. '특히 진짜 화폐를 벌고자 할 때' 말이다.

마르티네스는 쿠바에 비트코인이 없던 시절을 직접 관찰했지만, 오늘날 쿠바 사람들이 페소가 아니라 비트코인에서 '진짜 돈'의 가치를 발견하는 것은 훨씬 더 생생한 현실이다.

호르헤는 비트코인이 쿠바의 모든 문제를 해결하는 마법의 열쇠는 아니라고 말하면서, 사람들이 매우 어려운 시기를 겪고 있는 데는 다양한 이유가 있다고 했다. 그는 엘살바도르가 비트코인을 국가 화폐로 채택한 사실을 언급하며, 그곳에서 사용되는 스트라이크(비트코인과 현지 은행 시스템을 연결해준다) 같은 서비스를 쿠바에서 이용할 수 없는 것은 아마도 금수조치 때문일 것이라고 말했다.

그러나 호르헤는 사람들이 비트코인에 대해 더 많이 알게 되면서 점점 더 열정적으로 돈을 저축하고 있다고 말했다. 그동안 정부가 CUC와 MLC 체제로 시민들을 기만했다면, 오늘날 비트코인 사용자들은 페소나 MLC를 비트코인으로 환전하여 정부에 한방 먹이고 있다. 호르헤는 최후에 웃는 쪽은 대중이 될 것이라고 말했다.

나는 호르헤에게 서방에는 비트코인을 범죄자의 도구일 뿐이며 사회적 가치가 없다고 말하는 비평가들이 있다고 말했다. 그는 믿지 못하겠다는 듯이 웃으며 이렇게 말했다. "비트코인을 통해 인생이 몰라보게 달라진 사람들이 이렇게 많은데요? 이 기술을 통해 봉쇄와 정부 규제를 회피할 수 있고, 신탁기관 없이 돈을 보낼 수 있으며, 넓은 세계와 교류할 수 있고, 자립을 통해 전에는 불가능했던 일을 할 수 있습니다. 이 기술은 변화를 원하는 사람들에게 희망을 안겨줬습니다."

새로운 쿠바가 온다

기술과 외부 정보가 쿠바에 거대한 영향을 미치고 있다. 온라인을 통한 조직과 연대가 없었다면 2021년 7월 11일에 일어났던 시위가 전국으로 확대될 수 없었을 것이다.

안토니오 가르시아 마르티네스와 통화할 때, 그는 "인터넷은 1962년의 쿠바 공산주의에 핵폭탄을 떨어뜨릴 것이다"라고 말했다.

그는 쿠바에서 "인터넷은 정보 독점에 의존하는 엘리트층을 파괴하는 도구"이며, "인터넷이 계속 켜져 있는 한 쿠바 정부는 결국 몰락할 것"이라고 말했다.

그러나 경제 개혁이 진행된 지 20여 년, 사람들이 인터넷에 접속한 지 50년이 지난 지금도 쿠바 공산당은 여전히 건재하다. 인터넷의 등장조차 그들의 지배력을 흔들기에는 충분하지 않았다. 그 완고하고 보수적인 속성이 오히려 수십 년 정권을 유지하는 데 힘을 발휘했다. 비트코인이 지구상에서 가장 안전한 화폐를 축적하는 좋은 방법이라 할지라도, 이 공룡은 그것을 위해 위험을 감수할 가치가 있다고 생각하지 않을지도 모른다.

미국 측에서는 바이든 행정부가 쿠바 송금에 대해 '검토'를 지시한 것을 계기로, 쿠바에 가족을 둔 그 정권을 지지하지 않는 미국인이 송금하는 방법을 모색하고 있다.[332] 물론 답은 비트코인이지만, 이 새로운 화폐에 대한 재닛 옐런 재무장관의 반감을 생각하면 그들이 이를 인정하고 외교 정책에 반영할 것 같지는 않다.

이 격동의 시기에 쿠바인들과 이야기를 나누는 동안, 한 가지 분명한 것은 이제 정부가 새로운 개혁을 시작하거나 바이든 행정부가 제재를 누그러뜨리기를 기다리는 사람은 별로 많지 않다는 것이다. 그들은 지금 비트코인을 통해 자신의 재정적 운명을 결정하려 한다.

100여 년 전 쿠바의 위대한 시인 호세 마르티Jose Marti는 "권리는 부탁하는 것이 아니라 차지하는 것이며, 구걸하는 것이 아니라 뺏는 것이다"라고 했다.[333] 이 말은 쿠바 비트코인 운동의 모토가 될 수 있다.

최근의 정치적 시위가 쿠바인이 독재에 지쳐 있음을 세상에 보여줄 수는 있지만 정권을 끝내기에는 충분하지 않을 수도 있다. 수십 년 동안 카스트로의 폭정이 무너진다고 예측한 사람이 많았지만, 결국 그 예측은 빗나갔다.

어쨌든 쿠바인들은 착취적인 페소화와 MLC 체제에서 벗어나 비트코인을 채택하는 평화 시위를 계속할 것이다. 60년 동안의 경제적 고통 끝에 마침내 탈출구가 생긴 것이다.

마탄자스의 루시아처럼 매일 조용히 사토시를 저축하는 사람과 아바나의 크루즈나 호르헤처럼 끊임없이 혁신하고 대중을 끌어들이는 사람들을 통해, 비트코인은 이제 도저히 외면할 수 없는 쿠바의 흐름이자 결코 막을 수 없는 '해결사'가 되었다.

CHECK

YOUR

FINANCIAL

PRIVILEGE

9장

아프가니스탄의
경제적 자유

1996년에 탈레반이 로야 마부브Roya Mahboob의 조국을 점령하고 고향을 침공했을 때 그녀는 7살이었다. 그녀는 〈타임〉지가 선정한 세계에서 가장 영향력 있는 인물 중 한 명으로, 아프가니스탄 최초의 여성 기업가이자 아프가니스탄에 최초로 비트코인을 도입한 사람이다.[334]

어느 날 그녀는 좋아하는 빨간 스카프를 두른 채 앞마당에서 자전거를 타고 있었는데, 지프차에 탄 무장한 남자들이 알아들을 수 없는 언어로 아버지에게 소리 질렀다. 그 후 그녀는 더 이상 밖으로 나가서 놀 수 없게 되었다.

"가족들이 스카프를 뺏더니 검은색 옷만 입으라고 했습니다. 다른 여자아이들도 모두 마찬가지였어요."

며칠 뒤 탈레반이 돌아왔다. 거리를 장악한 무장 대원들이 집마다 들이닥치더니 책이나 텔레비전이 있는지 수색했다.

마부브는 이렇게 말했다. "책이나 VHS 테이프를 보이는 대로 앞마당에 모아놓고 불을 질렀습니다."

그녀는 더 이상 학교에 갈 수 없다는 것이 가장 짜증스러웠다고 말했다. 그 후 그녀는 모스크에 가서 코란을 공부하고, 심지어 글도 모르는 율법학자의 강의를 끝까지 들어야 했다. 그녀가 지식을 얻을 길은 모두 닫혔고, 외부 세계로 가는 다리도 모두 불타 버렸다.

탈레반이 아프가니스탄을 정복한 직후 마부브의 가족은 이란으로 망명했다. 그녀의 부친은 세속 지도자였으므로 종교적 근본주의가 새롭게 자리 잡은 땅에서 가족을 돌보기가 너무 위험했다. 그녀는 이란에서 자라는 내내 이방인이자 이류 시민이었다. 하지만 시간이 흐르면서 새로운 나라에 익숙해졌고, 2003년에 부친이 가족을 데리고 다시 아프가니스탄으로 돌아가기로 결심했을 때는 너무 두려웠다.

그러나 어느 날 밤, 그녀는 헤라트Herat에 도착했고 상황은 놀라울 정도로 평온했다고 한다. 이란 국영 TV는 아프가니스탄을 죽음과 파괴의 장소로 그렸지만, 그녀의 고향은 어느새 안정되어 있었다. 이제 10대가 된 그녀는 여전히 히잡을 써야 하지만, 탈레반 정권하에서보다 규제가 훨씬 느슨하다는 것을 알게 되었다. 물론 곳곳에 외국 군대가 있었지만, 오늘날과 비교하면 당시는 경제적으로 새로운 기회가 많이 있었고 치안 상황도 훨씬 더 나았다고 한다.

"그때는 다들 희망이 있었습니다."

인터넷과의 만남

마부브가 헤라트에 와서 살면서 가장 흥미를 느낀 것 중 하나는 인터넷 카페였다. 이란에서는 도서관이나 서점에 가는 것이 허락되지 않았다. 학교는 다닌 적이 없었고, 받은 교육이라고는 이슬람교에 관한 것이 전부였다. 다른 정보는 얻기 힘들었다. 헤라트에 도착하자마자 그녀는 어떤 가게에 가면 사람들끼리 연락하는 데 쓰는 작은 상자가 있다는 이야기를 들었다. 상자에 뭔가를 입력하면 많은 정보를 얻을 수 있다고도 했다. 심지어 전자 메시지를 통해 다른 사람과 대화할 수도 있다고 했다. 그러나 여성들은 그런 가게에 들어갈 수 없었다.

"어느 날, 남자 사촌 한 명에게 나를 가게로 데려가 달라고 졸랐습니다." 카페 주인은 들여보내지 않으려고 했으나 그녀는 포기하지 않았다. 어느 이른 아침, 마침내 주인의 허락을 받아냈다. 그녀는 즉시 컴퓨터에 빠져들었다. 그녀는 유엔이 운영하는 여성을 위한 컴퓨터 강좌가 있다는 것을 알게 되었다. 선생님은 마부브에게 15명의 소녀를 데려와 등록한다면 수업을 시작할 수 있다고 했다. 그녀는 사촌과 친구들을 규합했다. 그렇게 6개월 과정이 끝난 후 그녀는 인터넷에 푹 빠져들었다.

다음 해인 2004년, 마부브는 헤라트대학교에 입학하여 컴퓨터 공학을 전공했다. 이후 4년 동안 코딩을 배우며 기술을 통해 세상을 바꾸려는 열망을 키웠다.

마부브는 자신도 모르는 사이에 수천 마일 떨어진 암호 해독가 집단의 철학을 배웠다. 바로 사이퍼펑크였다. 그들은 사회를 변화시키는 가

장 좋은 방법은 정부가 아니라 기술을 통해서라고 믿었다(2장 참조). 그
들의 철학은 정부의 허가가 필요 없는 혁신을 이루는 것이었다. 마부브
는 그들의 일원이었다.

그녀는 공부를 계속해서 나중에는 대학 IT 학과의 총괄 책임자가 되
었고, 캠퍼스 내 네트워크 아키텍처 구축 작업을 이끌었다. 그녀는 선생
님들로부터 영어를 배웠고, 나토의 주도로 아프가니스탄의 주요 대학
을 광섬유로 연결하는 실크로드 프로젝트에 참여했다.

2009년에 마부브는 미국 국방성 부차관 폴 브링클리Paul Brinkley를 만났
다. 미국은 헤라트에 기술 인큐베이터를 만들고자 했다. 그 당시 마부
브는 기술과 소프트웨어에 관심이 있는 청소년, 여성들의 모임을 만들
고 있었다. 브링클리는 그녀에게 "회사를 세워보는 게 어떻습니까? 미
국 정부가 지원하겠습니다"라고 제안했다.

마부브의 성채

마부브는 미국 정부 및 다자기구와 계약을 맺고 시타델 소프트웨이
Citadel Software를 설립했다.

왜 그런 이름을 골랐을까?

마부브는 이렇게 말했다. "헤라트에는 도시가 내려다보이는 자리에
아름다운 성채가 하나 있습니다. 숨이 멎을 정도로 멋진 장소지요." 마
부브는 소프트웨어 프로그래밍의 성채citadel이자, 여성들이 마음 놓고 직

업을 추구할 수 있는 회사가 되기를 바라는 마음을 담았다고 설명했다.

그녀는 몰랐지만, 비트코인 사용자들이 흔히 말하는 외부의 통제가 미치지 않는 자유의 공간이라는 개념이 그녀의 머릿속에도 똑같이 들어 있었던 셈이다. 인기 있는 비트코인 팟캐스터 스테판 리베라Stephan Livera도 매 회차를 마무리할 때 "그럼 성채에서 뵙겠습니다"라고 말한다.

마부브는 시타델을 창업해 아프가니스탄 최초의 여성 테크 CEO가 됐다. 그녀는 대학에서 일하면서 모은 돈의 일부를 아프가니스탄 교육부와 대학에 투자했다. 물론 남성에 비해 상업금융을 이용할 기회는 적었지만, 브링클리와의 만남은 그녀에게 돌파구였다. 시타델은 미국 정부로부터 돈을 받고 아프가니스탄의 기술 시스템 구축에서의 강점과 약점, 다양한 접근 방법 등을 자문했다.

몇 달 후 시타델은 아프가니스탄 정부로부터도 계약을 따냈다. 2011년 말에 이탈리아의 한 사업가가 시타델에 관한 다큐멘터리를 보았다. 그는 크게 감동하여 먼저 손을 내밀었고, 2012년 말에 마부브에게 개인투자 형식으로 자금을 지원했다.

마부브는 이렇게 말했다. "시타델은 직원의 85%가 여성입니다. 그녀들 모두 이곳이 첫 직장입니다."

주로 여성 위주의 환경이었기 때문에 보수적인 가정도 딸이 남성 위주의 조직보다는 그곳에서 일하는 것을 더 편하게 생각했다.

한편 마부브는 우먼엔엑스WomanNX라는 플랫폼을 시작했다. 이 플랫폼은 아프가니스탄에서 고등학교와 대학에 다니는 여성들에게 재택근무 기회를 제공했고, 업무량에 따라 급여를 지급했다. 업무 내용은 짧은 동영상을 업로드하는 것부터 기사를 쓰거나 문서를 번역하는 것까지 다양했다.

처음에 마부브는 직원과 우먼엑스 기부자들에게 현금으로 돈을 지불했다. 그런데 그 여성들은 가족에게 돈을 보내고 싶었고, 전국 각지의 업체들에 대금을 결제할 일도 많았다. 그들은 8세기부터 내려온 자금 전달 방법인 하왈라 방식을 사용하고 있었는데, 이 시스템의 바탕은 신뢰할 수 있는 중개인 네트워크였다.

모두 손에 노키아 휴대폰을 들고 있고, 각자 페이스북 계정을 만들어 사용하던 마부브와 여성들이 보기에 이 고대의 플랫폼은 너무 구식이고 느렸다. 더 심각한 것은 가끔 하왈라 시스템을 통해 돈이 전달되지 못할 때도 있고, 수령인이 무사히 전액을 받았는지 확인하기도 어렵다는 점이었다.

그래서 마부브는 모바일 화폐 개념을 연구했다. 하지만 아프가니스탄에서는 M-PESA를 비롯한 휴대폰 기반 결제 시스템이 단 한 번도 성공한 적이 없다는 것을 알게 되었다. 미국의 제재로 여전히 페이팔도 이용할 수 없었다. 게다가 여성들은 은행 계좌도 없어서 송금할 수 없었다. 계좌를 만들려면 여성들이 아버지나 남편의 허락을 받아야 했는데, 이것은 만만치 않은 일이었다.

마부브의 직원들은 그들의 시간과 수입을 디지털 방식으로 통제하기를 원했다. "제가 그들에게 현금을 주면, 아버지나 남편 또는 형제들이 그 사실을 알아내서 빼앗을 수도 있었습니다."

비트코인 입문

2013년 초에 마부브는 거래하던 이탈리아 측 사업 파트너를 통해 비트코인을 알게 되었다. 그는 은행 계좌 없이 휴대폰에서 휴대폰으로 전달되는 새로운 형태의 화폐라고 말했다. 정부가 운영하는 아프가니스탄 화폐와 달리 비트코인은 공개시장에서 떠돈다는 것이었다. 마부브가 비트코인에 대해 처음 들었을 무렵에는 13달러 정도에 거래되고 있었는데, 2013년 초여름이 되자 70달러를 돌파했다.

"처음에는 어린 여성들이 비트코인을 믿을 것이라고 생각하지 않았습니다. 이해하기가 너무 어려웠습니다."

하지만 사업 파트너는 그녀를 격려하며 말했다.

"한번 해봅시다. 잃을 게 없잖아요."

그래서 마부브는 직원과 계약업자들에게 휴대폰에 비트코인 지갑을 설치하는 방법, 돈을 받는 방법, 저축금을 백업하는 방법 등을 가르쳐주었다. 만약 소녀들이 비트코인을 쓰고 싶다고 하면 마부브나 그녀의 언니 엘라하Elaha가 그들이 가진 비트코인을 현금으로 되사곤 했다.

"저는 비트코인을 하왈라 시스템의 디지털 업그레이드로 이해하기 시작했습니다." 그녀와 여성들이 돈을 비트코인으로 받는 것을 좋아한 이유는 휴대폰에 보관할 수 있어서 그 돈이 얼마나 되는지 다른 사람들이 알 수 없었기 때문이었다.

"어린 소녀들은 마침내 남성들이 빼앗을 수 없는 돈을 갖게 되어 행복했습니다. 그녀들은 비트코인 덕분에 보안과 프라이버시, 그리고 마음의 평화를 얻었습니다."

엘라하는 여성들이 물건을 사야 할 때 그녀들에게 현금을 주고 비트코인을 사는 사업을 시작했다. 헤라트에는 이미 옷값으로 비트코인을 받는 가게들이 등장하고 있었다.

2013년 늦여름과 가을에는 비트코인 가격이 급상승하여 1,000달러를 넘어서고 있었다. 시타델은 현금 자산을 모두 비트코인에 넣었다. 사업은 호황이었고, 여성들은 자신들의 새로운 부와 경제적 자유를 믿을 수 없었다.

마부브는 거칠 것이 없다는 느낌이 들었다.

그러나 2013년 11월에 비트코인이 폭락해 미국 달러 대비 가치가 60%나 떨어지면서 시타델의 자산은 큰 폭으로 감소했다. 직원들의 저축은 더 크게 줄어들었다.

"당장 경쟁사들이 공격에 나섰습니다. 그들은 시타델이 어린 소녀들로부터 돈을 훔친 사기꾼들이 운영하는 회사라고 주장했습니다."

마부브는 직원들과 계약업자들 모두(150명이 넘었다)로부터 비트코인을 원래 현금 가격에 사들이기로 했다. 마부브는 회사의 남은 자산이라도 건지기 위해 회사 보유분 비트코인 대부분을 미국 달러로 바꿨다.

그 폭락 이후 2014~2015년까지 시타델과 마부브는 힘든 시기를 보내야 했다. 그녀는 많은 직원을 해고할 수밖에 없었고 우먼엔엑스는 인기를 잃었다. 가게를 접지는 않았으나 사업을 축소하고 젊은 여성들이 소프트웨어를 통해 직업 기술을 배울 수 있도록 돕는 데 더 많은 시간과 에너지를 할애했다. 2014년에는 여성들에게 컴퓨터 기술을 사용하는 방법을 교육하기 위해 디지털시티즌펀드Digital Citizen Fund, DCF라는 비영리 단체를 설립했다. 이후 2016년까지 그녀는 주로 DCF에 집중했다.

그녀는 이렇게 말했다. "그 시기에 아프가니스탄 사람들은 비트코인에 대한 신뢰를 많이 잃었습니다. 그러나 저는 비트코인의 잠재력을 잊을 수 없었습니다. 이미 제 마음에 강력하게 자리 잡았고, 앞으로도 사라지지는 않을 것입니다."

2016년 말쯤에 그녀는 DCF를 통해 많은 학교의 여성들에게 비트코인 사용법과 지갑 설치 방법, '블록체인' 네트워크 원장 시스템의 작동 원리 등을 가르치는 교육 과정을 만들었다. 2021년 8월, 헤라트 지역 수천 명의 여성들이 마부브와 DCF 덕분에 비트코인을 배우고, 재정적 자유를 얻게 되었다.

마부브는 그 소녀들이 은행 계좌 없이 비트코인을 받고, 저축하고, 쓸 수 있다는 것을 좋아했다고 말했다. 그들은 단 몇 분 만에 지갑을 설치하고 휴대폰을 분실했을 때를 대비해 저축한 돈을 백업하는 시드 문구를 작성할 수 있었다. 그리고 그들은 몇 분 안에 전 세계 어디에나 그 돈을 보낼 수 있게 되었다.

그녀는 이렇게 말했다. "변동성은 이 모든 혜택에 대해 치러야 하는 대가였습니다."

아마도 비트코인의 가장 강력한 장점은 성별을 구분하지 못한다는 점일 것이다. 2013년 폭락이 일어났어도 이 기술은 무시할 수 없을 만큼 흥미로웠다.

난민의 탈출

일부 여성 중에는 2013년의 폭락에도 비트코인을 계속 보유한 사람이 있었다. 랄레 파르잔Laheh Farzan이 그중 한 명이었다. 파르잔은 시타델에서 네트워크 매니저로 일하면서 총 2.5BTC를 벌었다. 2021년 말 환율 기준으로 파르잔이 벌어들인 수입의 가치는 아프간의 연평균 소득의 100배가 넘는다.[335]

2016년, 파르잔은 컴퓨터를 다루는 직업 때문에 탈레반과 아프가니스탄의 보수주의자들로부터 위협을 받았다. 그들이 자신의 집을 공격하자 가족과 함께 나라를 떠나기로 마음먹고 집과 재산을 팔아 마련한 돈으로 자신들을 유럽으로 위험한 길을 떠날 수 있도록 도와줄 브로커를 구했다.

수천 명의 아프가니스탄 난민들처럼, 파르잔과 그녀의 가족은 이란과 튀르키예를 통해 도보, 자동차, 그리고 수천 마일을 여행한 끝에 2017년에 마침내 독일에 도착했다. 그 과정에서 부정직한 브로커와 좀도둑들이 보석과 현금을 포함하여 그들이 가져간 것들을 모두 훔쳐갔다. 한번은 보트가 충돌해서 도둑맞은 것보다 더 많은 소지품이 지중해 바닥으로 가라앉은 일도 있었다. 물론 난민이라면 누구나 겪을 만한 비극적인 이야기다. 그러나 이 경우에는 뭔가 다른 점이 있었다. 그녀가 비트코인만은 지킬 수 있었던 이유는 그녀가 숨긴 비트코인 지갑의 시드 문자가 작고 무해해 보이는 종이 조각에 적혀 있었기 때문이다. 도둑들은 자신이 아는 것 외에는 훔쳐가지 못했다.

파르잔은 독일에 도착한 후 비트코인의 일부를 2,500달러에 팔아 달러 기준으로 원금의 10배에 달하는 수익을 벌었다. 비트코인은 그녀가 새로운 삶을 시작하는 데 도움을 주었다. 마부브는 최근 역사에서 발생한 수많은 난민이 등에 옷 보따리만 짊어진 채 도망갔다는 점을 생각하면서, 비트코인이야말로 많은 사람에게 변화를 줄 수 있다고 생각했다.

또 다른 예로 엘라하는 2013년에 자신이 벌어들인 비트코인의 일부를 저축하여 2017년까지 그대로 간직했고, 나중에 코넬대학에 입학할 때 등록금으로 사용했다. 인내심이 컸던 소녀들에게 비트코인은 엄청난 보물이 되었다.

현재 로야 마부브는 비트코인을 저축 계좌와 미래를 위한 투자로 나누어 사용하고 있다. 그녀가 2013년에 약 100달러에 획득한 비트코인은 그새 가치가 400배나 상승했다. 그녀는 많은 시간을 보내는 뉴욕에서 아프가니스탄에 있는 친구와 가족, 상인들에게 송금할 때 이 돈을 자주 사용한다.

지난 2년 동안 하왈라 시스템 중개인 중에도 비트코인을 배우기 시작한 사람이 많다고 한다. 헤라트에는 현금을 주고 비트코인을 사려는 사람이 점점 더 많아지고 있으며, 카불에는 비트코인이 더 널리 보급되어 있다고 한다. 마부브가 지켜본 상황은 데이터로도 뒷받침된다. 체인애널리시스Chainanalysis라는 분석기관의 보고에 따르면 2021년 말에 아프가니스탄의 P2P 거래 규모는 구매력과 인터넷 보급률 조정 값 기준으로 세계 7위에 해당한다.[336]

마부브는 비트코인의 사용이 편리해질수록 더 많이 채택될 것이라고 말했다. 그녀는 2013년부터 사용성과 디자인 면에서 지갑이 엄청나게 개선되었다고 했다. DCF는 오늘날 아프간 여성과 소녀들에게 비트코인 사용법 강좌를 계속 제공할 계획이다.

마부브는 "수천 명의 졸업생들이 경제 주권에 대한 지식을 쌓았다"고 말했다. 마부브는 비트코인을 서구의 혁신이나 실리콘밸리의 창조물이 아니라 전 세계 여성에게 자립과 금융 자유를 안겨줄 도구로 보고 있다. "아프가니스탄에는 아이디나 은행 계좌가 없는 소녀와 여성이 너무나 많습니다. 비트코인은 여성에게 힘을 안겨줄 것입니다. 그들은 채굴 방법, 암호화하는 방법, 거래하는 방법을 배울 수 있습니다. 그들은 돈을 벌면 곧바로 자립 능력을 갖추고 결국 아프가니스탄 여성들은 전통적인 역할에서 벗어날 수 있습니다."

마부브는 비트코인을 발명한 신비의 인물 사토시 나카모토가 비트코인이 얼마나 강력한 것이 될지 몰랐을 것이라고 했다. 그녀에게 그것은 인터넷 이후 세상을 가장 크게 변화시킨 발명품이다.

그녀는 "이것은 단순한 투자가 아니라 혁명"이라고 말했다.

경제 붕괴

마부브는 2021년 말 현재 아프가니스탄에는 비트코인이 그 어느 때보다 중요하다고 말했다.

카불이 탈레반에게 함락되면서 아프간인들은 심각한 경제난에 처했다. 정권이 바뀌기 전에 이미 1,400만 명에 달하는 아프간인들은 먹을 것이 부족했고, 250만 명은 이미 해외로 도망쳤다. 갑자기 은행 계좌가 동결되고, 경제 활동이 둔화하고, 송금이 중단되었다.[337] ATM은 텅텅 비었고(일일 인출 건수가 수백에서 수천 건으로 급증했다), 금융 거래소는 문을 닫았다.[338]

아프가니(아프가니스탄의 화폐-옮긴이)의 가치는 달러당 100아프가니를 넘어서며 사상 최저 수준으로 떨어졌다. 2021년 초에는 달러당 78아프가니였고, 10년 전에는 달러당 58아프가니였다. 2022년 1월 현재 1달러당 105아프가니이다. 아프가니의 가치는 평소 미국 달러의 유입으로 지탱되었는데 그 흐름이 멈춰선 것이다.

상황을 더욱 악화시킨 것은 미국 정부가 IMF를 압박해 경화와 교환할 수 있는 일종의 신용인 특별인출권 4억 6,000만 달러의 아프가니스탄 방출을 중단하고, 뉴욕에 보관되어 있던 아프가니스탄 외환보유고의 99% 이상을 몰수했다는 점이다. 독일 정부는 3억 달러의 원조를 중단했다.[339] 세계은행은 누적 공여액이 180억 달러가 넘는 아프가니스탄 원조 메커니즘을 동결한다고 발표했다.[340] 그에 따라 2019년 42억 달러에 달했던 개발 원조가 아예 사라질 위기에 처했다. 원조가 제재로 돌변하며 아프가니스탄 경제의 목을 조르고 있다.

웨스턴유니온과 머니잼MoneyGram(세계 2대 송금 업체)은 서비스를 중단했고, 고펀드미GoFundMe와 같은 웹사이트는 '준법상'의 이유로 자금 모집이 차단되었다.[341] 연간 약 8억 달러에 달하는 송금은 국가 경제의 약 4%를 차지하는 핵심 생명선이다. 하지만 이제 아프가니스탄 사람들

은 해외로부터 돈을 받으려면 다음과 같은 점잖은 말로 냉대를 받아야
한다.

> 웨스턴유니온은 사람들이 자금을 받아야 하는 긴급한 필요성을 이해하고 있으며, 여건
> 이 허락하는 대로 아프가니스탄에 있는 우리 고객을 위해 영업을 재개할 것을 약속합
> 니다. 우리는 계속해서 상황을 예의주시할 것이며, 모든 적절한 이해관계자에게 앞으
> 로 전개될 상황에 대해 계속 알려드릴 것입니다.[342]

와살페이WasalPay는 아프가니스탄 사람들이 휴대폰으로 송금받을 때
사용하는 서비스인데, 이 회사의 CEO는 쇄도하는 송금 요청에 시달리
고 있으며 현금도 바닥났다. 그는 자신이 얼마나 오랫동안 사업을 계속
할 수 있을지 몰랐다.[343] 세계은행에서 아프가니스탄 결제 시스템의 디
지털화 프로젝트를 담당하던 아세프 카데미Asef Khademi는 탈레반이 이곳
을 장악한 후 모든 것이 멈췄다고 말했다.[344]

그는 〈MIT 테크놀로지 리뷰〉와의 인터뷰에서 이렇게 말했다. "그들
은 모든 것을 파괴하고 있습니다. 이런 기술이라고 가만히 놔두리라는
보장이 있겠습니까?"

마부브는 탈레반이 지역 기업을 짓눌러 버리거나 금융 현대화 계획
을 중단할 수는 있지만 비트코인을 막을 수는 없다고 단언했다.

아프가니스탄의 전 중앙은행장 아즈말 아흐마디Ajmal Ahmady(경제 붕괴
시기에 도망쳤다)는 자본 통제, 통화 절하, 인플레이션 증가 등으로 가난
한 사람들에게 어려운 시기가 될 것으로 예측했다.[345] 그는 탈레반이 사

용할 수 있는 돈은 국가 저축액의 0.1%에서 0.2%에 불과하다고 말했다. 여기에 송금 지연과 원조 중단이 더해지면 통화 폭락과 물가 상승을 부추길 것이다. 아흐마디는 이미 카불에서 밀 가격이 2배로 올랐다고 보고되었다고 말했다.[346]

만약 탈레반이 기존 화폐가 이슬람 정권이 아니라 2002년에 미국의 지원을 등에 업은 정부가 설치한 것임을 알게 된다면 심지어 통화 정지를 단행할지도 모른다. 과거 1996년에 탈레반이 정권을 잡았을 때도 경제 수장이 기존 화폐를 "가치가 없다"고 선언한 후 신권 발행을 중단한 적이 있다.[347]

이런 암울한 분위기에서 전문가들은 초인플레이션이 발생하여 경제가 20%나 위축될 수 있다고 예측했다.[348] 아프가니를 보유한 사람들이 그것을 달러나 상품으로 바꾸려고 하면서 물가는 점점 더 오르고 있다. 전체 인구의 10~15%만 은행 계좌를 갖고 있는 나라에서 아프가니의 구매력이 빠르게 잠식되면 경제에 미치는 충격이 엄청날 것이다. 아편 생산 혹은 러시아나 중국의 개입이 경제 붕괴를 막을 수 있다는 의견도 있지만, 아마디는 이를 '지나치게 낙관적인 시나리오'라고 했다.[349]

마부브는 "항상 이런 식이었습니다. 엘리트들이 무엇을 하든 고통받는 것은 가난한 사람들입니다"라고 말했다.

비트코인이 해결한다

마부브는 지난여름(2020년) 찾아온 체제 전환의 혼란 속에서 그녀의 부모는 아프가니스탄을 탈출했지만, 돈을 가지고 갈 수 없었다고 말했다. 2021년 초, 그녀는 그들을 만나러 카불로 날아갔다. 그녀는 어머니에게 가지고 있던 아프가니 중 일부만이라도 비트코인으로 바꾸라고 말하려 했다. 그러나 전통적인 사고방식을 지니고 있던 어머니는 그럴 필요가 없다고 생각했고, 결국 돈을 바꾸지 않았다.

마부브는 좀 더 강하게 설득했어야 했다고 자책했다. 부모님이 돈을 조금이라도 비트코인에 넣었더라면 저축한 돈을 가지고 탈출할 수 있었을 것이다.

마부브는 "비트코인이 이 문제를 해결할 것입니다"라고 말했다.

그녀는 비트코인이 이 시기에 많은 아프가니스탄 사람에게 도움이 되었을 것이라고 생각했다(탈출하더라도 돈이 필요했고, 남아 있더라도 아프가니의 대안이 필요했다). 그래서 앞으로 몇 년 동안은 교육에 전념할 생각이다. 그녀는 교육 프로그램을 계속하기 위해 탈레반과 협상하고 있다고 말했다.

그녀는 "포기는 제 선택지에 없습니다"라고 말했다.

마부브는 이미 탈레반 대변인 티모시 위크스Timothy Weeks와 헤라트 지역의 여성 청소년을 위한 기술 및 금융 수업을 계속하는 문제로 대화를 나누었다. 위크스는 아프가니스탄에서 강의하던 중 납치되어 구타당하고 3년 6개월간 작은 감방에서 지낸 호주 출신의 교수다.[350] 2019년에 그와 미국인 죄수는 세 명의 탈레반 지휘관과 교환되어 석방되었다. 그는 석방되자마자 스톡홀름 증후군이 발병한 듯 자신을 납치한 사람들의 편을 들었고, 이제는 지브라일Jibra'il이라는 이름으로 탈레반의 디지털 분야 자문역을 맡고 있다. 그는 시그널 앱을 사용할 만큼 충분한 지식을 가지고 있다. 마부브는 그가 자신의 생각을 열린 마음으로 들은 것 같다고 말했다.

우선 한 가지 목표는 아프가니스탄 이슬람 학자들에게 비트코인이 할랄이라는 사실을 설득하는 것이다.[351] 마부브는 수천 년 동안 아프가니스탄 사회의 중요한 부분을 차지해온 하왈라 시스템은 금을 기반으로 하는데, 비트코인이 바로 그 디지털 버전이라고 설명하면 충분히 설득력이 있을 것으로 생각했다.

마부브는 "종교학자들은 현재 비트코인을 도박이라고 비판하지만, 그것을 어떤 틀로 보느냐에 따라 충분히 달라질 수 있습니다"라고 말했다. 예를 들어《천국의 은행Heaven's Bankers》의 저자이자 이슬람 금융 전문가인 해리스 이르판Harris Irfan은 비트코인이 할랄이고, 법정화폐는 하람이라고 주장했다.

마부브는 정치 변동 시기에 많은 젊은 여성(그중에는 자신이 발굴하고 육성하여 세계적 명성을 얻은 아프가니스탄 여성 로보틱스 연구팀도 있다)의 탈출을 도왔다.[352] 그러나 아직 수백만 명의 젊은 여성이 아프가니스탄에 남아 있으며, 그들을 외부 세계와 연결할 방법이 필요하다.

마부브는 단지 해외에서 탈레반을 비난만 하고 앉아 있는 것이 아니라 앞으로 나아가려고 한다. 그녀는 탈레반의 통치를 경험했고 그 체제가 여성의 권리를 얼마나 잔인하게 위협하는지 잘 알고 있다. 하지만 "우리는 새 정부를 비판하는 기사만 쓸 것이 아니라 현장에서 행동해야 합니다"라고 말했다.

일단 지금까지 협상 결과는 탈레반 지도자들은 헤라트에 여성 전용 건물만 세워지면 여성들이 계속 학교에 다닐 수 있다고 말했다.

아프가니스탄에서는 데이터를 신뢰하기 어렵지만 4,000만 인구 중 인터넷 사용자는 약 900만 명이고, 온라인 접속 가능 비율은 인구의 4분의 1이며, 하루 2달러 미만으로 생활하는 사람의 비율은 90% 정도로 추정된다.[353] 마부브는 이 수치가 실제보다 낮은 것 같다며 인터넷 사용자 비율이 이보다 훨씬 더 높을 것이라고 했다. 적어도 젊은이들은 거의 모두 휴대폰으로 인터넷을 사용하고, 부업으로 하루에 몇 달러 이상은 벌고 있다. 그리고 탈레반은 적어도 현재로서는 사람들이 온라인에 접속하는 것을 허용하고 있다. 마부브의 목표는 여성들이 디지털 경제에 참여할 수 있도록 탈레반을 설득하는 것이다.

그녀는 비트코인이 이 계획의 큰 부분이라고 말했다.

부패의 잔재

마부브는 지난 20년 농안 아프가니스탄이 거둔 많은 성과 중에 특히 여성의 권리와 선거, 교육 면에서 변화가 두드러진다고 말했다. 아프가니스탄 여성 청소년 중 진학 비율은 탈레반이 통치하던 2001년의 0명에서 지난 10년 동안 60%가 넘는 수준으로 증가했다.[354] 그러나 정부는 부패라는 치명적인 죄악을 저질렀다.

그녀는 붕괴의 원인을 아슈라프 가니Ashraf Ghani 전 대통령과 그 전임자들의 '이기적인 행동'으로 돌렸다. 마부브는 "엘리트들은 자신들의 이익만 생각했습니다"라고 말했다.

가니는 미국 최고의 대학에서 배웠고, 세계은행에서 일했으며, TED 강연을 하고, 실패한 사회를 고치는 것을 주제로 책을 썼으며, '국가성 공연구소Institute for State Effectiveness'라는 NGO를 시작했지만, 카불을 탈레반에 빼앗긴 후 1억 7,000만 달러를 훔쳐 달아난 것으로 알려졌다.[355]

아프가니스탄은 24만 명 이상의 사망자를 내며 미국 역사상 최장 기간 전쟁터가 되었지만, 이런 작전의 경위에 대한 정밀 조사는 거의 없었다.[356] 미국 의원들은 아프가니스탄에서 실제로 전쟁을 선포하기 위해 투표한 적이 없었고, 2조 2,000억 달러에 달하는 전쟁 비용은 20년 동안 미국 상원 재무위원회 위원들에 의해 딱 한 번 의문이 제기되었을 뿐이다.[357]

미국은 아프가니스탄과 이라크에서 20년 동안 지속된 전쟁으로 10조 달러에 달하는 어마어마한 부채에 직면했다. 전쟁을 치르며 쌓인 부채 자금이 2조 달러, 2050년까지 지급될 이자만 6조 5,000억 달러, 그리고 400만 명의 참전 용사를 위한 급여 및 관련 예상 비용은 2조 달러다.[358] 게다가 수억 달러에 달하는 장비가 파괴되거나 현재 탈레반의 통제하에 있어 전쟁 비용의 상당 부분은 낭비되었다.[359]

마부브는 서방이 아프가니스탄을 '지원하는' 방식을 비판했다. 그녀의 조국에 수백억 달러가 투자되었지만, 실제로 아프가니스탄 사람들에게 지급된 돈은 거의 없었다. 대부분은 미국의 NGO와 기업에 지급되었는데, 그 돈은 현지 사회에 흡수된 것이 아니라 미국으로 되돌아갔다. 〈포린폴리시Foreign Policy〉에 따르면, 2002년부터 아프가니스탄에 투자된 1,440억 달러 중 놀랍게도 80%에서 90%가 '방위산업체, 워싱턴의 강도들, 원조산업체로 이루어진 복잡한 생태계'를 통해 빼돌려져 미국 경제로 되돌아갔다.[360]

전쟁으로부터 많은 이익을 얻은 사람은 누구일까? 마부브와 수백만 명의 아프가니스탄 여성의 삶이 향상되었다는 점은 부인할 수 없는 사실이다. 그러나 가니와 같은 국가 엘리트층과 미국 정부를 상대로 수십억 달러를 장사해 먹은 플루오르와 아멘툼 같은 회사를 비롯한 군산 복합체가 가장 많은 이익을 얻었다.[361] 냉소적으로 해석하면 전쟁이 그렇게 오래 지속된 이유는 특정 회사와 이익 집단에 자금을 계속 대기 위해서였다는 것이다(그리고 기반시설 구축을 심각하게 지연하기 위해). 이렇게 생각하면 카불 정부가 그렇게 빨리 몰락한 이유도 설명된다.

한 전직 미군 병사는 이렇게 말했다. "아프간 군대는 진짜가 아니었습니다.[362] 아프간 행정당국도 결코 진짜가 아니었습니다. 그들은 세금을 거두지 않았습니다. 경찰이 사람들을 강탈하는 것 외에는 법원도 없었습니다. 그 어떤 것도 존재하지 않았습니다…. 그것은 단지 미국으로부터 자금을 지원받는 대규모 일자리 프로그램이었고, 돈이 사라질 것처럼 보이자마자 모두 집에 가버렸습니다."

마부브는 새로운 미래의 가능성을 믿는다. 아프가니스탄이 외국의 지원이 없으면 무너질 정도로 의존적인 존재가 아니라 진짜 독립국이 되는 미래 말이다.

새로운 장

마부브는 카불이 함락되기 전에는 비영리 활동에 할애하는 시간을 줄이고 다시 사업을 재개할 계획이었다고 했다. 그러나 지금은 교육이 그 어느 때보다 중요하다는 것을 깨달았다.

"정치 변동 시기를 겪으면서 우리의 싸움이 이제 시작되었음을 알았습니다. 탈레반에 분명한 책임을 물어야 합니다."

그녀는 대단한 업적을 이루었음에도 비트코인 교육을 더 많이 하지 못했다고 후회했다. "우리가 더 많이 교육했더라면 수많은 사람에게 혜택이 돌아갔을 것입니다."

그녀는 향후 DCFDigital Citizen Fund 프로그램의 핵심 요소를 금융 이해력과 '스스로 은행이 되는 법'에 두고 비트코인을 교과목의 핵심에 두겠다고 말하며 앞으로 이 분야에 역점을 두겠다고 다짐했다.

"민주주의는 끝났습니다. 그 장은 닫혔고 새로운 장이 시작되었습니다. 맞습니다. 우리는 화가 났습니다. 그러나 포기하지 않고 계속 싸울 것입니다."

그리고 이렇게 약속했다. "여성들은 반드시 해낼 것입니다."

CHECK

YOUR

FINANCIAL

PRIVILEGE

10장

비트코인이 인도주의와 환경문제에 미치는 영향

사람들은 흔히 비트코인을 투자의 대상이자 순수한 금융 혁신으로 생각한다. 그러나 시간이 지남에 따라 가장 큰 영향을 미치는 분야가 인도주의와 환경 측면이라면 어떨까?

이 장에서는 국제 개발 분야의 주요 과제 중 일부를 살펴보고, 그 결론으로 기부자들이 비트코인 결제와 채굴을 전 세계의 부패 해소와 의존도 감소, 그리고 재생에너지 도입의 장애를 극복하는 도구로 봐야 한다는 주장을 제시한다.

***

2010년에 필립 고레비치Philip Gourevitch는 '원조금 상인들Alms Dealers'이라는 신랄한 글을 통해 인도주의적 원조의 역사를 서술했다. [363] 그의 말에 따르면, 인도주의적 원조 산업은 1968년에 나이지리아에서 분리된 비아프라 지방에 사는 아이들의 굶주리는 모습이 TV로 방영되면서 촉발된 서구인의 연민으로부터 시작되었다. 이후 세계 곳곳의 불우한 사람들을 도와야겠다는 충동은 2,000억 달러 규모의 거대 해외 원조 산업으로 성장했다.[364]

이 금액의 약 60%는 세계에서 가장 부유한 22개국의 정부가 제공하고, 나머지 자금은 민간 비영리 단체NGO와 기업, 각종 재단 등이 지원한다.[365] 각국 정부의 해외 원조 중 약 3분의 1은 개발 지원, 3분의 1은 인도적 지원, 3분의 1은 군사 또는 안보 지원으로 분류된다.[366] 지난 60년 동안 총 4조 달러가 넘는 원조금이 부유한 국가에서 가난한 국가로 보내졌다.[367]

이것은 놀라운 액수이며, 겉으로 보기에는 대단한 이타심의 표현이다. 제프리 삭스나 피터 싱어Peter Singer와 같은 유명 인사들은 원조가 도덕적 의무라고 주장한다. 그러나 그것이 미치는 전체적인 영향에 대해서는 사람마다 의견이 나뉜다. 고레비치는 "현대의 인도주의 산업은 원래 그것이 없애려고 했던 고통을 오히려 자아내고 있는 것은 아닌가?"라는 의문을 제기했다.

물론 그는 인도주의 사업이 그동안 많은 일을 해왔다는 사실에 동의한다. 그러나 국제 개발 사업에는 인도주의의 소임을 다하지 못하게 방해하는 뚜렷한 결함이 세 가지 존재한다.

첫째, 원조금은 일반적으로 지방 정부가 지시하고 분배한다. 그런데 주로 독재 정권인 그들은 자금이나 상품 중 일부를 측근이나 군대로 빼돌리거나 원조 자원을 둘러싸고 이익 집단을 형성한다. 원조금이 송두

리째 도둑맞지 않는다고 하더라도, 최종 수혜자에게 전달되는 길목마다 각종 수수료 명목으로 깎여 나간다. 원조금의 상당 부분은 워싱턴 D.C.나 벨기에 브뤼셀에서 지구 반대편의 농부나 난민까지 전달되는 과정을 따라 중개인들이 뽑아먹는다.

고레비치는 "인도주의의 이면에 깊게 자리한 타락상은 그 돈이 가는 곳마다 15%(라이베리아의 찰스 테일러 대통령의 손에)나 80%(일부 소말리아 군벌 자금으로)를 전쟁 세금으로 지급하거나 인종 청소에 필요한 물류 기반에 자금을 제공하는 결과로 이어졌다"라고 말했다.

둘째, 원조는 의존 구조를 고착시킨다. 헬리콥터로 실어 나른 신발로 지역 생산품 수요가 파괴되고, 전국 규모의 식량 및 기초 상품 산업마저 공짜 상품과의 경쟁에서 패퇴하여 해외 수입에 영구적으로 의존하게 되는 등 미국, 프랑스, 일본의 정부와 국민이 알고 있는 것과는 달리 원조는 오히려 그들의 경제적, 정치적 독립을 좌절시켰다.

고레비치는 이렇게 설명했다. "원조는 비열한 경제를 지탱할 뿐 아니라 창출하기도 한다. 누구나 잘못된 것임을 알고 있는 프로젝트에까지 계약 경쟁이 벌어지고, 원조로 인해 현지 상품 및 서비스 시장이 무너지며, 엉뚱하게 전쟁광의 기운을 북돋우는 바람에 희생자들은 전혀 새로운 위기를 맞이해야 한다."

셋째, 원조가 개발도상국의 재생에너지 생산 로드맵과 제대로 연결되지 않아 에너지 자립에 별 도움이 되지 않는다는 문제이다.

비트코인은 인도주의 사업이 직면한 이 세 가지 문제를 극복하는 데 도움이 될 수 있을까? 우선 비트코인은 기부자와 수혜자를 P2P 방식으로 직접 연결하여 '중개인'의 부패를 상당히 줄일 수 있다.

아직 널리 논의되지 않은 또 하나의 방안은 개발도상국에 비트코인 채굴 자금을 지원하는 것이다. 이는 다른 방식의 원조와 달리 실제로 사회와 국가가 외세 의존에서 벗어나고 전력 인프라를 확충하는 데 큰 도움이 될 것이다.

중개인을 몰아낸다

원조의 대부분은 서구의 정부와 개인들로부터 개발도상국 정부로 가거나 그들을 거치게 된다. 그런데 이 개발도상국 정부 다수는 부패한 권위주의 정권이며, 원조금 분배를 결정하는 것도 그들이다. 기브다이렉틀리GiveDirectly를 비롯해 P2P 방식을 시도한 사례가 이미 존재하지만, 일반적으로 개혁의 기회, 즉 기부자와 자선가들이 지역사회와 도움이 필요한 개인을 직접 지원할 여지는 아직도 엄청나게 많다.

기존의 원조 방식은 반드시 제삼자를 거치게 되어 있다. 학자들에 따르면, "해외 원조의 역사는 부패와 불가분의 관계에 있다."[368] 여러 보고서는 최빈국으로 향하는 원조의 '누출률'을 15%로 제시하며, "원조 자금의 많은 부분이 결코 개발도상국에 도달하지 못한다"고 한다.[369] 최근 연구에 따르면 "세계 최빈국을 향하는 해외 원조의 무려 6분의 1이나 되는 돈이 엘리트들이 소유한 조세피난처 은행 계좌로 흘러 들어갔다"고 한다.[370] 2012년 반기문 당시 유엔 사무총장은 "부패로 인해 최종 목적지에 도달하지 못한 개발 원조는 30%에 달한다"고 말했다.[371] 일례로 옥스팜Oxfam(옥스퍼드에 본부를 둔 극빈 구제 기관-옮긴이)의 한 연구에 따르면 2013년에서 2015년 사이에 미국의 대가나 원조 총액 2,800만 달러 중 목적지에 도달한 것으로 확인된 금액은 7%에 그쳤다고 한다.[372]

잠비아의 경제학자 담비사 모요Dambisa Moyo는《죽은 원조Dead Aid》라는 책에서 외국의 원조는 사실상 성장을 저해할 수 있으며, 어떤 경우에는 일반 시민의 지속적인 삶의 개선보다는 관료들의 주머니를 불리는 역할을 더 많이 한다고 주장했다.[373] 원조는 낭비를 부추기는 부정적 피드백 고리를 촉발할 수도 있다. 원조 수혜국 정부가 '너무 취약하거나 부도덕해서 원조 자원을 감당할 수 없을 때' 기부자들은 감독과 통제에 엄청나게 많은 양의 자원을 투입해야 하기 때문이다.[374] 설사 현지에서 일하는 원조 담당자들이 정직하다고 하더라도 그들은 지역의 권력자들로부터 쫓겨날까 봐 부패 문제에 입을 다물게 되는 경우가 많다. '역사적으로 원조 기관들이 부패 문제와 관련해 개방성이 결여된' 이유가 바로 여기에 있다.[375] 미얀마에서 베네수엘라에 이르는 많은 정부는 원조가 반대파 집단을 구제하거나 강화할 것이 두려워 국경과 금융 시스템을 통제하여 자국민에게 전달되는 것을 막아왔다.

그러나 인도주의는 더 직접적인 방식으로 실현될 수 있다.

개인적인 예로, 2021년 2월 미얀마 혁명 초기에 누군가가 나에게 손을 내밀었다. 그들은 민주주의 운동에 원조를 제공하고 싶었지만, 사실상 은행 시스템의 문이 닫힌 터라 달러를 쉽게 송금할 수 없었다. 우리가 백방으로 수소문한 결과 구호원 출신의 운동가 한 사람과 연결되었다. 그는 비트코인 사용자이기도 했다. 그는 아주 쉽게 기부금을 받아서 BTC를 저장한 다음, 당시 무너지던 미얀마 카이트화로 물건 값을 지불할 때 이를 P2P 시장에서 팔 수 있었다. 시그널 앱을 통해 주소가 전송되었고, 단 몇 분 만에 기부금이 전달되었다. 장벽도 없고, 중개자도 없으며, 도중에 부패할 걱정도 없다. 이는 하나의 작은 예에 불과하지만, 미래에 어떤 일이 가능한지를 엿볼 수 있는 힌트가 된다.

비트코인이 인도주의 사업의 송금 수단이 되기 위한 핵심은 지역의 유동성(필요할 때 수취인이 쉽게 법정화폐로 현금화할 수 있어야 한다), 그리고 순환 경제다. 전자는 지난 몇 년 동안 전 세계적으로 크게 확장되었고, 후자는 현재 구축되고 있다.

오늘날 이라크에서 세네갈에 이르는 세계 곳곳에서 진행되는 인도주의 프로젝트에 참여하고 싶다면, 수취자가 스마트폰만 가지고 있으면 된다. 그러면 뮤운이나 블루월렛 같은 무료 오픈소스 안드로이드 앱에서 직접 비트코인을 받을 수 있고, 팍스풀이나 로컬비트코인, 혹은 비공식 텔레그램 채널 등의 P2P 시장을 통해 필요할 때마다 법정화폐로 바꿔 쓰면 된다.

이제 엘살바도르의 원조, 기부, 송금은 모두 스트라이크 앱을 통해 보낼 수 있다.[376] 라이트닝 네트워크 기반 플랫폼(잭 말러스, 록스타 데브 Rockstar Dev 등이 개발했다)은 2021년 봄에 출시된 지 3주 만에 엘살바도르에서 금융 분야 1위 앱, 송금 분야 1위 앱, 그리고 모든 앱 중 1위가 되었다. 이런 성장은 '비트코인 비치' 순환 경제 및 커뮤니티로부터 촉진된 것으로, 이는 현재 엘살바도르뿐만 아니라 과테말라와 같은 이웃 국가에까지 영향을 미쳐 또 다른 커뮤니티들이 우후죽순 등장하고 있다. 2021년 말에 엘살바도르에서 비트코인이 법정통화가 되었고(5장 참조), 이제 전 세계 누구나 뮤운과 같은 오픈소스 지갑이나 환율을 보조해주는 국영 치보 지갑 등을 통해 해당 국가의 국민에게 싼값으로 즉시 송금할 수 있다.

스트라이크를 인도주의 사업의 도구로 사용한다는 개념은 매우 설득력이 있다. 예를 들어 미국인이라면 누구나 직불카드로 라이트닝 청구서를 지불하면 즉시 비트코인으로 바뀌어 전 세계 어느 곳으로나 수취인의 전화기로 직접 전달된다. 특히 라이트닝은 수수료가 적고 즉시 결제되며, 에너지 소비도 거의 없어 미래에 아주 유망한 방법으로 보인다. 특히 현재 송금 업체들이 온라인 기부금의 2~5%를 수수료로 부과하며 사실상 중개자 노릇을 하는 현실을 생각하면 더욱 그렇다.

결국 국제 개발의 가장 큰 장애는 공여국과 수취인 사이에 제삼자가 너무 많다는 점이었다. 그들은 주로 약탈적인 정부, 그리고 착취와 독점을 일삼는 기업이다. 비트코인은 이런 혼란을 곧바로 극복하고 공여자와 수취인을 P2P로 연결하는 새로운 모델을 제시한다.

착취 사회

경제학자 대런 아세모글루Daron Acemoglu와 제임스 로빈슨James Robinson은 《국가는 왜 실패하는가?Why Nations Fail?》라는 책에서 세계를 포용 사회와

착취 사회로 구분하여 설명했다.[377]

한국이나 미국 같은 포용 사회는 "대다수 사람이 경제 활동을 통해 자신의 재능과 기술을 최대한 활용하고 각자 원하는 선택을 할 수 있도록 권장하는 사회이다." 이와 대비되는 착취 사회란 국민 대다수가 절대주의적 정치 제도에 의존하여 살아가는 사회다.

"광범위한 다수가 권한을 공유하는 포용적 정치 제도는 대체로 대중의 자원을 착취하고, 진입 장벽을 세우며, 시장의 기능을 억제하여 소수에게만 이익이 돌아가는 경제 제도가 들어서지 못할 것이다." 이와 달리 착취 사회에서의 권력자들은 이런 힘에 대항할 수 있고, "사회를 희생시키면서까지 자신들의 풍요와 권력을 증대시킬 수 있다."

일반적으로 원조는 포용 사회에서 착취 사회로 흘러간다. 아세모글루와 로빈슨은 수 세기 동안 극도로 착취적인 제도하에서 고통받아온 콩고민주공화국DRC의 비극적인 이야기를 소개했다. 콩고왕국에서 레오폴드 왕King Leopold의 대량학살 통치, 후기 벨기에 식민주의에서 모부투Mobutu의 독재, 그리고 오늘날의 희토류 광물 전쟁에 이르기까지 엘리트와 외세들은 그 나라의 방대한 천연자원을 약탈하고, 엄청난 이익을 거두고, 환경을 파괴하고, 인구를 감소시켰다.

예를 들어 모부투는 콩코드 제트기가 착륙할 만큼 큰 공항이 달린 궁전을 소유했고(그가 파리로 왔다 갔다 하기 위해 빌린), 유럽 전역에서 성을 구매했으며, 심지어 브뤼셀의 광활한 지대를 소유하기도 했다. 그러나 그가 통치하던 콩고 국민은 초인플레이션과 비참한 가난, 만연한 폭력, 그리고 거의 없다시피 한 전기 부족에 허덕였다.

로빈슨과 아세모글루는 "콩고민주공화국이 오늘날에도 가난한 이유는 국민이 사회의 번영을 위해 행동할 유인이 되는 경제 제도가 부재하기 때문이다. 정치 권력은 여전히 국민을 위해 노력할 동기가 거의 없는 극소수 엘리트의 손에 집중되고 있다"라고 썼다.

원조는 이런 근본적인 구조를 바꾸지 않으며, 애초에 국민을 억누르려고만 하는 자들을 뒷받침할 뿐이다. 만약 이런 의존 모델을 방조하는 것이 아니라 깨뜨리는 새로운 모습의 인도주의 원조가 등장한다면 어떨까?

자립을 위한 불쏘시개

오늘날 개발도상국에 사는 수십억 인구는 심각한 전력난에 빠져 있다. 그곳의 경제가 성장하기 위해서는 자본 집약적이고 복잡한 프로젝트가 수반되는 전기 기반시설 확장에 나서야 한다. 그러나 설령 해외 원조나 투자의 도움을 받아 외딴곳에 재생에너지 발전소를 건설하더라도 문제는 그 전력이 갈 곳이 없다는 것이다.

예를 들어 아프리카 전역의 많은 나라에는 광대한 태양열, 풍력, 수력 자원이 있다. 이런 자원은 분명히 경제 활동을 추진하는 동력이 될 수 있지만, 지역사회와 정부로서는 이 과정을 시작할 자원, 즉 기반시설에 투자할 자금이 없다.

해외의 기부자와 투자자들은 지속 가능성이나 수익성 전망이 떨어지는 프로젝트에는 매력을 느끼지 않는다. 수확 지점에서 인구 중심지로 에너지를 전달할 강력한 송전선이 없다면, 발전소 건설자들은 외국의 보조금 없이 운영할 수 있을 때까지 몇 년간 꿈쩍도 하지 않는다.

비트코인은 바로 이 대목에서 동기부여의 판도를 바꿀 수 있다. 햇빛과 물, 풍력 에너지를 곧바로 비트코인으로 바꾸는 형태의 발전소를 건설한다면 그것이 아무리 멀리 떨어져 있어도, 심지어 송전선이 없어도 즉각적인 수익을 창출할 수 있다.

시간이 흐르면서 지금 채굴자들이 부담하는 가격보다 더 비싼 가격을 기꺼이 부담하는 지역 당국이나 고객이 이 발전소의 전력을 사용하면 된다. 그러면 비트코인 채굴 비용을 줄이고 커뮤니티도 성장할 수 있다. 이런 방식으로 비트코인 채굴이 경제 활동과 재생에너지 연결망을 활성화하는 불쏘시개가 될 수 있다. 그리고 국제 원조를 그 불씨로 사용할 수 있다.

콩고의 비트코인 채굴

2014년, 유럽연합은 콩고강의 작은 지류에 15메가와트 수력발전소를 건설하는 자금을 지원했다. 이곳은 아마존에 이어 세계에서 두 번째로 큰 열대우림이다. 이 시설을 소유하고 운영하는 비룽가 국립공원 Virunga National Park의 목표는 멸종 위기에 처한 마운틴고릴라를 포함한 수천 종의 동식물을 보존하고 공원 주변에 사는 500만 명의 사람들을 지원하는 것이다.

수력발전으로 이런 공원 지역에 활력을 불어넣는다는 생각은 아주 설득력이 있다. 2017년 〈뉴욕타임스〉의 특집 기사는 비룽가 발전소가 "공원 지역을 살리고 나라에 도움이 될 것이다"라고 보도했다.[378]

그러나 이런 일이 있을 때마다 늘 그랬듯이 공원 운영 측은 전력망 구축의 어려움 때문에 생산 전력을 모두 활용하지 못하고 있었다. 2020년, 그들은 남아도는 전력으로 비트코인 채굴을 시작했다.

일반적으로 산이나 정글, 사막에 있는 외딴 발전소에서 바로 수익을 내는 것은 거의 불가능하다. 고객이 그 에너지를 즉시 사용할 수는 없기 때문이다. 하지만 비트코인을 사용하면 배전 선로나 현지 수요가 없어도 시설은 수익을 낼 수 있다.

세브 구스필루Seb Goospillou는 현재 비룽가 지역에서 흐르는 물을 비트코인으로 바꾸기 위해 일하고 있는 프랑스인 비트코인 채굴업자다. 그는 자신의 회사가 수행하는 수력발전이나 남아프리카 태양열발전소 같은 프로젝트 등에서 이런 메커니즘이 작동하고 있다고 소개했다.

현지 수요가 증가하면 그의 채굴자들은 이들 발전소를 외면한다. 이런 메커니즘이 작동하는 이유는 에너지 시장의 특성 때문이다. 2021년 현재, 비트코인 채굴자들이 수익을 내려면 킬로와트당 2센트에서 5센트 사이의 전력 가격이 유지되어야 한다. 그러나 다른 분야의 전기 사용자들이 실제로 지불하는 가격은 이보다 훨씬 더 비싸다. 예컨대 산업용 전기는 킬로와트당 5센트에서 6센트, 선진국 가정용 사용자들의 경우 킬로와트당 10센트에서 15센트, 아프리카에서는 믿기 어려울 정도인 킬로와트당 20센트에 달한다. 만약 비트코인 채굴자들이 사용하는 전력 비용에 경쟁이 붙는다면, 채굴자들은 장비를 꺼버릴 것이다. 아마도 나중에 전력망 요금의 변화에 실시간으로 대응하여 다시 켜게 될 것이다. 비트코인이 다른 곳에 사용될 수 있는 전기를 '낭비'한다는 오해가 만연한 이유도 바로 사람들이 이런 내용을 잘 모르기 때문이다.

구스필루의 회사는 비룽가에 채굴 시설(영상에 나타난 모습만 보면 정글 한가운데 컴퓨터가 잔뜩 설치된 컨테이너를 세워둔 것처럼 보인다)을 건설하여 운영하고 있으며, 현지 인원을 교육하여 일상적인 운영을 담당하는 일자리를 창출했다.[379] 이 발전소는 위성 인터넷을 통해 채굴장과 연결되며, 회사는 지속적으로 비트코인 수익 중 공원의 몫을 온라인 계정으로 직접 입금한다.

공원 입장에서는 이 돈이 새로운 생명줄이다. 구스필루에 따르면 공원이 콩고 정부로부터 매년 받는 돈은 10만 달러 정도지만, 월간 운영 예산은 무려 100만 달러에 이른다고 한다.

비룽가에는 또 다른 수력발전 프로젝트가 가동되고 있다. 근처의 다른 강 유역에 30메가와트의 댐이 건설되며 자금은 EU에서 지원받을 예정이다. 이번에는 공원이 이미 중간 단계의 일환으로 에너지의 일부를 비트코인 채굴에 사용한다는 계획을 세웠다. 나중에는 이 댐들이 공원 주변에 사는 수백만 명의 사람들을 도울 수 있고, "아프리카에서 가장 오래된 국립공원인 비룽가를 무장 반군, 삼림 파괴, 그리고 석유 탐사자 등의 위협으로부터 지켜낼 것이다. 뿐만 아니라 지역 경제를 활성화하여 세계 최악의 분쟁 위험이 상존하는 이 지역의 안정화를 앞당기는 야심 찬 시도가 될 수 있다."[380]

오늘날 수억 명의 사람들이 여전히 전력망 없이 살고 있으며, 그 지역은 대부분 사하라 사막 이남의 아프리카다. 2019년 기준 콩고 인구의 8.7%만이 전기를 사용할 수 있다.[381] 남수단, 소말리아, 라이베리아, 시에라리온, 차드, 니제르, 말라위, 중앙아프리카공화국 등에서는 그 수가 비슷하거나 더 심각하며, 아프리카 대륙의 정부 중 소수만이 인구의 50% 이상에 전력을 공급할 수 있다. 콩고와 같은 국가에서는 인구 증가보다 전기 공급 확대 속도가 더 느리다.[382]

옛날부터 전기가 없는 국민은 나무를 잘라 취사에 사용했고, 상당한 양의 탄소를 대기로 방출했다.[383] 요리 및 난방용 바이오 연료 사용은 전 세계적으로 실내 공기 오염의 주요 원인이기도 하다. 이로 인해 매년 160만 명의 사망자가 발생하며 그중 절반은 5세 미만의 어린이들이다.[384] 그러나 비트코인 채굴이 연결 다리가 되어 수력발전 온라인화 사업이 활성화된다면 삼림 파괴를 멈추고, 지역 환경을 보호하며, 사람들의 자립을 돕는 훌륭한 인도주의 사업이 될 수 있다. 국제식량정책연구소는 콩고가 "아프리카 대륙 전체의 곡창지대가 될 잠재력을 지니고 있다"고 했다.[385]

유엔의 연구에 따르면, 전기가 없는 사람들에게 전기를 공급하기 위해서는 "새로운 기술의 더 빠른 개발을 촉진하기 위한 민간 자금의 증가와 적절한 정책 및 재정적 인센티브가 필요하다."[386]

비트코인은 수입에 의존하는 저개발 지역에서 경제적 동기를 조정함으로써 전력산업과 농업 생산을 촉발하는 메커니즘을 만들 수 있다.

원조가 이 시나리오에서 바람직하게 작용하는 방식에는 몇 가지 모델이 있다. 구스필루의 빅블록BigBlock 같은 회사가 모든 일을 처리하면서 돈을 받고, 현지 파트너는 발생한 수익의 일부만 챙기는 구조는 '미성숙' 모델이다. 빅블록은 설정과 훈련만 담당하고 다른 것은 모두 현지 당국이 실행하기로 계약을 맺는 그림은 '더 성숙한' 모델이다. 후자의 모델에서는 포용 경제가 자라는 모습을 지켜볼 수 있을 것이다.

이렇게 되면 인도주의 원조 사업은 지역 공동체의 강화와 자립을 돕는 불쏘시개가 되어 그들의 생산력과 주권을 증대할 수 있다. 구스필루는 인구 중심지에서 떨어진 소규모 공동체에 전기를 공급하는 프로젝트가 이미 아프리카 곳곳에서 시행되고 있으며, 비트코인 채굴이 그들의 수익성과 성공 가능성을 대폭 끌어올릴 수 있다고 말했다. 예를 들어 게이츠 재단이나 유럽연합이 아프리카의 비트코인 채굴을 위해 매년 1억 달러를 지원한다고 발표한다면 어떨까? 위성 인터넷 성능의 혁신이 진행됨에 따라 오지에 설치된 에너지원이 수익성을 확보하는 날도 그리 멀지 않았다고 본다.

구스필루는 고국 프랑스 전력망의 70%는 원자력이며, 이는 샤를 드골의 에너지 자립 비전의 유산이라고 말했다. 하지만 그 어떤 것도 비트코인 채굴에 사용되지 않는데, 구스필루는 이를 두고 큰 실수라고 지적했다. 그는 원자력 시스템 생산량의 2%만 비트코인 채굴 쪽으로 돌린다면 국영 전기회사가 최근 재정난을 극복하고 다시 흑자로 돌아서기에 충분할 것이라고 했다. 여름과 밤에는 전력망에 대한 수요가 낮아지지만, 현재는 그 에너지가 사용되지 않는다. 구스필루는 이런 시기야말로 비트코인 채굴의 유연성을 발휘하기에 완벽한 기회라고 말했다. 그러나 당국은 아무 생각도 없고, 이렇게 날아가는 기회를 생각하면 그는 잠이 안 온다고 했다.

이런 목적을 위해 비트코인은 원자력 에너지를 장려하는 데 중요한 역할을 할 수 있다. 수십 개의 신흥시장 국가들이 에너지 독립을 달성하는 수단으로 원자력 에너지를 검토하고 있다. 그러나 세계 원자력협회에 따르면, "원자력발전소의 크기는 그것으로 대체하거나 보충하려는 대상인 화석연료 발전소보다 더 큰 경우가 많다."[387] 그러나 이 대목에서도 초과 에너지를 발전소 주변의 지역사회가 사용할 수 있을 때까지 비트코인 채굴로 돌릴 수 있다. 물론, 비트코인을 이용해 에너지 가격을 끌어내린다는 생각은 선진국에도 그대로 적용된다. 예를 들어 독일이 생산하는 풍력발전은 사용할 수 있는 양보다 더 많다는 사실이 잘 알려져 있다.[388]

비트코인을 거의 무시하는 태도는 국제 개발 분야 전체에 만연해 있다. 그들은 지금까지 부패를 줄이고 경제 활동을 촉발하는 비트코인의 잠재력을 깨닫지 못하거나 무시해왔다. '비트코인이 아닌 블록체인'으로 수억 달러가 낭비되었다는 잘못된 서사에 사로잡힌 인도주의자가 너무 많다.

프랑스의 이야기는 개발도상국 세계에 훨씬 더 우울한 전망을 던져준다. 그들은 풍부한 풍력, 태양열, 수력, 심지어 우라늄 자원을 가지고 있음에도 활용할 수 있는 전력망 인프라와 집중 수요처가 형성되어 있지 않다. 구스필루는 인도주의자나 투자자에 의해 작동하는 비트코인 채굴이 이것을 실행하는 방법이라고 생각한다.

오늘날 세계 인구의 4%만이 세계 준비통화를 발행할 특권을 가지고 있다(3장 참조). 하지만 비트코인이 준비통화가 되는 미래에 재생 가능한 자원을 이용한 채굴은 세계 어떤 나라든 미래의 기반 자금을 곧바로 확보할 수 있도록 도와준다. 그리고 이것은 재생에너지 체제의 확장과 혁신을 계속하는 거대한 동기가 될 수 있다. 구스필루는 이것을 '멋진 꿈'이라고 했다.

함정에 조심하라

인도주의 단체, 재단, 해외 사무소 등이 신재생 에너지 현장에서의 비트코인 채굴 작업을 지원할 수 있다면 지속 가능한 지역 경제 활동을 촉진하는 계기가 마련될 것이다.

노르웨이가 석유 기반 국부펀드로 세계 최고 수준의 삶의 질을 유지하는 것을 생각해보라. 수단과 에티오피아가 거대한 풍력 및 태양광 자원으로 비트코인 채굴에 동력을 공급하고 전력망을 증대하면 미래에 노르웨이가 될 수 있을까? 물론 장밋빛 결과를 장담하기는 어렵다. 부패한 지방 당국과 착취적인 외국 기업이라는 커다란 장애물은 아직도 남아 있다.

이런 위협을 무력화하는 한 가지 방법은 국제 기부자들이 비트코인 채굴 프로젝트를 경제적으로 활용할 기회로 만들고, 그 수익의 일부를 마이크로파이낸스나 벤처캐피털에 전달하여 현지 사업을 조성하는 것이다. 주요 재단과 정부가 재생에너지를 활용하여 채굴 인프라를 구축할 때 이런 조건을 설정한다면 그 영향이 지속될 것이다.

심지어 영리적인 측면에서도 외국의 비트코인 채굴업자를 착취가 아닌 방식으로 운영할 여지는 충분하다. 그들에게 프로젝트 설립과 현지 직원 교육을 맡기고, 프로젝트에서 나오는 수익의 일부 또는 전부는 해당 지역에 귀속할 수 있다. 그러면 재생에너지에서 창출되는 부가 해외로 빠져나가지 않고 그곳 지역사회에 흡수될 수 있다. 이런 방식으로 투자가 진행된다면 비트코인 결제와 채굴 사업은 이른바 환경, 사회, 기업 지배 구조ESG라는 개념과도 합치할 수 있다.

비트코인의 주요 도전 과제는 과거 준비통화의 지위를 누렸던 금이 콩고 등지에서 식민 지배국에 약탈당했던 운명을 어떻게 피할 수 있는가이다. 나중에 미국은 행정명령 6102호를 통해 금을 자국 내에 보유했고, 브레턴우즈 협정 이후에는 마침내 다른 정부 보유분의 금마저도 중앙통제의 영역으로 포섭했다. 이후 1971년에 닉슨 대통령은 사실상 금을 통화 체제 밖으로 밀어냄으로써 금이 전쟁 지출을 억제하는 효과를 무력화했다(12장 참조). 그렇다면 만약 비트코인이 개발도상국의 재생에너지 발전소에서 채굴되는 날이 온다면 그때 이런 종류의 착취와 포획이 일어나는 것을 예방하는 방법은 무엇일까?

사토시 나카모토는 1933년 행정명령 6102호가 발효된 날인 4월 5일을 비트코인의 생일로 선택했다. 그는 특별히 이런 종류의 포획에 저항하기 위해 비트코인을 설계했다. 비트코인의 속성과 그것이 창출하는 정치적 유인 때문에, 특정 정부가 세계의 모든 광산을 통제하기는 어려울 것이다. 그리고 국내적으로는 정부가 국민의 비트코인 사용을 막는 것은 사실상 불가능하다.

결국 비트코인의 장점은 눈에 보이지 않고, 지구의 한쪽 끝에서 다른 쪽 끝으로 몇 분 만에 순간이동이 가능하며, 프로그래밍이 가능하고, 쉽게 나눌 수 있다. 또한 개인의 구매력을 다양한 방식과 형식으로 손쉽게 보존할 수 있고, 이 모든 특징으로 인해 그 누구도 이것을 몰수할 수 없다는 것이다.

금을 비롯한 다른 채굴 상품에는 이런 특징들이 전혀 없으며, 그래서 착취 사회를 초래한 경우도 많다. 비트코인의 개방성과 허가가 필요 없는 속성은 포용 사회를 앞당기는 데 기여할 수 있다. 마지막 장애물은 오늘날 거대한 글로벌 원조 산업이 세계의 여러 곳을 점점 더 의존 상태로 몰아넣고 있다는 현실이다. 냉소적으로 들릴지 모르지만, 거대 재단과 정부 기관들은 자기들이 비트코인을 통해 이익을 얻는다고 하더라도 과연 이런 관료주의와 부패, 그리고 의존성을 줄이기를 원할까?

**

커다란 장애물이 아직 남아 있는 이유는 역설적으로 가장 취약한 사람들의 삶을 개선하려는 국제 개발에 매년 수천억 달러가 투자되고 있기 때문이다.

인도주의 산업은 중개상의 부패와 의존을 강요하는 구조에 희생되고 있고, 신흥시장 국가는 모순에 봉착한 재생에너지 자원을 활용하고 싶어도 인프라 부족으로 발을 동동거린다. 이런 어려움을 극복하는 데 관심이 있는 사람이라면 누구나 비트코인을 인도주의적이고 친환경적인 변화의 도구로 살펴볼 가치가 있다.

미래에 비트코인이 금융과 투자라는 전통적인 영역을 벗어나 인류 사회 전반에 미칠 영향은 그것이 부패에 영향받지 않는 P2P 방식의 해외 송금이든, 경제적 자립을 위한 불쏘시개이든, 개발도상국의 자주적 재생에너지 생산을 위한 유인이든, 모두 최근에야 깨닫기 시작한 내용들이다.

C H E C K

Y O U R

F I N A N C I A L

P R I V I L E G E

11장

비트코인과
미국의 이상

지금까지 우리는 팔레스타인, 토고, 아프가니스탄과 같은 곳에서 개인이 비트코인을 '플랜 B'로 활용하는 현장을 살펴보았다. 그러나 그 비트코인이 미국인들에게는 과연 어떤 영향을 미칠까?

해답을 찾기 위해 우리는 1776년 7월 4일 미국 건국의 아버지들이 대영제국으로부터 독립을 선언했던 때로 돌아가볼 필요가 있다.

우리 미합중국 대표들은 이 식민지에 사는 선량한 국민의 이름과 권위에 따라 이 식민지 연합 각각이 자유롭고 독립적인 국가이며, 그들 모두가 영국의 왕권에 대한 모든 충성으로부터 자유로우며, 그들과 대영제국 사이의 모든 정치적 관계는 완전히 해체되어야 하고, 그들 각자가 자유롭고 독립적인 국가로서 전쟁의 책임을 부담하고, 평화 조약을 체결하며 동맹을 체결하고, 상업 단체를 설립할 능력과 독립국이 옳은 일을 할 모든 권한을 가지고 있다고 엄숙하게 공표하고 선언한다.

이것은 대담하고 위험한 행동이었다. 피지배 식민 국가가 지배국, 그 것도 세계 패권의 정점에 서 있는 지배국을 물리친 적은 이전에 없었다.

미국 건국의 아버지들은 모든 역경을 이겨내어 신생 국가를 규합했고 자유를 얻었다. 7월 4일은 거의 250년이 지난 지금도 미국인 모두에게 큰 자부심을 안겨주는 대의명분이다. 미국이라는 이상과 그것의 바탕이 되는 가치는 세계 곳곳에서 저항하고 싸우는 사람들의 가슴을 뛰게 한다. 언론의 자유, 재산권의 보장, 기회의 평등, 개인의 자유, 그리고 정부 권력에 대한 견제와 균형과 같은 원칙들은 오늘도 우리의 지향점이자 삶의 지침이다.

그러나 어떤 이들에게 7월 4일은 공허한 축제처럼 보인다. 미국의 이상은 오늘 미국의 현실과 멀어졌다.

미국의 역사는 많은 면에서 수치로 점철되었다. 아프리카계 미국인을 노예로 삼았고, 아메리카 원주민을 대량학살과 정복의 대상으로 삼았다. 일본계 미국인을 포로수용소에 억류했고, 베트남과 이라크를 침공해 '영원한 전쟁'을 일으켰다. 민주적으로 선출된 지도자를 상대로 일으킨 쿠데타를 지원했고, 지금도 진행 중인 마약과의 전쟁과 감산복합체prison-industrial complex(감옥과 산업의 복합체라는 뜻으로, 기존의 군사 부문과 산업계의 이익 연합체인 '군산복합체'를 본떠 만들어진 신조어-옮긴이)를 만들어냈으며, 나라 전체에 정교한 감시 체제를 구축했다. 이것들은 미국이 독립선언문의 가슴 떨리는 문장으로부터 얼마나 벗어났는지를 보여주는 몇 가지 예에 불과하다.

뉴욕 항구의 자유의 여신상 밑에는 유대계 미국인 시인 엠마 라자루스Emma Lazarus의 〈새로운 거상The New Colossus〉이라는 소네트의 구절이 새겨진 청동 명판이 놓여 있다.[389] 다음은 마지막 몇 줄이다.

> "옛 땅이여, 그대의 이야기를 간직하여라."
>
> 그녀는 입을 다물고 외쳤다.
>
> "그대, 지치고 가엾은 이들이여,
>
> 그대, 자유의 공기를 갈망하는 웅크린 무리여,
>
> 그대, 해변에서 목이 마른 비참한 거절이여.
>
> 집 잃고 폭풍에 시달린 이들이여, 나에게 오라.
>
> 나 여기 금문 옆에서 등잔을 드노라!"

작가 앨런 패링턴이 지적한 것처럼 미국은 여러 면에서 이 관대한 건국 정신을 잃어버렸다.[390] 이 정신은 세월이 흐르면서 정치인과 엘리트의 사리사욕, 그리고 우리의 지도자들이 미국의 금융 지배력을 확보하기 위해 독재자들과 맺은 조약의 대가로 희생되었다. 그러나 미국 역사에 씌워진 이 주홍 글씨는 과연 새로운 반란, 즉 통화 독립선언으로 희미해질 수 있을까?

1776년의 선언이 정치적 자유의 문서였다면 2009년에 나온 사토시 나카모토의 〈비트코인 백서Bitcoin White Paper〉는 화폐의 자유를 선언한 문서였다.

조지프 엘리스Joseph J. Ellis는 퓰리처상을 수상한 저서 《건국의 형제들Founding Brothers》에서 이렇게 언급했다. "분리된 미국이 등장한 것은 점진적이 아니라 갑자기 일어난 일이었고, 발전이 아니라 혁명을 통해서였다. 이 신생 국가의 정치적 이념과 제도를 형성한 결정적인 사건들은 모두 18세기의 마지막 25년 동안 역동적으로 발생했다." 미국 사회와 지배 구조를 지탱하는 중요한 원칙들은 단 몇 년이라는 짧은 기간에 확립되었다.

이런 일이 다시 한번 일어나고 있다. 이번에는 정치가 아니라 화폐를 통해서 말이다. 엘리스가 쓴 바와 같이 미국을 지탱하는 틀은 "강제적인 영감과 갑작스러운 반응으로 만들어진 결과였다"고 하는데, 이것은 바로 지금 비트코인에서 일어나고 있는 일이다.

사이퍼펑크와 사토시 나카모토가 국가의 통제를 넘어 디지털 현금을 확립하려는 시도는 제국주의 권력에 대한 두려움 때문이 아니라, 1980년대와 1990년대에 시작된 전자 감시 체제의 위협과 디지털 시대에 접어들면서 자유를 빼앗긴 현실에 대한 반응이었다(2장 참조).

1961년, 드와이트 아이젠하워Dwight D. Eisenhower 대통령은 강렬한 고별 연설을 했다.[391] 그는 자랑스럽게 미국이 '세계에서 가장 강력하고, 영향력 있고, 생산적인 국가'라고 말했지만, 미국이 해외에서 일으킨 전쟁으로 성장해온 군산복합체가 얼마나 실존적 위험을 초래하고 있는지도 경고했다. 만약 누군가가 '건국의 아버지들'에게, 그분들이 세상을 떠난 지 150년 후에 미국 지도자가 국민에게 다음과 같은 말을 할 것이라고 알려주었다고 해도, 그들은 뼛속까지 저미는 섬뜩함을 느꼈을지언정 그리 놀라지는 않았을지도 모른다.

거대한 군사시설과 대규모 무기 산업이 이런 식으로 결합된 것은 미국의 경험에서 새로운 일입니다. 그것이 미치는 총체적인 영향은 (경제적, 정치적, 심지어 정신적으로도) 모든 도시와 주 의회 그리고 연방정부의 모든 사무실에서 느껴집니다. 우리는 이런 변화가 꼭 필요하다는 것을 알고 있습니다. 그러나 그것이 지닌 중대한 의미를 잊지 말아야 합니다. 우리의 수고와 자원, 생계, 나아가 우리 사회의 구조가 달린 일입니다. 우리는 의도적이든 그렇지 않든, 군산복합체가 정부 조직 내에 행사하는 부당한 영향력을 경계해야 합니다. 잘못된 권력이 부상할 끔찍한 가능성은 늘 존재하고 앞으로도 그럴 것입니다. 우리는 결코 이런 복합체의 무게가 우리의 자유나 민주적 절차를 위태롭게 하도록 놔둘 수 없습니다. 우리는 그 어떤 것도 당연하게 여기면 안 됩니다.

아이젠하워는 기술 혁명이 일어나고 있음을 언급하고, 건국 이념에 명시된 자유에 개의치 않는 '과학 기술 엘리트'의 부상을 경고했다.

사이퍼펑크는 아이젠하워의 어두운 비전이 실현되는 것을 목격했고, 1980년대부터 국가 감시 체제가 서서히 들어와 미래의 확장을 위해 뿌리 내리는 것을 느꼈다. 그들은 투표를 통해 이룰 수 있는 것의 한계도 인식했다. 정부에 우리의 자유를 보호해달라고 요청하는 것은 해답이 될 수 없었다. 자유에는 오픈소스 코드로 쟁취해야 하는 것도 존재한다는 것을 알게 되었다.

비트코인은 우리가 혁명이라고 생각해온 일들을 순식간에 현실로 만들어준다. 그것은 차별이 불가능한 시스템, 폭력을 휘두르지 않는 시스템, 부자를 위한 특별 규칙이 없는 시스템, 신분 확인이나 지위, 특정한 수준의 부, 인종, 신조를 사용할 필요가 없는 시스템, 그리고 정부가 그 규칙을 조작할 수 없는 시스템이다. 나카모토는 토머스 제퍼슨과 존 애덤스, 그리고 그 동료들로부터 최고의 아이디어를 얻어 전 세계 사람들에게 선물한 것이 틀림없다.

독립선언문은 다음과 같이 말한다. "오랫동안 계속되는 학대와 탈취가 변함없이 (국민을) 절대 전제정체에 예속하려는 동일한 목적을 위한 것임이 명백해졌을 때는 그런 정부를 타도하고 미래의 안전을 보장할 새로운 수호자를 옹립하는 것은 국민의 의무가 된다."

여기서 우리의 '새로운 수호자'는 비트코인이다. 새로운 수호자는 단순한 기초 문서가 아니라, 수백 년 전부터 시작된 중앙은행과 금융감독의 폭정에 맞서 싸우기 위해 만들어진 네트워크다.

화폐 제도에 대한 논쟁은 미국 건국 이념의 핵심이었다. 제퍼슨이 가장 크게 후회한 일 중 하나는 수도를 필라델피아에서 워싱턴으로 옮기는 과정에서 알렉산더 해밀턴과 타협하여 개별 주 단위의 채무를 연방 채무로 간주하기로 합의함으로써 미국의 금융 시스템을 중앙통제형으로 만든 것이었다. 중앙통제를 향한 동력은 수십 년에 걸쳐 확대되었고, 마침내 비선출직 관료들이 통화 제도를 좌지우지하는 지금의 연준으로 구현되었다.

건국의 아버지들이 망설였던 또 다른 요인은 혁명 이전에 발행된 국가 지폐(인플레이션이 800%에서 2,300%에 달했다)와 독립전쟁 중에 발행된 대륙 달러Continental dollar의 약세였다. 특히 대륙 달러는 사람들의 뇌리에서 거의 잊혀 가치의 99.9%를 상실했다.[392] 어쩌면 그 사실 하나만으로도 전쟁의 승리를 위해 통화 절하를 단행할 가치가 있다고 생각한 사람도 있겠지만, 미래에는 바로 그 통화가치 하락 때문에 또 다른 불필요한 많은 전쟁을 치러야 할 수도 있다. 이런 사고방식을 따랐던 사람들은 미국이 현재 처한 어려움, 즉 국내가 평화로워 보이는데도 지난 세 명의 대통령이 매일 같이 벌여온 '영원한 전쟁'을 분명히 예측했을 것이다.

만약 우리의 통화 미래가 이 중앙통제화와 가치 하락의 길을 따르지 않고 탈중앙화와 가치 증가라는 새로운 길을 걷는다면 어떨까? 오늘의 달러 패권은 리처드 닉슨과 헨리 키신저의 설계로 만들어졌다(3장 참조). 내일, 미국의 통화는 '건국의 아버지'와 '사토시 나카모토'라는 두 이상에 기초할 수 있을 것이다.

건국 후 불과 몇 년 만에 중앙통제를 둘러싸고 벌어진 첫 전투에서 패배한 미국과 달리, 비트코인은 '블록 크기 전쟁' 당시 중앙통제를 둘러싼 첫 전투에서 승리했다. 사용자의 통제권과 개인의 자유가 기업의 이익과 권력 집중을 물리친 것이다.[393]

1821년 7월 4일, 국무장관 존 애덤스는 미국이 '끝까지 추격해서 물리쳐야 할 괴물', 즉 세계 제국이 될 것을 경고했다. '정책의 기초가 되는 금언'이 '아무도 모르는 사이에 자유에서 힘으로 바뀐' 미국, 바로 '세계의 독재자'가 된 미국 말이다.

아마도 비트코인은 미국인이 역사를 되돌아보고 애덤스의 말대로 우리의 진정한 영광은 '지배가 아니라 자유'에 있으며, 우리의 진정한 행진은 칼이 아니라 '정신'을 앞세우는 것임을 떠올리게 해줄 것이다.

나는 과연 그런지 더 깊이 알아보기 위해 두 사람과 대화를 나누어 보았다. 그들의 가족과 혈통에는 미국의 가장 어두운 측면을 감내하면서 살아온 흔적이 있었다. 그러나 두 사람의 관점은 뚜렷이 다르다. 이들은 미국의 역사와 건국을 서로 다르게 평가하지만, 비트코인을 기반으로 하는 미국의 미래에 대해서는 비슷한 낙관론을 가지고 있다.

비트코인과 블랙 아메리카

이사야 잭슨Isaiah Jackson은 기업가이자 《비트코인과 블랙 아메리카Bitcoin and Black America》라는 책의 저자다. 이 책은 오늘날까지도 미국의 금융 시스템이 아프리카계 미국인을 체계적으로 차별하고 있음을 드러낸 날카로운 비판서이다.[394] 나아가 흑인 사회를 향해 엘리트들에게 부당한 혜택을 안겨주는 시스템에서 벗어나는 방법으로 비트코인을 활용하자고 촉구하는 책이기도 하다.

잭슨은 이 책에서 이렇게 말했다. "비트코인 이전에는 아무리 많은 돈을 모아 해방 운동을 지지하든, 민권 운동을 지지하든, 행진하든 결국에는 은행 시스템을 사용해야만 했다. 그때는 우리에게 진정한 이익을 안겨줄 생각이 없는 시스템을 우리 손으로 먹여살려야만 했다. 그 모든 예금은 신용불량을 조장하고, 신청 자격을 갖춘 이들에게 대출을 거부했으며, 심지어 2008년에는 인종뿐만 아니라 전체 금융 시스템을 파산시켜서라도 엘리트층의 이익에만 복무했다."

잭슨은 모든 은행이 흑인에게 백인과 다른 기준을 적용하여 차별했다고 지적했다. 최근의 한 연구에 따르면, "고소득 흑인 거주지역의 대출자는 저소득 백인 거주지의 주택 소유자보다 서브프라임 대출로 갈아타는 비율이 2배나 더 높았다." 노예 제도의 유산과 이런 관행의 결과, "흑인 가구의 재산 중간 값은 미국의 모든 인종 중에서 가장 낮은 수치를 보인다."

그렇다면 흑인 사회의 운명을 바꾸기 위한 그의 계획은 무엇일까? "비트코인이 평범한 근로 계층 사이에서 혁명을 일으킬 수 있다"라는 말을 퍼뜨린다는 것이다. 잭슨은 이렇게 말했다. "우리는 점진적으로 법정화폐를 거부하고 비트코인을 사용하며 우리 자신만의 경제를 시작하고 소유할 수 있음을 보여주었습니다. 저는 우리가 은행 시스템에서 돈을 꾸준히 빼내어 사회 변화와 저항의 기반을 구축할 것을 제안합니다."

그는 흑인을 억압하는 시스템에 어쩔 수 없이 의존해야만 했던 시대가 비트코인 덕분에 끝났다고 말했다. 그는 자신의 사명을 이렇게 요약했다. "인류 역사상 가장 큰 부의 이동이 일어나는 시기에, 흑인 사회가 이 파티에 지각하지 않도록 하는 것입니다."

나는 잭슨(혹은 자이라고 불린다)과 만난 자리에서 미국의 명절인 7월 4일을 어떻게 보는지, 그리고 미국의 이상이 역사적으로 어떻게 바뀌어 왔다고 생각하는지를 물었다.

잭슨은 흑인과 아메리카 원주민의 혼혈로 한쪽은 아프리카에서 바베이도스를 거쳐 사우스캐롤라이나로 팔려간 노예, 그리고 다른 쪽은 플로리다와 오클라호마에서 박해당한 아메리카 원주민으로 거슬러 올라가는 가계도를 가지고 있다.

그는 "어려서부터 흑인 가정에서 자랐고 우리 가정은 7월 4일을 기념하고 있지만, 명절에 꼭 애국심만 느낀다고는 할 수 없습니다. 핫도그와 외식, 불꽃놀이가 재미있기는 하지만, 저에게는 가족과 함께하고 쉬는 시간이 즐거울 뿐이지, 건국의 아버지에게 경의를 표하는 날은 아닙니다"라고 말한다.

잭슨은 7월 4일은 그저 '상업적인 기념일'일 뿐 깊은 의미가 있지는 않다고 말했다. 그는 차라리 노예 해방과 인간의 자유를 기념하는 6월 19일이 더 마음에 와닿는다고 한다.

심지어 미국의 이상에 대해서도 잭슨은 그것이 미국에 대한 '그들의 이상'이었을 뿐이라고 말했다. "만약 그들이 흑인이나 여성을 헌법 제정에 참여하도록 했다고 생각해보세요. 그랬더라면 수십 년 후에 수정헌법 13조나 19조를 마련할 필요도 없었을 것입니다."[395]

그렇다. 잭슨은 미국이 사실 '자유의 땅'이 아니라고 한다.

그는 이렇게 말했다. "우리는 이 나라가 그런 이상에서 완전히 벗어난 역사의 한 지점에 와 있습니다."

잭슨은 수백만 명의 미국인이 망가진 공립학교 시스템에 의해 세뇌되었으며 그것을 '역사의 포카혼타화'라고 했다. 아이들의 머릿속에 들어 있는 유럽 정착민과 북미 원주민 시이의 관계는 실제로 일어난 잔혹한 정복과는 달리 디즈니 영화에 묘사된 모습이다.

"저는 공립학교 교사로 일했고, 어머니와 할머니도 마찬가지였지만, 우리는 아이들에게 미국의 진짜 역사에 대해 가르치지 않았습니다."

잭슨은 14살이었던 시절, 미국 정부가 이라크를 침공했던 일을 이야기했다. 그는 TV 화면에서 군사 작전에 1조 달러 이상의 비용이 든다는 추정치를 본 것을 기억했다(지금까지 미국은 테러와의 전쟁에 6조 달러 이상을 썼다).[396] 그는 망연자실했다.

"1조 달러라고요? 제가 사는 동네는 온통 가난한 사람뿐이었습니다. 우리 동네에는 사회기반시설도 없었고, 교육과 의료 서비스도 끔찍한 수준이었습니다. 저는 어린아이였지만 그 돈으로 다른 나라를 파괴할 것이 아니라 국내에서 사용해야 한다는 것을 알았습니다."

잭슨은 '언론의 말이라면 하나도 믿지 않는' 삼촌이 한 명 있다. 당시 사람들은 이라크 전쟁에 환호했고, 삼촌이 거기에 의문을 제기하는 말을 하면 모두 미쳤다고 했다. 삼촌은 잭슨에게 전쟁이 끝나지 않을 것이라고 말했다. 그들의 말과는 달리 전쟁은 길어질 것이고, 미국의 지도자들은 그저 전쟁이 좋을 뿐이라는 것이다.

잭슨은 이렇게 말했다. "저도 삼촌이 미쳤다고 생각했지만 결국 그분의 말이 옳았습니다. 그게 18년 전의 일입니다. 그런데 우리는 아직도 이라크에서 싸우고 있어요."

잭슨은 자신이 다행히도 미국에서 사는 특권을 누리고 있다고 말했다. "우리는 실내 배관, 에어컨, 튼튼한 교통 시스템, 그리고 비교적 안정적인 통화를 당연하게 생각합니다. 그러나 세계에는 이런 것을 누리지 못하는 사람들이 많습니다." 그가 미국인으로서 느낀 자부심은 거기까지였다.

그러나 잭슨은 이런 과거가 있었어도 비트코인 때문에 미래를 희망하게 되었다. "비트코인은 애플파이보다 더 미국적입니다. 맨 처음 혁명이 시작된 바탕이었고, 대표 권리가 없는 곳에는 과세도 없다고 외치며 독재에 항거했던 그 미국의 이상과 부합합니다. 비트코인은 무대를 세계로 옮겼을 뿐, 그때와 똑같은 일을 하고 있습니다."

건국선언문이 이룩하지 못한 진정한 자유를 비트코인은 과연 실현할 수 있을까? 그는 이렇게 말한다. "혁명의 이상이 아직 실현되지 않은 이유는 돈에 결함이 있기 때문입니다. 우리는 화폐를 개혁해야 합니다."

잭슨은 7월 4일에 큰 감흥이 없지만, 1월 3일은 중요한 날로 여긴다. 비트코인 소프트웨어가 세상에 나온 날이다. 그는 실제로 이날을 기념해 비트코인 사용자들에게 거래소에서 돈을 빼내 직접 관리하라고 권장했다. "열쇠가 없으면 치즈도 없다"라는 밈은 바로 그가 유행시킨 말이다.

잭슨은 흑인 사회에서 비트코인 덕분에 인생이 바뀌었다고 말하는 사람들의 이야기를 들려주었다. 그는 그중에서도 2016년 잭슨의 한 강연회에 어머니를 모시고 찾아왔던 어느 15살 청소년의 이야기를 가장 좋아한다. 그 어머니도 잭슨이 설명한 비트코인에 흥미를 느꼈지만, 그 소년은 강연이 끝난 후 한 달 내내 매일 그에게 전화했다. 결국 그 소년은 아르바이트를 하며 모은 돈으로 비트코인을 샀다. 그리고 17살이 되던 해에 그렇게 저축한 비트코인으로 대학 등록금을 낼 수 있었다. 그 소년은 지금 22살이 되었고, 웹 개발 회사를 경영하고 있다.

잭슨이 들려주는 또 다른 이야기는 그의 친구 저스틴에 대한 것이다. 그는 2년 동안 감옥에 있다가 출소한 후에 비트코인을 알게 되었다. 그는 달러평균원가법, 채굴 방법, 거래 기법 등을 배웠고, 노스캐롤라이나주 샬럿에서 푸드트럭을 시작하면서 비트코인을 받고 음식을 팔았다.

5년이 지난 지금, 그는 책을 출간했고, 클럽하우스Clubhouse 앱에 글을 연재하고 있다. 또 교육 프로그램을 열어 재소자들에게 비트코인에 대해 가르치고 있다.

"사람들은 감옥 이야기를 별로 좋아하지 않습니다. 제 사촌과 친구도 지금 감옥에 있습니다. 그들은 분명히 갇혀 있는데도 휴대폰을 가지고 있고, 비트코인도 소유할 수 있습니다."

저스틴은 수많은 수감자에게 비트코인을 통해 미래를 찾는 법을 안내했다. 물론 교도관들은 수감자들의 소지품을 검사했지만, 원래 휴대폰은 허용되는 것이었고, 그들의 앱까지 일일이 조사하지는 않았다.

잭슨은 이렇게 말했다. "노예 순찰대가 돌아다니던 시절부터 경찰이 하는 일은 항상 하층민을 상층민과 떼어놓는 것이었습니다. 그런 관행이 결국 인종차별로 이어진 거지요. 물론 경찰은 필요하지만 흑인 사회는 과거부터 이중 잣대의 희생자가 되어왔습니다. 왜 똑같은 마약사범인데 흑인은 40년을 감옥에서 지내야 하고, 백인은 고작 1년만 살고 나옵니까. 오늘날 미국에는 폭력과 상관없는 마약사범으로 수감 중인 흑인이 수백만 명에 달합니다. 저는 비트코인 사용자들이 이런 사람들을 도와줬으면 좋겠다고 생각합니다."

잭슨은 누가 도와주지 않더라도 그들은 이미 비트코인을 통해 갱생의 길을 찾고 있다고 말한다. "흑인 사회의 훌륭한 리더들은 모두 동맹의 중요성을 알고 있습니다. 비트코인을 알고 나면 어디서나 동맹을 찾을 수 있습니다."

잭슨은 수십 년째 미국이 잘못된 애국주의와 국가주의로 흐르면서 전쟁이 만성화하고 감산복합체가 등장하는 등의 부작용을 낳았지만, 이것 역시 비트코인으로 해결할 수 있다고 생각한다. 그의 마음속에는 비트코인을 통해 온 세상과 소통하는 큰 그림이 들어 있다.

잭슨은 미국 원주민을 가리키며 "우리가 원래 이 땅에 살던 사람입니다. 지금 누가 어떻게 부르든 우리는 이 땅을 아메리카라고 하지 않았습니다. 그리고 언제까지나 아메리카로 남아 있을지는 아무도 모릅니다"라고 말했다.

비트코인은 그의 관점을 바꿔주었다. "세계 지도에 그려진 거의 모든 국경은 오래전에 식민 지배국들이 그어놓은 것입니다. 이 국경은 저나 우리 세대와는 아무런 상관이 없습니다. 저는 이제 세계 시민입니다. 국경은 아무 의미도 없습니다."

바그다드에서 비트코인까지

파이살 사에드 알 무타르Faisal Saeed Al Mutar는 "제가 미국을 처음 접한 것은 우리 집 앞에 서 있는 탱크를 통해서였습니다"라고 말했다.

알 무타르는 제1차 걸프전 중에 태어났으며, 그가 12살 때 미국인을 처음 만났을 때는 2003년 미국이 그의 조국 이라크를 침공한 시기였다.

그는 독재자 사담 후세인의 치하에서 자랐고, 그가 받은 교육은 "어리석은 국민을 최대한 양산한다"는 목표에 따라 오직 '대통령에게만 충성을 바치는 법'을 가르치는 체계를 갖추고 있었다. 사담 후세인은 언제나 옳았고, 항상 숭배해야 하는 존재였다.

알 무타르는 당시의 공포 분위기를 이렇게 전한다. "만약 아버지가 대통령의 뜻에 반대했다고 합시다. 그러면 그 아들이 아버지를 총으로 쏴야 하고, 그 총알 값도 물어내야 합니다. 후세인은 그런 식으로 아들에게 공포를 주입하고 대통령을 향해 충성하도록 했습니다."[397]

알 무타르는 인터넷은 꿈도 못 꿨고 TV라고는 사담 후세인 치하의 국영 TV 채널 딱 두 개만 볼 수 있었다. 그는 "지옥 같은 삶이었습니다"라고 말했다.[398]

그러나 그는 끝내 방화벽을 뚫어냈다. 그는 오픈 인터넷을 지식의 '암시장'이라고 부른다. 그는 인터넷을 통해 "인간이 처한 문제의 답은 신앙이나 미신이 아니라 이성과 증거, 과학적 탐구 방법을 통해 찾는 것임을 배웠고, 그것을 믿게 되었다."[399]

그가 처음 접한 외국의 정치 서적은 토머스 페인Thomas Paine의 《이성의 시대The Age of Reason》였다. 사실 그것은 한 중금속 동호인 그룹의 전자 게시판에서 발견한 것이었다. 그곳에서 조지 오웰의 책도 접했다. 그는 자유로 향하는 토끼굴을 만난 셈이었다. 이 사건을 계기로 블로그를 시작한 그는 세속적인 개념을 탐구하기 시작했고, 미국 권리장전을 인쇄해서 학교 친구들에게 나눠주기까지 했다.

그는 아버지 덕분에 비판 정신을 배양할 수 있었다고 한다. 신념을 형성하려면 그것을 뒷받침하는 증거를 축적해야 한다는 것이 아버지의 가르침이었다. 맹목적인 믿음은 금물이다. 알 무타르는 아버지의 가르침에 따라 '증오가 아니라 배움의 삶'을 살 수 있었다.

사담이 몰락한 후 그는 종교와 국가를 구분해야 한다는 의견을 견지하게 되었다. "저는 여성의 권리나 LGBT(성적 소수자)의 권리 등 기본적인 인권을 옹호합니다. 중동에서는 흔치 않을 뿐 아니라 사람들이 그리 좋아하지 않는 태도지요."

당시 알 무타르는 이런 생각을 자주 했다. '왜 미국만 우리를 침략하는가, 우리는 미국을 침략하면 안 되나?'

그의 고향 바그다드는 과거 이슬람 전성기에 아바스 칼리파국의 수도였던 곳이다. 먼 옛날 그의 선조들은 대서양에서 인도양에 이르는 광대한 영토를 정벌하고 지배하기도 했다.

'도대체 이게 어떻게 된 일일까? 세계를 주름잡던 강대국이 어쩌다가 이런 꼴이 되었을까? 한때 점령자였던 우리는 왜 남에게 점령당하는 신세가 되었을까?'

그는 아랍 제국이 전성기를 누렸을 때, 그 바탕에는 과학과 탐구가 있었다고 했다. 대수학, 시계, 카메라, 종이 지도, 수술법 등은 모두 이슬람 황금기의 문화에서 비롯된 것이다. 알 무타르는 그런 영광이 가능했던 바탕에는 개방성과 탐구 정신, 사상의 자유, 과학, 이성, 그리고 권력의 분점 등이 존재했다고 말했다. 그러나 이 모두는 오랜 세월에 걸쳐 쇠퇴했고, 지금 그 자리에는 종교적 도그마만이 남아 있다.

알 무타르는 미국의 국부들이 남긴 글에서 이슬람 황금기 시대의 특징을 봤다. 그리고 오늘날 미국이 세계를 지배하는 이유도 바로 그것 때문이라고 말했다.

점령 기간에 알 무타르는 미군들을 찾아가 많은 질문을 하곤 했다.

"그들은 M16을 들고 군용 험비에 타고 있었습니다. 그러나 저는 두렵지 않았습니다. 내 눈에는 그들도 똑같은 인간이었습니다. 자신들이 고귀한 일을 한다고 생각하는 사람도 있었고, 그저 돈만 내고 싶은 사람도 있었습니다. 그러나 그들과 이야기해보니 더 이상 이라크인을 죽이려는 괴물로 보이지 않았습니다. 그저 전쟁일 뿐입니다. 전쟁에는 좋은 편과 나쁜 편이 없습니다. 누가 좋고 누가 나쁜지 뚜렷이 구분할 수 없는 것이 전쟁입니다."

알 무타르는 나이가 들수록 더욱 무신론으로 기울었고, 세계 세속 인본주의 운동Global Secular Humanist Movement을 창설했다. 그는 글과 활동으로 이슬람주의자들의 표적이 되었으며, "세 번의 납치에서 살아남았다." 시아파로 태어난 알 무타르와 그 가족은 인근 지역에 알카에다가 장악한 검문소를 통과할 때면 수니파처럼 보이는 이름으로 만든 가짜 신분증을 보여주곤 했다.[400]

이후 가장 가까운 친구가 급진주의자들에 의해 살해되었는데, 아마도 그들이 그를 알 무타르로 착각했기 때문일 것이라고 말했다. 그도 역시 알카에다와 마흐디 군대로부터 살해 위협을 받았다. 그의 형제와 사촌은 종파 간 폭력으로 살해되었다.[401]

2012년, 알 무타르는 마침내 이라크에서 탈출하여 미국에서 난민으로 인정되었다. 그는 지난 10년간 다양한 조직을 설립하여 폐쇄된 사회의 운동가들과 그들을 도와줄 미국인을 서로 연결해주었다. 그리고 체제 선전과 가짜 뉴스에 둘러싸인 아랍인들에게 지식과 정보를 활용하는 방법을 알려주었다.

가장 최근에는 싱가포르의 기자 멜리사 첸Melissa Chen과 함께 '국경을 넘어서는 이상Ideas Beyond Borders'이라는 비영리 단체를 설립했다. 그들은 100명이 넘는 젊은이들을 고용하여 자유, 인권, 철학 및 과학에 관한 작품을 아랍어로 번역했으며, 총 수십 권의 책과 수만 페이지의 위키피디아 페이지를 만들었다. 알 무타르가 이 프로젝트를 착안한 것은 바그다드의 전설적인 도서관인 베이트 알 히크마Bayt al-Hikma(지혜의 전당)가 아랍의 황금기를 이끌었다는 이야기를 통해서였다.

알 무타르는 지금도 요르단에서 운영되는 유명한 서점을 소개했다. 그곳에는 《나의 투쟁》,《시온 장로 의정서》,《공산당 선언문》 등이 자랑스럽게 진열되어 있다. 그는 이 세 권이 이 지역에서 코란보다 더 유명한 서적이라고 했다. "이곳 사람들은 이런 책을 읽고 있습니다. 베이루트아메리칸대학교 사람들은 동의하지 않을 수도 있지만, 아랍 세계의 평범한 사람들에게 읽을거리라고는 이런 책들뿐입니다. 이 사회는 증오를 조장하고 있습니다."

알 무타르는 자신의 목표는 "난민 문제를 해결하는 것이 아니라 애초에 난민 위기가 발생하지 않도록 하는 것"이라고 말했다. 그는 아랍어로 된 인터넷 콘텐츠가 1%도 안 된다는 점을 지적했다.[402] "정신과 지식은 탱크나 총보다 훨씬 더 큰 힘으로 무지와 극단주의를 물리칠 것입니다."

조국을 침공한 군대를 통해 미국을 처음 접한 알 무타르는 놀랍게도 그 나라의 엄청난 팬이 되었다. 그는 2019년 6월 26일에 미국 시민이 된 것을 매우 자랑스러워한다.

그는 이렇게 말했다. "미국은 저를 비롯한 많은 사람에게 막대한 기회와 가능성을 선물했습니다. 만약 다른 나라에 갔더라면 지금의 저는 없었을 것입니다. 저는 유럽과 아시아에서 살아왔는데, 항상 제약과 장애물이 있었습니다. 다른 곳보다 유독 미국에서 성공한 이민자가 많다는 사실은 저에게 놀라운 일이 아닙니다."

알 무타르는 반反아랍 차별을 의식하듯 "부정적인 생각에 빠져 지낼 수도 있었을 것"이라고 했다. "물론 혐오 메일을 받은 적도 있습니다. 그러나 격려 메일도 많이 받았습니다. 자신을 피해자로만 생각한다면 부정적으로 기울 수밖에 없습니다. 저는 그러지 않으려고 노력합니다."

그는 "오늘날 미국에 이주해온 사람들은 대체로 긍정적인 환경에서 살아간다고 볼 수 있습니다. 그것은 이 나라에 존재하는 기회와 그 밑바탕에 있는 가치 덕분입니다. 동성애자의 권리를 예로 들어봅시다. 지난 50년간 사고방식의 커다란 변화로 동성 결혼 합법화에 찬성하는 의견이 광범위한 지지를 얻었습니다. 아프리카나 아시아 또는 이슬람권 국가들과 비교해보십시오. 아직도 동성애자라는 이유로 사형을 선고받는 곳들이 허다합니다"라고 말했다.

그는 그 모든 결함이 있었음에도 결국 미국의 리더십 덕분에 세계가 훨씬 더 살기 좋은 곳이 되었다고 주장했다. "시위의 자유가 존재할 뿐 아니라 그것을 통해 실제로 정책을 바꿀 수 있다는 점은 세계 곳곳의 권위주의 정권 아래 살고 있는 수십억 명에게는 불가능한 일입니다. 사람들은 부시가 마음에 들지 않아 오바마에게 투표했습니다. 하지만 시진핑이나 블라디미르 푸틴 정권하에 사는 사람에게는 이런 선택권이 없습니다. 시리아 전쟁에 반대하는 러시아인들이 그를 투표로 몰아낼 수 있을까요? 아니요, 그들에게는 그럴 권리가 없습니다. 미국은 불완전합니다. 그러나 이 체제는 다른 강대국들과 달리 변화를 허용합니다. 소련이 냉전에서 이겼다면 우리가 사는 세상은 지금보다 훨씬 더 나빠졌을 것입니다."

알 무타르는 역사 속에서 미국에 존재해온 악은 미국뿐만 아니라 세상 어디에나 있다고 말했다. 오히려 미국이야말로 이런 악에서 벗어나려고 노력한 몇 안 되는 국가 중 하나로, 실제로 그런 노력을 보여주는 사례는 얼마든지 있다고 했다.

"건국의 아버지들이 노예를 거느린 것은 사실입니다. 그러나 그들이 개인의 자유라는 개념을 철저히 옹호한 것도 분명한 사실입니다. 미국이 좋은 편에 가까운 이유는 건국의 원칙 때문입니다. 저는 이런 원칙이 과학을 연구하는 방법과 유사하다고 생각합니다. 그것은 시간이 지날수록 이 나라에 자정 작용을 일으킵니다."

알 무타르는 "그 시대에 국부들의 생각은 그야말로 혁명이었습니다. 개인의 권리라는 개념 자체가 혁명이었지요. 그전에는 세상에 존재하지 않던 것이었습니다. 미국의 건국 이념은 국민이 정부를 두려워하는 것이 아니라 정부가 국민을 두려워해야 한다는 생각이었습니다. 제가 나고 자란 사회와는 정반대입니다"라고 말했다.

최근에 알 무타르는 비트코인을 어떻게 활용하면 세상 사람들이 억압에서 풀려나는 데 도움이 될 수 있을지에 관심을 기울이고 있다. 그의 조직은《작은 비트코인 책》의 아랍어 번역을 담당했고, 그는 아랍권 비트코인 번역자들에게 보수를 제공하는 방법을 고민해왔다.[403]

"비트코인은 어떤 전쟁이나 개입보다 미국의 가치를 효과적으로 전파할 수 있는 수단입니다. 저는 비트코인을 통해 사람들이 권리를 되찾고 서로 소통하는 모습을 똑똑히 지켜봤습니다."

그는 미국의 위대한 이상인 혁신, 반검열, 개방성 등의 요소가 비트코인에 그대로 반영되어 있다고 말했다.

알 무타르는 세계가 지정학적으로 계속 변화하는 오늘, 비록 결함이 있지만 계몽사상에 기반한 미국의 개방과 자유를 증진하는 데 비트코인이 어떤 도움이 되는지, 그리고 그것이 독재정권에는 어떤 치명적인 문제를 초래할 것인지를 생각해봐야 한다고 말했다.

"비트코인은 언론의 자유, 재산권, 개인의 주권, 개방된 자본시장, 그리고 정부 권력에 대한 견제를 확대합니다. 미국은 이런 가치를 기반으로 건국되었고, 그것을 통해 번창할 수 있습니다. 중국공산당, 러시아의 푸틴 독재 정권, 사우디아라비아 왕국은 어떨까요?"

그는 "별로 그렇지 않습니다"라고 말했다.

건국의 아버지 중 가장 좋아하는 인물이 누구냐고 묻자 그는 즉시 '토머스 제퍼슨'이라고 답했다. 알 무타르는 미국에 도착한 후 가장 먼저 한 일은 몬티첼로에 간 것이었다. 그는 제퍼슨이 특히 종교의 자유라는 주제에서 자신에게 영감을 주었으며, 그가 추진한 정교분리의 원칙이 사토시 나카모토가 수립한 돈과 정부의 분리 원칙과 일맥상통한다고 말했다.

알 무타르는 "제퍼슨이 완벽한 인물은 아니었지만, 그것은 누구나 마찬가지"라고 말했다. 노예 제도와 북미 원주민 인구의 감소는 미국의

'원죄'였다는 것이다. 이에 대해 그는 이렇게 말했다.

"그런 이야기를 가르치고 기억할 필요는 있지만, 3세기 전에 살았던 사람의 가치를 현대인의 가치로 판단할 수는 없습니다. 100년 후의 사람들이 오늘을 되돌아보며 우리가 노예 노동으로 만들어진 티셔츠를 입었다고 모두 부도덕한 사람이라고 규정할지도 모릅니다. 우리는 과연 국부들보다 더 도덕적일까요? 한번 생각해보세요. 제가 살던 세계로 말하자면 모리타니는 1980년까지도 노예 제도가 합법이었고, 오늘날 걸프만의 많은 도시는 다가오는 월드컵 기반시설을 포함한 많은 것이 노예 제도를 기반으로 건설되었습니다. 마틴 루서 킹 목사가 동성애를 혐오했다고 말하는 사람도 있습니다. 설사 그렇다고 한들 우리가 과연 그를 심판할 수 있을까요? 저는 그렇지 않다고 생각합니다. 세상에는 악도 있고 선도 있다는 것을 인정해야 합니다."

안장과 기수

1935년, 아프리카계 미국인 시인 랭스턴 휴스Langston Hughes는 〈미국을 다시 미국으로Let America Be America Again〉라는 시를 썼다. 다음은 그 마지막 몇 줄이다.

오, 미국을 다시 미국이 되게 하라.

아직 한 번도 된 적이 없는

그리고 반드시 되어야 하는

모든 이가 자유로운 땅이 되어라.

나의 땅, 가난한 이의 땅, 인디언의 땅, 흑인의 땅, 바로 내가 되어라.

미국을 만든 자, 피와 땀을 흘린 자, 신념과 고통을 지닌 자

용광로를 돌리고, 빗속에서 쟁기질한 자가

우리 힘찬 꿈을 되찾아야 하리.

어떤 비루한 이름으로 불러도 좋다,

강철 같은 자유는 결코 녹슬지 않으리.

국민의 삶에 기생하는 자들의 손에서

우리의 땅, 미국을 되찾으리라!

아, 그렇다, 미국은 결코 미국인 적이 없었다,

그러나 맹세하노라, 미국은 미국이 될 것이라고!

폭력배가 저지른 살인의 고통과 황폐함

약탈과 부패한 뇌물, 도둑질, 거짓말로부터

우리 국민은 되찾으리.

이 땅과 광산, 공장, 그리고 강을.

끝없이 이어진 산맥과 평야

광활하게 펼쳐진 녹색의 이 나라

미국을 다시 만들어야 하리![404]

휴스의 시는 한마디로 이렇게 요약할 수 있다. 미국인은 언제나 고매한 이상을 구현하는 일과 그렇지 못한 현실 사이에 끊임없는 긴장을 경험해왔다는 것이다.

토머스 제퍼슨은 1826년 독립선언 50주년을 맞아 다음과 같은 글을 썼다.

모든 눈이 인간의 권리에 열려 있고, 지금도 열리고 있다. 과학의 빛이 온 세상에 퍼진 덕분에 손에 만질 듯이 분명해진 진실이 있다. 인류의 대다수가 날 때부터 안장을 등에 짊어진 것도 아니고, 소수의 특권층이 그들의 등에 올라 박차를 가하는 것이 하나님으로부터 받은 정당한 권리도 아니라는 사실이다. 이 진실은 다른 사람에게는 희망의 근거이며, 우리에게는 매년 이날이 돌아올 때마다 인권의 소중함을 되새기고 아직 끝나지 않은 헌신을 다짐하는 기회가 되어야 한다.

그러나 안장과 기수는 지금도 존재한다.

제퍼슨의 말 자체가 미국의 불완전한 모습이 현재진행형임을 그대로 보여준다. 미국의 이상은 고귀했으나 그 실행은 추악함으로 얼룩졌다. 독립선언문에 "모든 인간은 평등하게 태어났다"라고 쓴 바로 그 대표 저자(게다가 원래는 그 문서에 노예 제도를 심하게 비난하는 구절을 포함하려고 했으나 나중에 삭제하기도 했다)가 평생 600명이 넘는 노예를 거느렸고, 세상을 떠날 때까지 단 한 명에게도 해방을 선사하지 않았다.[405]

미국의 이상이 지닌 모호성은 오늘날에도 이것을 단순한 흑백 분류로 생각할 수 없는 원인이 되고 있다. 알 무타르는 미국의 비전과 자유를 변호하고 있지만, 잭슨은 이 나라가 내부에서부터 심하게 썩었음을 보여주며 우리 체제가 얼마나 많은 사람에게 제대로 작동하지 않고 있는지 생각해보라고 촉구한다.

토마스 제퍼슨과 존 애덤스는 독립선언문이 승인된 지 정확히 50년이 지난 1826년 7월 4일에 놀라운 우연으로 나란히 세상을 떠났다. 그들은 200여 년이 지난 오늘날 우리가 직면한 어려움을 미처 예상하지 못했을 것이다. 나아가 그들이 미국이라는 나라를 시작하기 위해 타협한 일들이 시간이 지남에 따라 내전과 해외 점령, 그리고 점점 더 중앙 통제로 치닫는 금융 시스템을 초래하리라는 것도 몰랐을 것이다.

제퍼슨, 애덤스, 알 무타르, 잭슨 모두가 동의할 수 있는 한 가지는 미래가 디지털 사회로 변할수록 원래의 독립선언문 그대로는 충분치 않다는 것이다.

새로운 선언이 필요하다. 개인의 자유, 개방, 번영, 기회, 재산권, 표현의 자유 등에 뿌리를 둔 채 노예제, 차별, 절도, 이중 잣대, 몰수, 검열에 반대하는 선언 말이다. 노예제에 기반을 둔 나라의 국민이 독립선언문을 통해 노예제를 불법화했듯이, 우리에게도 지금의 미국을 바꿀 수 있는 선언이 필요하다.

독립선언문을 통해 이민자들이 먼 곳에 떨어진 가족과 연대할 수 있었듯이, 새로운 선언은 흑인 사회의 자립에 기여해야 한다. 새로운 선언은 자유의 여신상 옆에 나란히 놓일 만한 것이어야 한다. 엠마 라자루스가 '자유의 공기를 갈망하는 웅크린 군중'을 기다리고 있는 바로 그곳에 말이다.

그 선언은 바로 비트코인이 될 수 있다. 반권위주의와 개인의 자유라는 미국의 전통과 맞닿고, 우리가 짊어진 안장과 기수를 없애야 하는 현재의 과제와 부합하기 때문이다.

C H E C K

Y O U R

F I N A N C I A L

P R I V I L E G E

12장

초제국주의의
종말

이 책에서 우리는 비트코인이 지금까지 전 세계에 보급되어온 과정을 살펴보았다. 이를 통해 신흥시장 지역과 권위주의 체제에서 비트코인이 성장하고 있으며, 전 세계의 반체제 인사들을 통해 비트코인이 정권에 대항하는 도구가 될 수 있다는 사실을 알게 되었다.

그러나 비트코인은 과연 이런 지역 차원의 갈등에서 운동가들의 투쟁 수단으로 머물게 될까, 아니면 더 의미 깊은 역할을 통해 전 세계의 통화 시스템을 바꿀 수 있을까?

이 질문에 답하기 위해서는 화폐 제도의 역사를 되돌아보고, 오늘날 세계 초강대국이 된 미국이 어떻게 금을 밀어내고 달러를 세계 금융 시스템의 중심에 앉힐 수 있었는지를 배워야 한다.

이런 탐구 과정의 지침서가 될 만한 책으로 금융 역사가이자 애널리스트인 마이클 허드슨Michael Hudson의 《초제국주의Super Imperialism》를 들 수 있다. 리처드 닉슨 대통령이 금 태환 중지를 선언하여 미국이 사실상 금

본위제를 포기한 지 1년 후인 1972년에 출간된 책이다.[406]

이 책은 오늘날의 주류 경제학계가 간과하는 여러 가지 자극적인 주장을 담고 있으며, 바로 그 점 때문에 정통으로 대우받지 못하는 것이 사실이다. 그러나 이 책은 지난 세기의 화폐 전쟁에서 달러가 승리를 거둔 핵심 요소를 설명하고 있다.

허드슨의 논지는 좌파 성향을 띠고 있으나(제목 자체가 독일 마르크스주의 용어인 uberimperialismus(초제국주의)에서 따온 것이다), 그가 소개하는 접근 방식과 교훈은 정치 성향과 관계없이 모든 사람이 참고할 만한 가치가 있다.

허드슨은 이 책(지난 50년 동안 2차례 개정되었고, 3판은 2021년 9월 3판에 발간되었다)에서 미국 채권이 금을 대신해 세계 기축통화의 자리를 차지하고 금융시장에서 최우수 담보 역할을 하게 된 세계 금융 시스템의 변화 과정을 추적한다.

세계가 국제수지를 맞추는 데 사용해오던 자산 화폐는 어떻게 금에서 미국 재무부 채권으로 바뀌게 되었을까?

허드슨의 말처럼 '자유방임 경제, 민주적 정치 제도, 공식적인 제국과 식민 제도의 해체 등을 실행하는 미국의 이상'이 어떻게 미국이 다른 나라들에 자국의 전쟁 비용을 내라고 강요하고, 채무 불이행을 선언하고, 개발도상국을 착취하는 체제로 바뀌었을까?

허드슨의 책은 달러가 그토록 지배적인 통화가 된 (물론 제1차 세계대전 이후 몇 차례나 고의로 평가절하되기는 했지만) 이유에 대해 매우 설득력 있으면서도 다소 당혹스러울 수 있는 대답을 제시한다.

허드슨은 금본위제에서 이른바 '미 국채 본위제'로의 이전 과정이 제1차 세계대전 이후부터 1970년대까지 수십 년에 걸쳐 진행되었음을 광범위한 역사적 자료를 바탕으로 논증한다.

요컨대 미국은 달러와 금의 태환을 보장해줌으로써 다른 나라들이 금 대신 달러를 준비금으로 사용하도록 설득할 수 있었다. 그러나 고정금리 상환 보장, 즉 금과 가치가 같다고 약속하여 외국 정부 금고 안에 들어갔던 수십억 달러에 대해 미국 당국은 결국 상환을 거절함으로써 세계를 기만했다.

원래 어떤 나라나 제국이든 적자가 너무 커지면 긴축이나 부채 상환 등의 상쇄 조치가 필요하다. 그럼에도 미국 정부는 이 속임수 덕분에 그럴 필요 없이 공룡처럼 커지는 군산복합체와 비효율적인 전쟁 국가 체제의 운영 자금을 조달할 수 있게 되었다.

오히려 미국 정책결정자들은 미국의 부채를 세계 준비통화로 탈바꿈시키는 기막힌 방법을 고안한 덕분에 부채를 결코 갚을 필요가 없었다. 허드슨은 미국이 상식을 뒤집어 냉전 채무국 지위를 "약점이 아니라 유례없는 강점"으로 바꿔 놓았다고 말했다.

그 결과, 허드슨의 말처럼 미국은 국제수지에 신경 쓸 필요 없이 내수 경제의 팽창과 대외 외교를 추진할 수 있었다. 즉 "다른 채무국에는 긴축을 요구하면서 세계 최대 채무국인 미국만은 유일하게 재정적 제약이 없이 행동할 수 있는 특권을 누렸다."

380쪽에 달하는 이 책의 핵심은 미국 정부가 국제 경제 시스템에서 체계적으로 금을 몰아낸 방법에 대한 이야기다. 이 책은 웬일인지 행정명령 6102호는 언급하지 않지만(1933년에 루스벨트 대통령이 미국 대중으로부터 금을 빼앗기 위해 통과시켰다), 미국 정부가 금본위제를 세계 경제에서 야금야금 몰아내다가 1971년 닉슨 쇼크에서 정점을 찍는 과정을 자세히 설명한다.

허드슨이 보기에 미국이 금본위제와 결별한 이유는 모두 해외, 특히 동남아시아 지역에서 치르는 전쟁 자금 조달 때문이었다. 미국의 국제 수지가 적자에 빠지고 그 엄청나던 금 보유량이 급격히 줄어든 것은 오로지 베트남 전쟁 때문이었다.

결국 허드슨의 논지는 민간 부문의 이윤이 동기로 작용했던 과거 유럽의 여러 제국과 달리 미국의 초제국주의는 국가 권력의 동기로 움직였다는 것이다. 그것을 주도한 것은 월스트리트가 아니라 워싱턴이었다. 브레턴우즈 체제가 낳은 세계은행이나 IMF 같은 기관들은 개발도상국을 돕기는커녕 그곳의 광물과 원자재를 미국이 활용할 길을 터주고, 그곳 지도자들에게 미국이 수출하는 농산물을 수입하도록 강요함으로써 결국 경제 자립을 방해했다.

물론 허드슨의 이야기에 대한 비판도 있다. 달러 패권이 소련을 물리치고 그곳 경제를 압박하여 자유로운 사회로 나아가도록 이끌었고, 기술과 과학, 정보의 시대를 열었다. 그리고 잉여 달러를 통해 전 세계의 경제 성장을 유도했고, 불량 정권을 고립시키는 등의 공이 있다고 주장할 수 있다.[407] 무엇보다 역사를 되돌아보면 세계가 달러 패권을 '원했던' 것 같다는 점이다. 미국의 적들조차 연준의 손이 닿지 않는 곳에서 달러를 축적하고자 함으로써 유로달러 체제가 부상한 점을 생각한다면

말이다.[408]

허드슨에 대한 비판은 그 당시에도 있었다. 1972년 〈경제사 저널The Journal of Economic History〉에 실린 한 평론은 그의 논지를 이렇게 쏘아붙였다. "결국 미국 정부가 선진국과 개발도상국 전체를 그토록 철저하고 꾸준하게 착취할 수 있을 만큼 영리하고, 효율적이며, 완전히 부도덕하다는 것인데, 이런 말은 정치적으로 매우 순진한 사람이나 동의할 수 있는 주장이다."[409]

과연 그런지 아닌지는 독자 여러분이 판단할 수 있을 것이다. 그러나 이런 비판을 염두에 둔다고 하더라도 허드슨의 글은 중요한 참고 사항이 될 수 있다. 결론적으로 미국 정부가 세계 경제를 금에 의존하는 방식에서 미국의 부채에 의존하는 방식으로 바꿈으로써, 미국 정부가 다른 나라는 도저히 따라 할 수 없는 방식, 약속한 돈을 영원히 갚지 않아도 되는 방식, 그리고 자국의 전쟁과 복지 체제에 다른 나라가 자금을 대는 방식으로 돈을 쓸 수 있는 시스템을 구축한 것은 부정할 수 없는 진실이다.

허드슨은 책에서 이렇게 말했다. "역사상 파산한 국가가 감히 자신의 파산을 세계 경제 정책의 기초로 삼으려 한 적은 한 번도 없다."

1972년에 물리학자이자 미래학자인 허먼 칸Herman Kahn은 허드슨의 연구에 대해 이렇게 말했다. "미국은 영국을 비롯한 역사상 그 어떤 제국보다 훨씬 더 뛰어나다. 우리는 사상 최대 규모의 사기꾼이자 약탈자다."[410]

각국 정부는 늘 자국의 부채를 세상에서 가장 값진 것으로 바꾸려는 꿈이 있다. 나는 이 책에서 미국이 어떻게 그 꿈을 실현했는지, 그 사실이 우리 세계에 던지는 시사점은 무엇인지, 이 시대가 어떻게 막을 내릴지, 그리고 왜 비트코인 표준이 그 뒤를 잇는 주자인지를 설명했다.

채권국 미국의 흥망성쇠

제1차 세계대전 당시 유럽의 강대국들은 지폐를 발행하여 전쟁 자금을 마련할 수 있다는 매력에 끌려 금본위제를 완전히 떠났다. 각국의 금 보유량에 한계가 있었으므로 전쟁은 짧게 끝날 수도 있었다. 하지만 전쟁을 벌이는 세력들은 통화 절하를 결정함으로써 오히려 훨씬 더 길어졌다.

1914~1918년 사이 독일 당국은 마르크화의 금 태환을 중지하여 통화량을 172억 마르크에서 663억 마르크로 확대했고, 경쟁국인 영국은 11억 파운드에서 24억 파운드로 늘렸다.[411] 독일의 본원통화가 6배, 영국의 본원통화는 4배 가까이 확대된 셈이다.

유럽 강대국의 부채는 점점 더 심각해졌지만, 미국은 갈등의 현장에서 멀리 떨어진 채 동맹국들에 무기를 비롯한 여러 상품을 팔면서 부유해졌다. 유럽이 갈기갈기 찢기는 동안, 미국의 농장과 산업은 전속력을 내고 있었다. 그 결과, 세계 전체로는 미국으로 수출한 것보다 미국 상품을 수입한 액수가 더 커졌고, 미국은 경상수지에 막대한 흑자가 나기 시작했다.

전후 미국 당국자들은 역사적 전례를 깨고 유럽의 동맹국들을 향해 전쟁 부채를 상환하라고 요구했다. 전통적으로 이런 지원은 전쟁 비용으로 간주하는 것이 관례였다. 그러면서도 미국은 동맹국이 미국으로 수출을 확대하여 달러를 벌지 못하도록 관세 장벽을 세웠다.

따라서 독일로서는 미국 시장에 상품을 수출한 돈으로 차관을 갚고 싶어도 그럴 수가 없었으므로, 허드슨의 주장대로 미국은 사실상 보호무역 정책으로 독일을 굶주리게 한 셈이었다. 영국과 프랑스는 독일로부터 받은 배상금을 모두 미국에 되갚는 데 쓸 수밖에 없었다.

허드슨에 따르면 연준이 금리를 낮게 유지한 것은 그래야 영국이 미국에 투자 매력을 느끼지 않을 것이고, 결국 전쟁 부채를 갚게 될 것으로 생각했기 때문이다. 그러나 낮은 금리는 점차 주식시장 거품으로 이어져 유럽으로의 자본 유출을 억제했다. 허드슨은 이런 역학 구조가 특히 대공황 이후에 세계 경제의 붕괴를 일으켜 민족주의와 고립주의, 경제 자립 정책, 그리고 우울증을 촉발함으로써 제2차 세계대전으로 가는 길을 열었다고 주장했다.

허드슨은 미국이 제1차 세계대전 후 세계에 미친 영향을 독일의 황폐화, 대영제국의 붕괴, 금의 비축 등으로 정리했다. 국내에서는 루스벨트 대통령이 국내에서 달러와 금의 태환을 중지하고 개인이 금을 보유하는 것을 중죄로 규정하여 달러의 통화가치를 40% 절하했다.[412] 한편 1930년대에 독일과의 전쟁 재개 위험이 고조하면서 부유한 유럽인들의 자본 이탈이 시작되었다. 이때 미국은 유럽에서 '탈출한 금'도 고스란히 받아 국민의 손에서 빼앗은 귀금속과 함께 금고에 차곡차곡 쌓아 놓았다.

제2차 세계대전이 끝나갈 무렵 독일이 배상금 지급을 중단하는 바람에 연합국의 현금흐름이 말라 버렸다. 영국은 부채를 갚을 수 없게 되었고, 이후 80년 동안 그 상태가 지속된다.[413] 루스벨트의 관세 정책과 수출을 부추기는 달러 평가절하가 더해져 미국의 국제수지 흑자와 금보유고가 더욱 증가하자 '안전한' 미국으로의 자본 도피는 급물살을 탔다. 그리고 미국은 세계 최대 채권국이 되었다.

이런 이점은 동맹국이 남아 있던 금을 나치와의 전쟁에 사용하면서 극대화되었다. 1940년대 말까지 미국은 소련을 제외한 나머지 중앙은행 소유분 금의 70% 이상, 즉 총 7억 온스 정도의 금을 보유하게 되었다.[414]

1922년에 유럽의 강대국들이 제노바에 모여 중부유럽과 동유럽의 재건을 논의했다. 그 결과 중 하나로 중앙은행이 진짜 금 대신 금으로 교환할 수 있는 통화를 보유하도록 하는 '금 태환' 체제를 도입하여 부분적으로 금본위제로 돌아가자는 합의가 있었다. 이것은 결국 뉴욕과 런던 같은 금융 중심지로 화폐가 집중되는 결과로 이어지게 되었다.

미국은 제2차 세계대전이 막바지에 이른 1944년, 뉴햄프셔주 브레턴우즈에서 열린 회담에서 이 개념을 더욱 발전시켰다. 영국 대표 존 메이너드 케인스가 '방코르'를 국제사회가 공동으로 관리하는 통화로 정하자는 제안은 부결되었다. 대신 미국 외교관들은 (금의 이점과 임대법 정책을 통해 확장된 구제금융으로 영국 외교관들을 설득하여) 달러를 기반으로 하는 새로운 세계 무역 체제를 창안했다. 아울러 달러에 대해 1온스당 35달러의 비율로 금이 뒷받침한다고 약속했다.[415] 이 협정에서 파생한 세계은행, 국제통화기금, 관세 및 무역에 관한 일반협정General Agreement on Tariffs and Trade, GATT 등은 모두 미국이 지배하는 국제기구들로, 향후 전 세계에 달러 시스템을 강제하는 역할을 담당하게 되었다.

이후 미국의 대외 경제 정책은 제1차 세계대전 이후와는 크게 달랐다. 당시는 의회가 국내 프로그램을 우선시했고, 따라서 미국의 대외정책은 기본적으로 보호주의였다. 미국의 정책결정자들은 제2차 세계대전 이후 미국이 '일상으로 돌아가는 전환기에 완전고용을 유지하기 위해서는 주요 수출국' 상태를 유지해야 한다는 논리를 폈다.[416]

허드슨은 "전쟁부War Department(독립전쟁 시절부터 제2차 세계대전까지 미국에 존재하던 내각이다.-옮긴이)를 대신해 해외 시장이 미국의 산업과 농업 생산품의 수요처 역할을 해야 했다"라고 말했다.

이 점을 깨달은 미국은 제1차 세계대전 때처럼 동맹국에 전쟁 부채를 요구할 수 없다고 판단했다. 미국이 해외에 투자하여 동맹국을 튼튼하게 만들면 소련을 무찌를 수 있다는 생각으로 바뀌었다. 냉전의 시각이 자리를 잡기 시작한 것이다. 재무부와 세계은행은 마셜 플랜의 일환으로 유럽에 자금을 빌려주어 그 돈으로 재건과 미국 상품 구매에 사용하도록 했다.

허드슨은 미국의 새로운 제국주의 체제가 구 유럽의 제국주의 체제와 다른 점을 헨리 모겐소Henry Morgenthau 재무장관의 말을 빌려 설명했다. 그에 따르면 브레턴우즈 체제는 '국민을 돌볼 책임이 없는 민간 금융가들이 국제금융을 통제한다는 개념에서 벗어나기' 위해 월스트리트의 손에 있던 권력을 워싱턴이 빼앗아온 체제였다. 기업의 이익이라는 동기와 직접적인 군사 행동이라는 방법으로 작동했던 '고전적' 제국주의와 달리, 미국 정부는 '국제 통화 체제를 통해 세계를 착취하는 초제국주의'를 선보인 것이다. 허드슨이 원래 자신의 책 제목을 '통화 제국주의Monetary Imperialism'라고 지었던 이유도 바로 여기에 있었다.

초제국주의가 고전 제국주의와 다른 또 하나의 특징은 후자가 채권자 지위에 기반한 것인데 반해, 전자는 채무자 지위를 근거로 작동한다는 점이다. 영국이나 프랑스가 식민지에서 원자재를 착취해 완제품을 되팔고, 저임금이나 심지어 노예 노동까지 착취하는 방식이었다면, 미국은 자국의 성장에 필요한 자금을 외국 중앙은행이 공급하도록 강요하는 구조였다.

과거의 제국들은 부채가 지나치게 커지면 국내 긴축 정책을 펴거나 자산을 매각해야 했다. 군사적 모험주의에는 한계가 있었다. 그러나 미국은 초제국주의를 통해 이런 제약을 피할 뿐만 아니라 막대한 국제수지 적자에서 오히려 '플러스 이익'을 얻어내는 방법을 찾았다는 것이 허드슨의 주장이었다. 즉 미국은 자국민을 보호하는 군사적 지출과 그들의 생활수준을 향상하는 사회 프로그램 비용까지 외국 중앙은행에 떠넘기는 방법을 고안해낸 것이다.

허드슨은 제2차 세계대전 이후 미국의 국제수지가 상당한 흑자에서 적자로 돌아선 주요 계기가 한국전쟁이었다고 지적했다. 그는 한반도에서 치른 전쟁 자금은 "사실상 연준이 연방 적자를 현금화함으로써 마련한 것이며, 이는 전쟁 비용을 미래 세대에 전가한 행동이었다. 더 정확히 말하면 미래의 납세자로부터 미래의 채권자에게 전가한 것이다"라고 말했다.

브레턴우즈 체제의 실패

허드슨은 과거 금본위 제도에서 국제 무역의 작동 원리를 다음과 같이 설명했다.

국가 간 무역과 결제가 균형을 이루던 시절에는 금의 이동량이 그리 크지 않았다. 금의 반대 방향으로 작용하는 통화 청구권이 그것을 상쇄했기 때문이다. 그러나 무역과 결제의 균형이 기울어지면 수입이 수출보다, 혹은 송금이 수금보다 많은 국가는 국제 수지 적자에 빠지고, 반대로 수입보다 수출을 많이 한 나라는 흑자를 누리며 금을 확보했다. 금 보유량이 줄어든 나라는 본원통화가 축소되고, 이자율은 상승하며, 균형을 추구하는 국제 무역의 움직임에 따라 해외 단기 자금이 유입될 것이다. 만약 금의 유출이 지속되면 금리가 높아져서 국내 신규 투자가 억제되고 수입이 감소할 것이다. 결국 그 국가는 국제수지 균형을 맞출 때까지 수입에 대한 수요가 줄어든다.[417]

금은 국가 간 거래가 중립적이고 직접적인 방식으로 이루어지게 하는 장치였다. 그러나 허드슨에 따르면 제1차 세계대전 중에 유럽 강대국들이 금의 이런 제한 요소를 철폐했듯이 미국도 금의 제약이 싫었다. 따라서 금을 본원통화의 자리에서 끌어내려 세계 금융 체제 밖으로 몰아내 버렸다. 한마디로 악화가 양화를 구축驅逐한다는 그레셤의 법칙 Gresham's Law의 지정학적 버전이 실현된 것이다. 미국은 최고의 기준통화 지위를 누리던 금을 쫓아내고 그 자리에 미국 부채를 앉혔다는 점에서 기존 체제를 허물고 양화를 몰아냈던 셈이다.

1957년까지도 미국의 금 보유고는 외국 중앙은행들이 보유한 달러 총액의 3배를 유지하고 있었다. 그러나 이런 균형이 무너지기 시작한 것은 1958년에 연준이 브레턴우즈 체제를 지탱하기 위해 20억 달러가 넘는 금을 팔아야 했던 때부터였다.[418] 금 1온스당 35달러의 고정 비율로 달러를 태환해줄 수 있는 미국의 능력에 의문이 제기되었다. 아이젠하워 대통령은 재임 중 마지막 조치의 하나로 전 세계의 모든 미국인에게 금을 소유하는 것을 금지했다.[419] 그럼에도 존 F. 케네디가 대통령으로 당선되자(통화팽창 정책을 추구할 것으로 예측되었다), 금 가격이 급등하여 온스당 40달러를 돌파했다. 종이 화폐가 증가하는 세상에서 금의 통화불능 상태를 유지하기는 쉬운 일이 아니었다.

미국과 유럽 강대국들은 임시 처방으로 런던 골드 풀London Gold Pool을 만들어 체제를 지키려고 했다. 1961년에 설립된 이 풀의 임무는 금의 고정 가격을 지키는 것이었다. 시장 수요로 가격이 오를 때마다 중앙은행들은 보유량을 조금씩 매각하여 조정했다. 1960년대에는 일본과 유럽의 통화가치가 상승하면서 달러의 상대 가치가 하락하고, 미국이 린든 존슨 대통령의 '위대한 사회' 프로그램과 베트남 전쟁 등으로 막대한 비용을 지출하면서 이 풀을 끊임없이 압박했다.

일부 경제학자들은 브레턴우즈 체제의 실패가 불가피하다고 보았다. 로버트 트리핀Robert Triffin은 달러가 경상수지 흑자를 유지하는 한 달러가 국제 준비통화의 역할을 할 수 없을 것으로 예측했다. 그는 이 '기축통화'의 필요가 세계적으로 확대될수록 부채가 기축통화의 보유고를 넘어서면서 결국 감당할 수 없을 정도가 될 것이라는, 이른바 트리핀 딜레마 이론을 제시했다.[420] 부채 포지션이 지나치면 결국 통화가 붕괴되고, 시스템이 무너질 것이다.

1964년에 이르러 마침내 미국의 외채가 미국 재무부의 금 보유고를 넘어서면서 이런 역학 구조가 현실화하기 시작했다. 허드슨은 미국의 해외 군사비 지출이 "민간 부문과 비군사 부문 정부 거래가 균형을 이루면서 전체로는 국제수지 적자였다"고 말했다.[421]

런던 골드 풀은 비교적 제 기능을 유지했으나(소련과 남아프리카공화국의 금 판매로 부양되었다), 1968년에 '정부' 가격과 '시장' 가격의 이원 체제가 등장하며 해체되었다.

같은 해 린든 존슨 대통령은 재선에 출마하지 않겠다고 선언하여 미국인을 충격에 빠뜨렸다. 아마도 통화 체제를 해결해야 한다는 중압감이 작용한 것 같았다. 1968년에 당선된 리처드 닉슨 행정부는 다른 나라들을 향해 달러를 금으로 태환하지 않도록 설득하는 역할을 맡았다.

그 해 말까지 미국의 금 보유고는 7억 온스에서 3억 온스로 줄어들었다. 몇 달 후 의회는 연준이 금 보유고를 달러의 25% 이상 유지해야 한다는 규정을 삭제하여 미국 통화의 공급량과 금을 잇는 연결고리를 하나 더 단절했다. 50명의 경제학자가 이 조치에 반대하는 서한에 서명하면서 "연방준비제도 화폐가 사실상 무제한 확대되어 미국 통화가치의 하락과 심지어 붕괴로 가는 길을 열게 될 것이다"라고 밝혔다.[422]

1969년에 브레턴우즈 체제의 종말이 바로 눈앞에 다가오자 IMF는 특별인출권SDRs이라는 '종이 금'을 도입했다. 이 화폐의 단위는 금과 같다고 되어 있었지만, 금을 태환하는 것은 아니었다. 이런 조치에 대해 전 세계 언론은 '통화 수요를 충족시키는 측면이 있으나 장부에만 존재하는' 새로운 화폐가 등장했다고 보도했다.[423] 허드슨의 견해에 따르면 IMF는 미국에 수십억 SDRs라는 구제금융을 제공한 셈이므로 설립 헌장을 위반한 것이었다.

그는 SDR 전략을 "미국과 거래하여 국제수지 흑자를 달성한 나라에 대해 과세하는 것과 같다. 국제수지 흑자국의 민간 부문과 공공 부문에서 창출된 상품과 자원을 국제수지 적자국으로 이전하는 것을 의미하며, 그간 전쟁이라는 사치를 자제해온 국가들이 그 반대급부로 받는 구체적인 보상은 전혀 없다"라고 평가했다.

1971년까지 외국인이 달러로 매입한 단기 채권은 500억 달러를 넘어섰지만, 금 보유고는 100억 달러 아래로 떨어졌다. 미국은 제1차 세계대전 당시 독일과 영국이 하던 행태를 그대로 본받아 금 보유고의 18배에 달하는 통화를 발행하여 베트남전 비용을 조달했다.

금본위제의 소멸과 국채 본위제의 부상

미국 정부가 기존 달러를 금으로 바꿔줄 수 없다는 사실이 분명해지자 해외 국가들은 함정에 빠졌음을 깨달았다. 그들은 미국 국채를 매각할 수도 없었고, 그렇다고 달러를 거부할 수도 없었다. 달러를 받지 않으면 통화시장에서 달러 가치가 폭락해 미국의 수출만 유리해지고, 자국 산업에는 오히려 피해를 줄 수 있기 때문이었다.

외국 중앙은행들은 자국의 수출업자와 상업은행으로부터 달러를 받았기 때문에, 허드슨은 그들이 "이 달러를 미국 정부에 빌려주는 것 외에는 선택의 여지가 없었다"고 말했다. 그뿐만 아니라 그들은 미국에 시뇨리지 특권까지 안겨주고 있었다. 제2차 세계대전이 끝나고 베를린 장벽이 무너지기 전까지 거의 내내 해외 국가들이 '벌어들인' 미국 달러의 금리는 마이너스였으므로, 사실상 미국이 그들의 돈을 보관하는 대가를 실질금리로 지불해온 셈이었다.[424]

허드슨은 이렇게 말했다. "늘어나는 연방정부 적자를 메우기 위해 미국 시민과 기업에 세금을 부과하거나 미국 자본시장을 통해 자금을 조달하는 것이 아니라, 오히려 신규 발행 미국 재무부 채권을 해외 경제권이 사야만 하는 구조였다. 즉 미국은 냉전을 치르는 비용을 외국인에게 세금을 부과해서 조달한 셈이다. 미국이 동남아시아에서 치른 전쟁 비용은 그 나라의 중앙은행에서 조달한 것이었다."

동맹국들이 제1차 세계대전 비용을 갚지 않은 것에 화가 난 미국은 이제 다른 방법으로 그들의 살점을 베어간 것이다.

프랑스의 외교관 자크 루에프는 《서구의 재정적 죄The Monetary Sin of the West》라는 책에서 국채 본위제의 배후 메커니즘을 이렇게 설명했다.

'눈물 없는 적자'의 비결을 터득한 미국이 그 지식을 활용하여 국제수지를 영구히 적자 상태로 유지하고자 한 것은 너무나 당연한 일이었다. 반면 국제수지 흑자국은 중앙은행에 보유한 달러 보유고를 바탕으로 자국 통화를 팽창했으므로 점차 인플레이션이 발생하게 되었다. 미국 금으로 상환할 수 있는 한시 채권이 점차, 그러나 무제한으로

누적되기 때문에 준비통화인 달러의 태환 능력은 결국 소멸하게 된다.[425]

이런 사실을 훤하게 들여다본 프랑스 정부는 베트남 전쟁 당시 달러를 금으로 끈질기게 태환했고, 1971년 8월에는 미국에 맡겨놓은 금을 되찾고자 맨해튼에 군함을 보내기까지 했다. 며칠 뒤 1971년 8월 15일 닉슨 대통령은 전국 방송에 출연해 국제 시장에서 달러의 금 태환을 중지한다고 공식 선언했다.[426] 미국이 채무불이행을 선언하자 해외에 남아 있던 수백억에 달하는 달러가 갑자기 태환 능력을 잃었다. 게다가 달러로 뒷받침되는 모든 통화는 순수한 명목화폐에 그치는 신세가 되었다. 루에프의 말대로 프랑스인의 손에는 금 대신 종이만 남게 되었다.

닉슨이 전면적인 채무불이행을 선언하지 않고 금값만 인상하는 방안도 있었으나, 정부는 국민이 소유한 화폐 가치를 깎아내렸다는 비난을 듣고 싶지 않았다. 그것보다는 수천 킬로미터 떨어진 사람들과의 약속을 어기는 편이 훨씬 쉬운 선택이었다.

허드슨은 이렇게 말했다. "미국이 공공과 민간 부문을 합해 해외에 빚진 총 500억 달러가 넘는 단기 채권은 미국이 보유한 금에 대해서는 효력이 없었다. 물론 이들은 미국 수출품을 사거나, 미국의 공공 및 민간 부문 채권자에 대한 상환금, 또는 정부가 발행하는 공공 채권 투자 등으로는 사용될 수 있었다."

이런 부채는 더 이상 미국 재무부의 부채가 아니었다. 미국의 부채는 이미 그 전부터 세계 통화의 기반으로 변한 것이었다.

허드슨의 표현대로 차입 증서가 변제 증서로 바뀐 것이다. 이 전략의

하이라이트는 부채가 끊임없이 이월되는 시스템을 갖춘 것이었다. 물론 금리가 통화 인플레이션 비율보다 낮은 상태라면 가장 좋을 것이다.

미국인들은 이제 종이 몇 장으로 외국의 상품과 서비스, 회사, 기타 자산 등을 취득할 수 있게 되었다. "한 나라가 수지 적자를 금 대신 종이로 해결함으로써 자국의 인플레이션을 수출할 수 있게 되었다. 세계 물가 상승은 이제 미국 통화 정책의 파생함수가 되고 말았다."

어떤 사람이 은행에서 5,000달러를 빌렸다면 그 사람이 갚아야 한다. 그런데 만약 빚진 돈이 500만 달러라면 그것은 은행이 해결해야 할 문제가 된다. 닉슨 행정부의 재무장관 존 코널리John Connolly는 그 오랜 속담을 들먹이며 되레 벌컥 화냈다. "달러는 미국 통화지만, 지금은 당신들의 문제란 말이오!"

초제국주의 미국은 어떻게 베트남전 비용을 세계에 전가했나

미국의 적자가 증가함에 따라 정부 지출이 급속히 늘어났고, 미국인은 자기들의 세금이 아니라 다른 나라의 중앙은행이 미국 채권을 사서 이 비용을 부담하는 것을 지켜보았다.

허드슨은 닉슨 행정부가 벌였던 게임을 이렇게 해석했다. "인류 경제사에서 가장 야심 찬 시도였으며, 자유민주주의를 신봉하는 미국 의원들의 사고로는 도저히 이해할 수 없는 일이었다. 달러 자산의 유출을 방해하지 않는다는 이 단순한 방침은 미국의 외채를 일거에 해소하면서도 어떻게 보면 오히려 증가시키는 효과가 있었다. 동시에 화폐만 찍어 내면(즉 신규 채권 발행) 외국 기업의 인수를 통해 해외 시장에 침투할 기회가 확대되었다."

그는 이렇게 말했다.

> 미국의 소비자는 소득을 저축하는 대신 해외 상품에 투자하는 방법을 선택할 수도 있다. 미국 기업은 국채가 아니라 해외 기업을 매입하거나 직접 국내에서 신규 투자에 나설 수도 있다. 그리고 미국 정부는 전 세계에서 늘어나는 군사비 지출에 사용할 수도 있다. 그렇게 하더라도 해외 소비와 지출은 다시 저축으로 바뀌어 미국으로 되돌아 간다. 따라서 소비자들이 폭스바겐이나 석유를 사기 위해 지출을 늘릴수록 이들 상품에 붙는 소비세가 증가하는 것과 같은 효과가 있었다. 이것은 마치 미국 재무부에 적립되는 강제 저축과 같았다.

허드슨은 미국이 달러의 금 태환을 중지함으로써 약점으로 보이는 채무자의 입장을 오히려 채권자보다 우위에 서는 강점으로 바꾸었다고 말했다. "달러 평가절하는 동맹국에 대한 미국의 지배가 끝났음을 알린 신호이기는커녕, 해외 중앙은행들을 달러 채권 표준 체제로 더욱 끌어들이려는 미국의 의도적인 재정 전략이었다는 점에 주목해야 한다."

미국 국채 본위제가 어떤 위력을 지니고 있는지를 여실히 말해주는 이야기가 하나 있다. 이 이야기는 미국이 어떻게 지정학적 주요 국가들에 자신의 의지에 반하는 행동을 강요했는지를 보여준다.

독일의 산업은 튀르키예, 그리스, 이탈리아, 유고슬라비아 및 기타 지중해 국가에서 온 수백만 명의 이민자를 고용해왔다. 1971년에는 그리스 전체 인구의 약 3%가 독일에서 자동차를 비롯한 수출품 제조업에 종사했다. 폭스바겐을 필두로 여러 상품이 미국에 도착하면 기업들은 독일 중앙은행에서 달러 영수증을 독일 마르크로 교환할 수 있었다. 그러나 독일 중앙은행은 이런 달러 청구서를 미국 국채와 채권으로만 보유할 수 있었다. 독일 중앙은행은 1970년부터 1974년에 걸쳐 마르크 대비 달러 가치가 약 52% 하락하는 동안 달러 보유고의 3분의 1에 해당하는 가치를 잃었다. 이것은 주로 미국의 국내 인플레이션으로 인해 달러의 독일 내 구매력이 34%나 줄어들었기 때문이었다.

독일은 이런 방식으로 미국이 동남아시아에서 치르는 전쟁 비용과 이스라엘에 대한 군사 지원 자금을 제공할 수밖에 없었다.

허드슨은 이렇게 말했다. "과거에는 각국이 금 보유량을 늘리기 위해 국제수지의 흑자를 유지하려고 노력했다. 그러나 이제 그들이 저축하는 것이라고는 미국 정부가 국내외에서 운영하는 프로그램의 자금을 대기 위해 만든 채권뿐이었다. 이 중앙은행들은 미국이 그런 지출을 결정할 때 목소리를 낼 수 없었고, 그중에는 자국 정부가 원치 않는 외교 정책을 관철하기 위해 만든 것도 있었다."

허드슨이 말하는 요점은 미국이 다른 나라의 의지와 상관없이 그들에게 전쟁 비용 부담을 강요했다는 것이다. 마치 기부금 제도처럼 보이지만, 군사 점령만 없었을 뿐 엄연히 강제적인 구조였다. 가히 "역사상 어떤 나라도 이룩하지 못한 시스템"이라고 할 만했다.

OPEC이 구조에 나서다

허드슨이 《초제국주의》를 출간한 1972년은 닉슨 쇼크가 일어난 바로 다음 해였다. 그 당시 전 세계는 다음에 또 어떤 일이 벌어질지에 촉각을 곤두세웠다. 과연 누가 미국의 이 모든 부채를 계속 살 것인가? 허드슨은 5년 후 출간된 속편 《세계의 균열Global Fracture》을 통해 이 질문에 답했다.[427]

국채 본위제는 미국 정부로서는 훌륭한 전략이었지만, 1970년대 초에 큰 압박을 받게 되었다. 닉슨 쇼크 이후 단 2년 만에 OPEC 회원국들이 달러의 평가절하와 미국 곡물 가격 상승에 대응하여 원유 가격을 4배로 올리자, 유가는 배럴당 10달러를 넘어섰다. OPEC이 창설되기 전까지는 "원자재 수출국이 무역 조건을 자국에 유리한 방향으로 바꾸려 할 때마다 자국 경제를 통제하는 외세에 의해 번번이 막혔다. 이때 외세란 국제 광물 카르텔이나 식민 지배국을 의미했다."

그러나 이제 주도권은 석유 생산국의 손에 있었으므로 치솟는 석유 가격으로 대량 유입되는 저축을 그들이 통제할 수 있었다. 이는 경제학자 데이비드 루빈David Lubin의 말처럼 '사상 유례없는 규모의 세계적 부의 재분배'라는 결과를 낳았다.

1974년 석유 수출국의 경상수지 흑자는 700억 달러였다. 그 전해는 70억 달러였다. 미국 GDP의 5%에 해당하는 수치였다. 그해 사우디의 경상수지 흑자는 GDP의 51%였다.[428]

OPEC 국가들의 부는 너무 빠르게 증가하여 그 모두를 외국 상품과 서비스에 쓸 수 없을 정도였다. 1974년 초에 〈이코노미스트〉지는 "아랍인들은 이 모든 돈으로 무엇을 하려고 하는가?"라고 물었다.

허드슨은 《세계의 균열》에서 미국이 OPEC 정부를 설득해서 페트로달러를 미국 국채로 보유하도록 하는 것이 매우 중요한 일이 되었다고 말했다. 그래야 유럽과 일본이 보유하고 있던 국제통화를 흡수할 수 있었기 때문이다.

3장에서 자세히 설명했듯이, 윌리엄 사이먼은 닉슨 행정부에서 재무장관이 되자마자 사우디아라비아를 방문하여 사우디 왕가가 석유 가격을 달러로 매기도록 설득하여 그들의 새로운 부를 미국 정부 증권으로 '회수'할 수 있었다.

1974년 6월 8일, 미국과 사우디 정부는 군사 및 경제 협정을 체결했다. 사이먼 장관은 사우디에 100억 달러에 달하는 미국 국채 매입을 요청했다. 그 대가로 미국은 걸프 지역에서 정권의 안전을 보장하고 대량의 무기를 판매한다는 조건이었다. OPEC은 채권을 사는 노다지가 된 것이었다.

"미국은 OPEC이 페트로달러를 자국 경제 현대화를 위한 기반시설이나 외국 산업의 소유권에 투자하지 않고 미국 국채를 사도록 설득함으로써 세계 유가 수준이 미국에 악영향을 미치지 않게 만들었다."

당시 미국에서는 아랍 국가 정부가 미국 기업을 '인수'하는 것에 대해 대중의 우려와 논란이 일고 있었다. 미국의 당국자들은 미국과 사우디 간에 형성된 새로운 특수 관계를 바탕으로 사우디에 미국 민간 부문에 대한 투자를 줄이고 부채를 더 사들이도록 설득했다.

연준은 1974년에도 통화팽창 기조를 변함없이 이어가 남북전쟁 이후 가장 빠른 인플레이션을 초래했다. 그러나 무슨 걱정이랴. 향후 10년 동안 사우디를 비롯한 석유 수출국들이 벌어들이는 수백억 페트로달러 수익은 미국 국채로 회수되어 늘어나는 미국의 적자를 모두 먹어치워줄 것이었다.

"외국 정부들은 제2차 세계대전이 끝난 뒤부터 1990년대까지 '미국 연방정부가 발생시킨 공공 부채 전부'를 사주었고, 지금까지도 페트로달러 체제는 미국의 부채를 떠받치는 것을 주요 기능으로 삼고 있다."

그러는 한편 미국 정부는 IMF를 이용해 "과거 금이 누렸던 세계 통화시스템의 중심적 역할을 끝냈다." 인플레이션이 두 자릿수로 증가하는 가운데, IMF는 1974년 말에 보유하던 금을 매각하여 미국이 개인의 금소유를 다시 합법화하는 바람에 하락한 금 가격을 다시 끌어올리려고 했다.

1975년까지 다른 OPEC 국가들은 사우디아라비아의 주도로 미국 국채 본위제를 지지했다. 허드슨이 "그 어떤 통화도 달러와 경쟁할 수 없다"라고 했듯이 영국 파운드화는 준비통화 지위에서 점차 밀려났다.

페트로달러 체제의 유산은 수십 년간 지속되며 다른 나라들은 석유가 필요할 때마다 달러를 매입할 수밖에 없게 만들었다. 그리고 사우디가 사담 후세인이나 이란으로부터 침략 위협을 받을 때는 미국이 파트너로서 방어하도록 했고, 미국 관리들이 9·11 테러 공격에 연루된 사우디의 역할을 조사하지 못하도록 가로막았다. 그리고 사우디에 수십억 달러의 무기를 판매하여 사우디가 예멘과 일으킨 전쟁을 지원했으

며, 아람코를 오늘날 세계에서 두 번째로 높은 가치를 지닌 회사로 만들었다.[429]

개발도상국 착취

국채 본위제는 엄청난 비용을 수반했지만, 그것은 공짜가 아니었다. 그러나 이런 비용은 모두 워싱턴이 지불한 것이 아니라 그중 상당 비율을 중동의 국가들과 개발도상국의 가난한 국민이 부담했다. 심지어 브레턴우즈 이전에도 라틴 아메리카 국가의 금 보유고는 미국으로 빨려 들어갔다. 허드슨은 이렇게 설명했다. 먼저 유럽 국가들이 상품을 라틴 아메리카에 수출한다. 유럽은 그 대가로 금을 받아 (국제수지 균형을 유지하면서) 미국 상품을 사는 데 쓴다. 이렇게 미국이 개발도상국에서 싹쓸이해온 금은 1949년에 미국이 사상 최고에 해당하는 총 248억 달러(7억 온스)의 금을 보유하는 데 기여했다.[430]

헤리티지 재단에 따르면 원래 유럽과 일본의 재건을 돕기 위해 고안된 세계은행과 IMF가 1960년대에 들어오면 세계 최빈국을 돕는 '국제복지기관'이 되었다.[431] 그러나 허드슨은 그들의 존재는 진정한 목적을 덮기 위한 은폐물이었다고 말했다. 즉 그 기관들은 미국 정부가 전 세계의 비공산권 국가들이 미국에 경제적으로 의존하도록 강제하는 수단이었다. 미국이 세계은행과 IMF에 가입한 것은 오로지 "미국이 예외적인 거부권을 지닌다는 조건에서 이루어진 일이었다. 즉 미국 외교관들이 미국의 이익에 도움이 되지 않는다고 판단한 경제 규칙은 그 어떤 것도 만들어질 수 없었다."

미국이 처음에 IMF와 세계은행에 참가할 때 33%를 득표하여 사실상 거부권을 획득했다. 지배권을 얻는 데 필요한 득표율은 80%였다. 영국은 처음에 25%의 득표율을 기록했지만, 전후에 형성된 대미 종속 관계와 이른바 랜드리스Lend-Lease 정책, 즉 무기 대여법에 따른 의존적 지위를 고려할 때 워싱턴의 요구에 반대할 가능성이 전혀 없었다.

제2차 세계대전 후 미국의 주요 목표는 완전고용 달성이었고, 이 목표를 위해 국제 경제 정책을 활용했다. 즉 개발도상국에서 원자재를 싼값에 수입하고, 똑같은 나라에 농산물과 공산품을 다시 수출하여 달러를 회수하는 것이었다.

허드슨은 브레턴우즈 협정에 대한 미국 의회 청문회가 "중남미와 다른 국가가 농업 자급자족의 길로 나아갈 수 있다는 희망보다는 그들이 미국 농산물보다 싼값에 물건을 판매하여 미국의 농산물 수출을 대체할 것에 대한 두려움을 드러냈다"고 말했다.

브레턴우즈 기관들은 이런 두려움을 염두에 두고 고안한 것이었다. "미국은 미국 농부와 제조업자보다 더 싼 값에 생산될 수도 있는 외국 상품에 관세를 내릴 의향이 없다는 것이 드러났다. 따라서 기본적으로 외국 정부에 요구했던 자유무역 원칙을 미국 경제에도 그대로 적용하게 되어 있었던 국제무역기구International Trade Organization, ITO는 폐기되었다."

오늘날 프랑스가 아프리카에서 CFA 국가를 착취하듯이, 그 당시 미국 역시 숱한 이중 잣대를 적용했다. 최혜국 대우 원칙을 준수하지 않았으며, 개발도상국들이 '원자재를 미국 생산자들이 유사한 품목에 대해 받는 것보다 훨씬 낮은 가격으로 미국 회사에 판매하도록 강요'하는 체제를 구축했다.[432]

허드슨은 책의 상당 부분을 할애하여 이 정책이 여러 개발도상국의 경제 잠재력과 자본 기반을 파괴하는 데 일조한 사례를 들었다. 그의 말대로 미국은 개발도상국이 국내 인프라와 교육에 투자하는 대신, 과일이나 광물, 석유, 설탕 등의 원자재를 수출하도록 강요했다. 그리고 자국의 식량을 자체적으로 재배하는 대신 미국산 식품을 사도록 강요했다.

브레턴우즈 기관들은 왜 1971년 이후에도 계속 존재했을까? 그들은 유효기간이 끝난 제도를 강제하기 위해 만들어졌다. 허드슨이 보기에 그 이유는 개발도상국 지도자들(주로 독재자들이다)이 국가 수입을 식량과 무기 수입에 사용하도록 하기 위한 폭넓은 전략의 일환이었다는 것이다. 이것은 국내의 경제 발전과 혁명을 막는 장치였다.

이런 식의 '초제국주의' 금융 및 농업 정책은 사실상 과거 제국주의가 군사 정책을 동원해 이루었던 목표를 그대로 달성할 수 있었다. 허드슨은 심지어 자신의 저서인 《초제국주의》가 1970년대 워싱턴 외교관들이 '중앙은행을 통해 다른 나라를 착취하는 방법'을 배우려는 '교재'로 사용되기도 했다고 말했다.

허드슨은 미국이 주도한 원조가 이타주의를 실현하려는 것이 아니라 자기 이익을 채우기 위한 것이라고 했다. 1948년부터 1969년까지 미국이 해외 원조로 벌어들인 수입이 투자보다 약 2.1배 더 많았다.

그는 원조가 "미국인의 이타심과 자비를 보여주는 수단이 아니다"라고 말했다. 1966년부터 1970년까지 세계은행이 "20개의 저개발국가에서 받은 자금이 그곳에 쓴 자금보다 더 많았다."

허드슨은 미국 정부가 해외 원조를 통해 미국으로 들어오는 달러의 통계를 1971년부터는 공개하지 않고 있다고 말했다. 그가 당시 정부에 그 이유를 질의하자, "과거에는 그런 자료를 발표했지만, 미국이 원조 대상국에서 돈을 벌고 있다는 가짜 보고서가 유포되고 있다"라는 답변을 받았다.

과거 곡물 수출국이었던 중남미와 동남아시아의 여러 나라는 세계 은행과 IMF의 '지도' 아래 식량 부족 상태에 빠져 있다. 허드슨은 이 나라들이 개발도상에 있는 것이 아니라 퇴보도상에 있다고 말했다.

보통의 경우라면 개발도상국은 자국의 광물자원을 계속 보유하고자 할 것이다. 다시 말해 그런 자원은 저축 자금의 역할을 담당한다. 이들 국가는 미국을 비롯한 선진국에 진 부채를 갚는 것이 급선무였으므로 자금을 축적하여 활용할 여력이 없었다. 허드슨의 주장에 따르면, 세계은행은 개발도상국이 축적한 천연자원을 생존을 위해 끌어다 쓰도록 강요함으로써 그 나라의 농업을 자급자족 상태로 전락시켰고, 결국 빈곤에서 벗어나지 못하게 했다는 것이다. 세계은행 지도자들의 머릿속에 있던 마지막 '논리'는 국채 본위제가 유지되려면 "이들 국가의 광물자원 고갈에 발맞추어 인구도 줄어들어야 한다"는 것이었다.

허드슨이 보여주는 큰 그림은 다음과 같다. 초제국주의하에서 세계 무역의 작동 원리는 자유시장이 아니라 '세계은행과 IMF, 그리고 이른바 워싱턴 합의라는 정부 계획의 유례없는 간섭'이었다. 그리고 그 목표는 미국에 석유와 구리 및 기타 원자재를 충분히 생산하여 그런 상품의 세계 시장 가격을 만성적인 과잉 공급을 유지할 정도로 내리는 것이었다. 이 규칙은 미국이 수출하는 곡물 및 기타 농산물에 대해서만큼은 예외가 적용되어 세계 시장에서 높은 가격을 유지했다. 석유 수출국의 경우처럼 이런 조건에서도 외국이 국제수지 흑자를 달성할 수 있다면, 그들 정부는 이 과정을 통해 미국의 무기를 구매하거나 장기 비유동성을 특징으로 하는, 심지어 시장에서 되팔 수도 없는 미국 재무부 채무에 투자하는 결과로 이어졌다.

앨런 패링턴이 말하듯이 이것은 자본주의가 아니다.[433] 이것은 글로벌 중앙 계획과 중앙은행이 주도하는 제국주의다.

가장 충격적인 것은 1970년대에 세계은행의 로버트 맥나마라Robert McNamara가 인구 증가는 경제 발전을 늦추기 때문에 "기존의 제도적, 정치적 제약이 허용하는 적정 식량 생산 증가율에 맞춰 인구 증가를 억제해야 한다"고 말했다는 사실이다. 각국이 더 많은 원조를 받으려면 "맬서스 정책을 따라야 한다"는 것이었다. 맥나마라는 "현재 세계 인구는 기존의 식량 자원에 적합할 뿐, 식량 자원이 기존의 인구나 증가하는 인구의 필요에 맞춰 계속 확대되는 것은 아니다"라고 주장했다.

인도 정부는 세계은행의 대출 요건에 맞추기 위해 수백만 명에게 불임 수술을 강행한 적도 있었다.[434]

허드슨은 이렇게 결론 내렸다. 즉 세계은행은 개발도상국이 "자국의 수요나 국민의 열망보다는 채무 상환 의무에 우선순위를 두도록 했다. 그 결과, 국가별 성장 패턴이 왜곡되는 현상이 나타났다. 경제 성장은 외채 상환 능력을 입증한 지역에서만 장려되었다. 그래야 더 많은 돈을 빌려 같은 과정을 반복하고 확대할 수 있기 때문이었다."

"조 힐Joe Hill이 묘사한 '출근해서 번 돈으로 음식을 사 먹고 힘을 내서 또 돈을 벌어 음식을 사 먹고, 그 힘으로 또 돈을 버는' 과정이 국제적 규모로 실현되었다.[435] 세계은행은 원래 설립 목적으로는 도움을 주어야 하는 국가들을 더 가난하게 만들었다."

국채 본위제의 재정적 시사점

허드슨은 1980년대에 미국이 과거 제국주의 체제가 이루지 못했던 것을 성취했다고 말했다. "미국은 IMF와 세계은행을 통해 워싱턴 합의를 무기로 채무국을 통제하는 유연한 글로벌 착취 체제를 구축하는 한편, 유럽과 동아시아의 국제수지 흑자국에는 국채 본위제를 적용하여 미국 정부가 제공하는 강제 대출을 연장하도록 의무화했다."

그러나 위협은 여전히 존재했다. 그중 하나가 일본이었다. 허드슨은 1985년 루브르 조약에서 미국 정부와 IMF가 일본에 미국 부채 매입을 중대하도록 설득하는 한편, 엔화를 평가절상하여 일본의 자동차와 전자제품 가격을 올렸다고 설명했다. 그들은 이런 방식으로 일본이라는 경제적 위협을 제거했다. 일본은 "사실상 그때 파산한 것이다."[436]

지정학적 측면에서 초제국주의는 미국이 소련(소련은 경제적 약자인 공산권 경제협력기구 국가들을 착취할 수 있었을 뿐이다)이라는 경쟁자를 물리치는 한편, 잠재적 동맹국이 너무 강해지는 것을 막는 역할을 했다.[437] 금융적 측면에서 금이라는 제약 요소에서 벗어나 미국의 부채를 세계 통화 기반으로 계속 확대하는 시스템을 갖춘 이 변화가 전 세계에 미친 충격은 실로 어마어마했다.

오늘날 미국은 1970년대보다 노동력과 생산성이 훨씬 더 증가했음에도 물가는 떨어지지 않았고 실질임금도 증가하지 않았다. 허드슨은 FIRE(금융, 보험, 부동산) 부문이 "거의 모든 경제적 이익을 흡수했다"고 말했다.[438] 산업자본주의가 금융자본주의로 진화한 것이다.

허드슨에 따르면 수십 년 동안 일본, 독일, 영국 등은 "재무부 채권의 주요 구매자가 되어 미국 연방 재정 적자를 메우는 것 외에는 그들의 경제력을 발휘할 여지가 전혀 없었다. (이들) 외국 중앙은행들은 미국이 국내 세율을 인하하여 (적어도 부자들에게는) 저축금을 주식시장과 부동산 붐에 투자할 수 있게 해주었다."

지난 50년 동안 세계는 폭발적인 금융화 현상을 목격했다. 통화시장의 변동성은 위험을 헤지하는 파생상품의 확산을 촉발했다. 기업들은 갑자기 보유 자산을 외환 선물에 투자해야 했다. 석유시장과 금시장에서는 원자재 단위별로 수백, 수천 건의 손해배상청구가 발생했다. 이런 현상이 금본위제 폐기의 직접적인 결과인지는 불분명하지만, 포스트골드 시대의 뚜렷한 특징인 것만은 분명하다.

허드슨은 미국의 정책이 해외 경제를 압박하여 "미국 경제의 탈산업화와 거품화로 더 이상 공급되지 않는 소비재와 투자 자산을 공급하는 한편, 미국의 농가를 비롯한 기타 부문의 초과 생산품을 사들이게 한다"

고 설명했다. 금융권에서 외국의 역할은 미국의 주식시장과 부동산 거품을 지탱함으로써 미국의 산업경제가 공동화되고 있음에도 자본 이익과 자산 가격 인플레이션을 발생시키는 것이다.

시간이 지나면서 주식과 부동산은 호황을 누렸다. "미국의 은행과 다른 투자자가 국채에서 벗어나 고수익 회사채와 주택담보대출로 옮겨갔기 때문이다." 임금이 여전히 정체되어 있음에도 투자 비용은 역사상 유례없는 속도로 상승을 거듭했다.

금융 애널리스트 린 알덴은 1971년 이후에 등장한 법정화폐 기반의 금융 시스템이 미국의 구조적 무역적자를 초래했다고 지적한다.[439] 미국은 브레턴우즈 시절처럼 금 보유량을 줄여서 금융 시스템을 지탱한 것이 아니라 자국의 산업 기반을 끌어다 쓰고 '매각'했으므로, 국내에서 소비하는 상품은 대부분 다른 곳에서 만들어졌다. 그리고 주식시장과 부동산시장은 점점 더 외국인의 손으로 넘어갔다. 알덴의 주장에 따르면 미국은 국내 경제의 건전성을 일부 희생시키면서까지 글로벌 패권을 확장했다. 그에 따른 희생은 주로 블루칼라와 중산층 근로자들의 몫이었고, 혜택은 미국의 엘리트층에 돌아갔다. 그렇다면 달러 패권은 미국의 엘리트와 외교관, 나아가 제국의 확장에는 도움이 되었을지 몰라도 국민들의 일상에는 전혀 이로움이 없었다는 뜻이다.

정치경제학자 심숀 비클러Shimshon Bichler와 조나단 니잔Jonathan Nitzan의 연구 자료는 이런 변화를 통해 빈민층에서 부유층으로 부가 이동하는 과정을 잘 보여준다. 1950년대 초에 전형적인 자본 집약적 기업이 누린 이익 흐름은 일반 근로자 소득의 5,000배에 달했고, 1990년대 후반에는 다시 2만 5,000배로 뛰어올랐다.[440] 1950년대 초 포춘 500대 기업의 평균 순이익은 전체 기업 평균의 500배였고, 1990년대 후반 이 비율은 7,000배로 증가했다. 이런 추세는 이후로도 더욱 가속화하고 있다. 지난 15년 동안 세계 8대 기업의 평균 시가총액은 2,630억 달러에서 1조 6,841억 달러로 증가했다.[441]

비클러와 니잔은 인플레이션이 20세기의 '영구적 특징'이 되었다고 말한다. 영국과 미국에서는 1900년부터 2000년까지 물가가 50배 상승했고, 개발도상국에서는 이보다 훨씬 더 컸다. 이들은 1271년부터 2007년까지 영국의 소비자 물가 추이를 보여주는 충격적인 도표를 근거로 제시했다.[442] 시각적인 부분은 로그 눈금으로 표시되어 있으며, 유럽인이 아메리카 대륙을 탐험하고 금 공급을 확대하기 시작한 16세기 중반 내내 물가가 꾸준했음을 보여준다. 20세기 초에도 물가는 비교적 안정적인 상태를 유지했다. 그러다가 제1차 세계대전이 일어나면서 극적으로 치솟았고, 대공황 시기에 약간 잠잠하다가 1960년대와 1970년대 이후로 금본위제가 무너지고 세계가 미국 국채 본위제로 넘어가면서 기하급수적으로 증가했다.

비클러와 니잔은 인플레이션이 사회에 미치는 영향이 '중립적'이라는 사람들의 의견에 동의하지 않으며, 인플레이션, 특히 스태그플레이션은 근로자에서 자본가로, 그리고 소규모 기업에서 대규모 기업으로 소득을 재분배한다고 주장했다.[443] 인플레이션이 크게 상승하면 대체로 자본가가 이득을 얻고 노동자는 손해를 본다. 그 사실은 너무나 어려운 시기였던 지난 18개월 동안 미국에서 최고 부유층의 순자산이 엄청나게 증가한 것만 봐도 잘 알 수 있다.[444] 경제는 계속 팽창하고 있지만, 대다수 사람에게 성장은 끝났다.

비클러와 니잔의 연구가 시사하는 바는 경제력은 항상 중앙통제 방식을 지향하며, 그 방법의 하나인 인수합병 활동이 불가능한 경우에는 통화가치 하락을 선택지로 삼는다는 것이다. 1972년 루에프가 말했듯이 "민주주의 경제의 통화 관리자는 선택권이 허락하는 한 언제나 인플레이션을 선택할 것이고, 그 선택권을 박탈하는 것은 오로지 금본위제뿐이다."

허드슨은 연준이 금리를 계속 내리면서 부동산, 채권, 주식 등 '은행이 빌려주는 것이라면 무엇이든' 가격이 상승한다고 지적했다. 그는 최근에 쓴 글에서 글로벌 금융위기를 지켜보며 깨달은 바를 이렇게 말했다. "사람들은 역사상 처음으로 빚에서 벗어나는 것이 아니라 빚으로 달려들어야 부자가 될 수 있다는 말에 설득당했다. 지금처럼 경제적 압박이 심한 시기에 생활수준을 유지하는 유일한 방법은 주택담보대출을 끊임없이 갱신하는 것뿐이다."

개별 행위자에 대한 이런 분석은 지난 한 세기에 걸친 세계 준비통화의 변천 과정을 정확히 반영한다. 즉 저축과 자본 축적의 메커니즘에서 한 나라가 불어나는 적자를 이용해 세계를 장악하는 메커니즘으로 바뀌었다. 허드슨은 연기금이 투기를 통해 돈을 벌려고 하는 기괴한 아이러니에 대해 "금융자본주의의 종반전은 그리 보기 좋은 광경이 아닐 것이다"라고 말했다.

반박 이론과 비판

물론 달러 체제를 통해 세계가 어떤 혜택을 받았는지는 반드시 짚고 넘어가야 할 것이다. 이것은 결국 역사를 정설대로 읽는 방식이라고 말할 수 있다. 달러가 세계 기축통화가 되면서 우리가 아는 모든 것이 제2차 세계대전의 잔해 속에서 자라났다.

가장 강력한 반박 이론 중 하나는 소련과 관련된 것으로, 이 이론으로 보면 국채 본위제(그리고 미국이 발행한 돈으로 석유를 구매할 수 있다는 독특한 능력)는 미국이 냉전에서 소련을 물리치는 데 분명히 도움이 된 것 같다. 자유민주 체제가 전체주의적 공산 체제를 이긴다는 것이 무슨 뜻인지 알려면 한반도의 야간 위성사진을 보면 된다.[445] 남쪽의 활기찬 산업이 발하는 빛과 북쪽의 완벽한 암흑은 우리에게 무언의 외침을 들려준다.

따라서 국채가 이런 세계적인 승리의 공로를 인정받을 수도 있다는 것이다. 그러나 베를린 장벽 붕괴 이후에 미국은 세계 준비통화 보유 권한을 분산할 목적의 제2의 브레턴우즈 회의를 연 적이 없다. 소련을 물리치기 위해 국채가 필요했다는 주장이라면, 소련의 붕괴 이후 개혁이 뒤따르지 않았다는 사실은 설명하기가 자못 곤란하다.

두 번째 강력한 반박 이론은 세계가 금을 버리고 미국 부채로 옮겨간 이유는 단지 금이 그 역할을 할 수 없었기 때문일 뿐이라고 말한다. 제프 스나이더Jeff Snider 같은 분석가는 미국 부채에 대한 수요의 배후에 반드시 모종의 계획이 있다고 볼 필요는 없으며, 오히려 순수한 형태의 담

보물이 세계에 절실히 필요했기 때문이라고 주장한다.[446]

미국이 경상수지 흑자의 마지막 시대를 즐기던 1950년대 후반에 다른 중요한 일이 일어났다. 원래 소련과 그 위성 국가들이 달러를 보유하면 미국 정부가 몰수할 수 없다는 생각에서 비롯된 이 아이디어는 런던과 일부 지역의 은행들이 달러 표시 계좌를 개설하여 연준의 관할 밖에서 벌어들인 미국 달러를 보유한다는 것이었다.

모스크바 나로드니 은행 런던지점Moscow Narodny in London이나 파리의 북유럽 상업은행Banque Commercialepour L'Europe du Nord 등에 자리 잡은 이 '유로달러'는 세계적이 담보 대출시장 노릇을 하게 되었고, 이런 체제에서 보유할 수 있는 최고의 담보는 역시 미국 국채였다.

결국 유로달러 체제는 주로 1971년 이후의 통화 체제 변화로 인해 규모가 폭발적으로 증가했다. 미국 은행에 예금할 때 이자율이 제한되는 Q 규제의 부담이 없었다. 유로달러 은행은 이런 제한에서 자유로웠으므로 이자율을 더 높게 운영할 수 있었다.[447] 1973년에 1,600억 달러였던 시장 규모는 1980년이 되자 6,000억 달러로 성장했다. 당시는 인플레이션 조정 연방기금 이자율이 마이너스이던 시절이었다.[448] 오늘날에는 세계적으로 유로달러가 실제 달러보다 훨씬 더 많다.

트리핀 딜레마를 다시 떠올려 보면, '준비금' 달러에 대한 전 세계의 수요는 필연적으로 미국 국내 준비금의 고갈을 초래할 것이고, 그렇게 되면 결국 달러 체제에 대한 신뢰가 깨질 것이다.

끊임없이 증가하는 세계 준비통화를 어떻게 한정된 금으로 뒷받침할 수 있을까? 스나이더는 브레턴우즈 체제가 세계 준비통화의 역할을 결코 수행할 수 없다고 주장했다. 그러나 금으로 뒷받침되지 않는 달러는 바로 그 역할을 할 수 있다. 더구나 우리는 그런 통화에 대한 시장의 열망이 유로달러의 성장에서 가장 강하게 드러난 것이라고 주장한다.

미국의 적들조차 달러를 원했다면, 과연 이 체제가 발휘하는 지배력이 오로지 미국의 의도 때문이라고 말할 수 있을까? 어쩌면 그 설계가 너무나 훌륭해서 미국이 가장 싫어하는 경쟁자마저 선택한 것일지도 모른다. 그리고 마지막으로, 과연 금이 통화 폐지되지 않았더라면 이 체제에서 가장 고결한 담보물로 남아 있었을까? 우리는 결코 알 수 없을 것이다.

허드슨의 논지와 충돌하는 마지막 도전은 세계은행이 개발도상국의 생활수준을 높이는 데 도움을 주었다는 주장이다. 물론 1945년보다 2021년에 사람들의 생활수준이 전반적으로 향상되었다는 말에 반박하기는 어려울 것이다. 그리고 한국을 비롯한 여러 사례는 1970년대와 1980년대에 세계은행의 자금 지원이 국가의 성공에 얼마나 중요했는지를 보여준다.[449]

그러나 그중에서 미국의 원조나 지원과 달리, 기술 디플레이션과 전반적인 생산성 상승에 특별히 더 기여한 부분은 과연 얼마나 되는가? 그리고 그런 상승이 같은 기간 서구의 상승과 비교할 때 과연 어느 정도의 차별성이 있는가? 자료에 따르면 1970년부터 2000년까지 세계은행의 지원을 받은 가난한 나라의 성장률이 부유한 국가보다 더 낮았다.[450]

한 가지 분명한 사실은 브레턴우즈 기관들이 모든 사람을 똑같이 도와주지 않았다는 점이다. 세계은행의 첫 50년간 운영을 조사한 1996년의 한 보고서는 "25년 이상 세계은행으로부터 자금을 지원받은 66개의 저개발국가 중 37개 국가는 그런 자금 대출을 받기 전보다 특별히 형편이 나아졌다고 볼 수 없다"고 밝혔다.[451] 그리고 그 37개국 대부분은 "은행 원조를 받기 전보다 지금 더 가난하다."

어쨌든 누구나 국채 본위제가 공산주의를 물리치는 데 도움이 되었고, 그것이 세계 시장이 원하는 것이었으며, 또 그것이 개발도상국에 도움이 되었다고 주장할 수는 있다. 그러나 세계가 (스스로 원해서) 자산 화폐를 떠나 부채 화폐의 시대를 맞이했고, 미국 정부가 이 새로운 체제의 지배자로서 다른 나라에 자국의 활동에 필요한 자금을 대라고 강요할 특별한 혜택을 부여받았다는 주장은 아무도 할 수 없을 것이다.

한 시대의 종말?

계몽주의 철학자 임마누엘 칸트Immanuel Kant는 1795년에 발표한 역사적인 저서 《영구 평화론Toward Perpetual Peace》에서 여섯 가지 주요 원칙을 주장했다. 그중 하나는 "국가의 대외 문제와 관련하여 국가 부채를 계약할 수 없다"는 것이다.

신용 제도는 열강이 서로에 대한 침략의 도구로 사용될 때 화폐의 위력을 가장 위험한 형태로 보여준다. 그렇게 발생한 부채가 비록 당면한 요구에 대해서는 안전할 것이나, (모든 채권자가 동시에 지불을 요청하지는 않을 것이므로) 부채의 크기는 무한히 증가한다. 이 시대에 한 상업 민족이 발명해낸 이 기발한 제도는 다른 모든 국가의 자원을 합친 것보다 더 많은 군사 자금을 마련할 수도 있다. 그것을 해소하는 궁극적인 방법은 세수 결손밖에 없으며, 이 신용 제도를 통해 산업과 무역에 상업적 부양책을 제공함으로써 상당 기간 연기할 수는 있다. 이 제도로 인해 전쟁 발발이 용이해진다는 점과 권력자들이 원래 전쟁을 좋아한다는 점(인간 본성의 필수적인 특징으로 보인다)을 생각하면, 영구적인 평화를 방해하는 큰 장애물이 아닐 수 없다.[452]

칸트는 일견 달러 패권을 예측한 것처럼 보인다. 그의 논지를 생각할 때, 진정한 금본위제가 존재했다면 베트남 전쟁을 억제할 수 있었을까? 진정하다는 말이 어떤 뜻이든, 그런 표준이 있었다면 적어도 전쟁이 훨씬 더 짧게 끝났을 것은 분명한 것 같다. 물론 이런 말은 제1차 세계대전이나 나폴레옹 전쟁 등 금본위제가 오히려 전쟁 도구로 사용된 경우에도 똑같이 적용된다.

허드슨은 "미국 정부가 자국민이 아닌 외국 중앙은행에서 차입하는 독특한 능력을 발휘한 것은 현대의 경제 기적 중 하나"라고 말했다. 그러나 '기적'은 누가 보느냐에 따라 달라진다. 베트남, 이라크, 또는 아프가니스탄 사람들에게도 과연 그것이 기적이었을까?

허드슨은 지금부터 약 50년 전에 이렇게 말했다. "미국이 민주주의 국가로 남을 수 있는 유일한 길은 외교 정책을 포기하는 것이다. 세계 전략을 내부 지향으로 전환하거나, 정치 구조를 중앙 집중형으로 바꾸어야 한다. 베트남 전쟁 발발 이래, 미국은 외교 정책이 점점 더 중요한 고려 사항이 되는 한편, 국가적 의사결정에서 의회의 역할은 줄어들어 결국 미국 유권자의 권리가 박탈되는 결과를 초래했다."

이런 경향은 최근에 들어와 훨씬 더 확대되었다. 지난 몇 년 동안, 미국은 거의 7개국(아프가니스탄, 이라크, 시리아, 예멘, 소말리아, 리비아, 그리고 니제르)을 상대로 전쟁을 펼쳐왔지만, 일반 국민은 이런 전쟁에 대해 아는 것이 거의 또는 전혀 없다. 2021년에 미국의 군사 지출은 미국 다음 순위 10개국을 합친 것보다 더 많다.[453] 국민은 의사결정 과정에서 거의 제외되었고, 이런 전쟁 자금을 마련할 수 있는 주된 근거는 국채 본위제 말고는 거의 없다.

이 체제는 얼마나 더 오래 지속될 수 있을까?

1977년에 허드슨은 1970년대 초에 모든 사람이 품고 있던 의문을 떠올렸다. "OPEC가 석유로 벌어들인 돈으로 미국 국채를 사들임으로써 유럽과 일본 대신 미국 연방 재정 적자를 메울 것인가? 아니면, 동유럽 국가들이 금에 기반한 국제금융 시스템에 미국을 끌어들여 다시 국제 수지 적자에 빠뜨림으로써 미국이 지닌 국제금융 지배력을 빼앗을 것인가?"[454]

물론, 우리는 OPEC이 이후 10년 동안 미국의 재정 적자 자금을 댔다는 사실을 알고 있다. 그리고 동구권 국가는 미국에 금본위제를 적용하는 데 실패했다. 성공했다면 재정 적자는 국제금융 지배력의 상실로 이어졌을 것이다. 사실 1980년대에 산유국의 돈이 바닥나고부터 일본과 중국이 다시 미국 부채를 사들이기 시작했다.

그러나 이 체제는 다시 한번 균열이 일어나고 있다.

2013년 현재 외국 중앙은행들은 미국 국채를 매각하고 있다. 오늘날 미국 국채의 가장 큰 구매처는 연준이다. 외환보유고 비율이나 무역에서 차지하는 비중으로 볼 때 달러가 지닌 지배적 준비통화로서의 가치는 점차 하락하고 있다.[455] 물론 이 두 지표는 미국이 세계 GDP에서 차지하는 실질 비중에 비하면 훨씬 더 크지만(당연히 국채 본위제로 인한 결과다), 시간이 지날수록 점점 감소하고 있는 것이 사실이다.

세계가 달러를 떠나 다극 세계로 향하는 흐름이 서서히 조성되고 있다. 허드슨은 이렇게 말했다. "지금 우리는 상환되지 않는 달러를 무한히 찍어내던 무상급식 시스템을 허물고 있다."

비트코인 대 초제국주의

허드슨은 1970년대 후반에 쓴 글에서 이렇게 예측했다. "달러에 대한 대안은 유로화 외에는 없으며, 금(또는 아직 인정되지 않은 다른 형태의 자산 화폐) 외에는 국가 통화와 국제적 기능을 수행하는 부채 화폐에 대한 대안이 없다. 그런데 후자는 스스로 그 부적합성을 증명했다."[456]

그로부터 30년이 흐른 2002년, 허드슨은 이렇게 말했다. "오늘날 유럽과 아시아는 달러를 대체할 국제적 가치 저장 수단을 인위적이고 정치적인 방법으로 고안해야 한다. 이것은 다음 세대에 국제적 정치 긴장의 가장 중요한 요소가 될 것이 틀림없다."

감히 단언컨대 달러의 대안은 이미 만들어졌다. 단, 그것은 유럽이나 아시아가 아니라 사토시 나카모토가 만들었다. 비트코인은 새로운 종류의 자산 화폐로, 초제국주의 달러 체제를 극복하고 차세대 세계 준비 통화가 될 잠재력을 충분히 갖추고 있다.

허드슨은 이렇게 말했다. "정부가 재정 적자를 관리하는 것을 억제하는 한 가지 방법은 정부가 적자 운영 자금을 조달할 때는 그들이 기꺼이 보유하고자 하면서도 필요할 때는 기꺼이 내어줄 수 있는 종류의 자산만 사용해야 한다고 의무화하는 것이다. 지금까지 약 2000년에 걸쳐 역사적으로 제도화된 보다 더 나은 해결책을 생각해낸 사람은 아무도 없다. 그것은 바로 금이다."

2009년 1월에 사토시 나카모토는 더 나은 해결책을 내놓았다. 금과 비트코인은 많은 차이가 있다. 이 논의의 목적상 무엇보다 중요한 것은 비트코인은 자가 보관의 용이성 때문에 정부 기관의 몰수에 대한 저항 능력이 우수하다는 점이다.

금은 지난 수백 년 동안 전 세계 식민 열강이 약탈했고, 이 책에서 살펴봤듯이 제1차 세계대전 이후에는 주로 미국 정부의 금고에 모여들어 중앙통제의 대상이 되었다. 금은 1930년대와 1940년대, 1950년대, 1960년대, 1970년대에 이르는 세계 통화 정책의 전환기를 거치며 처음에는 미국 국내에서, 이어서 국제적으로도 통화 기능을 상실했다. 1980년대에 이르러 미국 정부는 중앙통제와 파생상품 시장 관리를 통해 금의 화폐 기능을 '죽였다.' 정부는 금의 자가 보관을 막고 가격 하락을 인위적으로 조작할 수 있었다.

그러나 비트코인은 자가 보관이 용이하다. 지구상의 수십억 인구 중 스마트폰을 가진 사람이라면 누구나 몇 분 안에 무료로 오픈소스 비트코인 지갑을 다운로드하여 얼마든지 비트코인을 받을 수 있고 암호문을 오프라인으로 백업할 수 있다. 이 점은 사용자들이 자신의 비트코인을 실제로 통제할 수 있음을 보여주는 특성으로, 금 투자자들이 참여하는 시장이 실제 금괴가 아니라 종이 증서나 청구서로 거래가 이루어지는 현실과 대비된다. 금으로 받은 금액을 확인하는 것은 금괴를 녹여서 분석하지 않고는 불가능하다. 사람들은 이런 문제를 직접 해결하는 것이 아니라 제삼자에게 미루었다. 비트코인에서 송금 확인은 사소한 일이다.

게다가 금은 역사적으로 일상적인 교환 매체 기능을 하지 못했다. 시간이 흐르면서 시장은 금을 보장하는 증서를 더 선호했다. 그러는 편이 더 쉬웠기 때문이다. 결국 금은 쉽게 중앙통제로 편입되고 압수되었으며, 유통되지 않았다. 비트코인은 그것과 다른 방식으로 설계되었고, 쉽게 일상적인 교환 매체가 될 수 있다.

실제로 비트코인으로 결제를 요구하는 사람들이 늘어나면서 상인들이 법정화폐보다 비트코인을 선호하는 현상이 나타나고 있다. 이른바 '티어리의 법칙(양화가 악화를 구축한다는 법칙으로, 주로 달러 전환 국가에서 관찰된다)'이 본격화되는 미래를 엿볼 수 있다. 그런 세상에서 비트코인을 압수하는 것은 불가능하다. 파생상품을 통해 비트코인의 현물 가격을 조작하기도 어려울 것이다. 비트멕스BitMEX의 설립자 아서 헤이스Arthur Hayes는 다음과 같이 말했다.

비트코인은 중앙은행, 상업은행, 금괴은행이 소유하거나 저장할 수 없다. 그것은 순전히 전자 데이터로만 존재하므로 현물시장에서 공매도를 시도해도 가격 상승으로 공매도 자산만 파산할 뿐 아무런 소용도 없다. 돈을 실물로 소유하는 주체는 대부분 중앙은행이다. 그들은 아무리 돈을 허랑방탕하게 쓰더라도 성적표를 공개할 필요가 없다고 여기는 자들이다. 그들이 이 시장을 왜곡할 수 있는 이유는 그들이 공급을 통제하기 때문이다. 비트코인은 풀뿌리에서 성장했기 때문에 중앙통제형 거래소 밖에 존재하는 비트코인 최대 보유자는 바로 사토시 나카모토를 신봉하는 사람들이다.

비트코인의 유통 경로는 다른 모든 화폐 자산의 성장 과정과는 전혀 다르다. ETF(상장지수펀드)나 선물 같은 파생상품은 가격을 억누를 정도로 시장 지배 구조를 왜곡하지는 않는다. 땅을 아무리 더 깊게 파도, 중앙은행의 키보드를 아무리 두드려도, 교묘한 회계 속임수를 써도 비트코인을 조금도 더 만들어낼 수 없다. 따라서 비트코인에 대해 공매도 선물 ETF를 발행하더라도 장기간의 가격 하방 압박을 만들어낼 수는 없다. 비트코인은 믿을 만한 장기 투자자들의 손에 들어 있으므로 ETF의 건전성을 보장하는 기관들이 어떤 대가를 치르더라도 공급량을 흐리거나 조달할 수 없기 때문이다.[457]

만약 정부가 비트코인을 죽일 수 없고, 오히려 계속해서 상승한다면, 결국 비트코인이 차세대 준비통화가 될 가능성은 점점 더 커질 것이다.[458] 우리는 금본위제와 비슷한, 비트코인이 뒷받침하는 법정화폐의 세상에서 살 수 있을까? 혹은 사람들이 실제로 (라이트닝 네트워크와 스마트 계약을 통해) 비트코인 자체를 사용하여 모든 상거래와 금융 거래를 하는 날이 올까? 두 가지 미래 모두 지금은 알 수 없다.

하지만 가능성은 우리에게 영감을 준다. 우리는 다시 한번 정부가 중립적인 국제수지 체제의 제약 때문에 비민주적이고 영구적인 전쟁을 일으킬 수 없는 미래를 꿈꿀 수 있다. 칸트의 글이 민주평화론에 영감을 주었듯이 미래의 비트코인 평화론에도 영감을 줄 수 있다.[459]

비트코인 본위제에서 민주주의 국가 국민은 군사적 모험주의가 아니라 국내 인프라에 투자하는 쪽을 선택할 가능성이 더 크다. 외국인은 이제 제국주의의 어떤 전쟁에 대해서도 쉽게 자금을 대지 않을 것이다. 제아무리 초강대국이라도 부채를 갚지 않으면 그에 상응하는 대가를 치러야 할 것이다.

개발도상국은 세계은행으로부터 돈을 빌려 노예제와 자급자족 농업의 수렁에 빠지는 것이 아니라, 천연자원을 활용하여 시장에서 마련한 자금으로 비트코인 채굴 프로젝트를 운영하고 에너지 주권을 확립할 수 있다.

마지막으로, 지난 50년간의 거대한 불평등을 둔화시키는 일도 가능하다. 지배적 자본이 지대추구와 통화팽창 정책을 통해 경제 침체 속에서도 자신들의 배만 불리는 관행을 감시하고 견제할 수 있기 때문이다.

만약 인류에게 그런 길이 정해져 있고 비트코인이 최후의 승리자가 된다고 해도, 과연 어떤 일이 일어날지는 분명히 알 수 없다.

비트코인이 초제국주의를 물리쳤을까?

아니면 초제국주의가 스스로 패배했을까?

미주

1   Julia La Roche, "Charlie Munger: 'Of Course, I Hate the Bitcoin Success'," Yahoo! Finance, May 1, 2021, https://finance.yahoo.com/news/buffett-and-munger-on-bitcoin-213317653. html.

2   Theron Mohamed, "Warren Buffett Blasted Bitcoin as a Worthless Delusion and 'Rat Poison Squared.' Here Are His 16 Best Quotes About Crypto," *Business Insider*, January 16, 2021, https://markets.businessinsider.com/news/currencies/warren-buffett-best-quotes-bitcoin-cryptocurrencies-investing-rat-poison-squared-2021-1.

3   Evelyn Cheng, "Bill Gates: I Would Short Bitcoin If I Could," *CNBC Buffett Watch*, May 7, 2018, https://www.cnbc.com/2018/05/07/bill-gates-i-would-short-bitcoin-if-i-could.html.

4   J. G. Collins, "Bill Maher Just Made Bitcoin Decidedly 'Uncool'," *Seeking Alpha*, May 4, 2021, https://seekingalpha.com/article/4424132-bill-maher-just-made-bitcoin-decidedly-uncool.

5   Hiroko Tabuchi, "In Coinbase's Rise, a Reminder: Cryptocurrencies Use Lots of Energy," *New York Times*, April 14, 2021,
     https://www.nytimes.com/2021/04/14/climate/coinbase-cryptocurrency-energy.html

6   Martin Wolf, "The Libertarian Fantasies of Cryptocurrencies," *Financial Times*, February 12, 2019, https://medium.com/financial-times/the-libertarian-fantasies-of-cryptocurrencies-f514cc16bcd1.

7   Shawn Tully, "Famed Economist Jeffrey Sachs Rails Against Bitcoin: Highly Polluting and 'Almost Like Counterfeiting'," *Fortune*, March 16, 2021,
     https://fortune.com/2021/03/16/bitcoin-jeffrey-sachs-critiques-btc/; Reuters Staff,
     "ECB's Lagarde Calls for Regulating Bitcoin's "Funny Business'," *Reuters*, January 13, 2021,
     https://www.reuters.com/article/us-crypto-currency-ecb/ecbs-lagarde-calls-for-regulating-bitcoins-funny-business-idUSKBN29I1B1.

8   "Rentier States," *Suburban Emergency Management Project*, June 23, 2005, https://web.archive.org/web/20120209131411/http:/www.semp.us/publications/biot_reader.php?BiotID=227.

9   Olanrewaju Rufai, "Once Poor, Always Poor?" *Stears Business*, August 23, 2018,https://www.stearsng.com/article/once-poor-always-poor.

10   Matt Stoller, "The Cantillon Effect: Why Wall Street Gets a Bailout and You Don't," *BIG*, April 9, 2020, https://mattstoller.substack.com/p/the-cantillon-effect-why-wall-street.

11   Peter Chawaga, "Nigerian Aid Group Finds Sovereign Lifeline in Bitcoin," *Bitcoin Magazine*, October 21, 2020, https://bitcoinmagazine.com/culture/nigerian-protest-group-finds-

sovereign-lifeline-in-bitcoin.

12 Ahyke Otutubuike, "Bitcoin Will Persist in Nigeria, But the Ban Changes Things," *Bitcoin Magazine*, February 17, 2021, https://bitcoinmagazine.com/business/bitcoin-will-persist-in-nigeria-but-the-ban-changes-things.

13 "What Is Fistula?" *Fistula Foundation*, https://fistulafoundation.org/what-is-fistula/.

14 Jamal Mahjoub, "My Father Died Before He Could See al-Bashir Fall," *New York Times*, April 12, 2019, https://www.nytimes.com/2019/04/12/opinion/my-father-died-before-he-could-see-bashir-fall.html.

15 "A Closer Look: Sudan the Peoples of Darfur," *Cultural Survival*, September 2004,https://www.culturalsurvival.org/publications/cultural-survival-quarterly/closer-look-sudan-peoples-darfur.

16 Afua Hirsch, "WikiLeaks Cables: Sudanese President 'Stashed $9bn in UK Banks'," *The Guardian*, December 17, 2010, https://www.theguardian.com/world/2010/dec/17/wikileaks-sudanese-president-cash-london.

17 Andreas M. Antonopoulos, *The Internet of Money* (CreateSpace Independent Publishing Platform, 2016).

18 "Becoming Uncle Jim," *Diverter*, March 14, 2021, https://diverter.hostyourown.tools/becoming-uncle-jim/.

19 "Money Laundering," *United Nations: Office on Drugs and Crime*, https://www.unodc.org/unodc/en/money-laundering/overview.html.

20 Bitcoin Collective et al., *The Little Book of Bitcoin* (North Dakota: Whispering Candle Books, 2019).

21 Neal Stephenson, *Snow Crash* (New York: Random House, 2000); Neal Stephenson, *Cryptonomicon* (New York: Avon Books, 2002).

22 Satoshi Nakamoto, "Bitcoin: A Peer-to-Peer Electronic Cash System," October 31, 2008, https://bitcoin.org/bitcoin.pdf.

23 Xische and Co, "Birth of Bitcoin," February 12, 2018, https://medium.com/xische-reports/birth-of-bitcoin-9fb451e00886.

24 Cryddit, "Bitcoin Source from November 2008," *BitcoinTalk*, December 23, 2013, https://bitcointalk.org/index.php?topic=382374.msg4108706#msg4108706.

25 David Burnham, *The Rise of the Computer State* (New York: Random House, 1983).

26 Jim Epstein, "Before the Web: The 1980s Dream of a Free and Borderless Virtual World,"

Reason, October 7, 2020, https://reason.com/video/2020/10/07/before-the-web-the-1980s-dream-of-a-free-and-borderless-virtual-world/.

27 Whitfield Diffie and Martin E. Hellman, "New Directions in Cryptography," *IEEE Transactions on Information* Theory 22, no. 6 (November 1976).

28 "Cypherpunks Mailing List Archive," 1992-1999, https://mailing-list-archive.cryptoanarchy.wiki/.

29 Eric Hughes, "A Cypherpunk's Manifesto," March 9, 1993, https://nakamotoinstitute.org/static/docs/cypherpunk-manifesto.txt.

30 "History," OpenPGP, August 15, 2016, https://www.openpgp.org/about/history/.

31 Steven Levy, "Cypher Wars: Pretty Good Privacy Gets Pretty Legal," *Wired*, November 1, 1994, https://www.wired.com/1994/11/cypher-wars/.

32 "Crypto Wars, Phil Zimmermann and PGP," *Crypto Anarchy Wiki*, https://cryptoanarchy.wiki/events/90s-crypto-wars.

33 "History," OpenPGP.

34 Steven Levy, "E-Money (That's What I Want)," *Wired*, December 1, 1994, https://www.wired.com/1994/12/emoney/.

35 David Chaum, "Security Without Identification: Transaction Systems to Make Big Brother Obsolete," *Communications of the ACM* 28, no. 10 (October 1985), https://www.cs.ru.nl/~jhh/pub/secsem/chaum1985bigbrother.pdf.

36 Chaum, "E-Money."

37 David Chaum, "Achieving Electronic Privacy," *Scientific American*, August 1992, https://groups.csail.mit.edu/mac/classes/6.805/articles/money/chaum-electronic-privacy.html.

38 Aaron van Wirdum, "The Genesis Files: Hashcash or How Adam Back Designed Bitcoin's Motor Block," *Bitcoin Magazine*, June 4, 2018, https://bitcoinmagazine.com/technical/genesis-files-hashcash-or-how-adam-back-designed-bitcoins-motor-block; Adam Back, "ANNOUNCE: Hash cash postage implementation," https://cypherpunks.venona.com/date/1997/03/msg00774.html.

39 Jim Epstein, "Bitcoin and the End of History," *Reason*, October 28, 2020, https://reason.com/video/2020/10/28/bitcoin-and-the-end-of-history/.

40 Wei Dai, "B-Money," http://www.weidai.com/bmoney.txt/.

41 Wei Dai, "Law vs. Technology," https://keybase.pub/doubleyousee23/Cypherpunk/Law.vs.Technology.Wei.Dai.txt.

42 Nick Szabo, "Bit Gold," *Satoshi Nakamoto Institute*, December 29, 2005, https://nakamotoinstitute.org/bit-gold/.

43 Aaron van Wirdum, "The Genesis Files: With Bit Gold, Szabo Was Inches Away from Inventing Bitcoin," *Bitcoin Magazine*, July 12, 2018, https://bitcoinmagazine.com/culture/genesis-files-bit-gold-szabo-was-inches-away-inventing-bitcoin.

44 "RPOW: Reusable Proofs of Work," *Satoshi Nakamoto Institute*, 2004, https://nakamotoinstitute.org/finney/rpow/.

45 Nakamoto, "Bitcoin: Peer-to-Peer Electronic."

46 Van Wirdum, "The Genesis Files: Hashcash."

47 Hal Finney (@halfin), "Running bitcoin," *Twitter*, January 10, 2009, 10:33 p.m., https://twitter.com/halfin/status/1110302988.

48 Satoshi Nakamoto, "P2P Foundation: Bitcoin open source implementation of P2P currency," *Satoshi Nakamoto Institute*, February 11, 2009, https://satoshi.nakamotoinstitute.org/postsP2P/p2pfoundation/1/.

49 Francis Elliott, "Chancellor Alistair Darling on brink of second bailout for banks," *The Times*, January 3, 2009, https://www.thetimes.co.uk/article/chancellor-alistair-darling-on-brink-of-second-bailout-for-banks-n9l382mn62h.

50 Nakamoto, "P2P Foundation."

51 Pete Rizzo, "The Last Days of Satoshi," *Bitcoin Magazine*, April 26, 2021, https://bitcoinmagazine.com/technical/what-happened-when-bitcoin-creator-satoshi-nakamoto-disappeared.

52 Satoshi Nakamoto, reply to "Bitcoin open source implementation of P2P currency," P2P Foundation, February 15, 2009, https://bitcoinmagazine.com/technical/what-happened-when-bitcoin-creator-satoshi-nakamoto-disappeared.

53 "Clark Moody Bitcoin Dashboard," https://bitcoin.clarkmoody.com/dashboard/.

54 Tomas Sander and Amnon Ta-Shma, "Auditable, Anonymous Electronic Cash," 1999, https://www.cs.tau.ac.il/~amnon/Papers/ST.crypto99.pdf.

55 Ian Miers, Christina Garman, Matthew Green, and Aviel D. Rubin, "Zerocoin: Anonymous Distributed E-Cash from Bitcoin," *IEEE Symposium on Security and Privacy*, May 19-22, 2013, https://ieeexplore.ieee.org/document/6547123.

56 "What Is Taproot and How Does It Benefit Bitcoin?" *River Financial*, https://river.com/learn/what-is-taproot/.

57 Jonathan Bier, "The Blocksize War" (Self-published, 2021).

58 Satoshi Nakamoto, "Bitcoin P2P e-Cash Paper," *Satoshi Nakamoto Institute*, November 6, 2008, https://satoshi.nakamotoinstitute.org/emails/cryptography/4/.

59 John D'Antona Jr., "88% of All 2019 Forex Transactions Are in US Dollars," *Traders Magazine*, January 24, 2020, https://www.tradersmagazine.com/am/88-of-all-2019-forex-transactions-are-in-us-dollars/; "Currency Composition of Official Foreign Exchange Reserves (COFER)," *International Monetary Fund*, https://data.imf.org/?sk=E6A5F467-C14B-4AA8-9F6D-5A09EC4E62A4; "Global Financial Stability Report: Lower for Longer," *International Monetary Fund*, October 2019, https://www.imf.org/en/Publications/GFSR/Issues/2019/10/01/global-financial-stability-report-october-2019.

60 Lee E. Ohanian, "The Macroeconomic Effects of War Finance in the United States: World War II and the Korean War," *The American Economic Review* 87, no. 1 (March 1997), https://www.jstor.org/stable/2950852.

61 John L. Hess, "The Monetary Sin of the West," *New York Times*, March 26, 1972, https://www.nytimes.com/1972/03/26/archives/the-monetary-sin-of-the-west-by-jacques-rueff-translated-from-the.html; Ben S. Bernanke, "The Dollar's International Role: An 'Exorbitant Privilege'?" *Brookings*, January 7, 2016, https://www.brookings.edu/blog/ben-bernanke/2016/01/07/the-dollars-international-role-an-exorbitant-privilege-2/.

62 Adam Tooze, "The Rise and Fall and Rise (and Fall) of the U.S. Financial Empire," *Foreign Policy*, January 15, 2021, https://foreignpolicy.com/2021/01/15/rise-fall-united-states-financial-empire-dollar-global-currency/.

63 Michael J. Graetz and Olivia Briffault, "A 'Barbarous Relic': The French, Gold, and the Demise of Bretton Woods," *Columbia Law School*, 2016, https://scholarship.law.columbia.edu/cgi/viewcontent.cgi?article=3545&context=faculty_scholarship.

64 "Speech by Richard Nixon," August 15, 1971, https://www.cvce.eu/content/publication/1999/1/1/168eed17-f28b-487b-9cd2-6d668e42e63a/publishable_en.pdf.

65 "49 Years Ago: President Nixon to "Suspend Temporarily" the Gold Standard," *GoldSeek.com*, August 16, 2020, https://goldseek.com/article/49-years-ago-president-nixon-suspend-temporarily-gold-standard.

66 "Transcript of a Recording of a Meeting Between the President and H. R. Haldeman in the Oval Office on June 23, 1972, from 10:04 to 11:39 AM," *Nixon Library*, https://www.nixonlibrary.gov/sites/default/files/forresearchers/find/tapes/watergate/wspf/741-002.pdf.

67 Andrea Wong, "The Untold Story Behind Saudi Arabia's 41-Year U.S. Debt Secret," *Bloomberg*, May 30, 2016, https://www.bloomberg.com/news/features/2016-05-30/the-untold-story-

behind-saudi-arabia-s-41-year-u-s-debt-secret.

68 Duccio Basosi, "Oil, Dollars, and US Power in the 1970s: Re-Viewing the Connections," *Journal of Energy History*, no. 3 (June 2, 2020), https://www.energyhistory.eu/en/special-issue/oil-dollars-and-us-power-1970s-re-viewing-connections.

69 "Declassified/Released US Department of State EO Systematic Review," NARA, June 30, 2005,https://aad.archives.gov/aad/createpdf?rid=270129&dt=2474&dl=1345.

70 Wong, "The Untold Story."

71 "OPEC Share of World Crude Oil Reserves, 2018," in *OPEC Annual Statistical Bulletin, 2019*, https://aad.archives.gov/aad/createpdf?rid=270129&dt=2474&dl=1345.

72 Basosi, "Oil, Dollars, and US Power."

73 "Crude Oil Prices - 70 Year Historical Chart," *Macrotrends*, https://www.macrotrends.net/1369/crude-oil-price-history-chart.

74 David E. Spiro, *The Hidden Hand of American Hegemony: Petrodollar Recycling and International Markets* (Cornell University Press, 1999), http://www.jstor.org/stable/10.7591/j.ctvv414gb.

75 Basosi, "Oil, Dollars, and US Power.

76 Edward J. Frydl, "The Eurodollar Conundrum," *FRBNY Quarterly Review* (Spring 1982).

77 Nathaniel Whittemore, "ENCORE: Luke Gromen on the History and (Declining) Future of the Global Dollar System," *CoinDesk*, September 14, 2021, https://www.coindesk.com/markets/2020/11/27/encore-luke-gromen-on-the-history-and-declining-future-of-the-global-dollar-system/.

78 "Why IMF Loans Always Get Repaid," *NPR*, February 3, 2012, https://www.npr.org/2012/02/03/146327391/why-imf-loans-always-get-repaid; Yakov Feygin and Dominik Leusder, "The Class Politics of the Dollar System," *Phenomenal World*, May 1, 2020, https://www.phenomenalworld.org/analysis/the-class-politics-of-the-dollar-system/.

79 Dean Baker, "Debunking the Dumping-the-Dollar Conspiracy," *Foreign Policy*, October 7, 2009, https://foreignpolicy.com/2009/10/07/debunking-the-dumping-the-dollar-conspiracy/.

80 Baker, "Debunking the Dumping-the-Dollar Conspiracy."

81 Charles Recknagel, "Iraq: Baghdad Moves to Euro," *Radio Free Europe/Radio Liberty*, November 1, 2000, https://www.rferl.org/a/1095057.html.

82 Faisal Islam, "Iraq Nets Handsome Profit by Dumping Dollar for Euro," *The Guardian*, February 16, 2003, https://www.theguardian.com/business/2003/feb/16/iraq.theeuro.

83 Ed Vulliamy, "Scramble to Carve Up Iraqi Oil Reserves Lies Behind US Diplomacy," *The Guardian*, October 6, 2002, https://www.theguardian.com/world/2002/oct/06/russia.oil.

84 Carola Hoyos and Kevin Morrison, "Iraq Returns to International Oil Market," *The Dossier*, June 5, 2003, https://www.thedossier.info/articles/ft_iraq-returns-to-international-oil-market.pdf.

85 C. Fred Bergsten, "The Euro Versus the Dollar: Will There Be a Struggle for Dominance?" Presented at the Annual Meeting of the American Economic Association, January 4, 2002, https://www.piie.com/publications/papers/bergsten0102-1.pdf.

86 Ezra Klein, "What the Iraq Disaster Can Teach Us About Trump," *Vox*, September 2, 2020, https://www.vox.com/2020/9/2/21417224/why-did-america-invade-iraq-the-ezra-klein-show-to-start-a-war-bush-trump-administration.

87 Ron Suskind, "Chapter 4: Base Elements," in *The Price of Loyalty* (New York: Free Press, 2004), http://www.nlpwessex.org/docs/suskind.htm.

88 Frank Newport, "Seventy-Two Percent of Americans Support War Against Iraq," *Gallup*, March 24, 2003, https://news.gallup.com/poll/8038/seventytwo-percent-americans-support-war-against-iraq.aspx.

89 "Full Text of Dick Cheney's Speech," *The Guardian*, August 27, 2002, https://www.theguardian.com/world/2002/aug/27/usa.iraq

90 History.com Editors, "Iran-Iraq War," *History*.com, July 13, 2021, https://www.history.com/topics/middle-east/iran-iraq-war.

91 JoAnne Allen, "Greenspan Clarifies Iraq War and Oil Link," *Reuters*, September 17, 2007, https://www.reuters.com/article/uk-greenspan/greenspan-clarifies-iraq-war-and-oil-link-idUKN1728646120070917.

92 Nico Pitney, "Abizaid: 'Of Course It's About Oil, We Can't Really Deny That'," *HuffPost*, May 25, 2011, https://www.huffpost.com/entry/abizaid-of-course-its-abo_n_68568.

93 Antonia Juhasz, "Why the War in Iraq Was Fought for Big Oil," *CNN*, April 15, 2013, https://www.cnn.com/2013/03/19/opinion/iraq-war-oil-juhasz.

94 "U.S. Crude Oil Imports by Country of Origin," *Energy Information Administration*, Monthly Energy Review May 2020, Tables 3.3c and 3.3d., https://afdc.energy.gov/data/10621.

95 Howard Fineman, "Living Politics: In Round 2, It's the Dollar Vs. Euro," *Newsweek*, April 22, 2003, https://www.newsweek.com/living-politics-round-2-its-dollar-vs-euro-134363.

96 Yusho Cho and Takeshi Kumon, "China, Russia and EU Edge Away from Petrodollar," *Nikkei Asia*, January 7, 2019, https://asia.nikkei.com/Economy/China-Russia-and-EU-edge-away-

from-petrodollar.

97   Lita Epstein, Charles Jaco, and Julianne C. Iwersen-Niemann, *The Complete Idiot's Guide to the Politics of Oil* (Indianapolis: Alpha Books, 2003), p. 188.

98   Mark Mazzetti, "Saudi Arabia Warns of Economic Fallout if Congress Passes 9/11 Bill," *New York Times*, April 16, 2016, https://www.nytimes.com/2016/04/16/world/middleeast/saudi-arabia-warns-ofeconomic-fallout-if-congress-passes-9-11-bill.html.

99   Tim Golden and Sebastian Rotella, "The Saudi Connection: Inside the 9/11 Case that Divided the FBI," *New York Times*, January 23, 2020, https://www.nytimes.com/2020/01/23/magazine/9-11-saudi-arabia-fbi.html.

100 Christina Wilkie, "Trump Says King of Saudi Arabia Offered His 'Sincere Condolences' in Wake of Pensacola Shooting," *CNBC*, December 6, 2019, https://www.cnbc.com/2019/12/06/trump-saudi-king-offered-condolences-in-wake-of-pensacola-shooting.html.

101 David E. Sanger, "Biden Won't Penalize Saudi Crown Prince Over Khashoggi's Killing, Fearing Relations Breach," *New York Times*, February 26, 2021, https://www.nytimes.com/2021/02/26/us/politics/biden-mbs-khashoggi.html.

102 Simon Tilford and Hans Kundnani, "It Is Time to Abandon Dollar Hegemony," *Foreign Affairs*, July 28, 2020, https://www.foreignaffairs.com/articles/americas/2020-07-28/it-time-abandon-dollar-hegemony.

103 Feygin and Leusder, "The Class Politics of the Dollar System."

104 Lyn Alden, "The Fraying of the US Global Currency Reserve System," *Investment Strategy*, December 2, 2020, https://www.lynalden.com/fraying-petrodollar-system/.

105 Christopher Witko, "How Wall Street Became a Big Chunk of the U.S. Economy - and When the Democrats Signed On," *Washington Post*, March 29, 2016, https://www.washingtonpost.com/news/monkey-cage/wp/2016/03/29/how-wall-street-became-a-big-chunk-of-the-u-s-economy-and-when-the-democrats-signed-on/.

106 Mike Dolan, "Does a Greener World Need Less Greenbacks?" *Reuters*, February 10, 2021, https://www.reuters.com/article/us-global-petrodollars-column- idUSKBN2AA0NC.

107 Ken Silverstein, "Are Fossil Fuel Interests Bankrolling The Anti-Nuclear Energy Movement?" *Forbes*, July 13, 2016, https://www.forbes.com/sites/kensilverstein/2016/07/13/are-fossil-fuel-interests-bankrolling-the-anti-nuclear-energy-movement/?sh=5d959c8e7453.

108 Susan Su, "Think BTC Is a Dirty Business? Consider the Carbon Cost of a Dollar," *Medium*, February 22, 2021, https://susanfsu.medium.com/think-btc-is-a-dirty-business-consider-the-carbon-cost-of-a-dollar-c38122fb55c5.

109 Whittemore, "Luke Gromen on the History."

110 Office of Management and Budget, The White House, "United States Gross Federal Debt to GDP," *Trading Economics*, 2020, https://tradingeconomics.com/united-states/government-debt-to-gdp.

111 "America's Aggressive Use of Sanctions Endangers the Dollar's Reign," *The Economist*, January 18, 2020, https://www.economist.com/briefing/2020/01/18/americas-aggressive-use-of-sanctions-endangers-the-dollars-reign.

112 Reuters Staff, "Chinese Banks Urged to Switch Away from SWIFT as U.S. Sanctions Loom," *Reuters*, July 29, 2020, https://www.reuters.com/article/us-china-banks-usa-sanctions/chinese-banks-urged-to-switch-away-from-swift-as-u-s-sanctions-loom-idUSKCN24U0SN; Rodrigo Campos and David Lawder, "Venezuela Leadership Issue Still Blocking IMF, World Bank Aid," *Reuters*, April 11, 2019, https://www.reuters.com/article/us-imf-worldbank-venezuela/venezuela-leadership- issue-still-blocking-imf-world-bank-aid-idUSKCN1RN1TH; Ian Talley and Benoit Faucon, "U.S. to Block Iran's Request to IMF for $5 Billion Loan to Fight Coronavirus," *Wall Street Journal*, April 7, 2020, https://www.wsj.com/articles/u-s-to-block-irans-request-to-imf-for-5-billion-loan-to-fight-coronavirus-11586301732.

113 Katrina Manson, "Biden Shows He Will Wield US Financial System as Foreign Policy Weapon," *Financial Times*, April 17, 2021, https://www.ft.com/content/cf8e8a79-63b6-48b4-98c1-30904897c80e.

114 Anders Aslund and Steven Fisher, "New Challenges and Dwindling Returns for Russia's National Champions, Gazprom and Rosneft," *Atlantic Council*, June 5, 2020, https://www.atlanticcouncil.org/in-depth-research-reports/report/new-challenges-and-dwindling-returns-for-russias-national-champions-gazprom-and-rosneft/.

115 Natasha Bertrand, "Biden Looks to Appoint Special Envoy to Kill Russia- Germany Energy Pipeline," *Politico*, April 7, 2021, https://www.politico.com/news/2021/04/07/biden-envoy-nord-stream-2-479706.

116 Alden, "Fraying of US Global Currency."

117 Reuters Staff, "EU's Junker Wants Bigger Global Role for Euro," *Reuters*, September 12, 2018, https://www.reuters.com/article/us-eu-juncker-euro/eus-juncker-wants-bigger-global-role-for-euro-idUSKCN1LS0BK.

118 Kaelyn Forde, "What Are SDRs and Why Are They a Hot Topic at the IMF Meeting?" *Al Jazeera*, April 6, 2021, https://www.aljazeera.com/economy/2021/4/6/what-is-an-sdr.

119 Hess, "Monetary Sin."

120 Yves Smith, "Changes in Super Imperialism," mronline.com, February 9, 2021, https://

mronline.org/2021/02/09/michael-hudson-changes-in-super-imperialism/.

121 Steffen Murau, Joe Rini, and Armin Haas, "The evolution of the Offshore US- Dollar System: Past, Present and Four Possible Futures," *Journal of Institutional Economics* 16, no. 6 (May 6, 2020), https://www.cambridge.org/core/journals/journal-of-institutional-economics/article/evolution-of-the-offshore-usdollar-system-past-present-and-four-possible-futures/B36ED9082 CECE54F3F5B8E8F40D15148.

122 Jae Chia, "S'pore Sovereign Wealth Fund Temasek Holdings Said to Be Buying Bitcoin Since 2018," *MSN News*, March 26, 2021, https://www.msn.com/en-sg/news/singapore/spore-sovereign-wealth-fund-temasek-holdings-said-to-be-buying-bitcoin-since-2018/ar-BB1eZqbo.

123 "Bitcoin Is Key to an Abundant, Clean Energy Future," *Bitcoin Clean Energy Initiative Memorandum*, April 2021, https://assets.ctfassets.net/2d5q1td6cyxq/5mRjc9X5LTXFFihIlT t7QK/e7bcba47217b60423a01a357e036105e/BCEI_White_Paper.pdf; Douglas Broom, "5 Charts Show the Rapid Fall in Costs of Renewable Energy," *Energy Post*, November 16, 2020, https://energypost.eu/5-charts-show-the-rapid-fall-in-costs-of-renewable-energy/.

124 Virgil, *The Aeneid*, ed. Rhonda L. Kelley, trans. John Dryden, http://faculty.sgc.edu/rkelley/ The%20Aeneid.pdf.

125 Romain Dillet, "Crypto Company Anchorage Raises $80 Million After Getting Federal Banking Charter," *TechCrunch*, February 25, 2021, https://techcrunch.com/2021/02/25/crypto-company-anchorage-raises-80-million-after-getting-federal-banking-charter/.

126 John Authers, "Bitcoin Is Displacing Gold as an Inflation Hedge," *Bloomberg*, April 9, 2021, https://www.bloomberg.com/opinion/articles/2021-04-09/bitcoin-is-displacing-gold-as-an-inflation-hedge.

127 "Bitcoin Treasuries," *Buy Bitcoin Worldwide*, 2021.

128 Stephen Alpher, "New York Life CEO Ted Mathas Warms to Bitcoin - Joins NYDIG," *Seeking Alpha*, March 10, 2021, https://seekingalpha.com/news/3671187-new-york-life-ceo-ted-mathas-warms-to-bitcoin-joins-nydig.

129 Croesus BTC, "Am I Too Late for Bitcoin?" *Swan Bitcoin*, January 18, 2021, https://www. swanbitcoin.com/am-i-too-late-for-bitcoin/.

130 Anna Baydakova, "Bitcoin Dissidents: Those Who Need It Most," *CoinDesk*, December 8, 2020, https://www.coindesk.com/markets/2020/12/08/bitcoin-dissidents-those-who-need-it-most/.

131 "Current Membership of the Human Rights Council for the 15th Cycle, 1 January-21 December 2022" *United Nations Human Rights Council*, 2020, https://www.ohchr.org/EN/ HRBodies/HRC/Pages/CurrentMembers.aspx; "FATF Members and Observers," *FATF*, 2021,

https://www.fatf-gafi.org/about/membersandobservers/; Stephen Wade, "Rights groups target sponsors in protest over 2022 Beijing Olympics," *CBC*, February 25, 2021, https://www.cbc.ca/sports/olympics/olympics-beijing-2022-boycott-sponsors-1.5928953; Andrew Ross Sorkin et al., "Wall Street Returns to Riyadh," *New York Times*, January 25, 2021, https://www.nytimes.com/2021/01/25/business/dealbook/wall-street-saudi- arabia.html.

132 Bier, "Blocksize War."

133 "Our Top Charities," *GiveWell*, November 2021, https://www.givewell.org/charities/top-charities.

134 Jimmy Song, "The Future of Bitcoin Privacy: Cross-Input Signature Aggregation," *Bitcoin Tech Talk*, November 30, 2020, https://jimmysong.substack.com/p/the-future-of-bitcoin-privacy-cross.

135 Real Vision Finance, "The SPAC Apex, Market Memes, and the Biggest Opportunities in Tech (w/Josh Wolfe and Michael Green," *YouTube*, March 16, 2021, https://www.youtube.com/watch?v=8NGo5i6jbk0&ab_channel=RealVisionFinance.

136 "Remittances to El Salvador Rebound After Early Pandemic Drop," *AP News*, January 18, 2021, https://apnews.com/article/san-salvador-coronavirus-pandemic-el-salvador-1623416c0ddc7aa238911f8a422b6c8b; "Remittances in Central America: The Role of Cabei," *Central American Bank for Economic Integration*, 2021, https://www.bcie.org/fileadmin/user_upload/Remittances_in_Central_America_the_R ole_of_CABEI.pdf.

137 Aaron van Wirdum(@AaronvanW), "Just walked into a McDonald's in San Salvador to see if I could pay for my breakfast with bitcoin, tbh fully expecting to be told no. But low and behold, they printed a ticket with QR that took me to a webpage with Lightning invoice, and now I'm enjoying my desayuno traditional!" Twitter, September 7, 2021, 9:41 a.m., https://twitter.com/AaronvanW/status/1435236902274220040?s=20.

138 Aaron van Wirdum, "Chivo Demonstration with Thanks Mat Ahlborg (@esiattorney)," *YouTube*, September 10, 2021, https://www.youtube.com/watch?v=G-Q-CFirTLU.

139 Jose Miguel Vivanco, "Bukele ha puesto a El Salvador al borde del abismo autoritario. Hay que detenerlo," *New York Times Espanol*, September 8, 2021, https://www.nytimes.com/es/2021/09/08/espanol/opinion/bukele-reforma-judicial.html

140 Izalco, "Indigenas de El Salvador recuerdan la matanza de 1932 y claman por justicia," *Agencia EFE*, January 22, 2018, https://www.efe.com/efe/america/sociedad/indigenas-de-el-salvador-recuerdan-la-matanza-1932-y-claman-por-justicia/20000013-3500389.

141 Choetsow Tenzin, "A Caffeinated Crisis: An Unfiltered Look at the Struggles of the Coffee Industry in El Salvador," *Harvard International Review*, January 15, 2020, https://hir.harvard.

edu/a-caffeinated-crisis-an-unfiltered-look-at-the-struggles-of-the-coffee-industry-in-el-salvador/.

142 H. Paull, "Salvadoran Coffee: 10 Reasons Why the Industry Is in Decline - and How to Stop It?" *Perfect Daily Grind*, June 8, 2016, https://perfectdailygrind.com/2016/06/salvadoran-coffee-10-reasons-why-the-industry-is-in-decline-and-how-to-stop-it/.

143 Sarah Gammage, "El Salvador: Despite End to Civil War, Emigration Continues," *Migration Policy Institute*, July 26, 2007, https://www.migrationpolicy.org/article/el-salvador-despite-end-civil-war-emigration-continues.

144 History.com Editors, "United States Calls Situation in El Salvador a Communist Plot," *History. com*, February 19, 1981, https://www.history.com/this-day-in-history/united-states-calls-situation-in-el-salvador-a-communist-plot.

145 Raymond Bonner, "Time for a US Apology to El Salvador," *The Nation*, April 15, 2016, https://www.thenation.com/article/archive/time-for-a-us-apology-to-el-salvador/.

146 Bonner, "Time for a US Apology."

147 Matt Fratus, "A Brief History of the CIA in El Salvador During the 1980s," *Coffee or Die*, July 1, 2020, https://coffeeordie.com/cia-el-salvador/.

148 Raymond Bonner, "America's Role in El Salvador's Deterioration," *The Atlantic*, January 20, 2018, https://www.theatlantic.com/international/archive/2018/01/trump-and-el-salvador/550955/.

149 Jeremy Scahill, "U.S. Support for Military Dictatorship in El Salvador," *The Intercept*, April 27, 2021, https://theintercept.com/empire-politician/biden-el-salvador-reagan-military-junta/.

150 Bonner, "Time for a US Apology."

151 Bonner, "America's Role."

152 Marcia Towers and Silvia Borzutzky, "The Socioeconomic Implications of Dollarization in El Salvador," *Latin American Politics and Society* 46, no. 3 (Autumn 2004), https://www.jstor.org/stable/4141619.

153 Grammage, "El Salvador: Despite End to Civil War."

154 "From Madness to Hope: The 12-Year War in El Salvador," United States Institute of Peace, January 26, 2001, https://www.usip.org/sites/default/files/file/ElSalvador-Report.pdf.

155 Bonner, "Time for a US Apology."; Bonner, "America's Role."

156 Peter Canby, "Is El Salvador's President Trying to Shut Down a Hearing on the Infamous El Mozote Massacre?" *The New Yorker*, September 10, 2021, https://www.newyorker.com/news/

daily-comment/is-el-salvadors-president-trying-to-shut-down-a-hearing-on-the-infamous-el-mozote-massacre; Mark Danner, "The Truth of El Mozote," *The New Yorker*, December 6, 1993, http://www.markdanner.com/articles/the-truth-of-el-mozote.

157 Raymond Bonner, "Massacre of Hundreds Reported in Salvador Village," *New York Times*, January 27, 1982, https://www.nytimes.com/1982/01/27/world/massacre-of-hundreds-reported-in-salvador-village.html.

158 Bernard Weinraub, "Reagan Certifies Salvador for Aid," *New York Times*, July 28, 1982, https://www.nytimes.com/1982/07/28/world/reagan-certifies-salvador-for- aid.html.

159 "Salvadorans TPS to Expire," *Migration News* 2, no. 1 (January 1995), https://migration.ucdavis.edu/mn/more.php?id=512.

160 Julian Borger, "Fleeing a Hell the US Helped Create: Why Central Americans Journey North," *The Guardian*, December 19, 2018, https://www.theguardian.com/us-news/2018/dec/19/central-america-migrants-us- foreign-policy.

161 David Luhnow, "Latin America Is the Murder Capital of the World," *Wall Street Journal*, September 20, 2018, https://www.wsj.com/articles/400-murders-a-day-the-crisis-of-latin-america-1537455390.

162 Jonathan Watts, "One Murder Every Hour: How El Salvador Became the Homicide Capital of the World," *The Guardian*, August 22, 2015, https://www.wsj.com/articles/400-murders-a-day-the-crisis-of-latin-america-1537455390.

163 Watts, "One Murder Every Hour."

164 "Central America After Hurricane Mitch," *Consultative Group for the Reconstruction and Transformation of Central America*, October 26, 2005, https://web.archive.org/web/20051026083640/http:/www.iadb.org/regions/re2/consultative_group/backgrounder4.htm; USAID, "El Salvador: Earthquakes Final Fact Sheet, Fiscal Year (FY) 2001," *US Agency for International Development*, September 7, 2001, https://reliefweb.int/report/el-salvador/el-salvador-earthquakes-final-fact-sheet-fiscal-year-fy-2001.

165 Towers and Borzutzky, "Socioeconomic Implications."

166 Grammage, "El Salvador: Despite End to Civil War."

167 Towers and Borzutzky, "Socioeconomic Implications."

168 "Agrosocioeconomic Data," *Food and Agriculture Organization of the United Nations*, November 2001, https://www.fao.org/3/Y2784E/y2784e03.htm.

169 Towers and Borzutzky, "Socioeconomic Implications."

170 Marla Dickerson, "In El Salvador, the Dollar Is No Panacea," *Los Angeles Times*, August 4,

2007, https://www.latimes.com/archives/la-xpm-2007-aug-04-fi-dollarize4- story.html.

171 Alex Gladstein, "Fighting Monetary Colonialism with Open-Source Code," *Bitcoin Magazine*, September 21, 2021, https://bitcoinmagazine.com/culture/bitcoin-a-currency-of-decolonization.

172 Dickerson, "In El Salvador."

173 "Bitcoin World #2 - Bitcoin Youth Programme in El Salvador with Michael Peterson," *What Bitcoin Did*, December 24, 2019, https://www.whatbitcoindid.com/podcast/bitcoin-youth-programme-in-el-salvador-with-michael-peterson.

174 Tatiana Koffman, "This El Salvador Village Adopts Bitcoin as Money," *Forbes*, July 14, 2020, https://www.forbes.com/sites/tatianakoffman/2020/07/14/this-el-salvador-village-adopts-bitcoin-as-money/?sh=38769bc12044.

175 The Economist Staff, "El Salvador's Bitcoin Bro President Is Beloved and Dangeros," *The Economist*, September 9, 2021, https://www.economist.com/the-americas/2021/09/09/el-salvadors-bitcoin-bro-president-is-beloved-and-dangerous.

176 Canby, "Is El Salvador's President."

177 Enrique Miranda, "Autoritarismo pleno en reforma de Ulloa: se abre paso a partido unico," *ElSalvadore.com*, August 21, 2021, https://www.elsalvador.com/noticias/nacional/reformas-a-la-constitucion-felix-ulloa/871231/2021/.

178 The Economist Staff, "El Salvador's Bitcoin Bro."

179 Vivanco, "Bukele ha puesto."

180 Nelson Renteria, "El Salvador Ends Anti-Corruption Accord with OAS, Dismaying U.S.," *Reuters*, June 4, 2021, https://www.reuters.com/world/americas/salvadoran-attorney-general-ends-anti-corruption-accord-with-oas-2021-06-04/.

181 "On the Expulsion of Daniel Lizarraga," *El Faro*, July 8, 2021, https://elfaro.net/en/202107/columns/25598/On-the-Expulsion-of-Daniel-Liz%C3%A1rraga.htm.

182 Carlos Dada (@CarlosDada), "Bitcoin has been impossed on an impoverished population by an opaque, authoritarian and corrupt government," Twitter, September 8, 2021, 6:05 p.m., https://twitter.com/CarlosDada/status/1435726017205874691?s=20.

183 Canby, "Is El Salvador's President."

184 Ned Pride, "Salvadoran Re-Election Ruling Undermines Democracy," *U.S. Department of State*, September 5, 2021, https://www.state.gov/salvadoran-re-election-ruling-undermines-democracy/.

185 The Economist Staff, "El Salvador's Bitcoin Bro."

186 Fabienne Lang, "El Salvador Plans on Harnessing Volcanic Energy to Mine Bitcoin," *Interesting Engineering*, June 14, 2021, https://interestingengineering.com/el-salvador-to-harness-volcanic-energy-for-bitcoin.

187 Jessica Guzman, "Poblacion rechaza adopcion del Bitcoin," *ElSalvadore.com*, September 2, 2021, https://www.elsalvador.com/noticias/negocios/poblacion-rechaza-adopcion-bitcoin-encuesta-uca/875175/2021/.

188 Simon Kemp, "Digital 2021: El Salvador," *DataReportal*, February 11, 2021, https://datareportal.com/reports/digital-2021-el-salvador.

189 Alex Gladstein (@gladstein), "Flawless experience using @MuunWallet here in El Zonte to buy all sorts of things with Bitcoin. If you visit, make sure to stop by for a coffee with Karla, an excellent barista. You can tip her instantly from anywhere in the world with Lightning here: https://strike.me/karla," Twitter, September 2, 2021, 5:48 p.m., https://twitter.com/gladstein/status/1433547324991623169?s=20.

190 Fanny Pigeaud and Ndongo Samba Sylla, *Africa's Lost Colonial Currency* (London: Pluto Press, 2021).

191 "Metropole," *Wikipedia*, https://en.wikipedia.org/wiki/Metropole.

192 Rene Coty, "Constitution de la Republique et de la Communaute, 4 octobre 1958," https://www.senat.fr/evenement/revision/texte_originel.html#XII.

193 Ndongo Samba Sylla, "The Franc Zone, a Tool of French Neocolonialism in Africa," *Jacobin Magazine*, January 6, 2020, https://www.jacobinmag.com/2020/01/franc-zone-french-neocolonialism-africa.

194 Kimberly Amadeo, "Real GDO Per Capita, How to Calculate It, and Date Since 1947," *The Balance*, September 17, 2020, https://www.thebalance.com/real-gdp-per-capita-how-to-calculate-data-since-1946-3306028; "Ivory Coast GDP per Capita," *Trading Economics*, https://tradingeconomics.com/ivory-coast/gdp-per-capita.

195 Allen Farrington, "The Capital Strip Mine," *Medium*, January 16, 2021, https://allenfarrington.medium.com/the-capital-strip-mine-ec627e9fe40a.

196 "'We Must Unite Now or Perish' - President Kwame Nkrumah," *New African*, May 3, 2014, https://newafricanmagazine.com/3721/.

197 Leon Dash, "Guinea's Longtime President, Ahmed Sekou Toure, Dies," *Washington Post*, March 28, 1984, https://www.washingtonpost.com/archive/local/1984/03/28/guineas-longtime-president-ahmed-sekou-toure-dies/18f31685-878c-4759-8028-3bef7fbc568b/?utm_

term=.2035e3d7b762.

198 Maurice Robert, "'Ministre' de l'Afrique," *Politique etrangere*, no. 1 (2005): pp. 200-203.

199 Albert Savana, "The Malian Franc: From the Jump to the Ups and Downs," *Kapital Afrik*, September 28, 2020, https://www.kapitalafrik.com/2020/09/28/the-malian-franc-from-the-jump-to-the-ups-and-downs/.

200 Pigeaud and Sylla, *Africa's Lost Colonial*.

201 Melissa Mahtani, "Faure Must Go: How One Togolese Woman Is Risking Her Life to End the 50-Year Gnassingbe Dynasty," *CNN*, June 13, 2018, https://www.cnn.com/2018/06/13/africa/farida-nabourema-togo-activist/index.html.

202 "ECOWAS: West African bloc aims to launch single currency in 2027," *DW*, https://www.dw.com/en/ecowas-west-african-bloc-aims-to-launch-single-currency-in-2027/a-57970299,

203 Angelique Chrisafis, "Macron Launches Drive to Boost French Language Around World," *The Guardian*, March 20, 2018, https://www.theguardian.com/world/2018/mar/20/macron-launches-drive-to-boost-french-language-around-world; Lydia Smith, "Emmanuel Macron Vows to Make French the World's First Language," *Independent*, November 30, 2017, https://www.independent.co.uk/news/world/europe/emmanuel-macron-french-language-france-president-world-first-africa-burkina-faso-a8084586.html.

204 "Why the Future of French Is African," *BBC News*, April 8, 2019, https://www.bbc.com/news/world-africa-47790128.

205 Sandrine Blanchard, Eric Topona, and Frejus Quenum, "Why France Is Backing Chad's New Leader, Mahamat Idriss Deby," *DW*, https://www.dw.com/en/why-france-is-backing-chads-new-leader-mahamat-idriss-deby/a-57316728.

206 "In Tribute to Friend Deby, Macron Says France Will Not Tolerate Threats to Chad," *Reuters*, April 23, 2021, https://www.reuters.com/world/africa/french-president-macron-says-he-will-not-let-anybody-threaten-chad-2021-04-23/.

207 Shweta Desai, "France Calls Mali Coup 'Unacceptable,' Threatens Sanctions," *Anadolu Agency*, May 25, 2021, https://www.aa.com.tr/en/europe/france-calls-mali-coup-unacceptable-threatens-sanctions/2254140.

208 Nakamoto, "Bitcoin: Peer-to-Peer Electronic."

209 "Personal Remittances, Received (% of GDP), Sub-Saharan Africa," *World Bank*, https://data.worldbank.org/indicator/BX.TRF.PWKR.DT.GD.ZS?locations=ZG.

210 "Remittance Prices Worldwide Quarterly, Issue 37" *World Bank*, March 2021, https://remittanceprices.worldbank.org/sites/default/files/rpw_main_report_and_annex_q121_final.

pdf.

211 Michael J. Saylor, The Mobile Wave: How Mobile Intelligence Will Change Everything (New York City: Vanguard Press, 2012).

212 "El Salvador: Country Commercial Guide," November 4, 2021, https://www.trade.gov/country-commercial-guides/el-salvador-market-overview.

213 "Our Mission, Journalism, and Editorial Independence," Radio Free Europe/Radio Liberty, https://pressroom.rferl.org/about-us.

214 Sylla, "Franc Zone."

215 Joseph Tchundjang Pouemi, Monnaie, Servitude et Liberte: La Repression Monetaire de l'Afrique (Paris: Editions J.A, 1980).

216 Larry White, "Defending Dollarization in Ecuador," Alt-M, December 4, 2014, https://www.alt-m.org/2014/12/04/defending-dollarization-in-ecuador/.

217 Rodrigo Campos, "World Bank Rejects EL Salvador Request for Help on Bitcoin Implementation," Reuters, June 16, 2021, https://www.reuters.com/business/el- salvador-keep-dollar-legal-tender-seeks-world-bank-help-with-bitcoin-2021-06-16/.

218 "Thousands Descend on Miami to Glorify Bitcoin," New York Times, June 5, 2021, https://www.nytimes.com/2021/06/05/technology/miami-worship-bitcoin.html.

219 "Gaza Bombing Map Explorer," Earth Engine Apps, June 4, 2021, https://coscher510.users.earthengine.app/view/gazabombing.

220 Steven Erlanger, "Victory Ends 40 Years of Political Domination by Arafat's Party," New York Times, January 26, 2006, https://www.nytimes.com/2006/01/26/international/middleeast/victory-ends-40-years-of-political-domination-by.html.

221 "What Is Hamas? Who Supports Hamas? What You Need to Know," DW, https://www.dw.com/en/who-is-hamas/a-57537872.

222 "Gaza Rapid Damage and Needs Assessment," World Bank, June 2021, https://unsco.unmissions.org/sites/default/files/gaza_rapid_damage_and_needs_assess ment_july_2021_1.pdf.

223 "Gaza in 2020: A Liveable Place?" United Nations Relief and Works Agency, August 28, 2012, https://www.unrwa.org/newsroom/press-releases/gaza-2020- liveable-place.

224 "Gaza Rapid Damage," World Bank.

225 "West Bank and Gaze," International Monetary Fund, August 31, 2017, https://www.imf.org/-/media/Files/Publications/CR/2017/091117WBG.ashx [download]

226 "Fertility Rate, Total (Births per Woman): West Bank and Gaze," *World Bank*, https://data.worldbank.org/indicator/SP.DYN.TFRT.IN?locations=PS.

227 "The Economic Costs of the Israeli Occupation for the Palestinian People," *United Nations Conference on Trade and Development*, September 2020, https://unctad.org/system/files/official-document/gdsapp2020d1_en.pdf.

228 Alaa Tartir, Tariq Dana, and Timothy Seidel, *Political Economy of Palestine: Critical, Interdisciplinary, and Decolonial Perspectives* (London: Palgrave Macmillan, 2021).

229 Ari Rabinovitch and Nidal Al-mughrabi, "Gas to Gaza? The Pipeline That Might Provide a Lifeline," *Reuters*, February 23, 2021, https://www.reuters.com/business/energy/gas-gaza-pipeline-that-might-provide-lifeline-2021-02-23/.

230 Tartir, Dana, and Seidel, *Political Economy of Palestine*.

231 "Israeli Occupation Cost Gaza $16.7 Billion in Past Decade: *UNCTAD* Estimates," UNCTAD, November 25, 2020, https://unctad.org/news/israeli-occupation-cost-gaza-167-billion-past-decade-unctad-estimates.

232 Sara Roy, "The Gaze Strip: A Case of Economic De-Development," *Journal of Palestine Studies* 17, no. 1 (Autumn 1987), https://www.jstor.org/stable/2536651.

233 Tartir, Dana, and Seidel, *Political Economy of Palestine*.

234 "Blinken Pledges $75m in US Assistance to Palestinians," *Al Jazeera*, May 25, 2021, https://www.aljazeera.com/news/2021/5/25/netanyahu-vows-very-powerful-response-if-ceasefire-broken.

235 Fares Akram and Joseph Krauss, "Palestinians See Victory in Gaza Truce as Israel Warns Hamas," *AP News*, May 21, 2021, https://apnews.com/article/africa-middle-east-israel-palestinian-conflict-health-coronavirus-pandemic- 41d515a273b54187d429887a3ae9d9e8.

236 Tartir, Dana, and Seidel, *Political Economy of Palestine*.

237 Omar Shakir, "A Threshold Crossed," *Human Rights Watch*, April 27, 2021, https://www.hrw.org/report/2021/04/27/threshold-crossed/israeli-authorities-and-crimes-apartheid-and-persecution.

238 Tartir, Dana, and Seidel, *Political Economy of Palestine*.

239 Tartir, Dana, and Seidel, *Political Economy of Palestine*.

240 Shir Hever, The *Political Economy of Israel's Occupation: Repression Beyond Exploitation* (London: Pluto Press, 2010).

241 Tartir, Dana, and Seidel, *Political Economy of Palestine*.

242 Tartir, Dana, and Seidel, *Political Economy of Palestine*.

243 Hever, *Political Economy of Israel's Occupation*.

244 Steven A. Barnett, "4. Monetary Policy in the West Bank and Gaza Strip in the Absence of a Domestic Currency," In *The Economy of West Bank and Gaza* (USA: International Monetary Fund, 1998), https://doi.org/10.5089/9781557757258.071.ch004.

245 The New Arab Staff, "Tel Aviv Seeking Revival of Oslo Era Palestine-Israel Economic Cooperation Board," *The New Arab*, July 6, 2021, https://english.alaraby.co.uk/news/palestine-israel-economic-cooperation-board-be-revived.

246 "Palestinian Captive Market," *Who Profits*, https://www.whoprofits.org/involvement/palestinian-captive-market/.

247 "Area C and the Future of the Palestinian Economy," *World Bank*, https://openknowledge.worldbank.org/bitstream/handle/10986/18930/893700PUB0978100Box385270B00PUBLIC0.pdf.

248 Tartir, Dana, and Seidel, *Political Economy of Palestine*.

249 "$48 Billion Is the Estimated Revenue Loss by Palestine from 2000-2017 Due to Occupation," *UNCTAD*, December 2, 2019, https://unctad.org/news/48-billion-estimated-revenue-loss-palestine-2000-2017-due-occupation.

250 Hever, *Political Economy of Israel's Occupation*.

251 Hever, *Political Economy of Israel's Occupation*.

252 Tzipi Hotovely, "Where Does All That Aid for Palestinians Go?" *Wall Street Journal*, January 24, 2016, https://www.wsj.com/articles/where-does-all-that-aid-for-palestinians-go-1453669813.

253 Nikki Tillekens, "71% of Aid to the Palestinians Ends Up in the Israeli Economy," *Mronline*, September 30, 2010, https://mronline.org/2010/09/30/71-of-aid-to-the-palestinians-ends-up-in-the-israeli-economy/.

254 "U.S. Foreign Aid to Israel: Total Aid (1949-Present)," Jewish Virtual Library, 2021, https://www.jewishvirtuallibrary.org/total-u-s-foreign-aid-to-israel-1949- present; "Israel Trade Balance, Exports and Imports by Country 2019," *WITS*, 2019, https://wits.worldbank.org/CountryProfile/en/Country/ISR/Year/LTST/TradeFlow/EXPIMP/Partner/by-country.

255 Hever, *Political Economy of Israel's Occupation*.

256 Tartir, Dana, and Seidel, *Political Economy of Palestine*.

257 Matt Rees, "Where's Arafat's Money?" *TIME*, November 14, 2004, http://content.time.com/

time/magazine/article/0,9171,782141,00.html; Tricia McDermott, "Arafat's Billions," *CBS News*, November 7, 2003, https://www.cbsnews.com/news/arafats-billions/; Jon Henley, "Why Was €1m a Month Sent to Arafat's Wife?" *The Guardian*, February 12, 2004, https://www.theguardian.com/world/2004/feb/12/france.israel.

258 Yoni Ben Menachem, "The Businesses of Mahmoud Abbas and His Sons," *Jerusalem Center for Public Affairs*, September 14, 2016, https://jcpa.org/article/the-businesses-of-mahmoud-abbas-and-his-sons/.

259 Ziva Dahl, "Palestinian Kleptocracy: West Accepts Corruption, People Suffer the Consequences," *The Hill*, November 15, 2016, https://thehill.com/blogs/congress- blog/foreign-policy/306179-palestinian-kleptocracy-west-accepts-corruption-people.

260 Menachem, "Businesses of Mahmoud Abbas."

261 Dahl, "Palestinian Kleptocracy."

262 Yara Hawari, "Money Can't 'Fix' Palestine's Occupied Economy," *Al Jazeera*, January 27, 2020, https://www.aljazeera.com/opinions/2020/1/27/money-cant-fix-palestines-occupied-economy.

263 Tartir, Dana, and Seidel, *Political Economy of Palestine*.

264 Tartir, Dana, and Seidel, *Political Economy of Palestine*.

265 Hawari, "Money Can't 'Fix'."

266 Tartir, Dana, and Seidel, *Political Economy of Palestine*.

267 Tartir, Dana, and Seidel, *Political Economy of Palestine*.

268 Tartir, Dana, and Seidel, *Political Economy of Palestine*.

269 Tartir, Dana, and Seidel, *Political Economy of Palestine*.

270 "The Separation Barrier," *B'Tselem*, November 11, 2017, https://www.btselem.org/separation_barrier.

271 "A Regime of Jewish Supremacy from the Jordan River to the Mediterranean Sea: This Is Apartheid," *B'Tselem*, January 12, 2021, https://www.btselem.org/publications/fulltext/202101_this_is_apartheid.

272 "Area C and the Future," *World Bank*.

273 "Israeli Solar Fields in the West Bank," *Who Profits*, January 2017, https://www.whoprofits.org/infographics/israeli-solar-fields-in-the-west-bank/; "The Occupation of Water," *Amnesty International*, November 29, 2017, https://www.amnesty.org/en/latest/campaigns/2017/11/the-occupation-of-water/.

274 "COVID-19 Devastates Palestine's Shattered Economy," *UNCTAD*, September 8, 2020, https://unctad.org/fr/node/27712.

275 "Area C and the Future," *World Bank*.

276 "Regime of Jewish Supremacy," *B'Tselem*.

277 "A Private Israeli Firm Has Helped Governments Hack Journalists and Human Rights Advocates," *Washington Post*, July 15, 2021, https://www.washingtonpost.com/nation/2021/07/15/private-israeli-firm-has-helped-governments-hack-journalists-human-rights-advocates/; Oded Yaron, "Cellebrite Used to 'Violate Human Rights,' Stop Their IPO, Rights Groups Urge," *Haaretz*, July 13, 2021, https://www.haaretz.com/israel-news/tech-news/.premium-cellebrite-used-to-violate-human-rights-stop-their-ipo-rights-groups-urge-1.9995469; Grace Woodruff, "What We Know About the Secretive Company Behind the Pegasus Spy Software," *Future Tense*, July 20, 2021, https://slate.com/technology/2021/07/nso-group-pegasus-spyware.html.

278 "Regime of Jewish Supremacy," *B'Tselem*.

279 "Loss of Land Map," *Palestine Portal*, January 2017, https://www.palestineportal.org/wp-content/uploads/2017/01/LossOfLandMapCard.png.

280 Greg Myre and Larry Kaplow, "7 Things To Know About Israeli Settlements," *NPR*, December 29, 2016, https://www.npr.org/sections/parallels/2016/12/29/507377617/seven-things-to-know-about-israeli-settlements; Joseph Krauss, "Israeli Settler Population Surged During Trump Era," *AP News*, January 27, 2021, https://apnews.com/article/race-and-ethnicity-israel-coronavirus-pandemic-west-bank-jerusalem-c43de2ad0da01ef3d9b174691290338d.

281 Shalini Nagarajan, "Israel Is Seizing Cryptocurrency Wallets from the Palestinian Militant Group Hamas, Which Has Been Using Them to Raise Funds from Donors Worldwide," *Insider*, July 10, 2021, https://www.businessinsider.com/israel-hamas-crypto-wallet-seizure-order-palestinian-militant-gaza-strip-2021-7.

282 "Top Fiat Currencies by Market Capitalization," *Fiat Market Cap*, https://fiatmarketcap.com/.

283 Tartir, Dana, and Seidel, *Political Economy of Palestine*.

284 TOI Staff, "Defense Ministry Starts Seizing Bitcoin Being Used by Hamas," *Times of Israel*, July 9, 2021, https://www.timesofisrael.com/defense-ministry-starts-seizing-bitcoin-being-used-by-hamas/.

285 "Buy Bitcoin Instantly in Palestine," *Paxful*, https://paxful.com/buy/bitcoin/palestine.

286 "Population of Palestine," *Fanack*, August 10, 2020, https://fanack.com/palestine/population-of-palestine/; Kemp, "Digital 2021: Palestine."

287 Inigo Alexander, "El Salvador: A Pro-Israel President of Palestinian Descent Deepens Divide Among Diaspora," *Middle East Eye*, June 16, 2021, https://www.middleeasteye.net/news/israel-palestine-el-salvador-gaza-solidarity-president-diaspora-divide.

288 Alexander, "El Salvador: Pro-Israel President."

289 Jonathan Lis, "Israel, Palestinian Authority to Form Joint Committee for Economic Ventures," *Haaretz*, July 6, 2021, https://www.haaretz.com/israel-news/.premium-israel-palestinian-authority-to-form-joint-committee-for-economic-ventures-1.9972291.

290 Lis, "Israel, Palestinian Authority."

291 Manus Cranny and Gwen Ackerman, "Palestinian Monetary Authority Eyes Digital Currency Launch," *Bloomberg*, June 24, 2021, https://www.bloomberg.com/news/articles/2021-06-24/palestinian-monetary-authority-mulls-digital-currency-launch.

292 Boaz Sobrado, "A Day Using Money in Cuba," *Boaz Sobrado*, May 22, 2020, http://boazsobrado.com/blog/2020/05/22/a-day-using-money-in-cuba/.

293 "Uprising on Havana's Malecon 20 Years Ago Set Off Exodus," *Miami Herald*, August 4, 2014, https://www.miamiherald.com/news/local/community/miami-dade/article1978451.html.

294 Associated Press, "Protesters Battle Police in Havana; Castro Warns U.S.," *New York Times*, August 6, 2021, https://www.nytimes.com/1994/08/06/world/protesters-battle-police-in-havana-castro-warns-us.html.

295 Steve Holland, "White House May Ease Ban on Remittances as Part of Cuba Review," *Reuters*, July 14, 2021, https://www.reuters.com/world/americas/white-house-may-ease-ban-remittances-part-cuba-review-sources-2021-07-14/.

296 Anthony DePalma, *The Cubans: Ordinary Lives in Extraordinary Times* (New York City: Viking, 2020).

297 Jorge I. Dominguez, "What You Might Not Know About the Cuban Economy," *Harvard Business Review*, August 17, 2015, https://hbr.org/2015/08/what-you-might-not-know-about-the-cuban-economy.

298 DePalma, *The Cubans*.

299 Sobrado, "Day Using Money in Cuba."

300 "The Sounds That Haunted U.S. Diplomats in Cuba? Lovelorn Crickets, Scientists Say," *New York Times*, January 4, 2019, https://www.nytimes.com/2019/01/04/science/sonic-attack-cuba-crickets.html.

301 Sobrado, "Day Using Money in Cuba."

302 Sobrado, "Day Using Money in Cuba."

303 "Cuban Revolution," *Encyclopedia Britannica*, July 19, 2021, https://www.britannica.com/event/Cuban-Revolution/.

304 "The Republic of Cuba," *Encyclopedia Britannica*, April 29, 2021, https://www.britannica.com/place/Cuba/The-Republic-of-Cuba.

305 Armando Valladares, *Against All Hope: A Memoir of Life in Castro's Gulag* (New York City: Encounter Books, 2001).

306 DePalma, The Cubans.

307 John Lee Anderson, *Che Guevara: A Revolutionary Life* (New York City: Grove Press, 2010).

308 "National Evolution and Soviet Influence," *Encyclopedia Britannica*, April 29, 2021, https://www.britannica.com/place/Cuba/National-evolution-and-Soviet- influence.

309 History.com Editors, "Fidel Castro Announces Mariel Boatlift, Allowing Cubans to Emigrate to U.S.," *History.com*, April 20, 1980, https://www.history.com/this-day-in-history/castro-announces-mariel-boatlift.

310 DePalma, *The Cubans*; Sobrado, "Day Using Money in Cuba."

311 DePalma, *The Cubans*.

312 Sarah Marsh, "An Island Without Fish? Cuba Aims to Tackle Problem with Law Overhaul," *Reuters*, August 27, 2019, https://www.reuters.com/article/us-cuba-fishing-idUSKCN1VH15Y.

313 Marsh, "Island Without Fish?"

314 "Cuban Peso," *OANDA*, https://www1.oanda.com/currency/iso-currency- codes/CUP.

315 Sobrado, "Day Using Money in Cuba."

316 DePalma, *The Cubans*.

317 Marc Frank, "Cuba Still Battling Cholera a Year After First Cases Reported," *Reuters*, August 22, 201.3, https://www.reuters.com/article/us-cuba-cholera- idUSBRE97L0YJ20130822.

318 Adrian Florido, "End Of 'Wet-Foot, Dry-Foot' Means Cubans Can Join Ranks Of 'Undocumented'," *NPR*, January 15, 2017, https://www.npr.org/sections/codeswitch/2017/01/15/509895837/end-of-wet-foot-dry-foot-means-cubans-can-join-ranks-of-the-undocumented?t=1628632303402.

319 "Cuba," *Freedom House*, 2021, https://freedomhouse.org/country/cuba.

320 "Freedom in the World 2021: Cuba," *Freedom House*, https://freedomhouse.org/country/cuba/

freedom-world/2021.

321 "Cuban-Exile Community Worries and Mobilizes to Support Loved Ones on the Island," *Washington Post*, August 8, 2021, https://www.washingtonpost.com/national/cuban-exile-community-worries-and- mobilizes-to-support-loved-ones-on-the-island/2021/08/08/c3f6e54a-f6c7-11eb-9738- 8395ec2a44e7_story.html.

322 "The Movimiento San Isidro Challenges Cuba's Regime," *The Economist*, December 3, 2020, https://www.economist.com/the-americas/2020/12/03/the-movimiento-san-isidro-challenges-cubas-regime.

323 "'A Powder Keg About to Explode': Long Marginalized Afro Cubans at Forefront of Island's Unrest," *Washington Post*, July 19, 2021, https://www.washingtonpost.com/world/2021/07/19/cuba-protests-afro-cubans/.

324 Maurice Vicent, "Cuba and the US Return to the Era of Confrontation," *El Pais*, May 31, 2021, https://english.elpais.com/usa/2021-05-31/cuba-and-the-us-return-to-the-era-of-confrontation.html.

325 "A Death and Desperation in Sanctions-Hit Cuba," *The Guardian*, July 18, 2021, https://www.theguardian.com/world/2021/jul/18/a-death-and-desperation-in-sanctions-hit-cuba.

326 DePalma, *The Cubans*.

327 Ciara Nugent, "How Doctors Became Cuba's Biggest Export," *TIME*, November 30, 2018, https://time.com/5467742/cuba-doctors-export-brazil/.

328 "Cuba to Withdraw Doctors from Brazil After Bolsonaro Snub," *Reuters*, November 14, 2018, https://www.reuters.com/article/us-brazil-cuba-doctors- idUSKCN1NJ2B6.

329 Associated Press, "Because of Trump Sanctions, Western Union Remittances Come to an End in Cuba," *NBC News*, November 24, 2020, https://www.nbcnews.com/news/latino/because-trump-sanctions-western-union-remittances-come-end-cuba-n1248790.

330 Sarah Marsh, "The Facebook Group that Staged First in Cuba's Wave of Protests," *Reuters*, August 9, 2021, https://www.reuters.com/world/americas/facebook-group-that-staged-first-cubas-wave-protests-2021-08-09/.

331 Antonio Garcia Martinez, "Inside Cuba's D.I.Y. Internet Revolution," *Wired*, July 26, 2017, https://www.wired.com/2017/07/inside-cubas-diy-internet-revolution/.

332 Kevin Litpak and Paul LeBlanc, "Biden Orders Review of Remittances to Cuba," *CNN*, July 20, 2021, https://edition.cnn.com/2021/07/19/politics/cuba-remittances-biden/index.html.

333 Jose Marti, "Rights are to be taken, not requested; seized, not begged for," *AZ Quotes*, https://www.azquotes.com/quote/879358.

334 Sheryl Sandberg, "The 2013 TIME 100: Roya Mahboob," *TIME*, April 18, 2013, https://time100.time.com/2013/04/18/time-100/slide/roya-mahboob/.

335 u/moejoe13, "Whats an average salary in Kabul," Reddit, September 1, 2020, 1:33 a.m., https://www.reddit.com/r/Afghan/comments/ikeloo/whats_an_average_salary_in_kabul/.

336 Chainalysis Team, "The 2021 Global Crypto Adoption Index: Worldwide Adoption Jumps Over 880% With P2P Platforms Driving Cryptocurrency Usage in Emerging Markets," *Chainalysis*, October 14, 2021, https://blog.chainalysis.com/reports/2021-global-crypto-adoption-index/.

337 "Afghanistan Faces an Economic Crisis, as well as a Humanitarian One," *Financial Times*, August 24, 2021, https://www.ft.com/content/6395d167-3175-4332-8329-ae1478c616ca; "Nearly 20 Years of War, 10 Days to Fall: Afghanistan, by the Numbers," *Washington Post*, August 20, 2021, https://www.washingtonpost.com/world/2021/08/20/afghanistan-war-key-numbers/.

338 Tate Ryan-Mosley, Charlotte Jee, and Eileen Guo, "Afghanistan Had a Plan to Free Itself from Cash. Now It Risks Running Out," *Technology Review*, August 20, 2021, https://www.technologyreview.com/2021/08/20/1032344/afghanistan-cash-crisis-digital-money/.

339 "Afghanistan Faces an Economic Crisis," *Financial Times*.

340 Anwar Iqbal, "WV Follows IMF, US in Stopping Aid to Afghanistan," *Dawn*, August 26, 2021, https://www.dawn.com/news/1642683/wb-follows-imf-us-in-stopping-aid-to-afghanistan.

341 Tom Arnold, "Western Union Suspends Services in Afghanistan," *Reuters*, August 19, 2021, https://www.reuters.com/business/western-union-suspends-services- afghanistan-2021-08-19/; Cyrus Farivar and Jacob Ward, "Afghanistan Braces for Even Greater Financial Disaster," *NBC News*, August 18, 2021, https://www.nbcnews.com/business/business-news/afghanistan-braces-even-greater-financial-disaster-n1277032; Clarissa-Jan Lim, "Organizers of a GoFundMe to Help Queer and Trans Afghans Say the Platform Won't Allow Them to Access the Money," *BuzzFeed News*, August 18, 2021, https://www.buzzfeednews.com/article/clarissajanlim/gofundme-fundraiser-afghanistan-queer-trans.

342 Arnold, "Western Union Suspends."

343 Ryan-Mosley, Jee, and Guo, "Afghanistan Had a Plan."

344 Ryan-Mosley, Jee, and Guo, "Afghanistan Had a Plan."

345 "Afghanistan Faces an Economic Crisis," *Financial Times*.

346 "Afghanistan Faces an Economic Crisis," *Financial Times*.

347 "Why Afghanistan's Economic Distress May Be Taliban's Biggest," *Times of India*, August 23, 2021, https://timesofindia.indiatimes.com/business/international-business/why-afghanistans-economic-distress-may-be-talibans-biggest-challenge/articleshow/85514068.cms.

348 Tom Arnold and Krisztian Sandor, "Crisis Pushes Afghanistan's Economy Closer to the Brink," *Reuters*, August 20, 2021, https://www.reuters.com/world/asia-pacific/crisis-pushes-afghanistans-economy-closer-brink-2021-08-20/.

349 "Afghanistan Faces an Economic Crisis," *Financial Times*.

350 Saad Hasan, "How an Australian Held Hostage by the Taliban Converted to Islam," *TRTWorld*, January 28, 2021, https://www.trtworld.com/magazine/how-an-australian-held-hostage-by-the-taliban-converted-to-islam-43681.

351 Allen Farrington, "Bitcoin Is Halal," *Medium*, February 20, 2021, https://allenfarrington.medium.com/bitcoin-is-halal-4a8f0560c3d0.

352 Katanga Johnson and Anthony Esposito, "Afghan All-Girl Robotics Team Members, Journalists Land in Mexico," *Reuters*, August 25, 2021, https://www.reuters.com/world/afghan-all-girl-robotics-team-members-land-mexico-2021-08-25/.

353 Kemp, "Digital 2021: Afghanistan"; Mir Haidar Shah Omid, "Ministry Confirms 90% of Afghans Live Below Poverty Line," *ToOLOnews Reporter*, July 20, 2020, https://tolonews.com/business/ministry-confirms-90-afghans-live-below-poverty-line.

354 Atefa Alizada and Amie Ferris-Rotman, "The U.S. Is Leaving Afghanistan, the Taliban Is Growing in Power, and Education for Girls and Women Is Already at Risk," *TIME*, July 7, 2021, https://time.com/6078072/afghanistan-withdrawal-taliban-girls-education/.

355 Mychael Schnell, "Afghan Ambassador Says Ghani Stole Millions, Calls for Arrest," *The Hill*, August 18, 2021, https://thehill.com/policy/international/568433-afghan-ambassador-says-ghani-stole-millions-calls-for-arrest.

356 "Costs of War: Afghan Civilians," *Watson Institute International and Public Affairs*, April 2021, https://watson.brown.edu/costsofwar/costs/human/civilians/afghan.

357 "Nearly 20 Years of War," *Washington Post*; Ellen Knickmeyer, "Costs of the Afghanistan War, in Lives and Dollars," *AP News*, August 17, 2021, https://apnews.com/article/middle-east-business-afghanistan-43d8f53b35e80ec18c130cd683e1a38f.

358 Knickmeyer, "Costs of the Afghanistan War."

359 Adam Andrzejewski, "Staggering Costs - U.S. Military Equipment Left Behind In Afghanistan," *Forbes*, August 23, 2021, https://www.forbes.com/sites/adamandrzejewski/2021/08/23/staggering-costs-us-military-equipment-left-behind-in-afghanistan/?sh=13c8c05741db.

360 C. Christine Fair, "Pakistan and the United States Have Betrayed the Afghan People," *Foreign Policy*, August 16, 2021, https://foreignpolicy.com/2021/08/16/pakistan-united-states-afghanistan-taliban/.

361 Roxana Tiron and Paul Murphy, "Biden's Afghan Exit Alarms Contractors Who Outnumber U.S. Troops," *Bloomberg Law*, April 23, 2021, https://news.bloomberglaw.com/federal-contracting/bidens-afghan-exit-alarms-contractors-who-outnumber-u-s-troops.

362 Seth J. Frantzman, "The Afghan Gov't Overthrown by Taliban Never Existed," *Jerusalem Post*, August 19, 2021, https://www.jpost.com/middle-east/the-afghan-govt-overthrown-by-taliban-never-existed-source-677178.

363 Philip Gourevitch, "Alms Dealers," *The New Yorker*, October 4, 2010, https://www.newyorker.com/magazine/2010/10/11/alms-dealers.

364 Wolfgang Fengler and Homi Kharas, *Delivering Aid Differently* (Washington DC: Brookings Institution Press, 2010).

365 Fengler and Kharas, *Delivering Aid Differently*.

366 George Ingram, "What Every American Should Know About US Foreign Aid," *Brookings*, October 15, 2019, https://www.brookings.edu/policy2020/votervital/what-every-american-should-know-about-us-foreign-aid/.

367 Sean Ross, "What Are the Different Types of Foreign Aid?" *Investopedia*, August 16, 2021, https://www.investopedia.com/articles/investing/082616/what-are-different-types-foreign-aid.asp.

368 M. G. Guibria, "Foreign Aid and Corruption: Anti-Corruption Strategies Need Greater Alignment with the Objective of Aid Effectiveness," *Georgetown Journal of International Affairs*, December 28, 2017, https://www.georgetownjournalofinternationalaffairs.org/online-edition/2017/12/22/foreign-aid-and-corruption-anti-corruption-strategies-need-greater-alignment-with-the-objective-of-aid-effectiveness.

369 Ollie A. Williams, "Corrupt Elites Siphon Aid Money Intended for World's Poorest," *Forbes*, February 20, 2020, https://www.forbes.com/sites/oliverwilliams1/2020/02/20/corrupt-elites-siphon-aid-money-intended-for-worlds-poorest/?sh=502e79c15658; Fengler and Kharas, *Delivering Aid Differently*.

370 Williams, "Corrupt Elites Siphon Aid."

371 "Secretary-General's Closing Remarks at High-Level Panel on Accountability, Transparency and Sustainable Development," *United Nations*, July 9, 2012, https://www.un.org/sg/en/content/sg/statement/2012-07-09/secretary-generals-closing-remarks-high-level-panel-accountability.

372   Simon Parrish, Marc J. Cohen, and Tigist Mekuria, "Tracing US Development Flows," *Oxfam*, January 2018, https://oxfamilibrary.openrepository.com/bitstream/handle/10546/620404/rr-tracing-us-development-aid-ghana-050118-en.pdf;jsessionid=6E51B8527EFBAAF992FFD86 CF5A20768?sequence=1.

373   "How Can We Help the World's Poor?" *New York Times*, November 22, 2009, https://www.nytimes.com/2009/11/22/books/review/Kristof-t.html.

374   Guibria, "Foreign Aid and Corruption."

375   Daniel Maxwell et al., "Preventing Corruption in Humanitarian Assistance," *Feinstein International Center*, July 2018, https://www.calpnetwork.org/wp-content/uploads/2020/01/ti_final-research-report_humanitarian_assistance_july-2008.pdf.

376   Colin Harper, "Strikes Launches Bitcoin Lightning Payment App in El Salvador; Full EU Support is Next," *Yahoo!Finance*, March 31, 2021, https://finance.yahoo.com/news/strike-launches-bitcoin-lightning-payment-170053650.html.

377   Daron Acemoglu and James A. Robinson, *Why Nations Fail: The Origins of Power, Prosperity, and Poverty* (Redfern, NSW: Currency Press, 2013).

378   "The Power Plants That May Save a Park, and Aid a Country," *New York Times*, August 30, 2017, https://www.nytimes.com/2017/08/30/business/congo-power-plants-poaching.html.

379   BigBlock DC Bitcoin (@BigBlock_DC), "Visit of one mining container, in the jungle." Twitter, January 16, 2021, 6:31 a.m., https://twitter.com/BigBlock_DC/status/13504052073 02287363?s=20.

380   "Power Plants," *New York Times*.

381   "Access to Electricity," *IEA*, 2019, https://www.iea.org/reports/sdg7-data-and-projections/access-to-electricity.

382   Kasha Patel, "Plugging-In Sub-Saharan Africa," *Earth Observatory*, 2018, https://earthobservatory.nasa.gov/images/148069/plugging-in-sub-saharan-africa.

383   Nathanial Gronewold, "One-Quarter of World's Population Lacks Electricity," *Scientific America*, November 24, 2009, https://www.scientificamerican.com/article/electricity-gap-developing-countries-energy-wood-charcoal/.

384   "Indoor Air Pollution and Household Energy," *WHO: Health and Environment Linkages Initiative*, https://www.who.int/heli/risks/indoorair/indoorair/en/.

385   "Power Plants," *New York Times*.

386   "More people have access to electricity than ever before, but world is falling short of sustainable energy goals," World Health Organization, May 21, 2019, https://www.who.int/news/

item/21-05-2019-more-people-have-access-to-electricity-than-ever-before-but-world-is-falling-short-of-sustainable-energy-goals.

387 "Emerging Nuclear Energy Countries," *World Nuclear Association*, September 2021, https://www.world-nuclear.org/information-library/country-profiles/others/emerging-nuclear-energy-countries.aspx.

388 Paul Hockenos, "Is Germany Making Too Much Renewable Energy?" *Foreign Policy*, February 10, 2021, https://foreignpolicy.com/2021/02/10/is-germany-making-too-much-renewable-energy/.

389 Emma Lazarus, "The New Colossus," *National Park Service*, November 2, 1883, https://www.nps.gov/stli/learn/historyculture/colossus.htm.

390 *Bitcoin Magazine*, "Bitcoin Is American - Allen Farrington - Bitcoin 2021 Clips," *YouTube*, June 29, 2021, https://www.youtube.com/watch?v=OvI0ZyG0Su8.

391 "Transcript of President Dwight D. Eisenhower's Farewell Address (1961)," *OurDocuments.gov*, https://www.ourdocuments.gov/doc.php?flash=false&doc=90&page=transcript.

392 "Not Worth a Continental," *WTF1971*, June 12, 2020, https://wtf1971.com/2020/06/12/3-not-worth-a-continental/.

393 Bier, "Blocksize War."

394 Isaiah Jackson, *Bitcoin and Black America* (Self-published, 2019).

395 "Abolition of Slavery," Constitution Center, Amendment XIII and XIX, https://constitutioncenter.org/interactive-constitution/amendment/amendment-xiii.

396 Paulina Cachero, "US taxpayers have reportedly paid an average of $8,000 each and over $2 trillion total for the Iraq war alone," *Insider*, February 6, 2020, https://www.businessinsider.com/us-taxpayers-spent-8000-each-2-trillion-iraq-war-study-2020-2.

397 https://web.archive.org/web/20160114054928/http://eggvan.com/faisal-al-mutar-the-rationalist-from-an-irrational-world-pt-1/.

398 https://web.archive.org/web/20160114054928/http://eggvan.com/faisal-al-mutar-the-rationalist-from-an-irrational-world-pt-1/.

399 Ken Chitwood, "Iraqi Refugee Works to Make Life Safer for Secular Humanists," *Washington Post*, December 3, 2013, https://www.washingtonpost.com/national/on-faith/iraqi-refugee-works-to-make-life-safer-for-secular-humanists-_-resend/2013/12/03/d1778876-5c4e-11e3-8d24-31c016b976b2_story.html.

400 Riley Robinson, "This Man Brings Hope to Arab Youth, One Wikipedia Page at a Time," *Christian Science Monitor*, February 5, 2020, https://www.csmonitor.com/World/Making-a-

difference/2020/0205/This-man-brings-hope-to-Arab-youth-one-Wikipedia-page-at-a-time.

401 Robinson, "This Man Brings Hope"; Chitwood, "Iraqi Refugee Works."

402 Robinson, "This Man Brings Hope."

403 https://drive.google.com/file/d/1-XdTQEd1nrs1lYiu5OEBAkU-9sBeyQKS/view.

404 Langston Highes, "Let America Be America Again," *Poetry Foundation*, 1995, https://www.poetryfoundation.org/poems/147907/let-america-be-america-again.

405 https://americainclass.org/sources/makingrevolution/rebellion/text6/jeffersondraftdeci ndep.pdf.

406 Michael Hudson, *Super Imperialism: The Economic Strategy of American Empire* (Islet Publishing, 2021).

407 Marc Trachtenberg, "Assessing Soviet Economic Performance During the Cold War: A Failure of Intelligence?" *Texas National Security Review* 1, no. 2 (February 2018), https://doi.org/10.15781/T2QV3CM4W.

408 Adam Smith (George J.W. Goodman), "When Currencies Began to Float," 1981, https://www.pbs.org/wgbh/commandingheights/shared/minitext/ess_currenciesfloat.html.

409 Hudson, Super Imperialism.

410 Hudson, Super Imperialism.

411 T. Balderston, "War Finance and Inflation in Britain and Germany, 1914-1918," *Economic History Review* 42, no. 2 (May 1989), https://www.jstor.org/stable/2596203.

412 "Gold Reserve Act (1934)," *The Living New Deal*, November 18, 2016, https://livingnewdeal.org/glossary/gold-reserve-act-1934/.

413 "Government to Pay Off WWI Debt," *BBC News*, December 3, 2014, https://www.bbc.com/news/business-30306579.

414 Ferdinand Lips, *Gold Wars: The Battle Against Sound Money as Seen from a Swiss Perspective* (New York: FAME, 2002).

415 "Lend-Lease", Wikipedia, https://en.wikipedia.org/wiki/Lend-Lease.

416 Hudson, Super Imperialism.

417 Michael Hudson, *Global Fracture: The New International Economic Order* (New York: Harper and Row, 2003).

418 Lips, *Gold Wars*.

419 Richard E. Mooney, "U.S. Bars Citizens from Possession of Gold Overseas," *New York Times*,

January 15, 1961, https://www.nytimes.com/1961/01/15/archives/us-bars-citizens-from-possession-of-gold-overseas-eisenhower-orders.html.

420 "Trifflin Dilemma," *Wikipedia*, https://en.wikipedia.org/wiki/Triffin_dilemma.

421 Hudson, *Global Fracture*.

422 "Gold Cover," *Committee on Banking and Currency*, January 30, 1968, https://www.google.com/books/edition/Gold_Cover/wBY3AQAAIAAJ?gbpv=1.

423 Edwin L. Dale Jr., "I.M.F. Nations Vote for 'Paper Gold' as a World Money," *New York Times*, October 4, 1969, https://www.nytimes.com/1969/10/04/archives/imf-nations-vote-for-paper-gold-as-a-world-money-special-drawing.html.

424 "Historical Returns on Stocks, Bonds and Bills: 1928-2020," *Historical Returns for the US*, January 2021, https://pages.stern.nyu.edu/~adamodar/New_Home_Page/datafile/histretSP.html.

425 Hess, "Monetary Sin."

426 Brian Domitrovic, "August 15, 1971: A Date Which Has Lived in Infamy," August 14, 2011, https://www.forbes.com/sites/briandomitrovic/2011/08/14/august-15-1971-a-date-which-has-lived-in-infamy/?sh=5bcdb8ad581a.

427 Hudson, *Global Fracture*.

428 David Lubin, *Dance of the Trillions: Developing Countries and Global Finance* (Washington, DC: Brookings, 2018).

429 "Biden Administration Approves $650m Weapon Sale to Saudi Arabia," *Al Jazeera*, November 4, 2021, https://www.aljazeera.com/news/2021/11/4/biden-administration-approves-650m-weapon-sale-to-saudi-arabia.

430 "The United States Balance of Payments-Perspectives and Policies," *Joint Economic Committee*, November 12, 1963, https://www.jec.senate.gov/reports/88th%20Congress/The%20United%20States%20Balance%20of%20Payments%20-%20Perspectives%20and%20Policies%20(247).pdf.

431 Bryan Johnson, "The World Bank and Economic Growth: 50 Years of Failure," *Heritage Foundation*, May 16, 1996, https://www.heritage.org/trade/report/the-world-bank-and-economic-growth-50-years-failure.

432 Gladstein, "Fighting Monetary Colonialism"; Will Kenton, "Most-Favored-Nation Clause," Investopedia, June 28, 2021, https://www.investopedia.com/terms/m/mostfavorednation.asp; Hudson, *Super Imperialism*.

433 Farrington, "This is Not Capitalism."

434 Soutik Biswas, "India's Dark History of Sterilisation," *BBC News*, November 14, 2014, https://www.bbc.com/news/world-asia-india-30040790.

435 Jeff Smith, "The Big Noise: The Free Speech Fight of 1912, Part One," *San Diego Reader*, May 3, 2012, https://www.sandiegoreader.com/news/2012/may/23/unforgettable/.

436 Michael Hudson, "We Make the Rules," *MichaelHudson.com*, October 20, 2021, https://michael-hudson.com/2021/10/we-make-the-rules/.

437 "Comecon," *Wikipedia*, https://en.wikipedia.org/wiki/Comecon.

438 Hudson, *Super Imperialism*.

439 Alden, "Fraying of US Global Currency."

440 "Bichler and Nitzan Archive," https://bnarchives.yorku.ca/.

441 Martin Armstrong, "The Age of the Tech Giants," *statista*, November 4, 2021, https://www.statista.com/chart/22677/the-age-of-the-tech-giants/.

442 Jonathan Nitzan and Shimshon Bichler, *Capital as Power* (Abingdon, Oxon: Routledge, 2009).

443 Nitzan and Bichler, *Capital as Power*.

444 Chuck Collins, "U.S. Billionaires Got 62 percent Richer During Pandemic. They're Now Up $1.8 Trillion." *Institute for Policy Studies*, August 24, 2021, https://ips-dc.org/u-s-billionaires-62-percent-richer-during-pandemic/.

445 "Korean Peninsula at night from space.jpg," *Wikipedia Image*, https://commons.wikimedia.org/wiki/File:Korean_Peninsula_at_night_from_space.jpg.

446 "Eurodollar University," https://alhambrapartners.com/tag/eurodollar-university/.

447 Will Kenton, "Regulation Q," *Investopedia*, December 28, 2020, https://www.investopedia.com/terms/r/regulationq.asp.

448 Lubin, *Dance of the Trillions*.

449 Devesh Kapur, John P. Lewis, and Richard Webb, "The World Bank: Its First Half Century," *Brookings Institution*, 1997, https://documents1.worldbank.org/curated/en/405561468331913038/text/578750PUB0v20W10Box353775B01PUBLIC1.txt.

450 Charles R. Hulten and Anders Isaksson, "Why Development Levels Differ," *National Bureau of Economic Research*, October 2007, https://www.nber.org/system/files/working_papers/w13469/w13469.pdf.

451 Johnson, "World Bank and Economic Growth."

452 Immanuel Kant, "Toward Perpetual Peace," in *Kant: Political Writings* (Cambridge University

Press, 1991).

453 Avery Koop, "U.S. Military Spending vs Other Top Countries," *Visual Capitalist*, July 30, 2021, https://www.visualcapitalist.com/u-s-military-spending-vs-other-top- countries/.

454 Hudson, *Global Fracture*.

455 Serkan Arslanalp and Chima Simpson-Bell, "US Dollar Share of Global ForeignExchange Reserves Drops to 25-Year Low," *IMFBlog*, May 5, 2021, https://blogs.imf.org/2021/05/05/ us-dollar-share-of-global-foreign-exchange-reserves-drops-to-25-year-low/.

456 Hudson, *Global Fracture*.

457 Arthur Hays, "Thanks for Nothing," *BitMEX*, October 28, 2021, https://blog.bitmex.com/ thanks-for-nothing/.

458 Alex Gladstein, "Can Governments Stop Bitcoin?" *Quillette*, February 21, 2021, https:// quillette.com/2021/02/21/can-governments-stop-bitcoin/.

459 "Democratic Peace Theory," *Wikipedia*, https://en.wikipedia.org/wiki/Democratic_peace_ theory.

옮긴이 김동규

포스텍 신소재공학과를 졸업하고 동대학원에서 석사학위를 받았다. 여러 기업체에서 경영기획 업무를 수행했다. 현재 번역 에이전시 엔터스코리아에서 번역가로 활동하고 있다. 옮긴 책으로는 《벤 버냉키의 21세기 통화 정책》, 《다크 소셜》, 《플립 싱킹》, 《시너지 솔루션》, 《극한 갈등》, 《과잉연결시대》, 《매그넘컨택트시트》, 《턴어라운드》, 《랭킹》, 《비트코인의 미래》, 《스토리의 기술》, 《지칠 때 뇌과학》 등 다수가 있다.

감수 오태민

오태버스 주식회사의 대표이자 건국대학교 정보통신대학원 블록체인전공 겸임교수다. 2014년에 우연히 비트코인을 발견한 이후, 깊은 사유와 인문학적 지식을 바탕으로 비트코인을 해석하고 알리고 있다. 유튜브 '지혜의 족보'는 그가 비트코인에 대해 자유롭게 이야기하며 대중과 소통하는 공간이다. 2017년부터 약 5년간 〈한경비즈니스〉에 '비트코인 A to Z'를 연재했고, 2022년에는 EBS에서 공영방송 최초로 '비트코인'을 주제로 한 그의 강연 「오태민의 나만 모르는 비트코인」(12회)을 방영할 정도로, 누군가 비트코인을 이해하고 싶다면 반드시 그가 만든 논리와 설명을 한 번은 거치게 되어 있다. 연세대학교 경영학과 재학 중 네트워크 세계의 도래와 탈중앙 분산 시스템으로의 전환을 주장한 《여백의 질서》의 출판을 주도한 것을 시작으로 꾸준히 출간 활동을 해오고 있다. 그 외 저서로는 《마중물 논술》, 《인문학적 상상력》, 《경제학적 상상력》, 《비트코인은 강했다》, 《스마트 콘트랙: 신뢰혁명》, 《비트코인, 지혜의 족보》, 《메타버스와 돈의 미래》, 《비트코인, 그리고 달러의 지정학》, 《더 그레이트 비트코인》 등이 있다.

비트코인, 초제국의 종말

1판 1쇄 발행 2024년 12월 16일

© Alex Gladstein, 2024

지은이	알렉스 글래드스타인
옮긴이	김동규
펴낸곳	거인의 정원
출판등록	제2023-000080호(2023년 3월 3일)
주소	서울특별시 강남구 영동대로602, 6층 P257호
이메일	nam@giants-garden.com